All New

Coffee
Inside

초판 인쇄	2021년 9월 17일
5쇄 발행	2024년 9월 15일
지은이	유대준 박은혜
펴낸이	임지호
펴낸곳	더스칼러빈(The Scholar Bean)
사진	유대준 임지호 박은혜
표지그림	Wittawas Pumpradit
디자인	이우녕 (byHisWill)
출판등록	2020년 7월 30일 제 386-2020-000052호
주소	경기도 부천시 경인로304번길 12 성지빌딩 2층
대표전화	032-664-7991
이메일	tsb2020@naver.com

ⓒ유대준 박은혜, 2021
ISBN 979-11-971385-0-8 03570

이 책은 저작권법에 따라 보호받는 저작물이므로
무단 전재와 복제를 금합니다. 이 책의 전부 또는 일부 내용을
재사용하려면 사전에 저작권자와 본사의 서면 동의를
받아야 합니다.

All New
커피 인사이드

유대준 박은혜 저

The Scholar
Bean

저자 서문

사회·경제적으로 커피에 대한 관심이 참으로 높아진 것을 느끼고 강의를 할 때에도 이제는 커피에 대한 지식의 깊이가 전반적으로 깊어졌음을 실감합니다. 아마도 이전과는 다르게 수많은 곳에서 커피 교육이 이루어지고 있고 커피 관련 도서들을 쉽게 접할 수 있으며 국내 바리스타들의 질적·양적 성장이 이루어졌기 때문이지 않을까 하는 생각을 조심스럽게 해봅니다.

《올 뉴 커피인사이드》는 커피의 수요가 급증하고 넘쳐나는 정보 속에서 무언가 새로운 변화를 요구하는 학문적 기대에 부응하고자 기존의 커피인사이드를 전면 개정하여 완전히 새로운 책으로 집필한 것입니다.

수년에 걸쳐 책의 뼈대와도 같은 목차정리를 시작으로 수많은 자료의 수집, 원산지 방문, 셀 수도 없이 진행되었던 탈고의 과정 등을 거쳐 총 6장으로 책의 내용을 구성하였습니다. 각 장마다 집필체제와 분량 등을 지키려고 노력하였으나, 각 장의 주제별 특성이 매우 달랐기 때문에 쉽지는 않았습니다. 하지만 《올 뉴 커피인사이드》는 이전에 부족했던 내용의 엄격성과 확실성을 매우 강조하였으며 특히, 최근의 커피산업현장의 방향성과 국내외의 자료들을 최대한 많이 포함하고자 하였습니다.

1장 커피의 역사를 시작으로 2장에서는 그린빈에 대해 다루면서 최근에 재배되고 있는 신품종과 새롭게 시도되고 있는 가공방법 등을 실제적인 사진

과 함께 추가하였고, 3장에서는 실제 로스팅 방법 등을 제시하였습니다. 4장 커피추출에서도 역시 새로운 추출기구들과 방법 등을 추가하였으며 5장 에스프레소에서는 장비관리를 추가하여 에스프레소 머신과 그라인더의 효율적 관리를 돕고자 하였습니다. 마지막으로 6장에서는 커피향미 평가의 의미와 방법 등을 살펴보았습니다.

앞서 출판된 《그린빈 인사이드》가 로스팅 이전의 프로세스를 다룬 책이라면 《올 뉴 커피인사이드》는 커피 역사부터 시작하여 향미평가까지 커피의 전체 프로세스를 간략하지만 심도 있게 다룬 커피 전문 개론서라 할 수 있습니다. 《올 뉴 커피인사이드》가 커피를 공부하고 가르치는 분들 그리고 커피 애호가들에게 커피에 대한 새로운 활력을 불어넣어 주기를 기대합니다.

마지막으로 책이 나오기까지 도움을 주신 많은 분들과 특히, 가족들에게 감사의 마음을 전하며 책의 부족한 부분은 앞으로 지속적으로 수정·보완해 나가겠습니다.

2021년 9월
저자 유대준, 박은혜

Contents

1. 커피역사

커피의 발견 10 · 커피에 관한 기록과 음료로의 발전 12 · 커피의 전파 12
커피에 관한 역사적 사실 15 · 커피 재배 지역의 확대 17 · 커피의 어원 19

2. 그린빈

커피나무 26 · 커피열매 28 · 커피 품종 31 · 커피 재배 42
커피의 성장과 수확 53 · 커피 가공 I - 가공의 종류 60
커피 가공 II - 가공과정 74 · 프리미엄 커피 84 · 생두의 분류와 명칭 96
커피 원산지 101 · 커피의 생산과 소비 143 · 카페인 150

3. 커피 로스팅

로스팅 이해 160 · 로스팅에 따른 변화 166 · 로스팅 단계 178 · 로스팅 머신 181
로스팅 시 고려 사항 194 · 로스팅 방법 198 · 블렌딩 216

4. 커피 추출

추출의 이해 228 · 커피 맛에 영향을 주는 요인 233 커피의 산패와 보관 250
드립 추출 256 · 핸드 드립과 푸어 오버 드립 268 · 칼리타 드리퍼 276
하리오 드리퍼 281 · 케멕스 커피메이커 286 · 클레버 커피 드리퍼 290
영구필터 292 · 콜드브루 295 · 사이폰 300 · 모카포트 309 · 프렌치프레스 315
에어로프레스 319 · 터키식 커피 324

5. 에스프레소

에스프레소 역사 330 · 에스프레소 특성 336 · 에스프레소 머신 343
에스프레소 그라인더 368 · 에스프레소 맛에 영향을 주는 요인 376
에스프레소 추출 381 · 카푸치노 400 · 에스프레소 메뉴 411 · 장비 관리 416

6. 커피향미 평가

커피의 평가 432 · 커피의 향 433 · 커피의 맛 444 · 커피의 촉감 453
커피의 향미 결점 - 다섯 단계별 결점 456 · 커피 플레이버 휠 464
커피 커핑 467

7. 부록

참고자료 486 · 찾아보기 492

▲ 이슬람의 커피하우스

1 *History of Coffee*
커피 역사

1. 커피의 발견
2. 커피에 관한 기록과 음료로의 발전
3. 커피의 전파
4. 커피에 관한 역사적 사실
5. 커피 재배 지역의 확대
6. 커피의 어원

1. 커피의 발견

커피나무는 아프리카 북동쪽에 있는 에티오피아(Ethiopia) 고산 지대 숲속의 키가 큰 나무 밑에서 자생하고 있던 식물이었다. 커피나무[1]를 인류가 언제 처음 발견하고 사용했는지 정확히는 알 수 없고 다만 이에 관한 '칼디(Kaldi)의 전설', '오마르(Omar)의 전설', '모하메드(Mohammed)의 전설' 등 몇 가지 전설이 전해지고 있으며 이 중 '칼디의 전설'이 가장 널리 알려져 있다.

이 전설에 따르면 에티오피아 고산 지역에 살던 '칼디'라는 목동은 염소들이 밤에 잠을 자지 않고 흥분해 있는 것을 보고 이상하게 생각하다가 염소들이 낮에 수풀 근처에 있던 빨간색 열매를 먹었다는 사실을 기억해 냈다. 다음 날 칼디도 호기심에 그 빨간 열매를 먹었더니 정신이 맑아지면서 흥분 상태가 되어 자신이 기르던 염소들과 같이 춤을 추었다고 하며 이 빨간색 열매의 효능이 그 지역의 수도승에게 알려졌는데 그는 기도 중에 깨어 있기 위한 목적으로 빨간색 열매 즉, 커피열매를 뜨거운 물에 넣고 끓인 다음 마셨다고 한다.

칼디와 춤추는 염소

---

1 이 책에서 특별한 언급이 없으면 커피는 아라비카 커피(Arabica coffee)를 의미한다.

이슬람 지역의 커피하우스 (1620, 이스탄불)

2. 커피에 관한 기록과 음료로의 발전

옛 문헌에서 커피에 관한 기록을 살펴보면 대부분 약리적 효능에 관한 서술이 많다. 이는 커피가 애초에 음료보다 약으로 사용되었기 때문이다. 커피가 처음 문헌에 등장한 것은 900년경 아랍의 의사 라제스(Rhazes, 865-925)[2]에 의해서이다. 그는 문헌에서 커피를 분카(Bunca) 또는 분컴/분춤(Bunchum)이라 불렀다. 이후 1,000년경 페르시아의 저명한 의사이자 철학자인 아비세나(Avicenna, 980-1037)[3]는 커피의 약리 효과에 관해 처음으로 기술하였다. 커피의 존재를 유럽에 처음 알린 사람은 독일의 의사이자 식물학자인 라우볼프(Leonhard Rauwolf, 1535-1596)로 그는 중동 지역을 3년 동안 여행한 후 펴낸 여행기에서 그 지역 사람들의 커피 마시는 풍습과 커피의 약리적 효능에 관해 서술하였고, 이 책에서 커피를 '차우베(Chaube)'라 언급하였다.

커피는 처음에 물에 넣고 죽처럼 끓인 다음 먹기도 하였고 커피열매를 발효시켜 와인처럼 마시기도 하였으며 배가 아플 때는 약으로 사용하기도 하였다. 또 열매를 으깬 다음 동물성 지방을 버무려 여행갈 때 간편하게 먹을 수 있는 식량으로 사용하기도 하였다. 그 후 커피 씨앗에 열을 가하면 고소한 향이 난다는 것을 우연히 알게 되었고 이를 분쇄한 것에 물을 부어 마시면서 커피는 비로소 하나의 음료로 탄생한 것이다.

3. 커피의 전파

중동 지역

커피를 '이슬람의 와인'이라 부르기도 하는데 이는 술을 엄격히 금지하는 이슬람 지역에 술 대신 커피가 자연스럽게 자리 잡았기 때문이며 중동 지역 중에서도 특히 터키에서 커피가 널리 퍼져 나갔다. 초기에는 이집트의 카이로, 아라비아반도의 메카(Mecca), 메디나(Medina) 지역에서 커피가 대중적인 인기를 끌었다. 이에 따라 메카에 최초의 커피하우스가 탄생하였

---

[2] Rasis라고도 하며 본명은 Abu Bakr Muhammad ibn Zakariya El Razi이다.
[3] 보통 이븐 시나(Ibn Sina)로 불리며 Avicenna는 라틴어 명이다.

으며 이를 카베카네스(Kaveh kanes)라 불렀다. 그 후 오스만제국의 셀림 1세 (Selim I, 1465-1520)가 이집트를 정복하면서 커피를 접했으며 이후 1517년 그 당시 오스만제국의 수도였던 콘스탄티노플(지금의 이스탄불)에 커피가 알려졌다. 콘스탄티노플에 소개된 커피는 사람들에게 사랑받는 음료가 되었고, 이러한 영향으로 1554년 콘스탄티노플에 커피하우스가 문을 열었다.

유럽

커피가 실제로 유럽에 전파된 시기는 정확히 알 수 없지만, 처음으로 커피를 들여온 것은 그 당시 지중해 연안의 중동 지역과 활발한 무역을 하던 베네치아(Venezia) 상인들이라고 한다. 베네치아 무역상들에 의해 유럽에 소개된 커피는 빠른 속도로 퍼져 나갔다. 커피가 전파된 영국, 프랑스 등에 많은 커피하우스들이 문을 열었는데 당시 커피하우스는 문화 교류, 사교, 정치적 토론 등의 장소로 사랑받았으며 남성들만 출입할 수 있었다. 이탈리아는 1645년 베네치아에 최초의 커피하우스가 문을 열었다고 전해지나 어디인지 확실하지는 않고 지금까지 자리하고 있는 유명한 '카페 플로리안(Caffè Florian)'이 1720년 베네치아에 문을 연 이후 지금도 같은 곳에서 영업하고 있다.

카페 프로코프

카페 플로리안

1671년 프랑스 최초의 커피하우스가 마르세유(Marseilles)에 문을 열었고 1686년 파리에 최초의 커피하우스 '카페 프로코프(Café de Procope)'가 콜텔리(Procopio dei Coltelli, 1651-1721)에 의해 문을 열었으며 지금도 자리하고 있다. 1650년 영국 최초의 커피하우스가 유태인 제이콥(Jacob)에 의해 옥스포드(Oxford)에 문을 열었다. 2년 후에는 파스콰 로제(Pasqua Rosée)에 의해 런던 최초의 커피하우스가 문을 열었고, 오늘날 세계적인 보험회사의 하나인 로이드 보험사의 모태가 되는 커피하우스는 1688년 에드워드 로이드(Edward Lloyd's, 1648-1713)에 의해 문을 열었다. 그 후 커피하우스의 인기는 날로 좋아져 1715년에 런던에는 2,000여 개의 커피하우스가 성업을 이루었다. 독일에는 1670년에 커피가 처음 소개되었으며 1679년 독일 최초의 커피하우스가 함부르크(Hamburg)에 문을 열었다. 오스트리아 빈(Wein)에는 1683년 콜쉬츠키(Georg Franz Kolschitzky, 1640-1694)에 의해 커피하우스[4]가 문을 열었다.

미국

미국은 1668년 커피가 소개되었으며 이후 뉴욕, 필라델피아 같은 동부 지역에 커피하우스가 문을 열었다. 1691년에는 미국 최초의 커피하우스인 '거트리지 커피하우스(Gutteridge Coffeehouse)'가 보스턴에 문을 열었고, 1696년에는 뉴욕에 '더 킹스 암스(The King's Arms)'가 문을 열었다. 당시 미국인들은 영국의 식민 지배 영향으로 주로 차를 마셔왔다. 그러나 1773년 차 무역 독점에 반대하며 '보스턴 차 사건(Boston Tea Party)'을 일으켰고 이후 차 대신 커피 마시는 것을 애국 운동의 일환이라 여겼으며 이러한 시대적 분위기 속에 커피가 보편화 되기 시작하였다.

우리나라

고종 황제가 1896년 러시아 공관으로 거처를 옮겨 그곳에 머물 때 러시아 공사 베베르(웨베르, Karl Ivanovich Veber, 1841-1910)를 통해 처음으로 커피를 마셨다고 전해진다. 그 후 고종은 '정관헌(靜觀軒)'이라는 서양식

---

4 이 커피하우스의 이름은 'Hof zur Blauen Flashe'으로 'House under the Blue Bottle'의 뜻이다.

건물을 짓고 그곳에서 커피를 즐겼다고 하며 당시에는 커피를 서양에서 들여온 국물이라 하여 '양탕국'이라 불렀다. 우리나라는 6.25로 인해 주둔하게 된 미군의 군수 보급품을 통해 인스턴트커피가 시중에 유통되면서 일반인도 커피를 접하게 되었고 이로 인해 인스턴트커피 소비가 기형적으로 많은 나라가 되었다.

4. 커피에 관한 역사적 사실

커피에 관해 전해내려오는 여러 흥미로운 사건들이 있다. 지금 관점에서 보면 잘 이해가 가지 않지만 실제로 발생 했던 일이다.

커피 세례

유럽에 커피가 처음 알려졌을 때 이슬람인들이 커피를 즐겨 마셨다는 이유로 성직자들이 이를 '검은 악마의 음료'라고 비난하며 커피를 금지하도록 촉구하였다. 하지만 당시 교황이었던 클레멘트 8세(Clement VIII, 1535-1605)가 이교도만 마시게 하기엔 너무 훌륭한 음료라고 하여 커피에 세례를 준 것이 유럽에 널리 퍼지게 된 계기가 되었다고 한다.

커피를 마시는 클레멘트 8세

커피 금지령

1511년 커피하우스가 정치적 성향을 띠게 되자 메카의 통치자 카이르 베이(Khair Bey)는 커피가 대중에 미치는 자극적인 효과가 통치에 부정적인 영향을 줄 것이라고 우려했던 법학자와 학자의 건의를 받아들여 커피하우스를 폐쇄하라는 명령을 내렸다. 그러나 얼마 지나지 않아 카이로의 술탄은 이 커피 금지령을 해제했다. 1623년 콘스탄티노플에서는 당시 술탄이었던 무라드 4세(Murad IV, 1612-1640)가 술, 담배와 함께 커피를 금지했으며 이를 위반한 사람은 처형당했다. 1674년에 영국 런던에서 커피를 반대하는 여성 청원이 있었으며 이 청원에서는 커피가 영국 남성을 '쓸모없는 시체'로 만들고 있다고 주장하고 60세 미만의 사람을 대상으로 금지를 제안했다.

1675년 영국 국왕 찰스 2세(Charles II, 1630-1685)는 커피하우스를 폐쇄한다는 선언문을 발표했다. 그는 커피하우스뿐만 아니라 사람들이 상점이나 집에서 커피, 초콜릿, 차를 판매하는 것도 금지했다. 이렇게 한 이유는 커피하우스가 사람들에게 반역을 도모할 기회를 제공한다고 의심했기 때문이

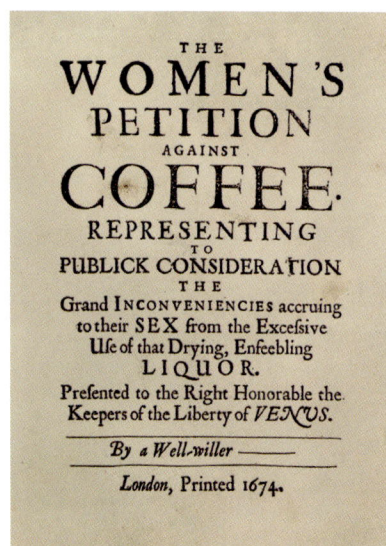

커피 금지를 주장한 여성의 청원

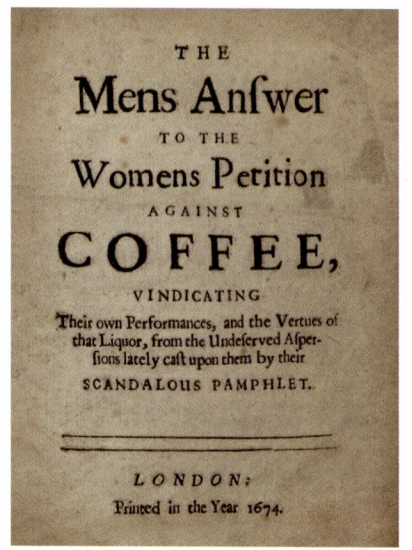

여성 청원에 대한 남성측 답변

었다. 1746년 스웨덴 국왕 구스타프 3세(Gustav III, 1746-1792)는 카페인의 독성을 과대평가하여 커피 마시는 것을 금지했을 뿐만 아니라 컵과 접시와 같은 커피 관련 도구도 불법화했다. 1777년 프로이센(독일의 전신)은 식민지가 없어 커피를 모두 수입해야만 했기에 프리드리히 대왕(Friedrich II, 1712-1786)은 커피를 마시지 말고 맥주를 마시도록 권장하기 위해 커피 금지령을 내렸지만, 실제 이 조치가 잘 지켜지지 않자 1781년 커피 로스팅에 대한 면허제를 시행하여 왕의 독점 사업으로 전환하였다.

5. 커피 재배 지역의 확대

커피가 최초로 언제 어디에서 경작되었는지 정확히 알 수는 없으나 아라비아반도 남단의 예멘(Yemen) 지역에서 대규모 커피 경작이 처음으로 시작되었다고 알려져 있다.[5] 그리고 당시 이 지역에서 생산되는 커피는 예멘 남쪽의 모카(Mocha) 항을 통해 유럽으로 수출되었다. 당시 커피 재배는 이슬람 제국에 의해 철저히 독점되었다. 이슬람 제국은 이를 유지하기 위해 외부인의 커피 농장 방문을 금지하였으며 또한 생두에 열을 가해 발아가 안 되도록 한 후 커피를 수출하였다고 한다.

아시아 지역

1600년경 인도 출신의 바바 부단(Baba Budan)이라는 이슬람 승려가 메카에서 돌아올 때 커피 씨앗을 몰래 숨겨와 인도의 마이소어(Mysore) 지역에 커피를 심었다고 전해진다. 1616년 네덜란드인들은 예멘의 모카에서 커피묘목을 몰래 반출하여 암스테르담 식물원에서 재배하였다. 그 후 1658년 실론(Ceylon, 현재의 스리랑카)에 커피를 심었으며 1696년 인도네시아 자바(Java)에서도 커피를 재배하기 시작하여 몇 년 후 네덜란드의 식민지는 유럽의 주요 커피 공급처가 되었다.

---

[5] 15세기부터라고 하기도 하고 페르시아가 에티오피아를 점령한 후인 서기 575년이라고 하기도 한다.

아시아 지역의 커피전파

라틴아메리카 지역

루이 14세가 1714년에 네덜란드로부터 커피나무를 선물 받아 이를 파리 왕립식물원(Jardin Royal des Plantes)에서 재배하기 시작하였고 1723년에는 카리브해의 마르티니크(Martinique)섬에 근무하던 프랑스의 해군 장교 끌리외(Gabriel Mathieu de Clieu, 1687-1774)가 본국에서 돌아오면서 왕립식물원에 있던 커피 묘목을 구해 마르티니크에 커피를 심었다.

커피나무에 물을 주는 끌리외

3년 후 마르티니크의 커피 재배가 성공하였는데 이는 훗날 카리브해와 중남미 지역에 커피가 전해지는 계기가 되었다.

카리브해와 라틴아메리카 지역의 커피전파

6. 커피의 어원

커피(Coffee)라는 말은 커피의 원산지 에티오피아 서남부의 고산 지대인 카파(Kaffa) 지역의 이름에서 유래했다고 한다. 그러나 카파 지역에서 커피열매나 커피나무를 분(Bunn)이라고 부르는 점을 고려해보면 이 이야기는 설득력이 떨어진다. 이보다는 고대 아랍어인 카와(Qahwah, 와인의 의미)에서 유래하여 터키어 카흐베(Kahve)를 거쳐 탄생했다는 것이 더 타당해 보인다.(또는 카흐베에서 네덜란드의 'Koffie'를 거쳐 커피가 되었다고도 함)

영어권에서 Coffee, 프랑스나 스페인에서는 Café, 이탈리아에서는 Caffè 로 사용되며 이 외 나라들의 표기는 아래와 같다.

각국 커피의 명칭

국가	명칭	국가	명칭
미국, 영국	Coffee	핀란드	Kahvi
이탈리아	Caffè	루마니아	Kafea
프랑스, 스페인, 포르투갈	Café	러시아	Кóфе
독일, 오스트리아	Kaffee	터키	Kahve
스웨덴, 노르웨이, 덴마크	Kaffe	폴란드	Kawa
체코, 슬로바키아	Káva	그리스	kafés(καφές)
크로아티아, 리투아니아	Kava	중국	咖啡(kā fēi)
헝가리	Kávé	일본	珈琲, コーヒー
네덜란드	Koffie	인도네시아, 스리랑카	Kopi

커피 연표 (*는 추정)

연대	내용
900*	라제스가 처음으로 커피를 언급하다.
1000*	아비세나가 커피의 약리 효과에 대해 처음 기술하다.
1511	메카에 커피하우스가 탄생하다.
1517	셀림 1세가 이집트를 정복한 후 커피를 콘스탄티노플로 가져오다.
1554	콘스탄티노플 최초의 커피하우스가 문을 열다.
1570	콘스탄티노플의 통치자 무라드 4세가 커피하우스의 폐쇄를 명령하다.
1600	바바 부단이 커피 씨앗을 훔쳐 인도의 마이소어 지역에 심다.
1615	이탈리아 무역상에 의해 커피가 유럽에 소개되다.
1616	커피가 에멘의 모카에서 네덜란드로 유입되다.
1645	베네치아에 이탈리아 최초의 커피하우스가 문을 열다.
1650	영국에 최초의 커피하우스가 제이콥에 의해 문을 열다.
1652	파스콰 로제가 런던 최초의 커피하우스를 열다.
1658	네덜란드인들이 실론에서 커피 재배를 시작하다.

1670	커피가 독일에 소개되다.
1674	런던에서 커피를 금지시켜 달라는 여성의 청원이 제기되다.
1675	찰스 2세가 런던의 모든 커피하우스 폐쇄를 명하다.
1679	독일 최초의 커피하우스가 함부르크에 문을 열다.
1683	오스트리아 빈에 콜취스키가 커피하우스를 열다.
1686	프랑스 최초의 커피하우스 프로코프가 파리에 문을 열다.
1696	네덜란드인들이 인도네시아 자바에 커피를 재배하기 시작하다.
1696	뉴욕 최초의 커피하우스 '더 킹스 암스'가 문을 열다.
1706	인도네시아 자바로부터 커피가 네덜란드 암스테르담 식물원에 전해지다.
1714	네덜란드 암스테르담 식물원으로부터 루이 14세에게 커피묘목이 전해지다.
1720	'카페 플로리안'이 베네치아에 문을 열다.
1721	베를린에 커피하우스가 문을 열다.
1723	프랑스 장교 끌리외가 커피 씨앗을 가져와 카리브해의 마르티니크섬에 커피를 심다.
1727	파리에타(Francisco de Mello Palheta)에 의해 프랑스령 기아나(Guiana)로부터 가져온 커피를 브라질(Brazil)의 파라(Pará) 지역에 처음 심다.
1732	바흐(Johann Sebastian Bach, 1685-1750)가 '커피 칸타타(Coffee Cantata)'를 작곡하다.
1777	프로이센의 프리드리히 대왕이 커피를 금지하는 포고령을 발표하다.
1843	산타이스(Edward Loysel de Santais)가 한 시간에 2,000잔을 추출할 수 있는 커피 머신의 특허를 획득하다.
1862	코페아 카네포라(Coffea canephora)가 아프리카 우간다(Uganda)에서 처음 발견되다.
1869	커피녹병(Coffee Leaf Rust, CLR)이 실론에 처음 발생하다.
1882	뉴욕커피거래소(New York Coffee Exchange)가 업무를 개시하다.
1898	코페아 카네포라가 콩고(Congo)에서 재발견되어 세상에 알려지다.
1901	일본계 미국인 가토(Satori Kato)가 최초의 인스턴트커피 가공 방법을 개발하다.
1901	루이지 베제라(Luigi Bezzera)가 에스프레소 머신에 관한 특허를 출원하다.
1903	독일의 로셀리우스(Ludwig Roselius, 1874-943)가 카페인 제거 공정을 개발하다.
1903	파보니(Desiderio Pavoni)가 베제라의 특허를 사들여 에스프레소머신을 생산하다.

연대	내용
1906	영국의 화학자 워싱턴(George C. Washington, 1871-1946)이 인스턴트커피의 대량 생산 방법을 창안하다.
1908	독일의 멜리타 벤츠(Melitta Bentz, 1873-1950) 여사가 페이퍼 필터를 이용한 최초의 드립식 커피 기구를 개발하다.
1928	콜롬비아커피연합회(Colombia Coffee Federation)가 설립되다.
1938	브라질의 요청으로 스위스 네슬레(Nestlé) 사가 최초로 인스턴트커피의 상품화에 성공하다.
1940	미국이 전 세계 커피의 70%를 수입하다.
1946	이탈리아의 아킬레 가지아(Achille Gaggia)가 상업적인 피스톤식 에스프레소 머신을 개발하다.
1960	페이마(Faema) 사가 전기 펌프에 의해 작동하는 에스프레소 머신(E-61)을 개발하다.
1962	커피 공급을 조절하기 위한 국제커피협정(International Coffee Agreement, ICA)이 체결되다.
1971	스타벅스(Starbucks)가 미국 시애틀에 1호점을 개설하다.
1973	최초의 공정무역 커피가 과테말라로부터 유럽에 수입되다.
1975	브라질의 극심한 서리 피해로 커피 가격이 급상승하다.
1982	미국스페셜티커피협회(Specialty Coffee Association of America, SCAA)가 설립되다.
1989	국제커피협정 체제가 붕괴하여 커피 가격이 폭락하다.
1999	브라질에서 처음으로 컵 오브 엑설런스(Cup of Excellence, COE)가 시작되다.
2000	세계바리스타챔피언대회(World Barista Championship, WBC)가 모나코의 몬테카를로(Monte Carlo)에서 처음 개최되다.
2005	스페셜티 커피(Specialty coffee)가 미국 커피 시장에서 금액으로 절반을 차지하다.
2012	중앙아메리카 지역에 대규모로 커피녹병이 발생하다.
2017	미국스페셜티커피협회와 유럽스페셜티커피협회(Specialty Coffee Association of Europe, SCAE)가 하나의 기구로 통합되어 스페셜티커피협회(Specialty Coffee Association, SCA)로 출범하다.

내용 요약

- 커피는 에티오피아가 원산지이며 칼디라는 목동이 처음 발견하였다고 전해진다.
- 커피의 대규모 경작은 예멘에서 시작되었다.
- 커피에 관한 최초의 기록은 아랍의 의사 라제스에 의해서이다.
- 커피는 처음에는 음료가 아닌 약이나 식량으로 사용되었다.
- 베네치아 상인들에 의해 커피가 유럽에 알려지게 되었다.
- 1650년 영국 최초의 커피하우스가 유태인 제이콥에 의해 옥스포드에 문을 열었다.
- 1652년 파스콰 로제에 의해 런던 최초의 커피하우스가 문을 열었다.
- 1671년 프랑스 최초의 커피하우스가 마르세유에 문을 열었다.
- 1679년 독일 최초의 커피하우스가 함부르크에 문을 열었다.
- 1683년 오스트리아 빈에 콜쉬츠키에 의해 커피하우스가 문을 열었다.
- 1691년에 미국 최초의 커피하우스인 '거트리지 커피하우스'가 보스턴에 문을 열었다.
- 1696년에는 뉴욕에 '더 킹스 암스'가 문을 열었다.
- 1773년 보스턴 차 사건을 계기로 차 대신 커피를 마시는 것이 미국에서 보편화 되기 시작하였다.
- 우리나라에서는 고종 황제가 처음으로 커피를 마셨으며 이후 정관헌에서 커피를 즐겼고 당시 커피를 '양탕국'이라 불렀다.
- 1616 네덜란드인들이 예멘의 모카에서 커피묘목을 밀반출하여 1658년에는 실론에서, 1696년에는 자바에서 커피 재배를 시작했다.
- 1723년 프랑스인 끌리외가 마르티니크섬에 커피를 심었으며 이후 카리브해 지역에 커피가 전파되었다.
- 커피라는 말은 아랍어 카와에서 유래하여 터키어 카흐베를 거쳐 탄생하였거나 또는 카흐베에서 네덜란드어 'Koffie'를 거쳐 탄생하였다고도 한다.

▲ 파카마라(Pacamara) 품종

2 *Green Bean*

그린빈

1. 커피나무
2. 커피열매
3. 커피 품종
4. 커피 재배
5. 커피의 성장과 수확
6. 커피 가공 I
7. 커피 가공 II
8. 프리미엄 커피
9. 생두의 분류와 명칭
10. 커피 원산지
11. 커피의 생산과 소비
12. 카페인

1. 커피나무

커피나무는 열대성 상록수로 다년생 쌍떡잎식물이다. 나무 형태는 품종에 따라 조금씩 다른 형태를 보이지만 대체로 수직으로 뻗은 하나의 줄기에서 두 쌍의 가지가 옆으로 나오고 끝은 처진다. 커피나무는 그대로 두면 4-6m까지도 자라지만 너무 크면 생산량도 적어지고 수확, 관리도 어려우므로 사람 손이 닿을 수 있도록 작게 유지해 재배한다. 최근에는 다 자라도 키가 2m가 채 안 되는 새로운 품종도 개발하여 재배하고 있다.

커피나무는 품종에 따라 가지의 형태, 잎의 크기 등에서 조금씩 차이를 보임

잎은 서로 마주 보고 나며 길이는 10-15cm이다. 타원형으로 잎끝이 뾰족하고 가장자리는 물결 모양인데 새잎 때는 가장자리가 매끈하다. 그리고 새잎은 품종에 따라 옅은 녹색이나 브론즈색을 띠지만 성장하면 모두 광택이 있는 짙은 녹색으로 변한다. 꽃은 모여서 피고 흰색이며 재스민 꽃과 생김새가 비슷한데[1] 향은 재스민뿐만 아니라 아카시아와도 비슷하다.

---

1 이런 이유로 커피를 '아라비아의 재스민'이라고도 한다.

꽃잎은 5장이고[2], 수술은 5개, 암술 1개로 구성되어 있으며 꽃의 크기는 품종에 따라 차이를 보인다.

| 잎 앞면 | 새잎(옅은 녹색) | 새잎(브론즈색) |

재스민 꽃   커피꽃

뿌리는 30cm 정도의 얕은 깊이 안에 대부분 분포한다. 뿌리 발달은 토양의 종류와 영양분, 습도 등에 많은 영향을 받으며 아라비카는 뿌리가 깊게 발달하여 가뭄에 강하다.

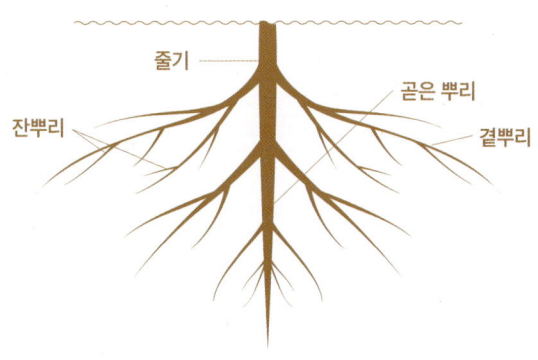

---

2 꽃잎은 아라비카, 로부스타는 5장, 리베리카는 6-7장이다.

2. 커피열매

커피열매는 핵과(drupe)[3]로 분류되며 처음엔 녹색이었다가 익으면 대부분 붉은색을 띠고 품종에 따라 노란색이나 오렌지색을 띠기도 한다. 크기는 체리보다 작지만 모양이 비슷하여 커피열매를 커피체리(coffee cherry)나 체리(cherry)라 부른다.

붉은색 체리   노란색 체리

커피체리의 구조

커피체리는 겉껍질(outer skin, skin), 펄프(pulp), 점액질(mucilage), 파치먼트(parchment), 실버스킨(silver skin), 생두(green bean)로 구성되어 있다.

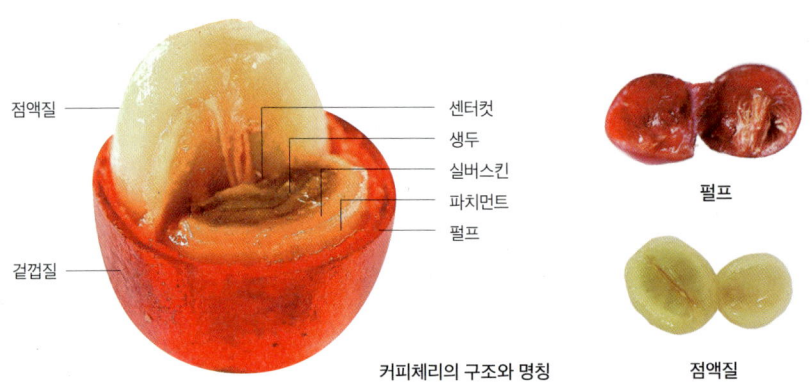

커피체리의 구조와 명칭

---

3   외과피, 육질의 중과피, 내과피 등 3개의 뚜렷한 층 안에 씨가 들어있는 열매로 올리브, 복숭아, 매실나무 등이 해당된다.

외과피에 해당하는 겉껍질은 맨 바깥쪽의 얇은 껍질이고 펄프는 중과피에 해당하는 과육이며 점액질은 파치먼트를 감싸고 있는 미끈미끈한 물질을 말한다. 파치먼트는 내과피에 해당하며 생두를 감싸고 있는 껍질이고 실버스킨은 파치먼트 안에서 생두를 감싸고 있는 반투명의 얇은 껍질을 말한다.

건조 상태의 파치먼트

생두는 우리가 커피라고 할 때 이에 해당하는 것으로 커피의 씨앗이다. 녹색을 띠고 있어 그린빈이나 그린커피(green coffee)라 부르며 일반적으로 체리 안에서 두 쪽이 마주

실버스킨

보고 자라 한쪽이 편평하여 플랫빈(flat bean)이라 한다. 센터컷(center cut)은 생두 가운데 나 있는 S자 형태의 홈을 말한다.

체리 안에 두개의 생두가 들어있음   생두

피베리

일반적으로 체리 안에는 두 개의 생두가 자라지만 간혹 한 개의 생두만 들어있기도 하는데 이를 피베리(peaberry)[4]라 한다. 피베리는 생두가 한 개만 자라므로 일반적인 플랫빈에 비해 둥글고 체리 자체가 작아 크기도 작다. 가벼운 바디(body)와[5] 밝은 신맛을 가지고 있는 피베리는 품종이 아니라 하나의 현상으로 모든 품종에서 발생할 수 있다. 나뭇가지 끝에 많이 달

---

4 중남미에서는 카라콜(caracol) 또는 카라콜리(caracoli)라고도 부르며 이는 달팽이라는 뜻이다.
5 바디는 고형 성분이나 지방함량에 의해 결정된다. 자세한 내용은 6장 커피향미평가 중 4단원 <커피의 촉감> 참조

리며 소량 생산되고 커피의 성분이 하나의 생두에 집중되었다고 여겨져 일반적으로 플랫빈보다 비싼 가격에 거래된다. 세 개 이상의 생두가 들어있는 체리도 있으며 그 중 세 개가 들어있는 것을 트라이앵글러빈(triangular bean)이라 한다.

  피베리  트라이앵글러빈

내용 요약

- 커피열매는 핵과로 분류되며 커피열매를 커피체리/체리라 부른다.
- 커피열매는 익으면 붉은색을 띠지만 품종에 따라 노란색, 오렌지색을 띠기도 한다.
- 커피체리는 겉껍질>펄프>점액질>파치먼트>실버스킨>생두로 구성되어 있다.
- 점액질은 파치먼트를 감싸고 있는 미끈미끈한 물질을 말한다.
- 파치먼트는 생두를 감싸고 있는 껍질이며 실버스킨은 파치먼트 안에서 생두를 감싸고 있는 반투명의 얇은 껍질이다.
- 생두는 그린빈이나 그린커피라 부르고 한쪽이 편평하여 플랫빈이라 하며 생두 가운데 있는 S자 형태의 홈은 센터컷이라 한다.
- 일반적으로 체리 안에는 두 개의 생두가 들어있고 하나만 있는 것은 피베리라 한다.

3. 커피 품종

꼭두서니과의 코페아속에 속하고 80여 가지의 종을 가지고 있는 커피는 대부분 아프리카가 원산지이다. 수많은 종 중에서 아라비카(Coffea arabica), 카네포라(Coffea canephora)[6], 리베리카(Coffea liberica)를 삼대 원종이라 하는데 이 중 아라비카와 로부스타(Robusta) 두 종만 주로 재배되며(99%) 리베리카를 비롯한 다른 종들은 상업적 가치가 없어 거의 재배되지 않는다.

커피의 생물학적 분류

과(family)	속(genus)	아속(sub-genus)	종(species)	품종(variety)
Rubiaceae	Coffea	Eucoffea	Arabica	Typica
			Canephora	Robusta
			Liberica	Liberica

아라비카 품종

아라비카는 열대, 아열대의 고지대에서 주로 재배되어 재배 조건이 까다롭고 질병에 취약하지만 향과 맛이 뛰어나 세계 커피 생산량의 약 60%를 차지한다. 아라비카는 돌연변이와 품종 개량으로 많은 품종이 탄생하였고 크게 티피카 계통, 버번 계통, 동종 교배종, 이종 교배종, 고유 품종 등으로 분류할 수 있다.

---

6 카네포라는 로부스타 품종이 대부분이어서 카네포라보다 로부스타란 표현을 더 많이 사용한다. 따라서 본 책에서도 로부스타로 표기하기로 한다.

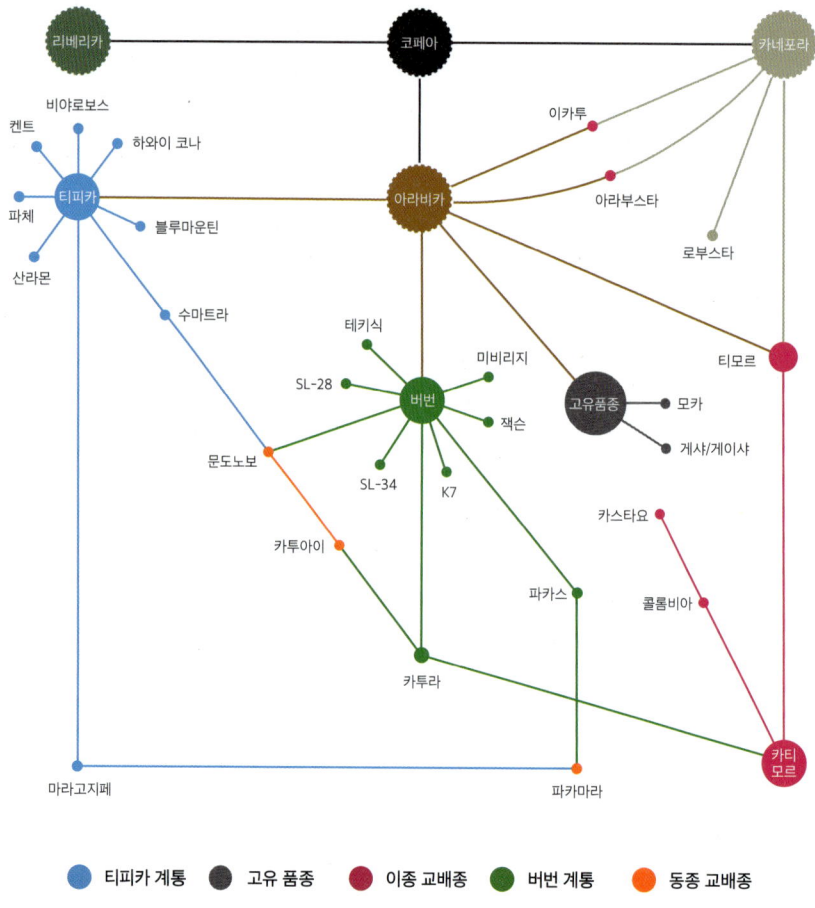

1) 티피카 계통

① 티피카

아라비카의 품종 중에서 가장 오래된 것으로 여겨지는 티피카(Typica, Típica)는 예멘에서 아시아로 전해져 재배되기 시작하였고 1720년대 카리브해 지역과 라틴아메리카에 전파되었다. 나무 형태는 원뿔형이고 가지는 수평으로 뻗으며 다 자라면 키가 3.5-4m에 달할 정도로 큰 편이어서 조밀하게 심을 수 없다. 생두는 큰 편이고 길쭉하며 잎은 가늘고 새잎은 브론즈색이다. 향이 뛰어나고 깔끔한 신맛을 지니고 있지만, 주요 질병과 해충에 취약하고 생산성이 낮아 지금은 별로 재배되지 않는다.

② 마라고지페

마라고지페(Maragogype, Maragogipe)는 생두 크기가 일반 생두의 두 배 정도로 큰 티피카의 돌연변이로 마라고지페라는 이름은 이 품종이 발견된 브라질의 지역 이름에서 유래하였다. 생두 크기뿐 아니라 잎도 큰 편이고 마디 사이도 긴데 열매가 많이 달리지 않아 생산성은 낮다. 가벼운 바디, 과일향, 향신료향, 초콜릿향과 부드러운 신맛을 지니고 있으며 니카라과(Nicaragua), 엘살바도르(El Salvador), 멕시코(Mexico) 등 일부 지역에서만 재배된다.

티피카

마라고지페

③ 기타 티피카 계통

자메이카(Jamaica)의 블루마운틴(Blue Mountain), 하와이 코나(Hawaii Kona), 켄트(Kent), 비야로보스(Villalobos), 파체(Pache), 산라몬(San Ramon) 등이 있다.

2) 버번 계통

① 버번/부르봉

버번(Bourbon, Borbón)은 부르봉섬[7]에서 발견된 티피카의 돌연변이로 알려져 있으나 최근에는 티피카와는 다른 별개의 품종이라는 견해가 더 지배적이다. 1860년경에 브라질에 도입된 이후 중남미의 다른 지역으로 급속히 퍼져 나갔다. 버번은 키와 잎이 큰 편이고 가지는 옆으로 처지며 열매는 작고 둥글다. 대부분 익었을 때 붉은색이지만 간혹 노란색, 오렌지색을 띠는 품종도 있고 체리 색에 상

---

7 아프리카 남동부에 있으며 현재 지명은 레위니옹(Réunion)이다.

관없이 열매는 마디에 모여서 달린다. 바디는 약하지만 균형이 잘 잡혀 있고 부드럽고 밝은 신맛과 뚜렷한 단맛을 느낄 수 있으며, 뛰어난 품질에 비해 주요 질병에 취약하고 수확량도 적어 지금은 많이 재배되지 않는다.

레드 버번

옐로 버번

② 카투라

카투라(Caturra)는 브라질에서 발견된 키가 작은 버번의 돌연변이로 마디 사이가 짧으며 콩의 크기도 작으나 잎은 큰 편이다. 브라질에서 과테말라(Guatemala)를 거쳐 중앙아메리카, 콜롬비아(Colombia)로 전파되었으며 현재 중앙아메리카에서 경제적으로 가장 중요한 커피 중 하나가 되었다. 1헥타르당 5,000그루 이상 조밀하게 심을 수 있으며 체리가 많이 달려 생산성이 뛰어나고 어떠한 환경에서도 잘 자라는 특성으로 인해 카투라를 기반으로 새로운 품종이 많이 탄생하였다. 레드 카투라와 옐로 카투라 두 가지 종류가 있으며 밝은 신맛과 중간 정도의 바디를 가지고 있다.

레드 카투라

옐로 카투라

③ 파카스

파카스(Pacas)는 1949년 엘살바도르의 파카스 농장에서 발견된 버번의 돌연변이로 카투라처럼 키가 작고 마디 사이는 짧지만 잎은 버번보다 크다. 뿌리가 잘 발달하여 바람과 햇볕, 가뭄에 대한 내성이 있으며 중간 정도의 신맛과 바디 그리고 부드러운 향을 지니고 있다.

④ 기타 버번 계통

케냐의 SL28, SL34, K7과 비야사르치(Villa Sarchi), 테키식(Tekisic), 잭슨(Jackson), 미비리지(Mibirizi) 등이 있다.

3) 동종 교배종[8]

① 카투아이

카투아이(Catuai)는 브라질농업연구소(Instituto Agronômico de Campinas, IAC)에서 개발한 문도노보(Mundo Novo)와 옐로 카투라의 인공 교배종으로 키가 작으며 잎과 콩의 크기는 중간 정도이다. 강한 비바람에도 열매가 잘 떨어지지 않으며 가뭄에 강한 편이다. 조밀하게 심을 수 있고 열매도 많이 달려 생산성이 좋으며 체리는 노란색과 붉은색의 두 종류가 있다. 단맛은 좋지만 신맛과 바디는 약한 편이다.

레드 카투아이

옐로 카투아이

---

[8] 동종 교배종(intraspecific hybrid)은 같은 종에 속한 품종끼리 교배하여 탄생한 품종을 말한다.

② 파카마라
파카스와 마라고지페의 인공 교배로 탄생한 파카마라(Pacamara)는 파카스의 영향으로 작은 키와 짧은 마디, 높은 생산성을 가지고 있고 마라고지페의 영향으로 생두와 잎의 크기가 크다. 커피 품질이 매우 뛰어나며 달콤한 감귤의 신맛과 부드러운 감촉을 느낄 수 있다.

③ 문도노보
문도노보는 브라질의 상파울루 지역에서 발견된 버번과 티피카 계통인 수마트라(Sumatra)와의 자연 교배종으로 마디 사이가 짧다. 1952년부터 브라질 농가에 보급되었으며 브라질 기후에 잘 적응하여 현재는 카투라, 카투아이와 함께 브라질의 주력 재배 품종이지만 키가 커서 매년 가지치기를 해야 하고 재배 밀도가 낮다는 단점이 있다. 강한 바디와 단맛을 지녔고 신맛은 약한 편이다.

④ 기타 동종 교배종
마라고지페와 카투라 사이의 교배종인 마라카투(Maracatu/Maracaturra), 비야 사르치와 티모르 하이브리드(Hibrido de Timor, HdT)의 교배종인 사르치모르(Sarchimor) 등이 있다.

4) 이종 교배종[9]

① 티모르 하이브리드
티모르 하이브리드는 인도네시아 티모르(Timor)의 한 커피 농장에서 발견된 아라비카와 로부스타의 자연 교배종으로 콩의 크기는 큰 편이고 나무 또한 매우 큰

편이다. 로부스타의 영향으로 커피 품질은 떨어지지만 커피녹병에 강하여 이 품종을 기반으로 새로운 품종들이 개발되었다.

② 카티모르

카티모르(Catimor)는 티모르 하이브리드와 카투라의 인공 교배종으로 1970년에 브라질에 보급되었으며 이후 중남미 국가로 확대되었다. 생두는 큰 편이고 키가 작아 조밀하게 심을 수 있으며 해충과 주요 질병에 강한 편이지만 커피 품질은 로부스타의 영향으로 떨어지는 편이다. 카티모르는 중남미 국가로 전파되어 나라별로 다시 개량되었는데 렘피라(Lempira, 온두라스), Costa Rica95(CR-95, 코스타리카), 카티식(Catisic, 엘살바도르), 콜롬비아 버라이어티(Colombia Variety, 콜롬비아) 등이 이에 해당한다. 이 중 콜롬비아에서 재배되는 콜롬비아 버라이어티는 최초로 상업적 재배를 시작한 카티모르 품종이며 현재는 개량형인 카스티요(Castillo)가 보급되어 널리 재배되고 있다.

카티모르   카스티요

③ 기타 이종 교배종

이카투(Icatú)는 커피녹병에 강한 품종을 만들기 위해 개발된 것으로 로부스타와 버번을 교배시킨 뒤 문도노보나 카투라 같은 아라비카와 다시 역교배시켜 만든 품종이다. 키와 콩의 크기가 큰 편이고 브라질에서 많이 재배된다. 아라부스타(Arabusta)는 염색체가 2배체인 로부스타를 아라비카와 같이 4배체 염색체를 갖도록 변이시킨 후 이를 아라비카와 다시 결합해 탄생시킨 교배종이다. 서부아프리카 지역을 제외하고는 널리 재배되지 않는다.

---

9 이종 교배종(interspecific hybrid)은 다른 종에 속한 품종끼리 교배하여 탄생한 품종을 말한다.

5) 고유 품종

게샤/게이샤(Gesha/Geisha)는 가장 널리 알려진 에티오피아 고유 품종 중 하나로 키와 꽃이 다른 품종에 비해 크고, 체리는 자줏빛을 띤다. 파나마를 비롯한 여러 나라에서 재배되지만 파나마 게이샤를 최고로 평가한다. 품질이 매우 뛰어난 최상급 커피 중 하나로 휘발성이 강한 향, 감귤류의 산뜻한 신맛과 벌꿀의 단맛이 느껴지며 베리, 망고, 파파야 등의 플레이버를 느낄 수 있다. 모카(Mocha, Moka)는 예멘의 고유 품종으로 나무와 잎은 작고 생두도 매우 작다. 수확량이 많지 않아 브라질과 하와이 등을 제외하고 재배가 이루어지지 않는다. 부드럽고 좋은 신맛을 느낄 수 있다.

게샤/게이샤

모카

6) 신품종

기존 품종들을 뛰어넘는 새로운 품종들이 출시되어 재배되고 있다. 이런 신품종들은 열매가 많이 열리거나 나무의 키가 작아 수확과 관리가 쉽고 조밀하게 심을 수 있어 생산성이 좋다. 또한 커피 질병 특히 커피녹병에 강한 저항성을 가지고 있으며 수확까지 걸리는 기간도 종래의 3년에서 1-2년으로 짧다. 그리고 가뭄에 잘 견디며 맛과 향이 뛰어난 특성

H1

을 가지고 있다. 센트로아메리카노(Centroamericano), 밀레니오(Milenio), 카시오페아(Casiopea), H1, H3 등이 이에 해당한다.

아라비카와 로부스타의 비교

1) 형태 비교
아라비카와 로부스타는 커피 특성 면에서도 많은 차이가 있지만, 나무 형태, 줄기, 잎, 생두 등 형태적인 면에서도 확연히 구분된다.

로부스타가 아라비카보다 열매가 더 모여서 달리며 가지도 더 굵고 잎도 더 넓고 큼

아라비카는 진한 녹색을 띠고 길쭉하며 센터컷이 S자 형태이고 윗면이 오목한 반면 로부스타는 동그랗고 센터컷이 일자형이며 윗면이 편평함

2) 특성 비교

	아라비카	로부스타
학명	Coffea arabica Linné	Coffea canephora Pierre ex Froehner
분류 등록	1753년	1895년
원산지	에티오피아	우간다, 콩고
발견 시기	6-7세기	1800년대
유전자(2n)	염색체 수 44(4배체)	염색체 수 22개(2배체)
번식	자가수분	타가수분
재배 평균 기온(℃)	15-24	24-30
재배 지역	비교적 서늘한 고지대	고온다습한 저지대
재배 고도(m)	600-2,400	900 이하
적정 강수량(mm)	1,400-2,000	2,000-2,500
적정 습도(%)	60	70-75
적정 일조 시간(시간/연)	1,600-2,000	1,600-2,000
나무 높이(m)[10]	4-6	8-12
재배 밀도(나무 수/헥타르)[11]	1,000-5,000	800-2,000
병충해	약함	강함
뿌리	깊음	얕음
개화	비가 온 후	불규칙
열매 성숙 기간	6-9개월	9-11개월
카페인 함량(%)	평균 1.4	평균 2.2
고형 성분(%)	평균 1.2	평균 2.0
특성	향미가 뛰어나며 신맛, 단맛이 좋음	향미가 약하며 쓴맛이 강함
주요 생산국	브라질, 콜롬비아, 에티오피아, 과테말라 등	베트남, 브라질, 인도네시아, 인도 등
생산(%)	약 60	약 40
용도	원두커피	인스턴트커피

---

10 자연 상태에서 나무의 키이다.
11 헥타르(hectare, ha)는 면적 단위로 1헥타르는 10,000m^2이다.

내용 요약

- 커피는 꼭두서니과 코페아속에 속하며 아라비카, 카네포라, 리베리카를 삼대 원종이라 한다.
- 커피의 많은 종 중에서 아라비카와 로부스타만 주로 재배된다.
- 티피카는 아라비카 품종 중 가장 오래된 것으로 마라고지페, 블루마운틴, 산라몬, 켄트, 파체 등 많은 파생 품종이 있다.
- 버번은 부르봉섬에서 발견된 품종으로 티피카와 함께 대표적인 아라비카 품종이며 카투라, 파카스, SL-28, 비야사르치 등이 이 품종 계통에 속한다.
- 카투아이는 문도노보와 옐로 카투라의 인공 교배종이다.
- 파카마라는 파카스와 마라고지페의 인공 교배종이다.
- 문도노보는 버번과 티피카 계통인 수마트라의 자연 교배종이다.
- 티모르 하이브리드는 아라비카와 로부스타의 자연 교배종이다.
- 카티모르는 티모르 하이브리드와 카투라의 인공 교배종으로 렘피라, CR-95, 카티식, 콜롬비아 버라이어티, 카스티요가 여기에 속한다.
- 게샤/게이샤는 에티오피아의 고유 품종이며 모카는 예멘의 고유 품종이다.
- 센트로아메리카노, 밀레니오, 카시오페아, H1, H3 등은 신품종에 해당한다.
- 로부스타가 아라비카보다 열매가 더 모여 달리며 가지도 더 굵고 잎도 더 넓고 크다. 아라비카는 생두가 진한 녹색을 띠고 길쭉하며 센터컷이 S자 형태이고 윗면이 오목한 반면 로부스타는 동그랗고 센터컷이 일자형이며 윗면이 편평하다.
- 아라비카는 비교적 서늘한 고지대에서 재배되고 카페인 함량은 로부스타에 비해 적다.

4. 커피 재배

재배 지역

커피는 커피벨트(Coffee belt)라 불리는 남위 25°에서 북위 25°사이의 열대, 아열대 지역에 속하는 60여 개 나라에서 생산된다. 이 중 주요 커피 생산 지역은 북위 18°에서 남위 18°사이에 있다.

커피벨트

재배 조건

온도, 강우량, 일조량, 햇볕, 토양 등의 조건이 모두 적합해야 질이 좋은 커피를 재배할 수 있어 커피 재배 지역은 매우 한정된다.

1) 기온

기온은 커피 재배에 가장 많은 영향을 미치는 요인으로 재배 평균 기온은 15-24°C이고 적정 평균 기온은 18-22°C이다. 온도가 이보다 높으면 열매의 성숙이 너무 빨라져 품질이 저하되고 커피녹병과 해충의 피해가 더 많이 발생하며 심하면 나무의 성장이 둔화하고 잎이 시든다. 반대로 온도가 내려가면 성장이 느려지고 특히 서리가 내리면 잎과 열매가 모두 손상되며 심하면 커피나무가 죽을 수도 있다.

2) 강우량과 습도

커피 재배에 적당한 강우량은 연간 1,400-2,000mm이다. 아라비카 커피는 가뭄을 잘 견뎌 토양층이 깊고 물 저장 능력만 좋다면 4-6개월의 가뭄도 견딜 수 있다. 반면 3,000mm 이상의 과도한 강우량은 재배에 적합하지 않다. 커피 재배에는 우기뿐만 아니라 2-4개월의 건기도 꼭 필요하다. 그래야 개화가 집중적으로 일어나 수확도 짧은 기간에 이루어질 수 있기 때문이다. 커피 재배에 적합한 습도는 60% 정도이다.

3) 토양과 지형

커피 재배에는 약산성(pH 5-6)이면서 뿌리가 쉽게 뻗을 수 있고 배수 능력이 좋은 다공질의 토양이 좋다. 표토의 깊이는 뿌리가 충분히 뻗을 수 있고 물 저장 능력이 좋아야 하므로 2m 이상 되는 것이 이상적이다. 커피 재배 지역은 유기물이 풍부한 화산성 토양이 일반적이지만 지역에 따라 습윤성 흑토(black humid soils), 라테라이트(laterite), 테라록사(terra roxa) 등의 토양에서도 커피 재배가 이루어진다.

테라록사 (브라질)

커피 재배에 적합한 지형은 기계화가 쉬운 평지나 약간 경사진 언덕으로 이는 경사가 심하면 침식이 심하고 경작이 힘들어질 뿐 아니라 비용도 더 많이 들기 때문이다.

4) 고도와 위도

아라비카는 낮은 기온에서 잘 자라므로 적도 지역일수록 높은 지대에서 재배된다. 하지만 고위도 지대로 갈수록 적도에서 멀어져 기온이 낮아지므로 재배 고도는 낮아지고 위도 25°이상의 지역에서는 커피 재배가 어렵다. 커피는 고지대에서 재배될수록 낮은 기온과 큰 일교차로 인해 열매가 더 천천히, 더 균일하게 익으며 기온이 낮아 커피나무가 더 많은 영양분을 열매에 저장하므로 자당(sucrose)과 지방 성분도 많아져 커피 품질이 더 좋다.

5) 일조량과 바람

커피 열매의 수확을 위해서는 적당한 일조량(4.5-5.5시간/일)이 필요하다. 햇볕이 너무 강하면 잎이 화상을 입으므로 강한 햇볕은 차단해 주어야 한다. 뜨거운 바람은 커피나무로부터 많은 수분을 빼앗아가므로 이럴 때는 더 많은 물을 공급해주어야 하고, 강한 바람은 잎과 가지를 훼손하며 꽃과 열매를 떨어뜨리기도 하므로 바람이 강한 지역에서는 방풍림을 심어주는 것이 좋다.

과도한 일조량으로 인한 화상

바람으로 인한 피해

재배 종류

1) 셰이딩

셰이딩(shading)은 커피 재배지의 중간에 다른 나무를 함께 심어 커피나무에 그늘을 만들어 주는 것을 말한다. 셰이딩을 하는 이유는 커피가 원래 에티오피아 고산 지대의 그늘에서 자랐으므로 그와 동일한 환경을 만들어 주기 위해서이다. 셰이딩의 목적으로 심는 나무를 셰이드 트리(shade tree)라고 하고 셰이딩을 통해 생산된 커피를 셰이드 그로운 커피(shade-grown coffee)라고 한다.

셰이딩을 하면 햇볕을 차단하고 온도를 떨어뜨려 커피열매가 천천히 익으므로 커피 품질이 향상된다. 또한 빗물의 속도를 완화해 토양 침식을 막아 주고 셰이드 트리로부터 떨어진 잎들이 햇볕을 차단함으로써 잡초 성장을 억제하여 커피나무에 영양분을 공급해 주는 장점도 있다. 반면 햇볕이 잘 들지 않으므로 광합성 활동이 줄어들고 커피녹병도 더 많이 발생할 수 있다. 그 밖에 새 가지가 햇볕을 찾아 성장하면서 나무 마디 사이가 길어져 수확량이 감소할 수도 있는 단점이 있다.

셰이딩 커피 (과테말라)

2) 선 커피

선 커피(sun coffee)는 커피나무를 조밀하게 심은 후 대량의 화학 비료, 제초제, 살충제를 사용하고 풍부한 관개 시설을 이용하여 커피를 대량 생산하는 것으로 주로 브라질에서 시행되는 재배 방식이다. 이러한 방식은 대량 수확은 가능하지만 화학 비료, 제초제, 살충제의 사용으로 인해 수질이 오염되고 토양 산성화가 가속화되며 커피의 쓴맛과 떫은맛이 증가하는 등의 문제점이 있다. 또한 커피나무의 성장이 지나치게 빨라져 나무 수명이 짧아지는 단점도 있다.

선 커피 (브라질)

재배 관리

커피나무를 심기 전에는 재배지의 환경에 적합한 품종 선택이 선행되어야 하고 그에 따른 생산성과 생산 비용도 상세히 검토해야 한다.

1) 파종

파종은 파치먼트를 묘판에 심고 어느 정도 자라면 이를 이식 용기에 옮겨 심거나 파치먼트를 이식 용기에 바로 심은 다음 묘목으로 기르는 것을

묘포

커피 묘목을 키우는 곳을 묘포(nursery)라 한다. 묘포는 나무 기둥을 세우고 그 위를 그물망이나 야자수 잎 등으로 지붕을 만들어 반그늘 상태로 만들어 준다. 묘포의 위치는 물 공급이 원활하고 토양이 비옥하며 배수가 잘되는 곳이 좋다.

말한다. 이렇게 파치먼트 상태로 심는 이유는 파치먼트가 보호막 역할을 하기 때문이다. 파종할 때는 질병이 없고 품질이 좋은 나무에서 수확한 잘 익은 체리를 사용한다. 먼저 파종할 파치먼트를 묘판 위에 심고 흙을 살짝 덮어준 후 그늘이 지도록 해주고 묘판이 마르지 않도록 물을 충분히 준다. 흙, 퇴비와 비료를 혼합하여 채운 폴리백 용기에 심는 방법도 사용한다.

묘판에 심기

이식 용기에 심기

2) 발아 및 이식

파종하고 며칠이 지나면 생두 안에 있던 배아가 성장하면서 뿌리를 내리기 시작한다. 보통 심은 지 4-5주 정도 후에 발아가 이루어지고 이후 줄기가 곧게 펴진다.[12] 이후 파치먼트가 갈라지면서 배아 안에 있던 두 개의 떡잎이 나오며[13] 약 90일 정도가 지나면 첫 번째 잎이 나온다.

---

12 이 시기를 성냥개비 단계(matchstick stage)라 한다.
13 이 시기를 나비 단계(butterfly stage)라 한다.

이때 묘목을 조심스럽게 뽑아 이식 용기에 옮겨 심는데 뿌리의 발육이 좋지 않은 것은 제거한다. 5-6개월이 지나면 일조량을 늘려 적응력을 높여주고 그 후 완전한 잎이 나오면 그늘막을 제거한다.

발아

성냥개비 단계

떡잎/잎

3) 재배지 이식

파종한 후 일 년 정도 지나면 묘목을 재배지로 이식하는데 뿌리가 휘었거나 병든 묘목은 사용하지 않는다. 이식하기 하루 전에 이식할 묘목의 잎을 일부 제거하여 수분 증발을 막아주고 몇 시간 전에는 묘목이 쉽게 빠지도록 물을 충분히 준다. 마지막으로 미리 파놓은 구멍에 커피 묘목을 심은 다음 퇴비를 섞은 흙으로 구멍을 채워 넣는다. 이식 후 처음 며칠간은 야자수 잎 등을 이용하여 직사광선으로부터 보호해준다.

이식할 묘목

이식

이식된 묘목 - 잎으로 덮어 보호함

커피나무에서 첫 수확은 일반적으로 3년이 지나면 할 수 있고 안정적인 수확은 5년 후부터 가능하다. 커피나무는 자연 상태에서는 수명이 50-70년 정도이지만 수익성 때문에 20-30년으로 한정된다.

4) 관리

① 가지치기/스텀핑

커피나무는 나뭇가지나 오래된 줄기 등을 주기적으로 잘라주어야 너무 많은 열매가 달리지 않고 수확과 관리가 쉬워지며 공기와 햇빛이 잘 통해 해충과 질병의 피해가 줄어든다. 스텀핑(stumping)은 나무가 노쇠하면 줄기를 완전히 베어버리는 것을 말한다. 이렇게 하면 수확량이 원래대로 돌아오고 커피의 품질도 향상되지만, 일시적인 수확량 감소가 불가피하므로 구역을 나누어 교대로 시행한다.

스텀핑한 나무

스텀핑 이후 새로운 가지가 자람

② 기타 관리

잡초 제거는 사람이 하면 인건비 부담이 많아 기계나 제초제를 사용하여 실시하고 이때 섣불리 뿌리째 뽑으면 토양이 직사광선에 바로 노출되거나 침식이 야기될 수도 있으므로 주의한다. 해충 구제는 커피나무의 잎, 열매, 줄기, 뿌리 등에 서식하는 해충의 종류에 따라 그에 맞는 살충제를 사용해야 한다.

해충이 체리 안에 알을 낳음

해충이 잎을 갉아먹음

영양 공급은 펄프나 가축의 배설물을 썩혀 만든 퇴비나 화학 비료를 살포해 적절한 양의 유기물이 공급되도록 한다. 수분 공급이 충분치 않으면 발육이 제대로 되지 않으므로 적절한 물 공급 역시 이루어져야 한다.

물 공급 (브라질)

수분 부족으로 인한 마른 체리

③ 커피 질병
커피나무에 발생하는 대표적인 질병은 커피녹병과 커피베리병이다.

커피녹병
곰팡이(Hamileia vastatrix)가 잎에 발생하면서 쇠의 녹과 같은 포자 덩어리를 만든다고 하여 커피녹병(Coffee Leaf Rust, CLR)이라는 이름이 붙여졌다. 지금까지 알려진 커피 질병 중 가장 치명적이며 이 병에 걸리면 잎이 떨어지면서 광합성 능력을 감소시켜 나무를 약하게 만들어 커피 수확을 불가능하게 한다. 또한 나무의 성장도 방해하며 커피나무가 죽을 수도 있다.

1861년 동아프리카의 빅토리아 호수 근처에서 처음 발견되었으며 그 후 1867년 실론, 1876년 수마트라, 1878년 자바에서 발생하였다. 현재 대부분 커피 생산지에 이 병이 퍼져 있어 그 피해가 심각하며 지구 온난화에 따른 기온 상승과 과다한 강우로 인해 저지대에서 주로 발생하던 커피녹병이 이제는 고지대에서도 빈번하게 발생한다.

처음엔 포자가 달라붙기 쉬운 잎 뒷면에 발생함

점차 앞면까지 감염됨

커피베리병

커피베리병(Coffee Berry Disease, CBD)은 진균류(Colletotrichum kahawae)가 커피체리를 공격하는 포자를 만들어 내는 질병으로 서늘하고 습도가 높은 조건에서 잘 생긴다. 커피베리병은 커피열매의 80%를 훼손할 정도로 피해가 큰 질병이다. 1922년 케냐에서 처음 발생하였으며 그 이후 급속하게 아프리카 전역으로 퍼져 나갔다. 아라비카에만 영향을 주고 발생 지역도 아프리카 대륙으로 한정되어 있다.

내용 요약

- 커피는 남위 25°에서 북위 25° 사이의 열대, 아열대 지역에서 재배되며 이를 커피 벨트라 한다.
- 아라비카 커피 재배 평균 기온은 15-24℃ 이고 적정 강우량은 연간 1,400-2,000mm 이며 커피 재배에 적합한 습도는 60% 정도이다.
- 커피 재배에는 약산성(pH 5-6) 토양이 좋으며 대부분 화산성 토양에서 재배된다.
- 커피는 고지대에서 재배될수록 자당과 지방 성분이 많아져 커피 품질이 더 좋다.
- 키가 큰 나무를 함께 심어 커피나무에 그늘을 만들어 재배하는 것을 셰이딩이라 한다.
- 커피나무를 조밀하게 심은 다음 대량의 화학 비료, 제초제, 살충제를 사용하고 관개시설을 이용하여 커피를 대량 생산하는 것을 선 커피라 한다.
- 커피 파종은 파치먼트 상태로 하며 묘목을 기른 다음 재배지에 옮겨 심는다.
- 커피나무의 경제적 수명은 20-30년 정도이다.
- 노쇠한 커피나무를 완전히 베어버리는 것을 스텀핑이라 한다.
- 커피녹병은 곰팡이에 의해 발생하며 커피에 치명적인 대표적 질병이다.

5. 커피의 성장과 수확

개화

나무를 심고 2-3년 정도 지나면 개화가 시작된다. 건기가 끝나고 내리는 첫 번째 비나 짙은 안개는 꽃눈의 개화를 자극하며 이 상태에서 7-10일이 지나면 꽃이 핀다. 커피는 바람에 의해 수분이 가장 많이 이루어지는데 커피꽃은 이른 아침에 피고 수정이 이루어지면 꽃밥이 갈색으로 바뀌며 이틀 정도 지난 후 꽃은 시들어 떨어진다. 이후 씨방은 커피열매로 성장하고 그 안의 두 개의 밑씨는 씨앗(생두)으로 성장한다.

수정 전

수정 후

꽃은 시들어 떨어짐

열매의 성장 및 성숙

커피열매는 수정 후 6-9개월 정도가 되면 다 성장하고 성장한 열매는 시간이 지남에 따라 색깔과 크기가 변화하며 단계별로 그 특성도 매우 다르다.

열매의 성장과정

녹색 체리는 불쾌하고 거칠며 강한 떫은맛이 나고 단맛과 플레이버[14]를 전혀 가지고 있지 않다. 덜 익은 체리는 단조로운 신맛, 거칠고 쓴맛, 떫은맛, 강한 풋내를 가지고 있고 단맛 성분도 별로 없으며 익은 체리에 비해서 세포벽이 얇고 무게도 적게 나간다. 익은 체리는 무거우므로 비중에 의한 분리가 가능하고 펄핑이 쉽게 이루어지며 당분, 수분 함유량 등 커피 성분이 이상적인 균형을 이루고 있다. 너무 익은 체리는 발효된 맛과 불쾌한 과일 맛이 날 수 있다. 하지만 와인 맛이 느껴져 때로는 이 상태에서 수확하여 가공하기도 한다.

수확

커피 수확은 대부분 사람 손에 의해 이루어지므로 커피의 총생산비용 중 가장 많은 비중을 차지한다. 커피체리는 아래 사진처럼 동시에 익지 않아 익은 체리만을 골라 수확하는 핸드 피킹(hand-picking)과 모든 체리를 일시에 수확하는 스트리핑(stripping)의 두 가지 방법을 사용한다. 지역에 따라 기계를 이용해 수확하기도 한다.

---

14 플레이버(flavor)는 향과 맛의 결합된 느낌으로 향미라 한다.

균일하지 않은 체리의 성숙

1) 핸드 피킹

잘 익은 체리만을 일일이 따서 수확하는 방법으로 안 익은 체리는 익을 때까지 기다린 다음 다시 수확한다. 인부 한 명이 하루에 45-90kg의 체리를 수확할 수 있다. 이 방법의 장점은 익은 체리만을 수확하므로 커피 품질이 우수하다는 것이다. 그러나 여러 번 수확해야 하므로 수확 시간도 많이 소요되며 숙련된 인부가 더 많이 필요해 커피 생산 비용을 상승시킨다는 단점도 있다. 대부분의 커피 생산 국가에서 이 방법을 사용한다.

익은 체리만 수확   수확한 체리   안 익은 체리, 나뭇잎은 제거함

2) 스트리핑

스트리핑은 커피나무 밑에 미리 천을 깐 후 한 손으로 가지를 잡고 다른 한 손으로는 체리를 훑어 수확한 다음 키를 사용하여 나뭇잎 등을 날려버리는 방법이다. 생산량이 많거나 수확기가 짧아 체리가 비교적 균일하게

익는 지역에 적합하며 인부 한 명이 하루에 120-250kg 정도의 체리를 수확할 수 있다. 이 방법의 장점은 일시에 수확하므로 그에 따른 비용과 시간을 줄일 수 있다는 것이다. 하지만 커피나무에 손상을 주고 안 익은 체리와 잎, 가지 등이 섞이므로 커피 품질을 떨어뜨린다는 단점이 있다. 브라질처럼 수확량이 많은 나라와 대부분의 로부스타 생산 국가에서 이 방법을 사용한다.

체리를 훑어 수확함   수확한 체리 - 나뭇잎 등이 섞임   나뭇잎 등을 제거

3) 기계 수확

나무의 키와 넓이에 맞춰 폭을 조절할 수 있는 기계를 사용하여 체리를 수확하는 것이다. 기계 내부의 회전하는 살이 나무에 진동을 주어 체리를 수확하며 압축공기를 이용하여 나뭇잎이나 가벼운 이물질을 제거한 후 같이 이동하는 트럭에 수확된 체리를 옮겨 싣는다. 기계 한 대로 인부 100명 분을 수확할 수 있어 노동력과 시간을 대폭 절감할 수 있지만, 선별 수확이 어렵고 나무에 손상을 줄 수 있다.
이 방법은 브라질에서 1970년대 처음 도입되었으며 지금도 브라질의 일부 지역이나 하와이와 같이 일부 평탄한 지역에서만 시행된다.

수확량/수확기

1헥타르의 면적에서 보통 아라비카는 약 750kg, 로부스타는 1,200kg의 체리를 수확할 수 있다고 하지만 지역이나 농장에 따라 그 차이가 매우 크다. 일반적으로 아라비카보다 로부스타가, 소규모 농장보다 대규모 농장이, 고지대보다 저지대가, 재래 품종보다 신품종이 수확량이 더 많다.

수확기는 재배 지역의 위도에 따라 차이가 있다. 보통 북반구에 있는 나라들은 9-3월, 남반구에 있는 나라들은 4-9월 사이에 수확하지만 수확기는 같은 국가라도 지역과 고도에 따라 다르며 또 항상 일정한 것이 아니라 기상 조건의 변화에 따라 달라질 수 있다.

커피 생산 국가별 수확기

지역	국가		월 1	2	3	4	5	6	7	8	9	10	11	12
북반구	멕시코		■	■	■	■					■	■	■	■
	과테말라		■	■	■						■	■	■	■
	온두라스		■	■	■	■						■	■	■
	엘살바도르		■	■	■							■	■	■
	니카라과		■	■	■							■	■	■
	코스타리카		■	■	■						■	■	■	■
	파나마		■	■	■							■	■	■
	도미니카		■	■	■	■	■							
	에티오피아		■	■								■	■	■
	예멘		■									■	■	■
	하와이		■	■	■	■					■	■	■	■
	콜롬비아		■			■	■				■	■	■	■
적도	인도네시아	수마트라												
		자바					■	■	■	■	■	■		
		술라웨시					■	■	■	■	■	■		
	에콰도르							■	■	■	■			
	케냐							■	■		■	■	■	

지역	국가	월	1	2	3	4	5	6	7	8	9	10	11	12
남반구	브라질						■	■	■	■	■			
	페루						■	■	■	■	■			
	볼리비아						■	■	■	■	■			
	파푸아뉴기니						■	■	■	■				
	부룬디				■	■	■	■						
	르완다				■	■	■	■						
	탄자니아						■	■	■	■	■			

수집/운반

그날의 수확이 끝나면 수확량을 측정하여 임금을 지급하는데 이때 수확량은 네모난 용기[15]를 사용하여 측정하기도 하고 수확된 체리의 중량으로 측정하기도 한다. 수확한 체리는 높은 수분 함유량과 산지의 높은 온도로 인해 품질이 급속히 떨어지므로 가능한 한 빨리 처리해야 한다. 수집된 체리는 트럭 같은 운송 수단을 이용해 가공 시설로 운반되며 인부들이 직접 운반하기도 한다.

수확량 측정

체리 무게 측정

체리 운반

---

15 이 측정 용기를 까후엘라(Cajuela)라 부르며 용적은 17리터로 약 12kg의 체리가 담긴다.

내용 요약

- 커피나무는 나무를 심고 2-3년 후부터 개화가 시작되며 수확이 가능하다.
- 수정 후 6-9개월 정도가 되면 커피열매는 완전히 성숙한다.
- 익은 체리는 당분, 수분 함유량 등 커피 성분이 이상적인 균형을 이루고 있다.
- 커피 수확은 대부분 사람 손에 의해 이루어지며 익은 체리만 골라 따는 핸드 피킹과 체리를 한 번에 훑어 수확하는 스트리핑이 있다.
- 핸드 피킹은 익은 체리만을 수확하므로 커피 품질이 우수하지만 여러 번 수확해야 하므로 수확 시간이 길어지고 비용도 증가한다.
- 스트리핑은 일시에 수확하므로 비용과 시간을 줄일 수 있지만 커피나무에 손상을 주며 커피 품질이 떨어진다.
- 기계 수확은 한정된 지역에서 시행하며 브라질이 대표적인 나라이다.
- 북반구에 있는 나라들은 9-3월, 남반구에 있는 나라들은 4-9월 사이에 수확한다.
- 수확한 체리는 높은 수분 함유량과 산지의 높은 온도로 인해 품질이 급속히 떨어지므로 신속히 처리해야 한다.

6. 커피 가공 I

커피 가공 방식은 대표적으로 내추럴 가공(Natural/Dry process), 워시드 가공(Washed/Wet process), 세미 워시드 가공(Semi-washed process) 등이 있으며 농장에 따라 선택적으로 이루어지는데 두 가지 이상의 가공 방식을 같이 사용하기도 한다. 동일한 커피라 하더라도 어떤 가공 방식을 선택하느냐에 따라 커피 특성은 확연히 달라진다. 최근에는 여러 가지 새로운 가공 방식도 도입되어 시행되고 있다.

커피 가공 과정은 크게 수확한 체리를 가공하는 과정과 건조 이후의 과정으로 나뉘며 여기서도 이에 따라 기술하도록 한다.

커피 가공 과정

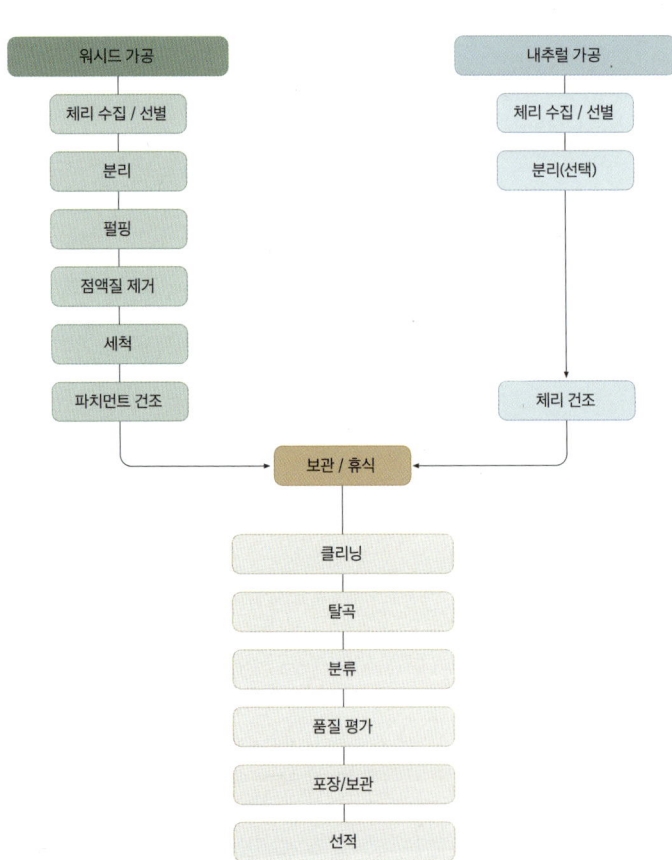

내추럴 가공

1) 특성

가장 오래된 커피 가공 방식으로 수확한 체리를 그대로 건조하는 단순한 방법이다. 별도의 시설이나 장비가 필요하지 않고 물도 사용할 필요가 없어 물이 부족하고 햇볕이 좋은 지역에서 주로 이루어진다.

내추럴 가공은 미생물이 쉽게 증식되어 특유의 발효취가 발생하며 체리가 상할 수도 있다는 문제점들이 있어 오늘날 많이 사용되지는 않는다. 하지만 워시드 가공 보다 바디도 강하고 풍부한 플레이버가 생성될 수 있는 장점도 있다. 내추럴 가공으로 가공한 커피를 내추럴 커피(natural coffee)나 언워시드 커피(unwashed coffee)라 부른다.

2) 과정

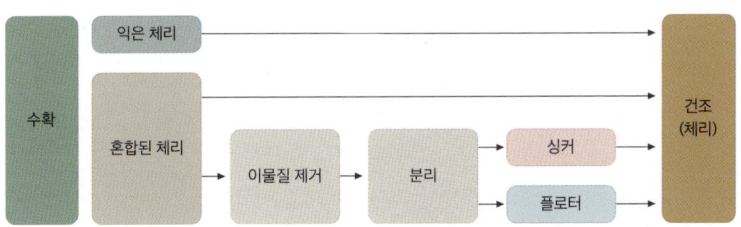

소량 가공의 경우 잘 익은 체리를 건조대에 펼쳐 놓고 건조한다. 건조가 원활히 진행되도록 자주 체리를 뒤섞어주어야 하며 결함이 발생한 체리는 제거한다.

건조대에 체리를 고르게 펼쳐 놓음

손으로 체리를 뒤섞어 줌

건조가 끝난 체리

대량 가공은 브라질에서 시행하는 방법으로 체리 분리기를 이용하여 물에 가라앉는 싱커(sinker, 익은 체리+안익은 체리)와 물에 뜨는 플로터(floater, 주로 마른 체리)를 분리하여 각기 따로 건조한다.

수집된 체리

체리 분리

내추럴 가공은 브라질에서 대표적으로 시행하고 이 밖에 에티오피아, 예멘 등에서도 사용하며 대부분의 로부스타도 이 방법으로 가공한다.

내추럴 가공 시 단계별 상태와 특성

	수확 체리	건조 체리	생두
상태			
명칭	프레시 체리 (Fresh cherry)	드라이 체리 커피 (Dry cherry coffee)	그린커피 (Green coffee)
중량(kg)	100	37	19
수분 함유율(%)	65	12	12

워시드 가공

1) 특성

수확한 체리의 과육을 분리하여 파치먼트 상태로 건조하는 방식으로 내추럴 가공에 비해 품질이 균일한 생두를 생산할 수 있는 장점이 있다. 하지만 복잡한 가공 과정에 따른 시설과 장비의 설치, 시간과 물 사용의 증가에 따른 비용 상승, 환경 오염 가능성 등의 문제점이 있다. 아라비카 커피 생산 시 대부분 이 방법으로 가공하며 워시드 가공으로 생산된 커피를 워시드 커피(washed coffee) 또는 마일드 커피(mild coffee)라 한다. 가공 과정은 모든 농장에서 동일하게 이루어지는 것이 아니고 농장마다 처리하는 체리의 양이나 품질도 다르므로 사용되는 기계나 시설 등에서 차이를 보인다.

2) 가공

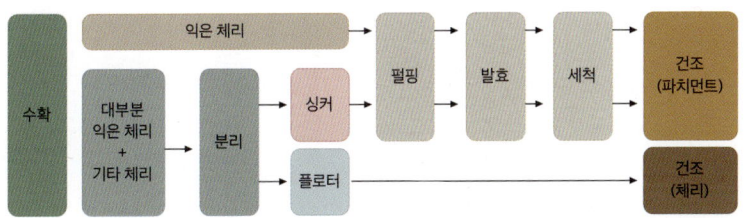

① 분리

분리는 수확한 체리를 물을 이용하여 싱커와 플로터로 구분하고 나뭇잎 등의 이물질을 제거해주는 작업을 말한다. 위 표에 나타나 있듯이 익은 체리만을 수확하여 가공할 경우 이 과정이 필요하지 않지만 안 익은 체리 등이 섞여 있는 경우 좋은 생두를 얻기 위해서는 싱커와 플로터를 분리해야 한다. 이 과정에서 분리된 플로터는 품질이 떨어지므로 펄핑(pulping/depulping)[16] 과정을 거치지 않고 바로 건조장으로 보내져 체리 상태로 건조된다.

---

16 펄핑은 펄퍼(pulper)를 사용하여 체리에서 펄프를 제거하는 것이다.

사이펀 탱크(siphon tank)를 사용하는 경우 수집된 체리를 수집 탱크에 부은 다음 물을 흘려보내면 파이프를 통해 체리가 탱크로 흘러가는데 이때 돌은 탱크 아래의 구멍으로 빠져 제거되고 플로터는 상단에 있는 홈을 통해 흘러나가며 싱커는 수압을 통해 다음 펄핑 과정으로 보내진다.

수집된 체리

체리 이동

돌 제거

플로터와 싱커분리

처리할 양이 많은 경우 체리 분리기를 사용한다. 체리는 구멍이 뚫려 있는 진동판을 통과하는데 이때 체리는 구멍을 통해 아래로 떨어지고 진동판 위에 남은 나뭇잎은 제거된다. 구멍을 통해 빠진 체리는 이후 물에 잠겨 통로를 따라 앞으로 이동하며 플로터는 물에 잠겨 그대로 전진하면서 배출구로 빠져나온다. 물에 가라앉은 싱커는 아래쪽에 있는 구멍을 통해 싱커 통로로 옮겨진 후 배출된다. 이렇게 분리된 싱커와 플로터는 각기 다른 이동 통로를 통해 펄퍼로 옮겨지고 그곳에서 각기 펄핑이 된다.

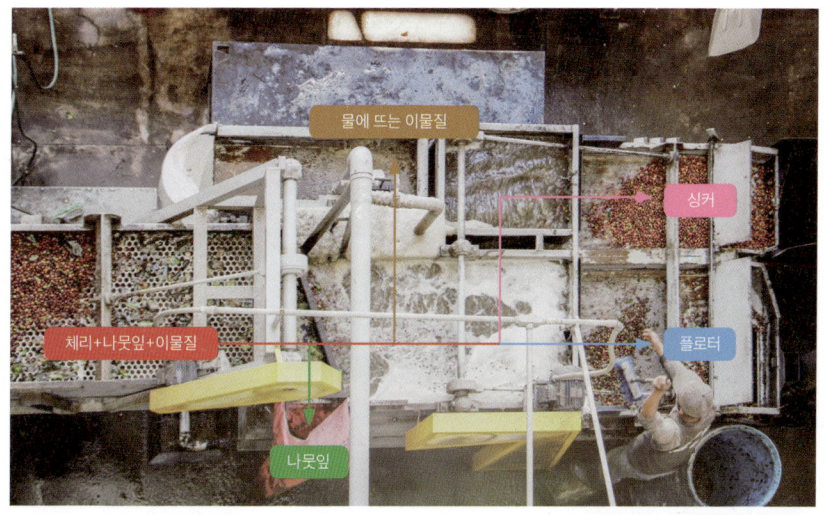

물에 뜨는 이물질은 이곳으로 모임

싱커는 하단의 이 통로로 빠져나감

싱커와 플로터는 따로 이동하여 펄핑됨

② 펄핑

펄프는 당분과 수분 함유량이 많아 발효가 쉽게 되어 불쾌한 냄새가 날 수 있으므로 신속하게 제거해야 한다. 체리는 호퍼를 통해 펄퍼 내부로 들어가고 이곳에서 파치먼트와 펄프가 분리된다. 이때 아래로 떨어진 펄프는 따로 모아 건조 한 후 유기질 비료로 사용한다.

펄핑된 파치먼트

펄프

펄퍼는 드럼 펄퍼, 디스크 펄퍼가 주로 사용된다. 드럼 펄퍼는 회전하는 드럼의 압력을 이용하는 것으로 드럼 방향에 따라 수평형과 수직형으로 나뉘고 디스크 펄퍼는 회전하는 디스크의 끝에 달린 칼날을 이용하는 것이다.

드럼 펄퍼 (수평형)　　　　드럼 펄퍼 (수직형)　　　　디스크 펄퍼

펄퍼를 빠져나온 파치먼트는 이송 장치나 수로를 따라 다음 과정인 발효 탱크로 이동한다.

이송 장치　　　　　　　　수로

발효[17]는 건조 시 파치먼트의 손상을 막기 위해 펄핑 후 파치먼트에 묻어 있는 점액질을 제거하는 과정이다. 발효 탱크에 펄핑이 끝난 파치먼트를 채운 다음 물을 부어 함께 담가 놓으면 미생물의 작용으로 자연스럽게 점액질이 분리된다. 이 과정에서 점액질의 당분은 알코올과 탄산가스로 분해되고 알코올은 다시 아세트산(acetic acid)과 같은 산으로 변화하면서 물의 pH를 4.2~4.5까지 떨어뜨린다. 워시드 커피의 신맛은 이 과정을 통해 강화되며 발효 과정은 보통 12-18시간 정도 소요된다.

17　발효 과정을 거치는 전통적인 워시드 가공 방법은 풀리 워시드(fully washed)라 부르며 발효 과정을 거치지 않는 펄프드 내추럴(pulped natural), 허니 커피 가공은 세미 워시드(semi washed)라 한다.

이러한 전통적인 발효 과정은 생두의 중량손실[18], 과다한 물 사용에 따른 환경오염, 많은 시간과 노동력의 소요, 파치먼트의 과발효 그리고 별도의 발효 시설을 필요로 한다는 문제점을 가지고 있다. 특히 과발효는 커피 품질에 치명적인 결과를 가져올 수 있으므로 반드시 주의해야 한다.

점액질이 묻어 있는 파치먼트   발효 탱크

③ 세척

발효가 끝난 뒤 파치먼트에 달라붙어있는 찌꺼기를 없애주기 위해 깨끗한 물로 충분히 씻어주어야 하는데 이는 노를 가지고 파치먼트를 밀면서 진행한다.

나무틀로 수로를 막아 밀도별로 분류한 다음   세척이 완료된 파치먼트
파치먼트를 세척함

---

18 전통적인 발효 과정에서 고형 성분의 손실로 인해 중량이 0.5-6.0%까지 줄어든다.

워시드 가공 시 단계별 상태와 특성

명칭	상태	중량(kg)	수분(%)
프레시 체리 (Fresh cherry)	수확한 체리	100	65
펄프드 커피 (Pulped coffee)	점액질이 묻어 있는 파치먼트	54	56
웨트 파치먼트 커피 (Wet parchment coffee)	점액질이 제거된 파치먼트	45	55
드라이 파치먼트 커피 (Dry parchment coffee)	건조가 완료된 파치먼트	23	12
그린커피 (Green coffee)	생두	19	12

내추럴과 워시드 가공 특성 비교

	내추럴 가공	워시드 가공
장점	생산단가가 싸고 친환경적임	커피 품질이 균일함
단점	건조 과정에서 발효취가 발생하며 품질이 균일하지 않음	더 많은 가공 시설이 필요하고 물을 많이 사용하므로 환경을 오염시킬 수 있음
특성	단맛과 바디가 강하며 때론 더 짙은 과일향 등을 느낄 수 있음	신맛이 강하고 향이 부드러우며 맛이 깔끔함
외관	센터컷과 실버스킨은 노란빛이며 실버스킨이 더 많이 달라붙어 있음	진한 녹색을 띠고 센터컷과 실버스킨은 흰색임
사용 국가	브라질, 에티오피아 등과 대부분의 로부스타 커피 생산국가	콜롬비아, 과테말라, 케냐 등과 대부분의 아라비카 커피 생산국가
커피 명칭	내추럴 커피 / 언워시드 커피	워시드 커피 / 마일드 커피

허니 커피 가공

1) 특성

허니 커피 가공(Honey coffee process)은 2003년 코스타리카(Costa Rica)에서 시작된 방법으로 브라질의 펄프드 내추럴 가공(Pulped natural process)과 기본적으로 방식이 같다. 차이점은 잘 익은 체리를 수확하여 펄핑 후 점액질 제거기(Mucilage remover, Desmucilaginador)로 파치먼트에 남아 있는 점액질을 일부 또는 대부분을 제거한 상태에서 건조한다는 점인데 이렇게 하면 발효와 세척 과정이 생략되어 바로 건조 시킬 수 있다. 이 가공 방법으로 생산되는 커피를 허니 커피(honey coffee)라 하며 그 특성은 워시드 커피와 내추럴 커피의 중간적 성격을 띤다.

2) 과정

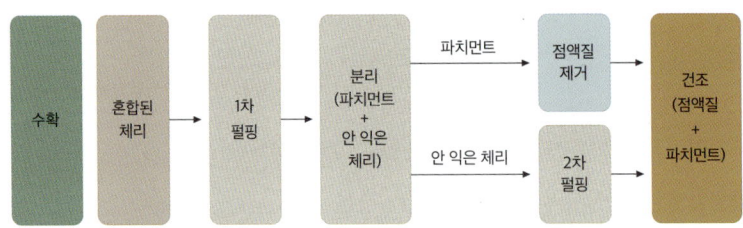

펄핑 된 파치먼트는 원통형의 점액질 제거기 하단부로 이동한다. 하단부에는 파치먼트를 올려보내는 회전하는 나선형의 컨베이어가 있고 손가락 모양의 돌기가 파치먼트를 문질러 점액질을 닦아내며 여기서 제거된 점액질은 아래로 흘러내려 간다.

점액질 제거기 내부

제거된 점액질이 아래로 흘러 내려감

허니 커피는 파치먼트에 남아 있는 점액질의 양이 많고 뒤섞어주는 횟수가 적을수록 건조 시간이 길어지고 색깔이 짙어진다. 플레이버와 단맛도 더 강해져 내추럴 커피에 가까운 특성을 보인다. 건조 상태에 따라 크게 화이트, 옐로, 레드, 블랙 허니 등으로 나뉘는데 이 중 화이트 허니는 점액질이 대부분 제거된 것으로 허니 커피라기보다 워시드 커피로 간주한다. 허니 커피 생두는 실버스킨이 노란빛이나 붉은빛을 띠며 워시드 커피에 비해 더 많이 달라붙어 있다.

왼쪽부터 화이트, 옐로, 레드, 블랙 허니 파치먼트

블랙 허니 생두

기타 가공

1) 세미 웨트/웨트 헐 가공

세미 웨트 가공(Semi-wet process)은 인도네시아의 수마트라, 술라웨시(Sulawesi)에서 사용되는 가공 방법으로 웨트 헐(Wet-hull)[19]이라고도 한다. 이 방법은 펄핑 후 하루 정도 발효 과정을 거친 다음 파치먼트가 젖은 상태에서 탈곡을 하고 생두 상태에서 건조하는 것이다. 이렇게 가공하는 이유는 연중 내리는 비로 인해 길어지는 건조 기간을 단축하기 위해서이다.

2) 탄산가스 침용

탄산가스 침용(Carbonic maceration)은 스테인리스 컨테이너에 파치먼트를 넣고 밀봉한 다음 컨테이너 안의 공기(산소)는 뽑아내고 탄산가스를 주입하는 것이다. 이렇게 하면 당 분해를 줄여주고 박테리아의 성장을

---

19 인도네시아에서는 길링바사(Giling basah)라 부른다.

억제하여 발효가 천천히 진행되며 pH가 느린 속도로 낮아져 보통 발효 시간이 길어질 때 발생하는 불쾌한 신맛이 생성되지 않는다.

3) 무산소 발효

무산소 발효(Anaerobic fermentation)는 산소를 빼낸다기보다 컨테이너의 밀폐를 통해 산소의 자유로운 출입을 막는 방법이다. 즉, 점액질이 달라붙은 파치먼트를 스테인리스 용기에 넣고 소량의 물과 미리 준비해둔 다른 커피의 점액질을 추가로 부은 후 용기를 밀봉하여 그 안에서 발효시키는 것이다. 그러면 압력과 열 발생으로 인해 점액질 성분이 파치먼트에 좀 더 강하게 달라붙어 있는데 이 과정을 통해 독특한 발효취가 생성되며 특히 시나몬, 애플파이 등의 특성을 갖는다.

내용 요약

- 커피 가공 방식은 내추럴 가공, 워시드 가공, 세미 워시드 가공 등이 있다.
- 내추럴 가공은 수확한 체리를 그대로 건조시키는 단순한 방법으로 브라질, 에티오피아 등에서 시행한다.
- 워시드 가공은 펄핑 → 발효 → 세척 → 건조의 과정을 거치며 대부분 커피 생산 국가에서 이 방법을 사용한다.
- 펄핑은 체리에서 과육을 제거하는 것으로 드럼 펄퍼, 디스크 펄퍼가 사용된다.
- 발효는 발효 탱크에 파치먼트를 채운 다음 물을 부어 점액질을 제거하는 것으로 이 과정에서 점액질의 당분은 알코올과 탄산가스로 분해되고 알코올은 다시 아세트산 등으로 변화하면서 물의 pH가 4.2-4.5까지 떨어진다.
- 내추럴 커피는 단맛이 좋으며 발효취가 생성된다. 센터컷과 실버스킨은 노란빛이며 실버스킨이 더 많이 달라붙어 있다.
- 워시드 커피는 신맛이 강하고 향이 부드러우며 맛이 깔끔하다. 진한 녹색을 띠고 센터컷과 실버스킨은 흰색을 띤다.
- 허니 커피 가공은 펄핑 후 점액질이 묻어 있는 상태로 파치먼트를 건조시키는 방법으로 옐로, 레드, 블랙 허니 등이 있다.
- 웨트 헐 가공은 펄핑 후 짧은 발효 과정을 거친 다음 파치먼트가 젖은 상태에서 탈곡을 하고 생두 상태에서 건조하는 가공 방법이다.
- 탄산가스 침용은 스테인리스 컨테이너에 파치먼트를 넣고 밀봉한 다음 컨테이너 안의 공기를 뽑아내고 탄산가스를 주입하여 가공하는 방법이다.
- 무산소 발효는 파치먼트를 스테인리스 용기에 넣고 물과 미리 준비해둔 다른 커피의 점액질을 추가로 부은 후 용기를 밀봉하여 그 안에서 발효시키는 가공 방법이다.

7. 커피 가공 II

여기서부터는 건조와 건조가 끝난 뒤 이루어지는 탈곡, 선별, 포장, 선적 등 일련의 과정에 대한 설명이다.

건조

1) 목적

건조는 파치먼트나 체리의 수분 함유율을 50%대에서 12% 이하로 낮추는 것이다. 수분 함유율이 너무 낮으면 탈곡할 때 커피가 부스러지기 쉽고 반대로 너무 높으면 미생물이 쉽게 증식하여 품질이 하락할 수 있다.

2) 건조 방법

① 햇볕 건조

파티오(patio)는 중남미 지역에서 가장 널리 사용되는 건조 시설로 콘크리트, 타일, 아스팔트 등으로 만들어진다. 원활한 배수를 위해 약간의 경사가 있어야 하고 햇빛을 많이 받을 수 있도록 동서 방향으로 위치하는 것이 좋다.

건조 시킬 때 펄핑이 끝난 젖은 상태의 파치먼트나 체리를 얇게 펼친 후 갈퀴질을 해주는데 이렇게 하는 이유는 커피 표면의 온도가 지나치게 올라가는 것을 방지하고 통풍이 잘되게 해주어 균일한 건조가 이루어지도록 하기 위해서이다. 일반적으로 서서히 건조된 커피일수록 수분 함량이 일정하고 고른 색깔을 지닌 좋은 품질의 커피가 된다. 건조 기간은 파치먼트가 7-15일, 체리는 12-21일 정도 걸린다.

허니 커피는 파치먼트에 점액질이 묻어 있어 갈퀴질이 잘되지 않으므로 삽을 사용하여 뒤섞어야 하는데 초반에 더 자주 섞어주어야 한다.

체리 - 기구를 사용하여 뒤섞어줌 (파티오)

허니 커피 - 삽으로 뒤섞어줌 (파티오)

건조대는 철이나 나무로 된 사각형 틀[20]에 그물망을 설치하고 그 위에 파치먼트나 체리를 펼쳐서 건조해주는 시설이다. 통풍이 원활하고 지면과 접촉이 없어 더 좋은 품질의 커피를 생산할 수 있다. 온실은 투명한 비닐로 지붕을 씌운 건조 시설이다. 온실의 내부는 외부보다 온도가 높아져 위의 두 방식보다 건조가 빨리 이루어지며 외부로부터의 오염을 막아줄 수 있는 장점이 있다.

건조대

온실 건조

② 기계 건조

기계 건조는 햇볕 건조보다 비용이 많이 들고 파치먼트 건조에 주로 사용된다. 기계 건조를 하기 전에는 파치먼트를 적어도 이틀 이상 햇볕에 미리 말려 수분 함량이 20% 정도 되게 하는 예비 건조를 한다. 기계 건조 시에는 수평형의 로터리 건조기가 가장 많이 사용된다. 로터리 건조기는 드럼 안에 열이 전달되도록 회전축에 구멍이 뚫려 있고 커피를 균일하게 섞어주는 교반기가 달려있는데 교반기는 분당 2-4회 수평으로 천천히 회전하면서 커피를 건조한다. 건조에는 12-24시간 걸리며 건조가 완료되면 배출구를 개방하여 건조된 파치먼트를 밖으로 빼낸다. 로터리 건조기 외에 수직형 건조기, 원형 건조기 등도 사용된다.

건조 (로터리 건조기)

배출 (로터리 건조기)

20 나무로 된 건조대는 아프리카에서 유래하여 아프리칸 베드(African bed)라 한다.

3) 햇볕 건조와 기계 건조의 비교

모든 조건이 완벽하다면 햇볕 건조가 품질 면에서 더 우수할 수 있으나 현실적으로는 어렵다. 반면 기계 건조는 날씨와 무관하게 균일한 품질의 커피를 만들 수 있는 장점을 가지고 있다.

햇볕 건조와 기계 건조의 비교

	햇볕 건조	기계 건조
건조 기간	7-21일	12-24시간
날씨 영향	많이 받음	거의 없음
인건비	많이 듦	적게 듦
초기투자비	적게 듦	많이 듦
중량손실	상대적으로 많음	상대적으로 적음
품질	편차가 심함	균일한 건조가 가능함

4) 파치먼트/체리 보관

건조 과정이 끝나면 파치먼트나 건조된 체리를 백에 담아 탈곡하기 전까지 보관한다. 파치먼트나 체리 상태의 커피는 탈곡하기 전까지 30일에서 최대 90일까지 보관하여 안정화시키는 과정이 필요하다. 이 과정은 수분이 고르게 커피 세포에 퍼지게 하여 커피의 유통 기한을 늘려주며 보다 분명한 신맛을 가지게 해주고 나중에 백에 담겼을 때 안 좋은 냄새가 덜 나도록 해준다.

파치먼트 보관

클리닝

건조가 끝나고 보관했던 파치먼트나 체리는 가공 시설로 보내져 클리닝, 탈곡, 선별 등의 과정을 거친다. 커피를 탈곡하기 전에 이물질이나 돌을 제거하지 않으면 기계가 손상을 입을 수 있으므로 탈곡 전에 이를 제거해주어야 한다. 이 클리닝 과정은 이물질과 먼지를 제거하는 프리 클리닝(pre-cleaning)과 돌을 제거하는 디스토닝(destoning)으로 이루어진다.

프리 클리닝 과정에서 아직 제거되지 않은 돌은 밀도 차이를 이용하여 제거한다. 경사진 진동판 위에 커피를 놓고 흔들어 주면 밀도 차에 의해 커피와 돌이 분리되는데 이때 강한 공기를 불어주면 커피는 돌보다 가벼워 아래쪽으로 모이고 돌은 위쪽에 남아 분리가 가능하다.

탈곡

탈곡은 생두를 감싸고 있는 파치먼트나 체리 껍질을 제거하는 것이다. 홈이 있는 두 개의 스크루 사이를 통과할 때 파치먼트 혹은 체리 껍질은 압력에 의해 벗겨지거나 실린더 안에서 회전하는 칼날에 의해 제거된다.

폴리싱(polishing)은 탈곡한 다음 생두의 센터컷 주위에 달라붙어 있는 실버 스킨을 제거하는 작업을 말하며 생두의 외관을 깨끗하게 해주어 상품의 가치를 높일 수 있다.

탈곡기

폴리싱 된 생두 (블루마운틴)

선별

앞의 과정을 모두 거친 생두는 크기와 밀도에 의해 분류를 한 후 색깔 분류를 통해 결점두를 제거한다.

1) 크기 분류

크기 분류는 구멍의 크기가 다른 여러 개의 스크린(screen)을 사용한다. 스크린은 크기가 작은 것부터 쌓아져 있는데 맨 위의 스크린에 생두를 올려놓은 후 진동을 주면 크기가 작은 생두는 밑으로 빠지면서 크기에 맞는 스크린에 남고 큰 생두는 상단의 스크린에 남는다. 손으로 생두의 크기를 측정하는 경우 아래와 같은 핸드 스크리너를 사용한다.

스크린 분류기

핸드 스크리너

스크린의 크기는 스크린에 뚫려 있는 구멍의 크기를 뜻한다. 단위는 스크린으로 표시되며 한 단위는 1/64인치, 약 0.4mm이다. 예를 들면 스크린 18은 18×0.4로 약 7.2mm가 되는 것이다. 각각의 스크린 넘버에는 해당하는 명칭들이 있는데 아래 표에서 확인할 수 있듯이 지역에 따라 차이를 보인다.

스크린 사이즈 분류표

스크린 넘버	크기(mm)		영어 명칭	중남미	콜롬비아	아프리카
	뉴욕	ISO				
20	7.94	8	Very Large Bean	-	-	-
19	7.54	7.5	Extra Large Bean			AA

스크린 넘버	크기(mm) 뉴욕	크기(mm) ISO	영어 명칭		중남미	콜롬비아	아프리카
18	7.14	7.1	Large Bean	1st Flats	Superior	Supremo	A
17	6.75	6.75	Bold Bean				
16	6.35	6.3	Good Bean	2nd Flats	Segunda	Excelso	B
15	5.95	6	Medium Bean				
14	5.55	5.6	Small Bean	3rd Flats	Tercera	-	C
13	5.16	5	Peaberry	1st Peaberries	Caracol	-	PB
12	4.76	4.75					
11	4.3			2nd Peaberries	Caracoli		
10	3.97						
9	3.57			3rd Peaberries	Caracolillo		
8	3.17						

2) 밀도 분류

밀도 분류는 공기의 흐름을 이용하여 가벼운 생두 즉, 기형이거나 해충의 피해를 입은 콩, 발효된 콩을 골라내는 작업이다. 구멍이 뚫린 경사진 테이블에 생두를 투입하면 진동에 의해 생두가 앞으로 이동한다. 이때 테이블 아래쪽에서 바람을 불어주면 무거운 생두는 그대로 앞으로 이동하고 가벼운 생두는 공중에 떠서 테이블의 낮은 쪽으로 이동한다. 이렇게 무게가 서로 다른 생두는 앞으로 이동한 후 배출구를 통해 각기 빠져나가 분류된다.

수평형 밀도 분류기

분류된 생두

3) 색깔 분류

색깔 분류는 기계를 통해 색깔을 구분해서 결점이 있는 생두를 제거하는 것이다. 먼저 기계에 투입된 생두에 빛을 쬐어줄 때 반사되는 빛의 파장 크기를 측정한다. 이때 정상 생두는 그대로 통과하지만 기계가 파장이 다르다고 인식하면 압축 공기를 불어넣어 결점두를 제거한다.

핸드 소팅(hand sorting)은 육안으로 구별해 사람 손으로 일일이 결점이 있는 생두를 제거하는 것으로 생산량이 적거나 인건비가 저렴한 지역에서 시행한다.

색깔 분류기   핸드 소팅

포장

분류된 커피는 무게를 측정하여 통기성이 좋은 황마나 사이잘(sisal)로 만든 백에 담아 포장한다.

커피백 인쇄   중량 측정   재봉

포장 단위는 일반적으로 1백당 60kg이 국제적인 표준 단위이나 나라마다 포장 단위는 다양하다. 프리미엄 커피의 경우에는 작은 용량으로 유통되기도 한다.

국가별 포장 단위

무게(kg)	국가
75	도미니카
70	콜롬비아, 볼리비아, 블루마운틴(69.85kg)
69	대부분의 중앙아메리카와 남아메리카
60	브라질, 인도네시아, 아프리카, 디카페인커피
50	예멘, 인도(말라바르)
46	하와이

보관

커피가 생산되어 소비자에게 전달되기까지는 상당한 시간이 소요된다. 따라서 커피의 맛과 향을 온전하게 보존하여 가능한 오랫동안 상업적 가치를 유지하게 하는 것이 매우 중요하며, 바로 이러한 점이 커피 보관의 가장 큰 목적이라 할 수 있다.

보관 시설은 온도 변화가 적고 서늘하며 통풍이 잘되어야 한다. 또한 햇볕이 들지 않아야 하고 고지대에 위치하는 것이 바람직한데 이는 온도가 낮아야 커피의 대사와 호흡 작용이 줄어들기 때문이다. 그래서 보관 시 온도는 20°C이하, 상대습도는 70% 미만이 좋다. 만약 습도가 높으면 곰팡이가 쉽게 증식하고 반대로 너무 낮으면 생두의 색깔이 바래고 생두가 말라 나무 냄새가 날 수 있다. 커피는 대부분 백에 담아 보관한다. 이때 백이 바닥에 직접 닿지 않도록 나무 받침대를 사용하고 무너지지 않도록 너무 높이 쌓지 않는다. 많은 양을 보관할 때는 용량이 최대 2톤 정도 되는 폴리에틸렌 재질의 대형 백이나 콘크리트 혹은 금속으로 제작된 둥근 구조물의 사일로(silo)도 사용되는데 소형 백을 사용했을 때보다 비용과 노동력을 절감할 수 있다.

백 보관　　　　　　　　　　　사일로 보관

선적

창고에 보관하고 있던 커피는 수출하기 위해 항구로 보내지고 이후 항구에서 수입국으로 수주일 이상에 걸쳐 운반된다. 커피 생산국은 도로나 교통 시설이 열악한 경우가 많아 항구까지 운반하는 과정에서 덥고 습한 날씨로 인해 커피의 품질이 손상될 수 있으며 이는 내륙에 있는 국가에서 더 심각하게 발생한다. 또한 항구에서 수입국으로 운반되는 과정에서도 높은 습도와 콩 내부의 수분이 커피 품질에 많은 영향을 미치는데 이러한 현상은 우기에 수송이 이루어질 때 더 가속화된다. 따라서 운반 과정에서의 포장 상태와 운송 방법은 커피 품질 유지에 매우 중요한 요인이다. 선적 방법에는 백 운송, 벌크 운송, 항공 운송 등이 있다.

커피 백 운송

내용 요약

- 건조 방법은 햇볕 건조와 기계 건조가 있으며 파티오, 건조대, 온실 등에서 건조하는데 나무로 제작된 건조대를 아프리칸 베드라 한다.
- 기계 건조는 파치먼트 건조에 주로 이용되며 수평형의 로터리 건조기가 주로 사용된다.
- 파치먼트나 체리는 탈곡하기 전까지 30일에서 최대 90일까지 안정화 과정이 필요하다.
- 안정화 과정 이후 클리닝 → 탈곡 → 선별 → 분류 → 포장 → 보관 → 선적 과정을 거친다.
- 탈곡한 다음 생두에 달라붙어있는 실버스킨을 제거하는 작업을 폴리싱이라 한다.
- 생두 크기는 8부터 20까지 스크린 사이즈로 표기하며 스크린 1은 1/64인치로 약 0.4mm이다.
- 결점두 제거는 기계를 통해서 이루어지지만 사람 손에 의해서도 이루지는데 이를 핸드 소팅이라 한다.
- 커피 1백은 60kg이 국제적인 기준이지만 나라마다 포장 용량에는 조금씩 차이가 있다.
- 커피 보관 시 온도는 20°C이하, 상대습도는 70% 미만이 적당하다.

8. 프리미엄 커피

스페셜티 커피(Specialty coffee), 컵 오브 엑설런스 커피(Cup of Excellence coffee), 서스테이너블 커피(Sustainable coffee)는 일반적으로 거래되는 커머셜 커피(Commercial coffee) 보다 품질이 뛰어나 고가에 거래된다. 따라서 이를 묶어 프리미엄 커피(Premium coffee)로 부르기로 한다.

스페셜티 커피와 SCA

스페셜티 커피는 이상적인 커피 재배 조건에서 생산된 뛰어난 품질의 커피를 말한다. 스페셜티 커피는 커피 재배 지역 토양의 독특한 특성으로부터 형성된 특징적인 플레이버를 가지고 있는 경향이 있다.
이 스페셜티 커피라는 용어는 1978년 프랑스 몽트뢰유(Montreuil)에서 개최된 국제커피컨퍼런스에서 에르나 크누츠센(Erna Knutsen)이 대표 연설을 통해 처음 언급한데서 비롯되었다. 스페셜티 커피 분야는 1990년대 들어 전 세계 음식 서비스 산업 중 가장 빠른 신장세를 보이고 있는데 미국도 전체 커피 시장은 수십 년째 정체 상태이지만 스페셜티 커피 분야는 지속적인 성장을 하고 있다.
미국스페셜티커피협회(Specialty Coffee Association of America, SCAA)는 스페셜티 커피 교역에 대한 문제점을 개선하고 품질 기준을 설정하기 위한 커피 관계자들의 소규모 모임에 의해 1982년 설립되었다. 미국스페셜티커피협회와 유럽스페셜티커피협회(Specialty Coffee Association of Europe, SCAE) 두 단체는 2017년 통합하여 스페셜티커피협회(Specialty Coffee Association, SCA)로 새롭게 출범하였다.

SCA의 결점두 및 스페셜티 커피 분류

1) 결점두

결점두(defect bean)는 여러 가지 이유로 상품으로써의 가치를 상실한 커피로 커피 이외의 이물질 등으로 인해 체리 상태에서 발생하기도 하고 수확 과정에서 발생하기도 한다. 그리고 그 이후의 발효, 건조, 탈곡, 보관, 수송 등 모든 과정에서도 발생할 수 있다. 다음의 결점두 분류 기준은 SCA의 기준에 의한 것으로 아직 국제적으로 통일된 기준은 없다.

SCA 분류 기준 결점두

종류	1. 형태 2. 발생 원인 3. 로스팅 영향
 블랙빈(Black bean)	1. 표면이 검은색을 띠는 콩으로 센터컷이 벌어져 있으며 크기가 작고 끝이 뾰족함 2. 너무 늦은 체리 수확, 체리가 흙과 접촉 시 미생물에 의한 과발효 3. 로스팅이 늦게 이루어지며 칙칙하고 누르스름한 색을 띰
 사우어 빈(Sour bean)	1. 발효된 콩으로 노란색, 갈색, 붉은색을 띰 2. 너무 익은 체리나 땅에 떨어진 체리의 수확, 가공 과정 시 오염된 물의 사용, 습도가 높은 상태에서 나무에 체리가 계속 달린 채 발효됨 3. 옅은 색깔을 띠며 불균일한 로스팅
 드라이 체리/포드 (Dry cherry/pod)	1. 일부 혹은 전부가 마른 체리 껍질에 쌓여있는 콩 2. 워시드 커피 - 잘못된 펄핑, 플로터 제거 안 됨 내추럴 커피 - 잘못된 탈곡이나 분류 3. 발화 위험
 펑거스 데미지 (Fungus damage)	1. 곰팡이에 의해 노란색이나 적갈색을 띤 콩 2. 수확에서 보관까지 곰팡이가 성장할 수 있는 온도와 습도가 유지됨 3. 영향 없음

인섹트 데미지 (Insect damage)

1. 해충(커피베리보어러)이 구멍을 한 개나 여러 개 뚫어 놓은 콩
2. 체리가 나무에 달렸을 때 해충이 구멍을 뚫고 들어가 알을 낳음
3. 정상 생두보다 짙은 로스팅

포린 매터 (Foreign matter)

1. 돌이나 나뭇가지 등 커피 이외의 이물질
2. 수확이나 선별 과정에서 제거되지 않음
3. 돌-없음/나뭇가지-발화 위험
   (돌은 그라인더 등에 심각한 손상을 입힐 수 있음)

파치먼트 (Parchment)

1. 건조된 파치먼트가 완전히 혹은 부분적으로 감싸고 있는 콩이나 파치먼트 조각
2. 워시드 커피의 불완전한 탈곡
3. 발화 위험

플로터 (Floater)

1. 하얗거나 색이 바랬고 가벼워서 물에 뜨는 콩
2. 부적절한 보관이나 건조
3. 거무스름한 색깔을 띠며 내부가 덜 익음

언라이프/이머춰 (Unripe/Immature)

1. 일반 콩보다 크기가 작고 끝이 뾰족하며 오목한 형태를 띠는 콩으로 황록색의 실버스킨이 단단하게 붙어있음
2. 미성숙한 체리의 수확
3. 더디고 불균일한 로스팅, 로스팅을 하면 옅은 색깔을 띠는 퀘이커(quaker)가 됨

1. 건포도와 같이 주름졌으며 작고 기형인 콩
2. 성장 기간에 수분 공급 부족
3. 영향 없음

**위더드 빈
(Withered bean)**

1. 분리된 조개나 귀 모양의 콩
2. 유전적 원인으로 결합력이 약한 콩이 탈곡 과정에서 두 쪽으로 분리됨
3. 발화 위험과 불균일한 로스팅, 색깔이 더 짙거나 잘 부스러짐

셸(Shell)

1. 깨진 콩이나 콩 조각
2. 펄핑이나 탈곡 시 장비의 잘못된 조정이나 콩에 과도한 압력이 가해짐
3. 불균일한 로스팅

**브로큰 빈
(Broken bean/
Chipped/Cut)**

1. 짙은 색을 띤 마른 펄프 조각
2. 내추럴 커피의 잘못된 탈곡이나 선별
3. 로스팅 시 타서 안 좋은 냄새가 날 수 있음

헐/허스크(Hull/Husk)

2) 스페셜티 커피

① 분류 기준
스페셜티 커피 분류는 일반적인 커피 샘플링(300g)과 달리 350g의 샘플을 가지고 시행하고 콩의 결점뿐만 아니라 콩의 크기, 수분 함유율, 컵 퀄리티(cup quality)까지도 평가한다.

스페셜티 커피 기준

항목	내용
샘플 중량	• 생두: 350g • 원두: 100g
수분 함량	워시드 커피는 수입 시에 반드시 수분 함량이 10-12% 사이일 것
콩의 크기	전통적인 둥근 구멍이 뚫린 스크린으로 측정하여 명세서에서 기술된 것과 편차가 5% 이내 일 것
로스팅 균일성	퀘이커는 한 개도 허용되지 않음
향미 특성	• 커핑[21]을 통해 샘플은 프래그런스/아로마(fragrance/aroma), 플레이버, 신맛(acidity), 바디, 애프터테이스트(aftertaste)의 각 부분에서 독특한 속성을 반드시 가지고 있을 것 • 외부 냄새와 향미 결점이 없을 것

② 분류 방법
먼저 생두의 품질에 부정적 영향을 강하게 끼치는 결점두는 프라이머리 디펙트(Primary defects)로, 영향이 적은 결점두는 세컨더리 디펙트(Secondary defects)로 분류한다. 예를 들어 시비어 인섹트 데미지(Severe Insect Damaged)는 부정적 영향이 강하므로 프라이머리 디펙트로 분류하고 5개가 풀 디펙트(full defect) 1점이 된다. 반면 슬라이트 인섹트 데미지(Slight Insect Damaged)는 상대적으로 영향이 작으므로 세컨더리 디펙트로 분류하며 10개 당 풀 디펙트 1점이 된다. 즉, 풀 디펙트 환산 점수가 작을수록 강한 결점을 의미하고 만약 한 개의 결점두에서 결점의 종류가 두 개 이상 발견되면 영향이 강한 결점 요소 한 가지만 평가한다.

---

21 6장 커피향미 평가 중 7단원 <커피 커핑> 참조

풀 디펙트 환산표

프라이머리 디펙트	풀 디펙트 환산점수	세컨더리 디펙트	풀 디펙트 환산점수
풀 블랙 (Full Black)	1	파셜 블랙 (Partial Black)	3
풀 사우어 (Full Sour)	1	파셜 사우어 (Partial Sour)	3
드라이 체리/포드	1	파치먼트	5
펑거스 데미지	1	플로터	5
포린 매터	1	이머춰/언라이프	5
시비어 인섹트 데미지	5	위더드	5
		셸	5
		브로큰	5
		헐/허스크	5
		슬라이트 인섹트 데미지	10

- 파셜 블랙은 손상 정도가 풀 블랙의 1/2 이하일 경우
- 파셜 사우어는 손상 정도가 풀 사우어의 1/2 이하일 경우
- 시비어 인섹트 데미지는 구멍이 3개 이상일 경우

그 후 풀 디펙트로 환산한 점수와 여러 조건들을 가지고 스페셜티 그레이드(Specialty Grade)와 빌로우 스페셜티 그레이드(Below Specialty Grade)로 분류한다. 스페셜티 그레이드의 기준은 아래와 같은데 이 기준에 해당하지 않는 커피들은 자동으로 빌로우 스페셜티 그레이드로 분류된다.

- 생두 350g 당 풀 디펙트가 5를 넘지 않아야 하며 프라이머리 디펙트는 단 한 개도 허용되지 않음
- 원두 100g 당 퀘이커가 1개도 허용되지 않음
- 커핑을 통해 점수가 80점 이상이어야 함
- 생두 색깔이 블루 그린(blue-green), 블루이시 그린(bluish-green), 그린 (green)일 것, 그리니시(greenish) 이하는 허용되지 않음

퀘이커

퀘이커는 안 익은 체리나 제대로 발육되지 않은 체리를 수확하여 가공한 것으로 강한 쓴맛이 난다. 생두 상태에서는 구별하기 힘드나 로스팅을 하면 콩 안에 유기 화합물이 별로 없어 갈변 반응이 일어나지 않으므로 정상 원두보다 색깔이 옅어 구별이 가능하다. SCA 결점두 분류에는 속하지 않지만 가장 흔하게 발견되는 결점두로 퀘이커가 많이 섞여 있을수록 커피 품질이 그만큼 떨어진다는 것을 의미한다.

퀘이커(좌)와 정상 원두(우)

서스테이너블 커피

1) 탄생 배경

커피 가격은 1994년을 기점으로 하락하기 시작하여 2001년에는 역대 최저를 기록하였다. 이는 베트남의 급속한 커피 생산량 확대와 브라질의 커피 생산 증가로 커피의 공급은 많이 증가하였지만 수요는 소폭 증가에 머물렀기 때문이었다.

위와 같은 상황을 타개하고자 커피 재배 국가들은 커피 생산을 더 늘릴 수밖에 없었다. 그래서 커피 재배지를 확대하기 위해 다른 나무를 베어버리고 생산량을 늘리기 위해 제초제, 살충제를 전보다 더 많이 사용하였다. 그런데 이는 토양 침식, 심각한 환경 파괴 등 여러 가지 부작용을 일으켰고 또한 커피 생산에만 주력하면서 정작 필요한 식량은 부족해져 이를 수입해야 하는 상황에 놓이게 하였다.

이러한 상황을 개선하기 위해 '서스테이너블 커피'가 하나의 대안으로 제시되었다. 서스테이너블은 '지속 가능'이라는 뜻으로 현재의 자원과 환경을 파괴하지 않는 범위에서 곡물을 생산하여 후손들에게 물려주자는 취지이다.

2) 인증 종류

출발 초기에는 유기농(Organic), 레인포리스트얼라이언스(Rainforest Alliance), 공정무역(Fair trade), 버드 프렌드리(Bird-Friendly) 인증으로 출발하였으나 2000년대 중반 UTZ(UTZ CERTIFIED), 4C(4C Association) 외에 스타벅스 사의 C.A.F.E. Practices, 네스프레소 사의 Nespresso AAA 같은 일반 기업의 자체 인증까지도 새로이 추가되었다.

① 서스테이너블 인증

레인포리스트얼라이언스는 열대우림의 파괴를 막고자 1987년 설립된 비정부기구들의 연합단체로 생물 다양성을 보존하고 토양의 이용과 소비자 행동의 혁신을 통해 지속가능한 삶을 목표로 한다. 영농에 관한 기준을 정하고 이에 부합하는 경우 인증(RA-Certified)을 해준다.

UTZ는 2002년에 설립된 가장 큰 규모의 서스테이너블 커피 프로그램을 실시하는 독립적인 기구로 서스테이너블 커피 생산에 대한 기준을 수립하고 커피 농가들이 그 기준에 도달할 수 있도록 도움을 주고 있다.

② 공정무역 인증

공정무역은 선진국의 소비자가 저개발국의 생산자에게 직거래를 통해 정당한 가격을 지급하자는 윤리적 소비 운동이다. 공정무역 커피는 미리 정해진 최저 가격을 정하고 시세가 그 이하를 내려가도 최저 가격으로 구입해준다. 대표적인 공정무역 인증 기관은 페어트레이드 인터내셔널(Fair trade International)이다.

③ 유기농 인증

유기농 재배는 살충제와 제초제와 같은 인공적인 화학물질의 도움을 받지 않고 가축의 분뇨, 커피 펄프 등을 이용한 천연 퇴비를 사용함으로써 토양의 황폐화를 방지하고 건강한 자연 생태계를 유지하는 것이다. 대표적인 유기농 커피 인증은 미국 농무성(U.S. Department of Agriculture, USDA)에서 실시하고 있는 'National Organic Program'이다.

④ 버드 프렌드리 인증

미국 SMBC(Smithonian Migratory Bird Center)에서 실시하는 인증 사업으로 셰이딩에 대한 자체 기준을 수립하고 이에 부합하는 농장에서 생산된 커피에 대해 인증 로고를 부착할 수 있게 한다.

RA 인증

공정무역 인증

유기농 인증

버드 프렌드리 인증

3) 효과

화학 비료나 제초제, 살충제 등의 사용을 금지하여 사람과 다른 생물에게 더욱 쾌적한 환경을 제공할 수 있다. 또한 시장 가격에 일정 금액을 가산하여 구입해주므로 커피 재배 농가의 수입이 증대되고 고용이 안정되며 이로 인해 생활 조건이 개선되어 커피 재배 농민의 삶을 개선할 수 있다.

컵 오브 엑설런스

매년 개최되는 컵 오브 엑설런스는 커피 평가에 대한 생산 국가별 행사로 커피 품질에 대한 평가뿐만 아니라 입상한 커피를 구매할 수 있는 경매 프로그램을 구축하여 생산자와 소비자를 연결해 주는 특징을 가지고 있다. 1999년 브라질에서 처음 시작되어 점차 참가국이 늘어나 현재 중남미 커피 생산 국가 중 브라질, 콜롬비아, 멕시코, 과테말라, 엘살바도르, 온두라스(Honduras), 니카라과, 볼리비아(Bolivia), 코스타리카, 페루 그리고 아프리카 커피 생산 국가 중 에티오피아, 부룬디(Burundi), 르완다(Rwanda)가 참여하고 있으며[22] 2002년 비영리단체인 Alliance for Coffee Excellence(ACE)가 설립되어 전반적인 운영을 담당한다.

1) 대회 준비

대회 개최국의 누구나 참가할 수 있으며 전문적인 감사법인이 대회의 공정성과 중립성을 보장하기 위해 모든 단계마다 감사를 시행한다.
조직위원회는 대회 개최국의 커피 산업 관련 종사자들로 구성되며 이들은 해당 개최국의 대회 운영에 대한 책임을 진다. 심사위원장은 ACE와 조직위원회의 감독하에 모든 경연을 진행한다.

---

22 참가국 수는 연도별로 변동이 있다(볼리비아는 2010년부터 참가하지 않고 있으며 2020년부터 에티오피아가 새로이 참가하였다). 브라질은 내추럴과 펄프드 내추럴로 나누어 두 번 시행하며 콜롬비아는 지역별로 북부와 남부를 한 해 걸러 번갈아 시행한다.

2) 대회 진행

예심, 국내 심사, 국제 심사로 구성되어 있으며 총 6라운드의 평가로 진행된다. 예심에서 86점 이상의 점수를 받은 최대 150샘플만 다음 라운드에 진출할 수 있다. 예심을 통과한 커피는 2라운드에서 최대 90샘플을 선정하고 이 중 86점 이상을 받아야 3라운드에 진출할 수 있다. 3라운드에서 다시 평가하여 86점 이상을 받은 최대 40샘플들만 다음 라운드에 계속 참여할 수 있고 5라운드에서는 심판들이 수집된 샘플을 커핑하여 최종 라운드에 진출시킨다. 이때 온라인 경매로 판매될 샘플을(87점 이상, 최대 30샘플) 선정한다. 국제 심사 마지막 날 진행되는 6라운드에서는 가장 점수가 높은 상위 10개 샘플들을 마지막으로 커핑하여 최종 점수를 주고 순위를 결정한다.

3) 경매 진행

입상한 모든 샘플들은 전 세계의 바이어들에게 보내진다. 국제 심사 주간이 종료되고 약 6주 후에는 입상한 커피가 ACE 웹사이트에서 온라인 경매를 통해 판매된다. 1위부터 3위까지의 커피 중 90점 이상을 받은 경우 두 개의 로트로(a와 b) 나누어 판매한다.

2020 코스타리카 COE

순위	점수	농장	지역	중량(kg)	품종	가공법	경매가
1a	90.27	Don Mayo La Loma	Tarrazú	180	게샤	허니	$66.90
1b				180			$70.10
2a	90.14	El Cedro	Tarrazú	210	티피카	허니	$45.20
2b				210			$45.20
3	89.55	Don Cayito	Tarrazú	480	게샤	워시드	$35.20
4	89.18	FCJ Volcan Azul	Occidente	360	SL 28	무산소	$32.00
5	89.14	Santa Teresa	Tarrazú	420	게샤	내추럴	$25.10
6	88.66	Finca Ines	Occidente	450	게샤	내추럴	$22.10
7	88.59	Emanuel	Occidente	420	케냐	내추럴	$19.10

순위	점수	농장	지역	중량(kg)	품종	가공법	경매가
8	88.57	Finca Tacacal	Occidente	630	게샤 M2	허니	$16.10
9	88.55	Agua y manto	Tarrazú	300	게샤	허니	$20.11
10	88.5	La Isla	Occidente	540	SL 28	허니	$16.20

*경매가는 1파운드 당 US $임

출처 - ACE 웹사이트

내용 요약

- 스페셜티 커피는 이상적인 커피 재배 조건에서 생산된 뛰어난 품질의 커피를 말한다.
- 결점두는 품질이 손상된 커피나 커피 이외의 이물질을 말하며 국제적으로 통일된 기준은 없고 SCA의 결점두 분류를 많이 사용한다.
- 퀘이커는 안 익은 체리를 수확하여 가공한 것으로 정상 원두보다 색깔이 옅어 구별이 가능하며 SCA 결점두 분류에는 속하지 않지만 가장 흔하게 발견되는 결점두이다.
- 스페셜티 커피 분류는 샘플 350g으로 시행하며 풀 디펙트가 5이내, 프라이머리 디펙트 0, 원두 100g 당 퀘이커 0, 커핑 점수가 80점 이상이어야 한다.
- 서스테이너블 커피는 레인포리스트얼라이언스 인증, UTZ 인증 등이 있다.
- 공정무역 인증은 생산자와 직거래를 통해 정당한 가격을 지급하는 것으로 페어트레이드 인터내셔널 인증 등이 있다.
- 버드 프렌드리는 SMBC에서 실시하는 셰이딩에 관련한 인증 사업이다.
- 컵 오브 엑셀런스는 생산 국가별로 개최하며 커피 품질을 평가하고 입상한 커피를 경매를 통해 판매하는 프로그램으로 총 6라운드로 진행되며 87점 이상인 샘플만 최종 라운드에 진출할 수 있다.

9. 생두의 분류와 명칭

생두는 생산 국가별로 일정한 기준에 따라 분류(classification)하여 등급(grading)을 매긴다. 생두 분류 기준은 국제적으로 통일된 시스템이 없고 커피 생산 국가별로 정해진 기준을 사용하는데 분류는 등급보다 상위 개념이며 생두의 분류에는 크게 결점두, 재배 고도, 생두의 크기, 커피의 향미와 같은 기준이 사용된다. 국가별 자세한 생두의 분류 기준과 명칭은 10단원 <원산지>를 참조하도록 한다.

분류

1) 결점두에 의한 분류

결점두를 점수(디펙트)로 환산하여 분류하는 것으로 이 방법을 사용하는 국가는 브라질처럼 내추럴 커피를 주로 생산하는 국가들이다. 내추럴 커피는 워시드 커피에 비해 결점두가 섞여 있을 확률이 더 높기 때문이다.

국가	최상위 등급	기준(디펙트)
브라질	NY2	6
	No.2	4
인도네시아	Grade1	11

- NY는 뉴욕거래소의 상품거래 분류 방법임
- Grade는 줄여서 G나 Gr.로 표시함

2) 재배 고도에 의한 분류

커피는 재배 고도가 높을수록 그 맛과 향이 뛰어나고 수확량이 적어 저지대에서 생산된 커피보다 고지대에서 생산된 커피가 당연히 그 등급이 높게 매겨진다. 주로 중앙아메리카에 위치한 국가에서 이런 방식을 채택한다.

국가	최상위 등급	기준(m)
과테말라	Strictly Hard Bean(SHB)	1,350 이상
코스타리카		1,200 이상
파나마		1,200-1,800
멕시코	Strictly High Grown(SHG)	1,200-1,800
온두라스		1,350 이상
엘살바도르		1,200 이상

3) 크기에 의한 분류

동일한 조건이라면 생두의 크기가 클수록 품질이 좋은 것으로 평가된다. 크기로 분류하는 대표적인 나라들은 콜롬비아, 케냐, 탄자니아 등으로 이들 나라에서 생산되는 생두는 다른 나라들에 비해 크기가 커서 이 같은 분류가 가능하다.

국가	최상위 등급	기준(스크린 사이즈)
콜롬비아	Supremo	17/18
케냐	AA	17/18
탄자니아	AA	18
하와이	Extra Fancy	19

4) 점수에 의한 분류

결점두, 냄새, 크기 등 생두의 품질과 커피의 향미 특성을 항목별로 점수화하여 등급별로 분류하는 것으로 이 방법을 사용하는 국가들은 에티오피아, 르완다, 부룬디이다.

국가	최상위 등급	생두 품질(%)	향미 특성(%)
에티오피아	Grade1	40	60
부룬디	FW AA		
르완다	AAA	-	100

위와 같은 생두의 분류 기준은 그 내용이 단순하지 않다. 생산 국가별로 한가지의 분류 기준만 사용하는 것이 아니라 두 가지 이상을 사용하는 경우도 많이 있기 때문이다.

명칭

커피 명칭은 커피 생산지의 지역명, 커피가 재배되는 산악, 수출되는 항구, 농장, 조합 이름을 사용하기도 하며 등급을 하나의 명칭으로 사용하기도 한다. 최근에는 농장 명칭도 많이 사용하는 추세이다. 커피 명칭에는 단순히 커피 명칭만 표기되는 것이 아니라 등급, 생산 연도, 생두의 크기, 밀도, 가공 방법, 품종 등의 여러 사항이 같이 표기되어 보다 많은 정보가 제공되고 있다.
아래의 다양한 커피 명칭 표기의 예를 보면 그 방법이나 순서가 통일되어 사용되지 않는 것을 알 수 있다.

1) 결점두

Brazil	Sul de Minas	Yellow Bourbon	2019	(Grain-pro)
국가	지역	품종	수확연도	포장
Ethiopia	G2	Sidamo	Washed	
국가	등급	지역	워시드 가공	

- Grain-pro는 그레인 프로 사의 폴리에틸렌 백 포장을 뜻하며 (GP)로 표기함
- Grade를 지역 앞에 표기하기도 하고 뒤에 표기하기도 함

2) 고도

Guatemala	Fancy	SHB	EP	Antigua
국가	팬시	등급	하위 등급	지역

El Salvador	SHG	EP	Finca La Joya
국가	등급	하위 등급	농장명

- Fancy는 평균적인 스페셜티 등급 품질을 상회한다는 의미임
- EP는 'Euro Preparation'의 약자로 하위 분류 기준이며 세부 사항은 나라마다 다름
- Finca는 중남미 지역의 커피 농장을 말하며 브라질에서는 이를 'Fazenda'라 함

3) 크기

Colombia	Supremo	Huila
국가	등급	지역

Kenya	AA	Plus	Nyeri
국가	등급	맛	지역

4) 기타

① COE 커피

Rwanda	2019 COE Program	#1	CFC Muhondo
국가	COE	순위	가공 시설

② 인증 커피

Panama	SHB	EP	LA Esmeralda Estate	RFA
국가	등급	하위 등급	농장	인증 종류

③ 디카페인 커피

Guatemala	SwissWater® Process Decaffeinated	EP
국가	스위스 물 추출법 디카페인커피	하위 등급

④ 마이크로랏 커피

El Salvador	SHB	EP	Micro Lot	Finca San Naranjos
국가	등급	하위 등급	마이크로랏	농장명

내용 요약

- 커피 분류는 크게 결점두, 생산고도, 생두 크기, 점수를 기준으로 이루어진다.
- 결점두에 의한 분류는 브라질이 대표적이며 최상위 등급을 No.2, NY2라 한다.
- 재배 고도에 의한 분류는 과테말라(SHB), 온두라스(SHG) 같은 중앙아메리카 국가에서 주로 시행한다.
- 크기에 의한 분류는 콜롬비아(Supremo), 케냐(AA), 탄자니아(AA)에서 시행한다.
- 점수에 의한 분류는 에티오피아(G1), 르완다(AAA), 브룬디(FW AA)에서 시행한다.

10. 커피 원산지

남아메리카

브라질과 콜롬비아로 대표되는 남아메리카 지역은 전체 커피 생산량의 약 절반(2020/21기준) 정도를 차지하는 최대 커피 생산 지역으로 1714년 자바에서 가져온 커피를 브라질 북쪽에 있는 수리남(Suriname)에서 재배하면서 커피 재배가 시작되었다.

남아메리카 지역은 대륙의 남쪽에 있는 아르헨티나, 칠레, 우루과이 등을 제외하고 모든 나라에서 커피가 생산되는데 특히 브라질은 최대 커피 생산 국가로 저지대의 구릉 지역에서 대규모 경작에 의한 방식으로 커피를 재배한다. 페루에서 콜롬비아는 이 지역을 관통하는 안데스산맥을 따라 밀도가 강하고 향이 풍부한 개성 있는 커피가 생산된다.

브라질과 에콰도르를 제외하고 대부분 아라비카 커피를 재배하고 있으며 또 브라질을 제외하고 대부분 워시드 커피를 생산한다. 주요 재배 품종은 버번, 카투라, 문도노보, 카투아이, 파카스 등이다.

1) 브라질

세계에서 다섯 번째로 국토가 넓으며 남미 면적의 절반을 차지하는 브라질은 세계 최대 커피 생산국이다. 브라질은 1727년 프랑스령 기아나를 통해서 처음 커피를 도입하여 아마존 유역의 파라(Pará) 지역에 처음 커피를 심었다. 1830년대에 들어서 커피가 사탕수수를 제치고 브라질의 최대 수출 품목에 올랐고 1840년대에는 최대 커피 생산국이 되어 지금까지 그 지위를 이어오고 있다.

브라질은 1991년 국가 차원에서 스페셜티 커피 생산을 통해 브라질 커피의 저가 이미지를 불식시키고자 브라질스페셜티커피협회(Brazil Specialty Coffee Association, BSCA)를 설립하였고 이러한 노력으로 1999년 브라질에서 COE가 시작되어 지금까지 이어져 오고 있다.

① 재배/가공/품종

셰이딩을 하지 않고 주로 스트리핑 방식으로 수확하지만 지역에 따라 기계에 의한 수확도 이루어지고 있다. 대부분 내추럴 커피를 생산한다.

수확기(월)	5-9	생산량(만백)	6,900('20/21)
가공	주로 내추럴 가공이며 펄프드 내추럴이나 워시드 가공도 일부 시행		
건조	햇볕 건조와 기계 건조를 병행		
품종	아라비카(70%) - 옐로 버번, 티피카, 문도노보, 카투아이, 카투라 등		
	로부스타(30%) - 코닐론		

② 재배 지역

브라질의 13개 주에서 커피를 재배하고 있으며 이 중 미나스제라이스(Minas-gerais), 이스피리투산투(Espíritu Santo), 상파울루(São Paulo)가 주요 재배 지역으로 브라질 커피의 80%를 생산한다.

미나스제라이스는 브라질 커피의 50%(아라비카 커피의 70%)를 생산하는 최대 생산 지역으로 술데미나스(Sul De Minas), 마타스데미나스(Matas de Minas), 세하도(Cerrado de Minas) 등에서 커피가 생산된다. 술데미나스는 브라질 커피의 핵심지대로 700-1,200m의 구릉지에서 소규모 농가들이 커피를 생산해왔으나 최근 기계를 이용한 수확을 많이 하며 내추럴 커피의 주 공급처이다. 그리고 마타스데미나스는 고도 550-1,200m의 경사가 심한 지대로 기계화가 어려워 사람의 손으로 커피를 재배, 수확하고 있으며 농장의 50%가 10헥타르 미만의 소규모이다. 또 세하도는 대부분 대규모의 기계화된 농장에서 품질 좋은 커피를 생산한다. 상파울루는 모지아나(Mogiana)와 파울리스타(Centro-Oeste Paulista) 지역에서 커피가 생산되는데 모지아나는 붉은색의 비옥한 토양에서 양질의 커피를 생산한다.

그 밖에 이스피리투산투는 미나스제라이스 다음으로 커피를 많이 생산하며(약 25%) 로부스타의 최대 생산 지역(80%)이다. 바이아(Bahia)는 워시드 커피의 주 생산 지역이며 남쪽에서는 로부스타를 재배한다. 파라나(Paraná)는 한때 브라질 커피 최대 생산 지역이었으나 서리 피해가 빈번하게 발생하여 커피 재배 지역을 많이 이전하였고 최근에는 펄프드 내추럴 커피를 주로 생산한다. 혼도니아(Rôndonia)는 소규모 농장에서 로부스타 커피를 생산한다.

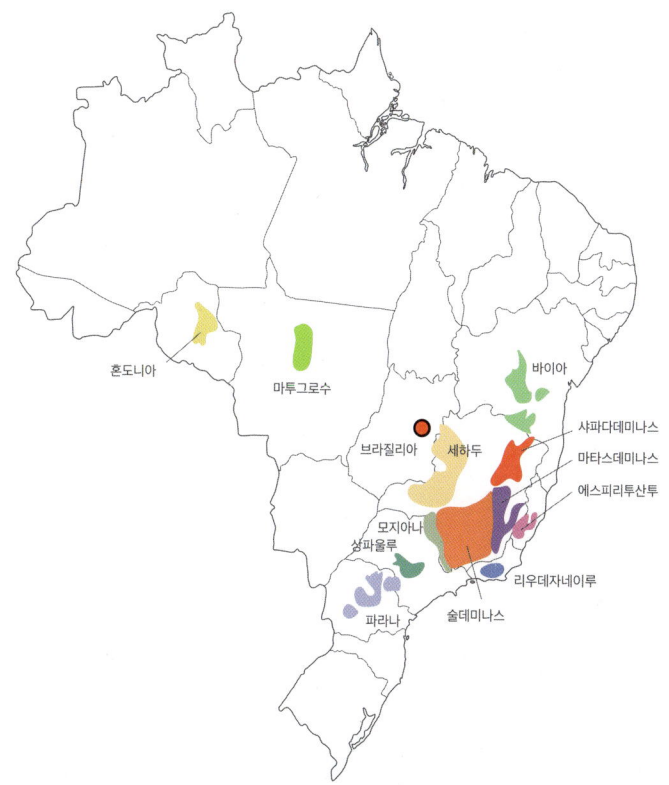

③ 커피 특성

브라질 커피를 흔히 중성적이라 하나 사실 브라질은 커피 재배가 워낙 광활하게 이루어져 그 특성들이 매우 다양하다. 흔히 접하는 내추럴 커피는 강한 바디와 단맛를 지니고 있고 신맛은 약하며 로스팅 정도에 따라 너티(Nutty) 향이나 초콜릿 향을 느낄 수 있다. 옐로 버번은 바디는 약하지만 부드러우며 보다 강한 단맛을 느낄 수 있다.

④ 분류

결점두 분류

300g의 샘플에 포함되어 있는 결점두의 종류에 따라 그에 상응하는 디펙트를 계산하여 이를 합산한 후 등급을 매긴다. 브라질 자국 내에서 시행하는 분류 기준(C.O.B)[23]과 뉴욕거래소에서 시행하는 분류 기준은 조금 다르며 정확한 분류 기준은 아래와 같다.

브라질 · 뉴욕 분류법

타입(Type)	브라질 분류(No.)	뉴욕 분류(NY)
2	4	6
2/3	8	9
3	12	13
3/4	19	21
4	26	30
4/5	36	45
5	46	60
5/6	64	
6	86	
6/7	123	
7	160	
7/8	260	
8	360	

---

23 C.O.B는 'Classificacao Official Brasileira'의 약자로 브라질 공식 분류라는 뜻이다.

기타 분류

결점두 외에 크기나 커핑을 통한 맛 평가로도 분류한다.

등급		기준
크기(스크린 사이즈)		플랫빈: 14-19, 피베리: 9-13
커핑	부드러운 정도에 따라	Strictly Soft>Soft>Softish>Hard>Riada>Rio>Rio Zona
	깔끔한 정도에 따라	Fine Cup>Good Cup>Good to Fine Cup>Fair Cup>Poor Cup>Bad Cup
로스팅	Fine Roast	로스팅 후 퀘이커가 0.5% 이내
	Good to Fine Roast	로스팅 후 퀘이커가 2% 이내
	Good Roast	로스팅 후 퀘이커가 5% 이내

- Strictly Soft는 떫거나 거친 맛이 나지 않으며 리오이(Rioy)[24]가 느껴지지 않는다는 의미임

2) 콜롬비아

워시드 커피 생산 1위 국가인 콜롬비아가 커피를 재배하기 시작한 것은 1800년대 초이지만 처음으로 상업적 경작이 이루어진 것은 1835년이다. 한때 브라질에 이어 생산량 2위를 꾸준히 유지했으나 지구 온난화에 따른 과다한 강우로 커피녹병이 널리 퍼져 생산량이 대폭 감소하였고 2011년 이후에는 다시 예전 수준으로 회복하였다. 1927년 설립된 콜롬비아커피생산자연합(Federacion Nacional de Cafeteros de Colombia, F.N.C)은 철저한 관리 감독 하에 자체 품질검사를 통과한 커피만 출하하고 있다.

① 재배/가공/품종

대부분 5헥타르 미만의 영세 농가가 대부분이다. 콜롬비아는 강우 패턴이 지역에 따라 달라 수확기도 지역에 따라 차이를 보인다.

---

24 자세한 내용은 6장 커피향미 평가 중 5단원 <커피의 향미 결점> 참조(p. 457)

수확기(월)	3-6, 9-12	생산량(만백)	1,430('20/21)
가공	주로 워시드 가공을 하나 일부 허니 커피 가공도 시행			
건조	햇볕 건조와 기계 건조 병행			
품종	아라비카만 재배 - 카투라, 콜롬비아 버라이어티, 카스티요, 티피카, 버번, 마라고지페 등			

② 재배 지역

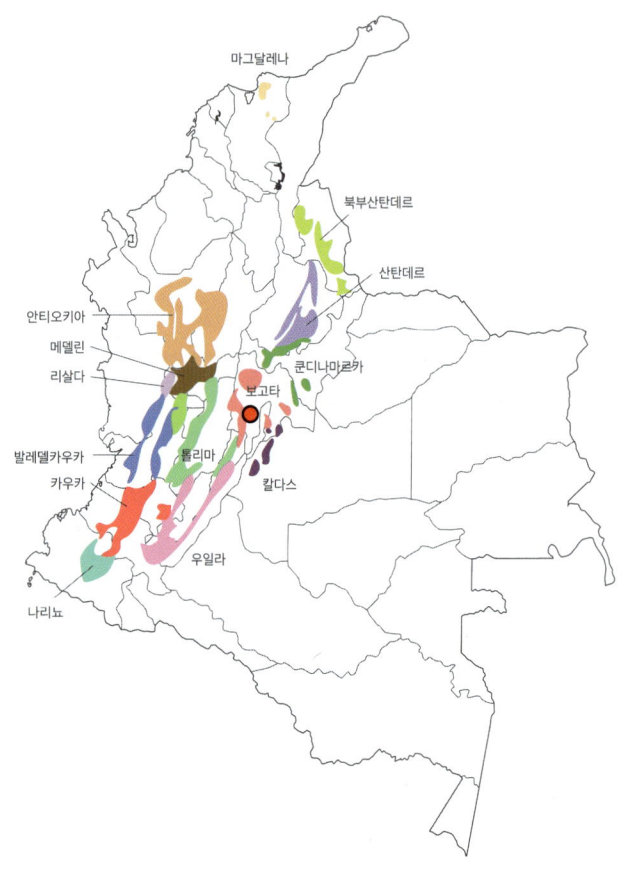

생산 지역은 크게 북부, 중앙, 남부의 세 지역으로 구분할 수 있는데 지역에 따라 고도와 토양 그리고 강우 패턴의 차이로 각각 개성 있는 다양한 커피가 생산된다. 남부지역은 콜롬비아에서 가장 높은 해발 1,600-2,300m의 고지대에서 커피가

생산되고 나리뇨(Nariño), 우일라(Huila), 카우카(Cauca)[25]가 이 지역에 해당한다. 중부지역은 콜롬비아 커피의 핵심 생산 지역으로 주요 생산지는 안티오키아(Antioquia), 아르메니아(Armenia), 마니살레스(Manizales) 등이다. 이들 지역은 해발 1,500m 이상의 고원 지대로 연평균 기온이 20℃이고 배수가 잘되는 화산성 토양을 갖추고 있다. 북부지역은 마그달레나(Magdalena), 산탄데르(Santander)[26], 북부산탄데르(Norte de Santander) 지역 등이 해당한다. 이 지역은 기온이 높고 800~1,800m의 비교적 저지대에서 커피를 재배하여 커피나무가 햇볕에 많이 노출되므로 셰이딩을 한다.

③ 커피 특성
일반적으로 콜롬비아 커피는 부드럽고 깔끔하며 상대적으로 강한 신맛을 느낄 수 있다. 또 균형 있는 바디와 강렬한 향도 가지고 있다.

④ 분류
콜롬비아는 크기로 커피를 분류하는 대표적인 나라이다.

등급	크기(스크린 사이즈)
Supremo	17-18
Excelso	14-16
U.G.Q(Usual Good Quality)	12-14
Caracol	12

3) 페루
페루는 남미의 서쪽에 있는 태평양 연안의 국가로 북쪽으로는 에콰도르와 콜롬비아, 남쪽으로는 칠레, 서쪽으로는 브라질, 볼리비아와 국경을 접한다. 18세기부터 커피를 재배하였으며 본격적인 재배는 20세기 중반부터

---

25 카우카에서는 포파얀(Popayan)이라는 상표명으로 커피가 판매되고 있다.
26 부카라망가(Bucaramanga) 커피는 산탄데르 주에서 생산되는 커피이다.

시작하였다. 남아메리카에서 브라질, 콜롬비아 다음으로 커피를 많이 생산하고 있으며 유기농 커피와 공정무역 커피의 주요 공급처이고 최근에는 빠른 속도로 스페셜티 커피의 생산도 늘리고 있다.

① 재배/가공/품종

대부분 생산농가는 2-3헥타르로 영세하고 영농 기술과 가공 시설 등이 매우 열악한 편이다. 그래서 농가들은 협회나 협동조합을 결성하여 커피의 판매, 가격 협상, 품질 관리 등을 기하고 있다.

수확기(월)	5-9	생산량(만백)	380('20/21)
가공	주로 워시드 가공이나 일부 내추럴 가공도 시행		
건조	햇볕 건조		
품종	아라비카만 재배 - 티피카, 카투라, 버번, 카티모르, 파체 등		

② 재배 지역

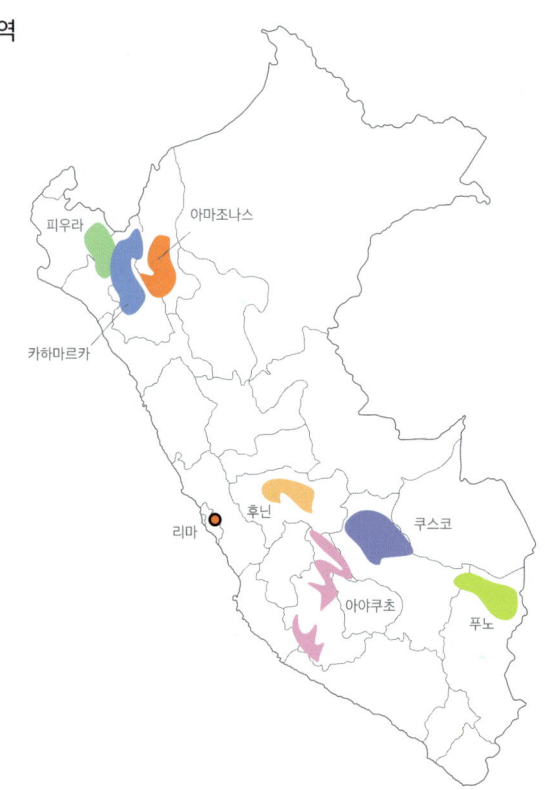

재배는 남북을 관통하는 안데스산맥지대에서 주로 이루어진다. 대부분의 커피 농장이 산악 지대에 위치하며 약 75%는 1,000-1,800m의 고지대에서 커피를 생산한다. 후닌(Junin), 산마르틴(San Martin), 카하마르카(Cajamarca), 쿠스코(Cusco), 아마조나스(Amazonas)가 주요 생산지로 이들 지역에서 페루 커피의 약 90%를 생산한다. 북쪽 지역은 페루 커피의 50%를 생산하고 주 생산지는 카하마르카, 산마르틴, 아마조나스이며 그 밖에 피우라(Piura)에서도 소량의 커피가 생산된다. 중앙 지역에서는 28% 정도를 생산하고 주 생산지는 후닌으로 페루 최대 커피 생산지이다. 후닌에서는 페루를 대표하는 찬차마요(Chanchamayo) 커피가 생산되며 남부 지역은 쿠스코에서 주로 생산된다.

③ 커피 특성
페루 커피는 단맛이 좋고 가벼운 꽃향과 부드러운 신맛을 느낄 수 있다. 그리고 중간 정도의 바디와 상쾌하고 깔끔한 뒷맛을 가지고 있다.

④ 분류
페루는 'Peru HB G1'처럼 두 가지 분류 방법을 같이 사용한다.

<u>결점두 등에 의한 분류</u>

등급	기준	
	디펙트	수분 함량(%)
Grade 1	15 이내	10-12
Grade 2	23 이내	10-12.5
Grade 3	30 이내	10-12.5
Grade 4	35 이내	최대 13
Grade 5	40 이내	최대 13

- 디펙트는 샘플 300g에 섞여 있는 결점두를 점수로 환산한 숫자를 말함

고도에 의한 분류

등급	고도(m)
SHB(SHG)	1,350 이상
HB(HG)	1,200-1,350

중앙아메리카 & 카리브해

중앙아메리카 지역은 북쪽의 멕시코부터 남쪽의 파나마까지를 말한다. 과거 화산 폭발로 인해 지각이 융기되어 형성되었기 때문에 대부분 화산 토양으로 유기물이 풍부하여 커피 재배에 적합한 자연조건을 가지고 있다. 지형적 특성상 생산 지역마다 고도 차이로 인한 커피 품질에 차이가 크게 나서 재배 고도에 따른 분류를 한다.

과테말라에서 일부 생산되는 로부스타를 제외하고 주로 아라비카만 재배하고 있으며 일부 지역을 제외하고 대부분 워시드 커피를 생산한다. 버번, 카투라, 카투아이, 카티모르, 문도노보, 마라고지페 등의 품종을 재배한다. 카리브해 지역의 여러 섬에서 커피가 생산되고 있으나 주요 생산 지역은 쿠바(Cuba), 자메이카, 도미니카(Dominica), 아이티(Haiti)의 네 나라이다. 카리브해의 커피 산지는 미네랄이 풍부한 화산 토양, 카리브해에서 불어오는 온화한 바람과 일교차 그리고 해풍에 의해 발생하는 구름이 햇빛을 적절히 차단해주어 커피 생산에 적합한 요건들을 갖추고 있다.

1) 멕시코

멕시코는 1790년 쿠바를 통해서 베라크루스(Veracruz) 지역에 처음 커피가 소개되었다. 그러나 커피가 멕시코의 주요 수출작물이 된 것은 1980년대 들어서이다. 멕시코는 주로 아라비카 커피를 생산하고 있고 최근에는 세계 최대 유기농 커피 생산 국가로 불리고 있다. 멕시코 커피에는 알투라(Altura)라는 이름이 붙는데 이는 고지대에서 생산된 커피라는 뜻이다.

① 재배/가공/품종

대부분 소규모 농가에서 커피가 재배되며 셰이딩과 선 커피 방식 모두 이루어진다.

수확기(월)	9-3	생산량(만백)	400('20/21)
가공	주로 워시드 가공이나 일부 내추럴 가공도 시행		
건조	햇볕 건조		
품종	주로 아라비카 재배 - 버번, 카투라, 카티모르, 문도노보 등		

② 재배 지역

커피 생산 지역은 주로 멕시코 남쪽 지역에 있으며 그중 치아파스(Chiapas)는 유기농 커피의 최대 생산 지역으로 이곳에서 생산된 커피는 주로 유럽 시장에 수출된다. 남부의 치아파스는 멕시코 커피의 최대 생산 지역으로 고도 1,200~1,800m의 화산 토양에서 공정무역 커피와 유기농 커피를 생산하며 타파출라(Tapachula)라는 상표로 판매되고 있다. 동부 대서양 연안의 베라크루스는 치아파스 다음으로 커피를 많이 생산하고 있는데 비교적 저지대에서 커피를 재배하고 있으며 알투라 코아테펙(Altura Coatepec) 커피가 생산된다. 남서부에 있는 오아하카(Oaxaca)에서는 오아하카 플루마(Oaxaca Pluma) 커피가 생산된다.

③ 커피 특성
품질이 좋은 멕시코 커피에서는 화이트 와인과 유사한 향미가 느껴지고 단맛이 있으며 가벼운 신맛과 바디를 가지고 있다.

④ 분류
고도에 따라 분류하며 SHG가 최고 등급 커피이다.

등급	고도(m)
Strictly High Grown(SHG, Estrictamento Altura)	1,200~1,800
High Grown(HG, Altura)	900~1,200
Prime Washed(Prima Lavado)	600~900
Good Washed(Buena Lavado)	600 이하

2) 과테말라

1700년대 중반 안티구아(Antigua)를 통해서 과테말라에 커피가 처음 소개되었고 그 뒤 재배가 본격화되어 1859년 유럽으로 처음 커피를 수출하였다. 과테말라는 지역이 넓은 편은 아니지만 지역마다 지형, 토질, 기후 조건이 달라 각기 독특한 커피가 생산되며 코스타리카와 함께 중앙아메리카 지역을 대표하는 커피로 평가받고 있다. 과테말라의 커피 산업은 지금도 GDP의 1/8, 외화수입의 1/3을 차지한다.

① 재배/가공/품종

과테말라는 대부분(98%) 셰이딩을 하고 있으며 생산은 주로 소규모 농가에서 이루어진다.

수확기(월)	11-4	생산량(만백)	375('20/21)
가공	주로 워시드 가공을 하나 일부 내추럴 가공도 시행		
건조	햇볕 건조와 기계 건조 병행		
품종	아라비카(98%) -카투라, 카투아이, 버번, 티피카, 파체 등		
	로부스타(2%)		

② 재배 지역

대부분 지역에서 커피가 재배되고 있지만 주요 생산 지역은 8개로 분류된다. 각 지역은 서로 다른 국지 기후, 고도, 토양에 따라 독특한 특성을 가진 커피를 생산한다. 안티구아는 과테말라를 대표하는 커피로 널리 알려져 있다.

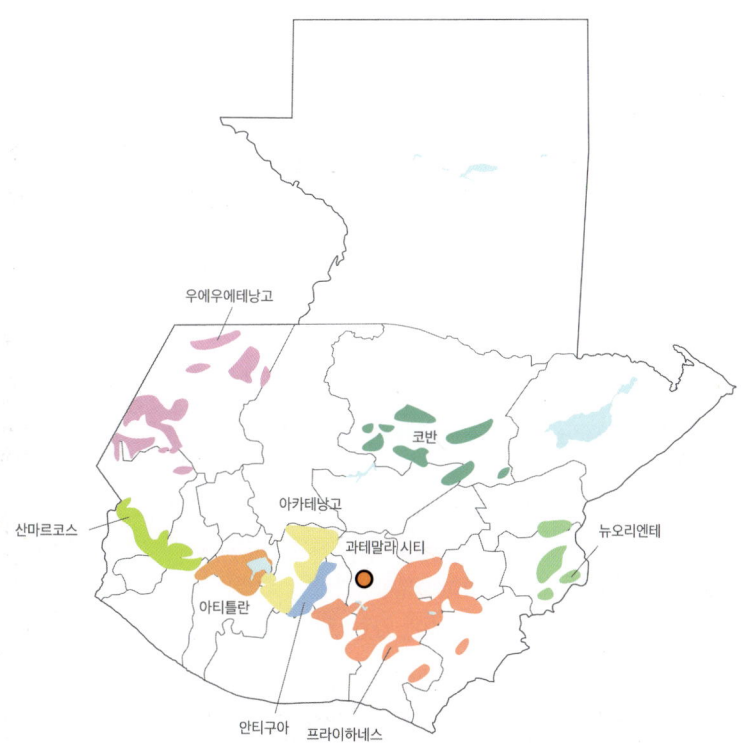

세 개의 화산(Agua, Fuego, Acatenango)으로 둘러싸인 안티구아는 미네랄이 풍부한 화산 토양과 풍부한 일조량, 큰 일교차, 적정한 기온, 우기와 건기의 명확한 구분 등 커피 재배에 완벽한 조건을 갖추고 있다. 우에우에테낭고(Huehuetenango)는 멕시코 테우안테펙(Tehuantepec) 고원에서 불어오는 뜨거운 바람이 서리 발생을 억제하여 해발 2,000m 지대에서도 커피 재배를 가능하게 한다. 이 지역의 건조한 기후는 커피 건조에 많은 도움을 주어 품질이 뛰어난 커피를 생산한다. 그 밖에 아카테낭고(Acatenango), 산마르코스(San Marcos), 아티틀란(Atitlán), 코반(Cobán), 프라이하네스(Fraijanes), 뉴오리엔테(New Oriente) 등의 생산 지역이 있다.

③ 커피 특성
일반적으로 과테말라 커피는 꽃향과 과일향, 산뜻한 신맛 그리고 깔끔한 여운을 느낄 수 있으며 지역에 따라 차이를 보인다.
안티구아 커피는 우아하고 균형이 잘 잡혀 있으며 풍부하고 상쾌한 향과 부드러운 바디 그리고 과일의 신맛을 가지고 있다. 우에우에테낭고 커피는 더욱 강렬한 신맛과 풀 바디 그리고 와인이 연상되는 향미를 지니고 있다.

④ 분류
재배 고도에 따라 분류하며 SHB가 최고 등급 커피이다.

등급	고도(m)
Strictly Hard Bean(SHB)	1,350 이상
Semi Hard Bean-Hard Bean	1,050-1,350
Prime Washed-Extra Prime Washed	750-1,050

- EP: 스크린 사이즈 15 이상, 디펙트 8 이내

3) 코스타리카
태평양과 대서양 사이에 있는 코스타리카는 과테말라와 함께 중앙아메리카를 대표하는 커피 생산국이며 또한 중앙아메리카에서 처음으로 커피 산업을 싹틔운 나라이기도 하다. 1779년 쿠바를 통해 처음 커피가 소개되었고 1808년부터 커피 재배를 시작하여 1820년에 처음 커피를 수출하였다. 코스타리카는 비옥한 화산 토양과 강수량, 기온, 재배 고도 등 커피 재배에 최적의 조건을 갖추고 있어 생산량은 많지 않지만 뛰어난 품질의 커피를 생산하고 로부스타 재배는 1989년부터 법으로 금지되어 있다.

① 재배/가공/품종

셰이딩을 하며 주변 국가에 비해 임금이 비싸 생산 비용이 많이 드는 편이다.

수확기(월)	11-3	생산량(만백)	145('20/21)
가공	허니 커피 가공, 워시드 가공, 일부 내추럴 가공		
건조	햇볕 건조와 기계 건조를 병행		
품종	아라비카만 재배 - 카투라, 카투아이, 버번, 산라몬, 티피카, 비야사르치, 비야로보스, 게샤 등		

② 재배 지역

재배 지역의 80% 이상이 해발 800-1,700m에 있으며 커피 생산 지역은 전부 8개로 분류된다. 이 중 대표적인 커피 산지는 타라수(Tarrazú)[27]로 코스타리카 커피 중 국제적으로 가장 많이 알려진 곳이다. 타라수는 명확한 우기와 건기의 구분, 퇴적물이 풍부한 토양 등 커피 재배에 이상적인 조건을 갖추고 있어 여기서 생산되는 커피는 95%가 SHB 등급일 정도로 품질이 좋다.

웨스턴벨리(Western Valley)는 산호세 서쪽 지역으로 두 번째로 커피를 많이 생산한다. 나랑호(Naranjo), 산라몬(San Ramón), 사르치(Sarchi) 등에서도 양질의 커피를 재배한다. 센트럴벨리(Central Valley)는 커피 재배가 가장 먼저 시작된 곳이며 커피 농장의 80% 이상이 1,000-1,400m 사이에 있다.

그 밖에 트레스리오스(Tres Rios), 투리알바(Turrialba), 브룬카(Brunca), 과나카스테(Guanacaste), 오로시(Orosi) 등의 생산 지역이 있다.

---

[27] '따라주'로 많이 알려져 있다. 하지만 스페인어에서는 z를 ㅅ으로 발음하므로 '따라수'가 정확한 발음이나 외래어 표기법에는 된소리를 사용하지 못하게 되어있어 본 책에서는 '타라수'로 표기한다.

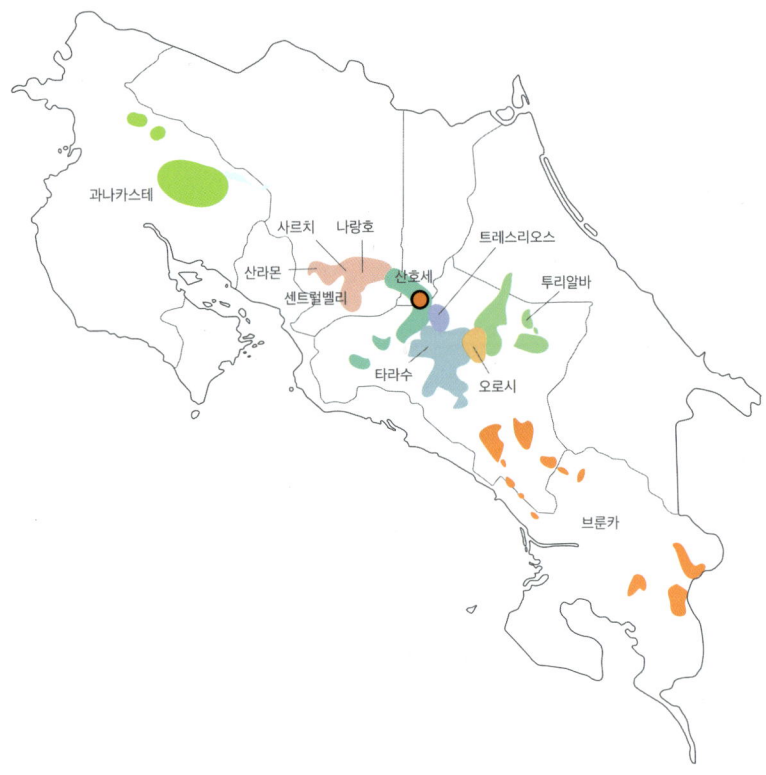

③ 커피 특성

일반적으로 코스타리카 커피는 균형 잡힌 신맛과 바디를 지니고 있으며 오렌지, 초콜릿, 감귤의 특성이 느껴진다. 타라수 커피는 초콜릿, 오렌지, 바닐라, 마른 과일이 느껴지는 뛰어난 맛을 가지고 있다고 평가된다.

④ 분류

재배 고도에 따라 분류하며 SHB가 최고 등급 커피이다.

등급	고도(m)
Strictly Hard Bean(SHB)	1,200 이상
Good Hard Bean(GHB)	1,000-1,200
Medium Hard Beans (MHB)	500-900

- EP: 디펙트 8 이내, 주요 결점이 없을 것

4) 엘살바도르

엘살바도르는 과테말라의 남쪽에 있는 태평양 연안 국가로 1750년 무렵 커피가 전파되었으나 본격적인 커피 재배는 1880년대부터 시작되었고 비옥한 화산 지대와 이상적인 기후 조건을 갖추고 있어 생산 규모는 작지만 뛰어난 품질의 커피를 생산한다. 커피 재배가 엘살바도르 경제에서 차지하는 비중은 많이 줄었지만, 아직도 중요한 외화 획득 수단이며 농업에서 차지하는 비중도 여전히 높은 편이다.

① 재배/가공/품종

대부분 셰이딩을 통해 양질의 커피를 생산한다.

수확기(월)	10-3	생산량(만백)	60('20/21)
가공	주로 워시드 가공이며 일부 내추럴 가공과 허니 커피 가공도 시행		
건조	햇볕 건조와 기계 건조 병행		
품종	아라비카만 재배 - 버번, 파카스, 파카마라, 카투아이, 카투라 등		

② 재배 지역

주요 생산 지역은 서쪽의 아파네카-이라마텍(Apaneca-Ilamatepec) 산악 지대로 산타아나(Santa Ana), 손소나테(Sonsonate)와 아우아차판(Ahuachapán) 주에 걸쳐 있는데 이 중 산타아나 주가 엘살바도르 커피의 약 60%를 생산하는 최대

재배 지역이다. 주로 버번과 파카스를 재배하며 재배 고도는 600-2,400m까지 다양하다. 엘발사모-케살테펙(El Bálsamo-Quezaltepec)은 수도인 산살바도르(San Salvador) 아래쪽의 산악 지역으로 재배 고도는 500-2,000m이며 두 번째로 커피를 많이 생산한다. 그 밖에 테카파-치나메카(Tecapa-Chinameca), 친촌테펙(Chinchontepec), 카카우아티케(Cacahuatique), 알로테펙-메타판(Alotepeque-Metápan) 등에서 커피가 생산된다.

③ 커피 특성
전형적인 중앙아메리카 커피의 특성을 잘 보여주고 있다. 꽃향과 오렌지향, 크리미한 바디를 가지고 있으며 산뜻한 감귤류의 신맛과 달콤한 단맛을 가지고 있다.

④ 분류
재배 고도에 따라 분류하며 SHG가 최고 등급 커피이다.

등급	고도(m)
Strictly High Grown(SHG)	1,200 이상
High Grown(HG)	900-1,200
Central Standard(CS)	500-900

- EP: 디펙트 3-5 이내

5) 온두라스
과테말라와 니카라과 사이에 있는 온두라스는 코스타리카를 통해 커피가 전파되었으며 1804년 재배가 시작되었다. 온두라스 역시 커피 재배에 이상적인 자연조건을 갖추고 있지만 불완전한 가공 과정, 노후화된 시설, 커피 시장에서 인정받는 브랜드의 부재 등으로 그다지 인정을 받지 못했다. 그러나 수년 전부터 온두라스 정부의 커피 생산 농가에 대한 자금 지원과 생산 기술의 보급, 도로 건설 등의 노력으로 인해 이러한 상황이 바뀌고 있는데 2011/12년에는 생산량이 멕시코를 앞질러 세계 6위에 올랐고 프리미엄 커피 생산도 많이 이루어지고 있어 커피 시장에서 온두라스 커피에 대한 인식이 바뀌고 있다.

① 재배/가공/품종

셰이딩을 하며 90% 이상 소규모 농가에서 커피가 생산된다.

수확기(월)	11-4	생산량(만백)	610('20/21)
가공	주로 워시드 가공, 허니 커피 가공도 일부 시행			
건조	햇볕 건조와 기계 건조 병행			
품종	아라비카만 재배 - 카투아이, 카투라, 버번, 파카스, 티피카 등			

② 재배 지역

커피 생산은 주로 서쪽 지역에서 이루어지고 여기에는 최대 생산 지역인 산타바바라(Santa Bárbara)를 비롯해 코판(Copán), 오코테펙(Ocotepeque), 렘피라(Lempira), 라파스(La Paz) 등이 포함되어 있다. 이 밖에 엘파라이소(El Paraíso), 요로(Yoro), 올란초(Olancho)에서도 커피가 재배되고 있다.

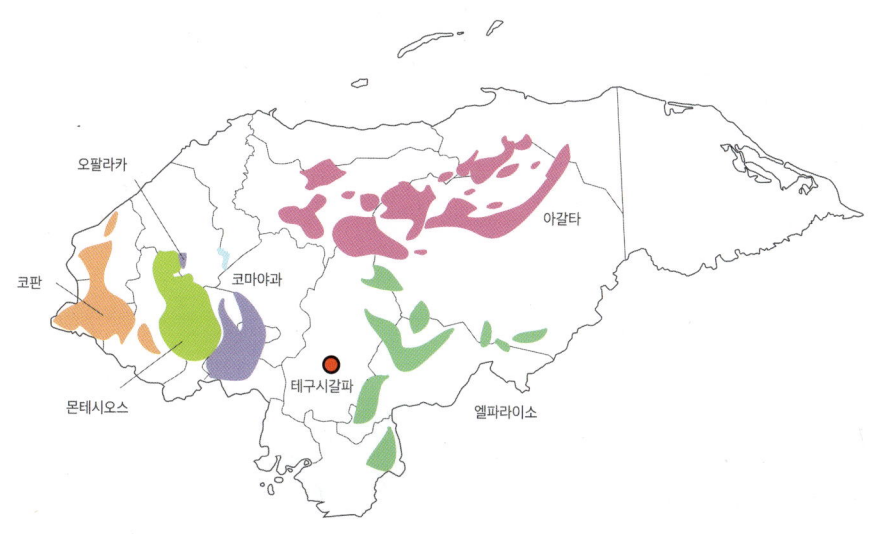

③ 커피 특성

신맛은 약하지만 단맛은 강한 편이다. 가볍고 크리미한 바디를 가지고 있으며 밀크 초콜릿과 견과류, 캐러멜의 향미가 뚜렷하게 느껴진다.

④ 분류

재배 고도에 따라 분류하며 SHG가 최고 등급 커피이다.

등급	고도(m)
Strictly High Grown(SHG)	1,350 이상
High Grown(HG)	1,200-1,350
Central Standard(CS)	750-1,200

- EP: 기계로 결점두를 제거를 한 다음 다시 핸드 피킹으로 결점두 제거

6) 자메이카

자메이카는 쿠바 남쪽에 있는 작은 섬나라이다. 1728년 커피가 재배되기 시작하였으며 자메이카를 대표하는 유명한 커피는 바로 커피의 황제라 불리는 자메이카 블루마운틴 커피이다.

블루마운틴 커피는 무분별한 생산량 확대로 인한 품질 저하로 그 명성이 쇠락하였지만 1960년대 일본 자본의 유입과 자메이카 정부의 품질 관리 노력으로 과거의 명성을 되찾았다. 그러나 오늘날 게이샤 커피와 같은 뛰어난 커피의 출현으로 그 위상이 예전 같지는 않다.

① 재배/가공/품종

수확기(월)	9-3	생산량(만백)	2.3('20/21)
가공	워시드 가공	건조	햇볕 건조
품종	아라비카만 재배 - 블루마운틴, 티피카		

② 재배 지역

섬의 여러 지역에서 커피가 재배되며 이 중 블루마운틴 커피는 카리브해에서 가장 높은 산인 블루마운틴 지역에서 재배되는데 토양이 비옥하고 짙은 안개가 잘 발생하며 열매가 천천히 익어서 밀도가 높고 품질이 뛰어나다.

자메이카커피산업위원회(Coffee Industry Board of Jamaica, CIB)에서는 블루

마운틴 지역에서도 법으로 정해진 특정 구역에서 생산되는 커피만을 블루마운틴 커피로 인증해준다.

③ 커피 특성

와인에서 느껴지는 부드럽고 우아한 신맛과 단맛의 조화 그리고 바닐라향 등 다양한 향을 가지고 있으며 균형이 매우 잘 잡힌 커피로 평가받는다.

④ 분류

아래 표는 자메이카에서 생산되는 커피 중 블루마운틴 커피의 분류로 재배 고도에 의해 분류한다.

등급	고도(m)
Jamaica Blue Mountain	910-1,700
Jamaica High Mountain	460-910
Jamaica Low Mountain (Jamaica Supreme)	460 이하

블루마운틴 커피는 크기와 결점두로 아래와 같이 다시 분류한다.

등급	크기(스크린 사이즈)	결점두
Blue Mountain No.1	96%가 17-18	주요 결점두가 2% 이내
Blue Mountain No.2	96%가 16-17	
Blue Mountain Peaberry	10	

아프리카

아프리카는 아라비카, 로부스타 등의 커피 원산지이고 에티오피아, 케냐, 탄자니아(Tanzania)는 아프리카를 대표하는 아라비카 커피 생산 국가이다. 그 외 소량이지만 르완다, 짐바브웨(Zimbabwe), 말라위(Malawi), 부룬디에서도 아라비카 커피가 생산되며 로부스타는 우간다(Uganda)와 카메룬(Cameroon), 코트디브와르(Cote d'Ivoire) 같이 아프리카 서부 해안 지역에서 주로 생산된다.

아프리카 커피는 생산량은 많지 않지만 대체로 부드러운 편으로 뛰어난 신맛을 가지고 있는데 특히 다른 대륙의 커피보다 향이 좋아 많은 사랑을 받고 있다.

1) 에티오피아

에티오피아는 커피가 처음 발견된 카파 지역이 있는 커피의 고향인 만큼 커피를 마시는 습관은 에티오피아의 오랜 전통이자 문화이며 커피 생산량의 약 절반 정도를 자국에서 소비한다. 에티오피아는 여러 개의 높은 산맥들이 열대 우림 지대를 이루고 있어 커피 재배에 적정한 고도, 기온, 비옥한 토양, 충분한 강수량 등의 조건을 갖추고 있다. 또한 커피 산업 직간접 관련 종사자 수가 약 천오백만 명에 이르고 커피가 최대 수출 품목으로 총 수출액의 절반을 차지하고 있어 커피 산업이 경제에 차지하는 비중은 매우 크다고 할 수 있다.

에티오피아 커피는 다른 커피에서 찾아보기 힘든 특유의 향과 독특한 플레이버로 인해 많은 사랑을 받고 있으며 커피를 거래할 때는 농장과의 직거래가 금지되어 있어 2008년 설립된 에티오피아상품거래소(Ethiopian Commodities Exchange, ECX)를 통한 공개 입찰 방식으로만 거래된다.

① 재배/가공/품종

커피 재배는 전체 커피 생산의 약 95%가 숲속에서 야생상태로 자라는 커피나무에서 수확하거나 농가 소유의 땅 근처에 커피나무를 심어 수확하는 형태로 일반적인 커피 생산 국가와 사뭇 다르다.

수확기(월)	10-3	생산량(만백)	738('20/21)
가공	내추럴 가공(70-80%), 워시드 가공(20-30%)		
품종	아라비카 - 에티오피아 고유 품종		

② 재배 지역

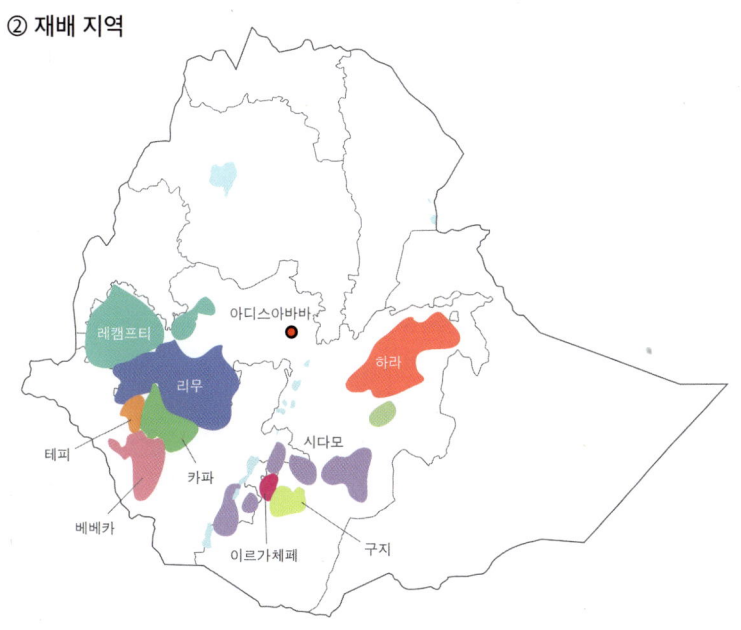

에티오피아는 동아프리카지구대(Great Rift Valley)가 국토를 관통한다. 커피 재배는 이 지구대 양쪽의 해발 1,500m 이상의 고지대에서 이루어지며 대부분 남부 지역이다.

이가체페(Yirgacheffe)는 에티오피아의 대표적인 커피를 생산하는 곳으로 시다모(Sidamo) 북부에 있는 작은 지역이다. 재배는 비옥한 토양의 1,700-2,000m의 구릉지에서 이루어지며 대부분 워시드 커피를 생산하나 일부 내추럴 커피도 생산한다. 이가체페의 북동부 지역에서 코케(Koke)가, 남부 지역에서 코체르

(Kochere)가 생산된다. 시다모는 에티오피아의 가장 남쪽 지역으로 커피는 해발 1,500m 이상의 고지대에서 재배된다. 북부지역의 하라(Harrar)는 대부분 햇볕 건조를 통한 내추럴 커피를 생산하며 커피는 크기에 따라 롱베리(Long berry)와 숏베리(Short berry)로 나뉜다. 리무(Limu)는 에티오피아 해발 1,100-1,900m 의 남쪽 오로미아(Oromia) 지역에 위치하고 워시드 커피만 생산한다. 짐마(Djimmah)는 리무 남쪽 지역으로 에티오피아에서 내추럴 커피 생산이 가장 많은 지역이다.

③ 커피 특성
뛰어난 과일의 특성을 가지고 있는데 특히 베리향을 일반적으로 느낄 수 있으며 그 밖에 감귤과 초콜릿향도 가지고 있다.

④ 분류
2008년 ECX의 설립에 따라 분류 기준이 아래와 같이 변경되었다.

커머셜 커피 분류 기준
결점, 냄새와 같은 생두 품질(40%)과 신맛, 바디와 같은 커피의 향미 특성(60%)으로 점수를 매겨 아래와 같이 분류한다.

등급	점수	등급	점수
Grade 1	91-100	Grade 6	50-57
Grade 2	81-90	Grade 7	40-49
Grade 3	71-80	Grade 8	31-39
Grade 4	63-70	Grade 9	20-30
Grade 5	58-62	UG(Under Grade)	15-19

스페셜티 커피 분류 기준
커머셜 커피 Grade1-2 등급 중 SCA 커핑 방법을 통해 다시 아래와 같이 분류한다.

등급	커머셜 커피 등급	커핑 점수
Q1	Grade 1이나 2이면서 등급 점수가 80점 이상일 것	85점 이상
Q2	Grade 1이나 2일 것	80점 이상

2) 케냐

케냐는 에티오피아와 국경을 접하고 있음에도 불구하고 다른 커피 생산국보다 한참 늦게 커피가 전파되었다. 1893년 동인도회사(British East India Company)를 통해 들여온 커피를 몸바사(Mombasa) 근처에 처음 심어 1896년 첫 수확을 하였는데 재배 품종은 버번과 켄트이었다.

케냐 정부는 1964년 커피연구소(Coffee Research Foundation)를 설립하여 SL28, SL34 등 새로운 커피 품종 개발과 영농 기술 보급에 노력하고 있는데 농가와 구매자 사이의 커피 직거래는 얼마 되지 않고 대부분 케냐커피생산자거래자연합(Kenya Coffee Producers' and Traders' Association, KCPTA)의 관할을 받는 나이로비커피거래소(Nairobi Coffee Exchange)를 통한 경매 방식으로 커피가 거래된다.

① 재배/가공/품종

고지대를 제외하고 셰이딩을 하지 않으며 수확기가 두 번 있다.

수확기(월)	5-7(부 수확기), 9-12(주 수확기)		
생산량(만백)	78('20/21)	가공	주로 워시드 가공
건조	햇볕 건조		
품종	주로 아라비카 재배(90%) - SL28, SL34, K7, 루이루11, 바티안 등		

② 재배 지역

커피 재배 지역은 아베르다레(Aberdare) 산악 지대, 빅토리아호 근처의 키시이(Kisiii)와 키수무(Kisumu), 엘곤(Elgon), 산악 지대의 벙고마(Bungoma), 해발 5,199m의 케냐산(Mt. Kenya) 고원 지대이다. 품질 좋은 케냐 커피 대부분은 케냐산 주변의 해발 1,400-2,100m의 화산 토양으로 이루어진 메루(Meru) 등의 산록 지대에서 생산된다.

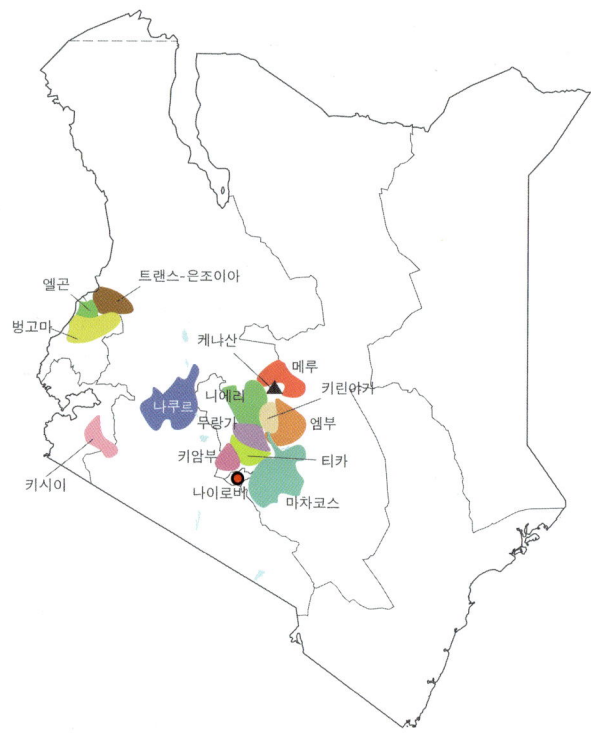

③ 커피 특성

케냐 커피는 블랙커런트(black current)의 향을 느낄 수 있고 베리와 감귤류의 밝은 신맛과 단맛 그리고 드라이 와인의 뒷맛도 가지고 있다.

④ 분류

아래와 같이 생두의 크기에 의한 분류를 시행한다.

등급	크기(스크린 사이즈)
E	21 이상(8.3mm)
AA	18-21(7.2mm)
AB	16-18(6.35mm)
C	10-16(3.96mm)
PB	12/17(4.76mm)
기타(하위등급)	TT, T, UG(Ungraded)

- 크기만으로는 품질을 평가하기 어려워 커핑을 통해 맛을 평가하여 이를 다시 세분한다. E, AA, AB, C, PB 등급의 경우 TOP>Plus>FAQ Plus>FAQ(Fair Average Quality)>FAQ Minus>Minus 순으로 다시 분류한다.

3) 탄자니아

탄자니아에 커피가 처음 소개된 때는 1898년이다. 국토 대부분이 산악 지역인데 북쪽 케냐 국경 지대에는 아프리카 최고봉인 해발 5,895m의 킬리만자로산을 비롯해 높은 산들이 산재해 있다. 서쪽 지역은 동아프리카대지구대로 빅토리아와 탕가니카 호수가 국경선에 있다. 그래서 커피도 탄자니아 북쪽 지역의 화산 지대와 서쪽 지역의 고원 지대에서 대부분 생산된다. 커피가 탄자니아 경제에 차지하는 비중은 커서 커피 산업의 직간접 종사자는 2백만 명에 달하며 커피 거래는 모시(Moshi) 경매장을 통한 거래와 농장과 구매자 사이의 직거래로 이루어진다.

① 재배/가공/품종

수확기(월)	북부, 남부: 7-12, 서부: 5-10		
생산량(만백)	90('20/21)	가공	워시드 가공
건조	햇볕 건조		
품종	아라비카(60%) - 버번, 켄트, 티피카, 아루샤/로부스타(40%)		

② 재배 지역

탄자니아의 아라비카 주요 생산 지역은 북쪽과 남쪽의 국경 지대이다. 북쪽은 킬리만자로와 메루산(Mt. Meru)을 중심으로 한 산악 초원 지대인 모시와 아루샤(Arusha) 지역에서 남쪽은 음베야(Mbeya)와 므빙가(Mbinga)에서 커피가 재배된다. 그 밖에 이링가(Iringa), 모로고로(Morogoro), 키고마(Kigoma) 등에서도 커피가 생산된다.

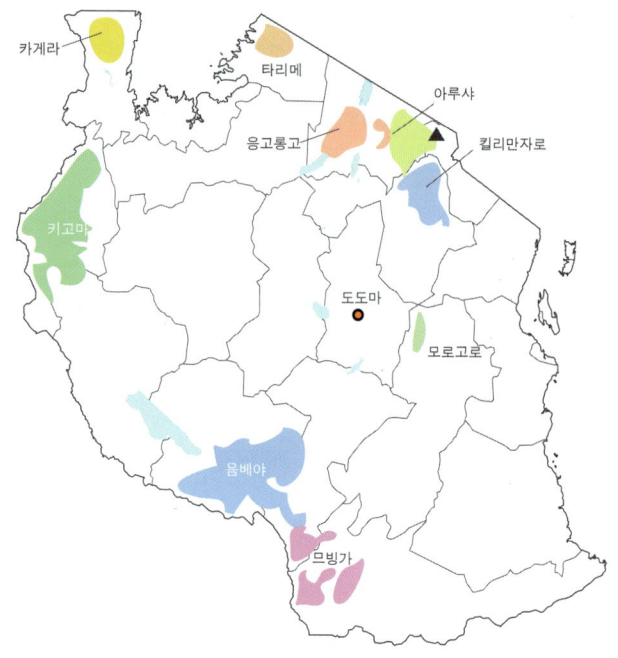

③ 커피 특성

꽃향과 과일향을 느낄 수 있고 전반적으로 깔끔한 맛을 느낄 수 있다. 또 감귤류의 신맛을 가지고 있으며 바디는 중간 정도를 보인다.

④ 분류

아래와 같이 생두의 크기에 의한 분류를 시행한다.

등급	점수
AA	18(최소 90% 이상), 17(최대 8-10%), 15(최대 2%)
A	15/16(최소 90% 이상), 14(최대 2%)
B	15/16(최소 90% 이상)
C	14(최대 10%)
PB	피베리
기타(하위등급)	AF, TT, E, F, UG, TEX

4) 르완다

아프리카의 중앙에 있는 르완다는 국토 면적 약 2만km²의 작은 나라로 콩고, 탄자니아, 우간다, 부룬디에 둘러싸인 내륙국이다. 국토의 평균 고도가 1,500m의 고원 국가여서 커피 재배도 고지대에서 이루어진다.

르완다에는 1904년 커피가 처음 소개되었으며 부룬디와 마찬가지로 커피가 가장 큰 수출 품목이어서 경제에 차지하는 비중이 매우 크다. 오랜 내전으로 인해 많은 커피 농장이 파괴되었지만 이런 상황을 딛고 르완다는 커피 산업을 새로이 부흥시키기 위한 노력을 하고 있으며 2008년부터는 COE에도 참가하고 있다. 최근 르완다는 생산량은 적지만 스페셜티 커피의 새로운 공급처로 부각되고 있다.

① 재배/가공/품종

수확기(월)	3-7	생산량(만백)	37('20/21)
가공	워시드 가공	건조	햇볕 건조
품종	아라비카를 주로 생산 - 버번, 잭슨, 카투라, 카투아이 등		

② 재배 지역

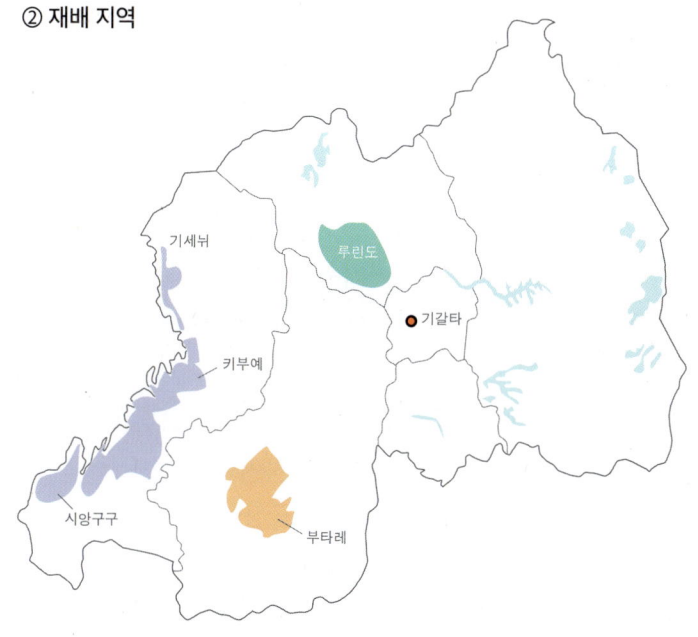

커피 재배는 르완다의 대부분 지역에서 이루어지고 있으며 그중 해발 1,700-2,000m의 고지대에서 주로 이루어진다. 서쪽 지역은 키부(Kivu) 호수를 따라 기세뉴(Gisenyi), 키부예(Kibuye)와 시앙구구(Cyangugu)에서, 북쪽 지역은 루린도(Rulindo)에서 재배가 이루어진다. 또한 남쪽 지역의 부타레(Butare)에서도 커피가 생산되며 동쪽 지역에서는 1,300m의 저지대에서 재배가 이루어진다.

③ 커피 특성
르완다 커피는 종종 케냐와 비교되곤 하는데 밝은 신맛, 과일의 달콤함과 꽃향 그리고 차에서 느껴지는 뒷맛을 느낄 수 있다.

④ 분류
맛에 대한 평가 점수에 따라 아래와 같이 분류한다.

등급	점수
AAA	90 이상
AA	86-89
A	80-85
Ordinary	80 이하(수출 금지)

5) 부룬디

부룬디는 르완다, 탄자니아, 콩고민주공화국에 둘러싸인 아프리카에 내륙에 있는 작은 나라이다. 벨기에의 식민 지배를 받다가 1962년 르완다와 분리 독립하였다. 커피가 처음 소개된 것은 1930년 이곳을 지배했던 벨기에인에 의해서였다. 국토 대부분이 고원 지대이고 연평균 기온 20°C로 커피 재배에 적합한 조건을 갖추고 있으며 커피가 부룬디 경제에 차지하는 비중은 매우 높아 외화 수입의 60% 이상을 차지한다.

인종 갈등으로 인한 내전으로 커피 산업이 극심한 타격을 입었지만 종전 후 커피 생산량을 다시 꾸준히 늘리고 있다. 2012년부터 COE에 참가하고 있으며 최근 르완다와 함께 스페셜티 커피의 주요 공급처로 주목받고 있다.

① 재배/가공/품종

수확기(월)	3-7	생산량(만백)	26('20/21)
가공	워시드 가공	건조	햇볕 건조
품종	주로 아라비카 재배 - 버번, 잭슨, 미비리지		

② 재배 지역

커피 재배는 해발 1,250-2,000m에서 이루어지는데 주요 재배 지역은 북쪽에 위치하며 르완다 국경 지대인 키룬도(Kirundo), 카얀자(Kayanza), 응고지(Ngozi)와 무잉가(Muyinga) 지역 등이다. 그리고 중부 지역의 음와로(Mwaro), 기테가(Gitega), 무라비야(Muramvya) 등지에서도 커피를 재배한다.

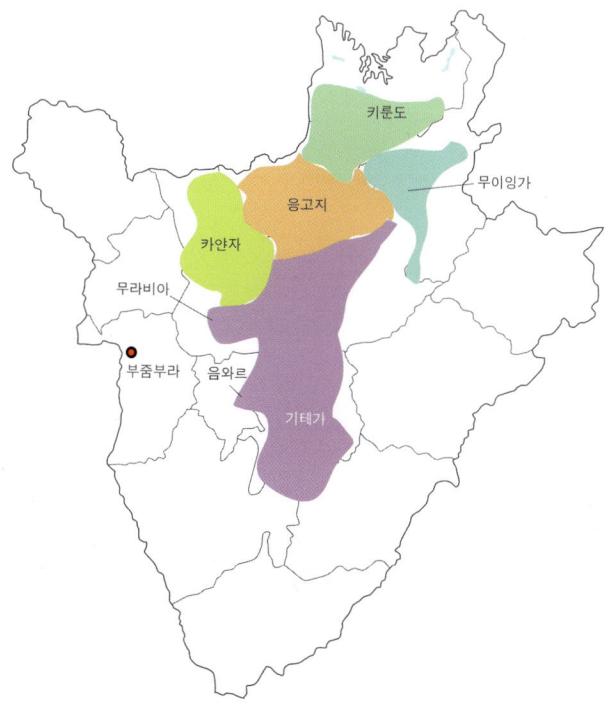

③ 커피 특성

꽃향과 블랙베리의 향이 있으며 베리와 감귤의 밝은 신맛과 그 뒤에 오랫동안 느껴지는 단맛 그리고 중간 정도의 바디를 가지고 있다.

④ 분류

아래와 같이 생두(40%)와 맛(60%)에 의한 분류를 시행한다.

등급	생두			맛
	스크린 사이즈	결점두		
		결점두 수(최대)	브로큰 빈(최대, %)	
FW AA	18(95% 이상)	6	0.5	48점 이상
FW A	16(80% 이상)	8	1	
FW B	14(92% 이상)	12	1.5	
기타	FW TT, FW T			

- FW는 Fully Washed의 약자임

아시아 & 태평양

아시아 태평양 지역은 서쪽의 예멘부터 동쪽의 하와이에 이르는 광활한 지역으로 남미에 이어 두 번째로 커피 생산이 많은 지역이다. 하와이 코나 지역과 예멘, 파푸아뉴기니(Papua New Guinea)에서는 주로 아라비카

가 재배되고 인도와 인도네시아는 아라비카와 로부스타가 같이 재배되고 있으며 베트남은 커피 생산 2위 국가로 대부분 로부스타를 생산한다. 그 밖에 태국, 필리핀, 말레이시아 등지에서도 커피가 재배되는데 대부분 로부스타이고 리베리카도 소량 재배된다.

1) 인도네시아

화산 활동이 활발하고 세계에서 가장 많은 섬으로 이루어진 인도네시아는 수마트라, 자바, 술라웨시, 칼리만탄(Kalimantan, 보르네오), 파푸아(Papua) 등 18,000여 개의 섬으로 이루어진 나라이다. 많은 섬 중에서 수마트라와 자바에 활동이 활발한 화산들이 많이 분포되어 있으며 커피 재배도 이곳에 집중되어 있다.

인도네시아의 커피 재배는 네덜란드에 의해 1696년 자바에서 시작되었다. 이후 수마트라와 발리(Bali), 술라웨시 등으로 재배가 확산되었지만 1876년 발생한 커피녹병으로 인해 아라비카는 거의 멸종되다시피 하여 해발 1,000m 이상의 고지대에서만 아라비카가 살아남았다. 인도네시아는 이에 대한 대안으로 1900년 아프리카 콩고로부터 커피녹병에 강한 로부스타를 가져와 재배를 시작하였고 이런 이유로 지금도 인도네시아의 아라비카 생산은 소량에 불과하다.

① 재배/가공/품종

소규모 농가에서 95%의 커피를 생산하고 있으며 섬마다 기후 조건이 달라 가공 방식이 다양하다. 최근에는 아라비카 생산량을 꾸준히 늘리고 있다.

수확기(월)	수마트라: 10-3, 자바: 5-9, 술라웨시: 5-11		
생산량(만백)	1,210('20/21)	건조	햇볕 건조
가공	세미 웨트, 워시드 가공, 내추럴 가공		
품종	아라비카(15%) - 카투라, 카티모르, 티모르, S-288, S-795, 티피카 등		
	로부스타(85%)		

② 재배 지역

수마트라는 인도네시아 커피의 대부분을 생산하고 있으며 아라비카 커피는 섬 북쪽에서 생산된다. 가요마운틴/아체 가요(Gayo Mountain, Aceh Gayo) 커피는 북쪽 수마트라에 있는 아체(Aceh) 주의 산악 지대에서 생산되는데 셰이딩을 하며 워시드 가공으로 생산된다. 린통(Lintong)은 토바 호수의 남서쪽 린통니후타(Lintongnihuta) 지역에서 생산된다. 인도네시아 커피 중 가장 널리 알려진 만델링(Mandheling)은 지명이 아닌 토바 호수 근처의 린통, 시디카랑(Sidikalang)의 고지대에서 생산되는 커피의 상표명인데 만다이일링(Mandailing)이라는 부족의 이름에서 유래되었다고 한다. 자바의 아라비카 커피 재배는 동쪽 끝에 있는 해발 1,400m의 이젠(Ijen) 고원 지역에 집중되어 있다. 내추럴 가공을 하며 다른 인도네시아 지역에 비해 품질 관리가 잘되고 있는 편이다. 술라웨시에서 생산되는 토라자(Toraja) 커피는 타나토라자(Tana Toraja)라 불리는 술라웨시 남쪽의 고원 지대에서 생산된다. 칼로시(Kalosi)는 토라자 남쪽에 위치하며 스페셜티 커피 산지로 잘 알려져 있다.

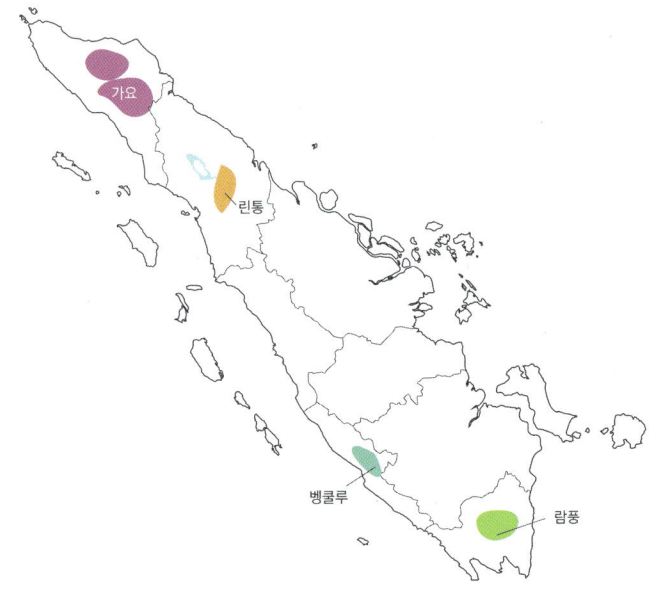

③ 커피 특성

만델링(린통)은 강한 바디와 단맛, 약한 신맛, 스파이시, 초콜릿의 특성이 있으며 가요 마운틴은 부드러운 신맛과 캐러멜, 바닐라, 풍부한 바디를 느낄 수 있다. 칼로시는 초콜릿과 가벼운 감귤류의 특성을 지니고 있다.

④ 분류

결점두에 의한 분류를 한다.

등급	기준	등급	기준
Grade 1	11	Grade 4b	61-80
Grade 2	12-25	Grade 5	81-150
Grade 3	26-44	Grade 6	151-225
Grade 4a	45-60		

- 로부스타 커피만 4a와 4b로 나눔

루왁 커피

루왁(사향고양이의 일종)은 잘 익은 커피체리를 먹었을 때 과육만 소화하고 나머지는 파치먼트 상태로 배설하는데 그것을 수집한 뒤 가공하여 만든 것을 루왁 커피(Kopi Luwak)라 한다. 생산량이 아주 적으며 그 희귀성과 독특함으로 인해 세계에서 가장 비싸게 거래되는 커피 중 하나이다. 최근에는 수요 증가로 인해 일부 농장에서 루왁을 철창에 가둬 놓고 체리를 먹여 루왁 커피를 생산하여 동물 학대 논란을 불러일으키고 있으며 이에 따라 루왁 커피를 소비하지 말자는 움직임도 있다.

루왁 커피

철창에 갇혀 사육되는 루왁

2) 파푸아뉴기니

파푸아뉴기니는 오스트레일리아 북쪽에 있는 뉴기니섬의 동쪽에 있는 나라로 우기와 건기의 구분이 명확하고 화산 토양, 적당한 기온, 재배 고도 등 커피 재배에 적합한 자연환경을 가지고 있다. 파푸아뉴기니에 커피가 처음 소개된 것은 1800년 후반이었고 이후 1930년대에 자메이카로부터 블루마운틴을 들여와 재배하고 있으며 최근에는 유기농 커피와 스페셜티 커피 생산도 꾸준히 늘리고 있다.

① 재배/가공/품종

수확기(월)	5-9	생산량(만백)	68('20/21)
가공	워시드 가공	건조	햇볕 건조
품종	아라비카(95%) - 티피카, 버번, 아루샤, 블루마운틴 등		

② 재배 지역

커피 생산은 파푸아뉴기니의 20개 주 중 15개 주에서 이루어지고 있는데 대부분 하이랜드(High Land)라 불리는 600-1,800m의 고원 지대에서 이루어진다.

주요 생산 지역은 웨스턴하이랜드(Western Highland)와 이스턴하이랜드(Eastern Highland)이며 그 밖에 심부(Simbu), 모로비(Morobe)에서도 소량 생산된다. 파푸아뉴기니 커피에서 이름이 많이 알려져 있는 시그리(Sigri)는 웨스턴하이랜드에서 생산되는 커피의 상표명이다.

③ 커피 특성
초콜릿, 향신료 향이 나며 레몬의 신맛과 달콤한 과일의 특성이 지속하는 뒷맛을 가지고 있다.

④ 분류

등급	크기(스크린 사이즈)	결점두 개수(1Kg)
A	표기된 사이즈 이상이어야 하며 균일해야 함	10
B	표기된 사이즈 이상이어야 하며 균일해야 함	30
Y		70
Y2	혼합	150
Y3		50% 미만

3) 하와이

하와이에 처음 커피가 소개된 때는 1825년으로 브라질에서 처음 커피를 들여왔으며 1828년에 코나(Kona) 지역에 커피를 처음 심었다고 알려져 있다. 하와이를 대표하는 하와이 코나 커피는 빅아일랜드(Big Island)라 불리는 하와이섬의 서쪽 코나 지역에서 재배된다. 이 지역은 북동 무역풍이 부는 열대성 기후의 화산 지대로 연간 강우량이 풍부하여 커피 재배에 적합한 조건을 갖추고 있다.

하와이 코나 커피는 생산량이 매우 적으며 깊고 풍부한 신맛과 고급스러운 향으로 인해 블루마운틴 커피와 함께 최상급 커피로 꼽히고 있다. 이로 인해 흔히 다른 커피와 블렌딩하여 코나 스타일(Kona style)이나 코나 로스트(Kona roast) 등으로 많이 판매하고 있다.

① 재배/가공/품종

수확기(월)	9-2	생산량(만백)	4('20/21)
건조	햇볕 건조		
가공	워시드, 내추럴, 허니 커피 가공		
품종	아라비카만 재배 - 티피카, 블루마운틴, 카투라, 카투아이 등		

② 재배 지역

하와이의 커피 재배는 주로 하와이섬에서 이루어지며 그 밖에 카우아이(Kauai), 마우이(Maui), 몰로카이(Molokai)섬에서도 재배되고 있다. 코나 커피는 하와이섬의 후아랄레이(Mt. Hualalai)와 마우나로아산(Mt. Mauna Loa)의 해발 250-750m의 서쪽 사면에서 재배된다. 하와이섬은 오전에 햇볕이 내리쬐다가 오후엔 구름이 몰려와 자연스럽게 커피나무에 그늘을 만들어 주며 또 바람이 강하지 않고 미네랄 성분이 풍부한 화산 토양을 갖추고 있어 양질의 커피가 생산된다.

③ 커피 특성

하와이 코나 커피는 균형이 잘 잡혀 있고 깊고 풍부한 맛을 느낄 수 있는데 풍부한 향, 부드러운 신맛과 단맛 그리고 와인과 과일의 플레이버를 가지고 있는 것으로 평가받는다.

④ 분류

하와이에서 생산되는 커피 중 코나 커피의 분류 기준이다.

등급	크기(스크린 사이즈)	결점두
Extra Fancy	19	8개 이내
Fancy	18	12개 이내
No1.	16	18개 이내
기타(하위등급)	Select, Prime, No.3	

4) 예멘

아라비아 반도 남단의 홍해 입구에 있는 예멘은 약 6세기경에 최초로 커피의 상업적 재배를 시작한 나라로 알려져 있다. 예멘은 국토 대부분이 사막 지역으로 커피 생산량이 매우 적으며 전통적인 방법으로 커피를 재배, 가공하는 나라이다. 극심한 물 부족을 겪고 있으며 정치적 갈등으로 인한 내전 상태에 있어 예멘의 커피 생산은 심각한 상황에 직면해 있다.

① 재배/가공/품종

예멘은 계단식 경작지에서 커피를 재배하고 수 세기를 전해 내려온 전통적 방식으로 커피 가공을 한다.

수확기(월)	10-12	생산량(만백)	10('20/21)
가공	내추럴 가공	건조	햇볕 건조
품종	아라비카만 재배 - 예멘 고유품종, 티피카, 버번		

② 재배 지역

대부분 1,500m 이상의 서쪽 산악 지역에서 생산되며 재배 지역은 대부분 화산암으로 이루어져 있다. 마타리(Mattari, Matari)는 예멘 커피 중 가장 많이 알려져 있는 커피로 수도인 사나(Sana'a)의 서쪽에 있는 바니 마타르(Bani Mattar)의 고지대에서 생산된다. 하라지(Harazi)는 이스마일리(Ismaili)와 인접한 예멘의 북서쪽 하라즈(Haraz) 산악 지역에서 생산된다. 이스마일리는 사나 서쪽의 바니 이스마엘(Bani Ismael) 산악 지역에서 생산되는 커피로 생두의 크기가 매우 작으며 예멘 커피의 고유 품종 이름이기도 하다.

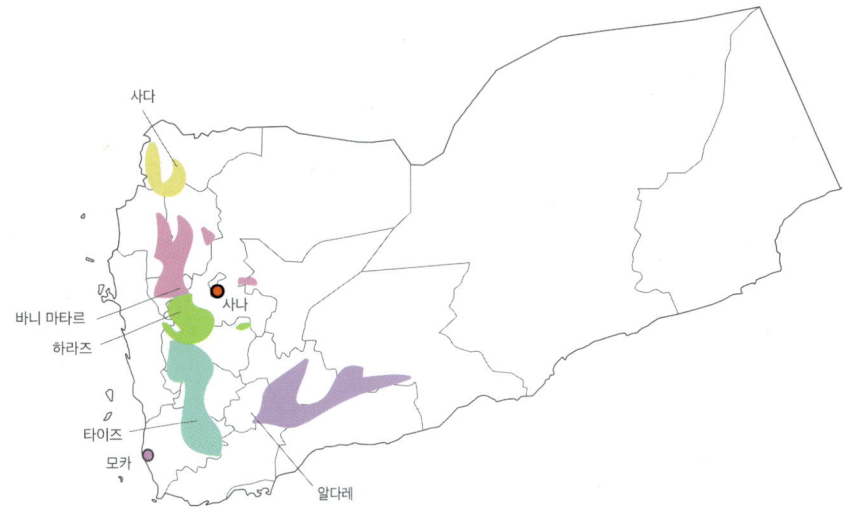

③ 커피 특성
밝은 와인의 신맛과 복합적인 특성이 있으며 달콤한 과일부터 다크 초콜릿의 뒷맛을 느낄 수 있다.

④ 분류
예멘 커피는 공식적인 분류 기준이 존재하지 않는다.

내용 요약

- 브라질은 커피 최대 생산국으로 내추럴 커피를 주로 생산하며 로부스타도 30% 정도 생산한다. 미나스제라이스가 최대 생산 지역이고 결점두에 의한 분류를 한다.
- 콜롬비아는 워시드 커피 생산 1위 국가이고 크기에 의한 분류를 하며 최상급을 Supremo라 한다.
- 페루는 유기농 커피와 공정무역 커피의 주요 공급처로 아라비카만 재배한다.
- 멕시코는 치아파스가 최대 생산지이고 고도에 따라 분류하며 SHG가 최고 등급의 커피이다.
- 과테말라는 안티구아가 대표적인 커피 생산지이고 재배 고도에 따라 분류하며 SHB가 최고 등급의 커피이다.
- 코스타리카는 품질 관리가 가장 뛰어난 나라로 타라수가 대표적인 커피 생산지이고 재배 고도에 따라 분류하며 SHB가 최고 등급의 커피이다.
- 엘살바도르는 재배 고도에 따라 분류하며 SHG가 최고 등급의 커피이다.
- 온두라스는 중앙아메리카 지역에서 가장 생산량이 많은 나라로 재배 고도에 따라 분류하며 SHG가 최고 등급의 커피이다.
- 자메이카는 블루마운틴 커피로 유명하며 재배 고도와 크기, 결점두로 분류하고 Blue Mountain No.1이 최고 등급 커피이다.
- 에티오피아는 커피의 고향으로 알려져 있으며 아프리카 최대 생산 국가로 생두 품질과 커피향미 특성으로 분류한다.
- 케냐는 SL28, SL34 등을 주로 재배하고 크기에 의한 분류를 하며 AA가 최상급 커피이다.
- 탄자니아는 수확기가 두 번 있고 크기에 의한 분류를 하며 AA가 최상급 커피이다.
- 르완다는 맛에 대한 평가 점수에 따라 분류하며 최상급 커피는 AAA이다.

- 부룬디는 생두(40%)와 맛(60%)에 의한 분류를 시행하며 최상급 커피는 FW AA 이다.
- 인도네시아는 로부스타 커피를 주로 생산하며(85%) 아라비카 커피는 수마트라에서 대부분 생산하고 결점두에 의한 분류를 한다.
- 파푸아뉴기니는 티피카, 버번 외에 블루마운틴도 재배하며 크기, 결점두 등으로 분류한다.
- 하와이는 코나 커피가 유명하며 크기와 결점두로 분류하고 Extra Fancy가 최상급 커피이다.
- 예멘은 가장 오래된 커피 생산국으로 전통적 방식으로 커피 가공을 하며 마타리 커피가 유명하다.

11. 커피의 생산과 소비

생산

1) 커피 생산 국가 그룹별 분류

커피 생산국을 커피의 가공 방식과 그에 따른 품질 관리에 따라 몇 개의 그룹으로 분류할 수 있는데 국제커피기구(International Coffee Organization, ICO)는 커피 생산국을 아래와 같이 4가지 그룹으로 분류한다. 아래의 표에서 나타나 있듯이 가장 높은 가격에 거래되는 것은 콜롬비아 마일드(Colombian Milds) 그룹이고 그다음이 아더 마일드(Other Milds) 그룹으로 두 그룹의 가격 차이는 크지 않으며 때론 역전되기도 한다. 브라질 내추럴(Brazilian Naturals) 그룹이 그다음이고 가장 낮은 가격에 거래되는 것은 로부스타(Robustas) 그룹이다.

커피 가격은 아라비카 커피의 경우 뉴욕과 독일의 거래 평균 가격으로, 로부스타는 뉴욕과 프랑스 선물시장의 평균 가격으로 산출된다. 커피의 종합 평균가격(Composite price)은 주가지수처럼 각 부문별 가중 평균 가격으로 산출되는데 부문별 가중치는 거래량을 감안하여 2년마다 조정된다.

그룹	국가	가격[28] 그룹 별	종합평균
콜롬비아 마일드 그룹	콜롬비아, 케냐, 탄자니아	218.66	
아더 마일드 그룹	멕시코, 과테말라, 엘살바도르, 페루, 파나마 코스타리카, 니카라과, 에콰도르, 온두라스 볼리비아, 도미니카, 자메이카, 쿠바, 아이티 인도, 파푸아뉴기니, 부룬디, 르완다, 말라위 짐바브웨, 잠비아, 네팔, 베네수엘라	204.29	152.24
브라질 내추럴 그룹	브라질, 에티오피아, 파라과이, 티모르, 예멘	160.62	
로부스타 그룹	베트남, 인도네시아, 우간다 등	94.37	

---

28 2021년 7월의 월 평균가격이다.

커피 결산 기준

커피 수확량에 대한 결산 기준은 아래와 같이 세 가지가 있으며 그중 '크랍 이어(crop year)'가 가장 많이 사용된다.

1. 크랍 이어

커피 수확이 북반구에 있는 나라들은 보통 해를 넘겨 수확이 끝나므로 수확 기준일자가 1월 1일이 될 수 없어 10월 1일을 기준으로 한다. 또 브라질처럼 남반구에 있는 나라들은 여름부터 수확하므로 4월 1일을 기준으로 한다. 그래서 크랍 이어는 '2018/19'처럼 표기하는 것이다. 크랍 이어는 10월 1일을 기준으로 하는 나라가 가장 많으며 다음과 같이 크게 세 가지 기준 일자를 사용한다.

크랍 이어	중남미	아시아	아프리카	카리브해
10/1 - 9/30 (October Group)	멕시코, 코스타리카 과테말라, 온두라스 니카라과, 파나마, 콜롬비아	베트남 인도, 예멘 태국, 네팔	케냐, 에티오피아 우간다, 토고 카메룬, 가나	자메이카
4/1 - 3/31 (April Group)	브라질, 에콰도르 페루, 볼리비아, 파라과이	인도네시아 파푸아뉴기니 티모르	케냐, 에티오피아 우간다, 토고 카메룬, 가나	-
7/1 - 6/30 (July Group)	-	필리핀	탄자니아 잠비아 콩고공화국	쿠바 도미니카 아이티

2. 커피 이어

커피 생산 국가마다 수확 기준 일자가 달라 통계 자료에 혼동이 있을 수 있으므로 국제커피기구에서는 크랍 이어 중 가장 많이 사용하는 10월 1일로 산정 일자를 통일시켜 통계 자료를 산출한다. 따라서 생산 통계 자료도 크랍 이어일 때와 커피 이어(coffee year)일 때 그 내용이 달라진다.

3. 캘린더 이어

캘린더 이어(calendar yea)는 말 그대로 당해 연도 1월 1일부터 12월 31일까지의 수확량을 의미한다. 생산보다 소비 관련 통계를 작성할 때 주로 사용한다.

2) 연간 커피 생산 규모

전 세계 커피 생산량은 꾸준히 증가하는 추세를 보이고 있다. 2008년에는 약 1억 3천만백 정도를 생산했지만 2020년에는 1억 7천만백 정도를 생산하고 있으며 이는 브라질, 베트남의 생산량 증가와 로부스타의 생산량 증가에 기인한다.

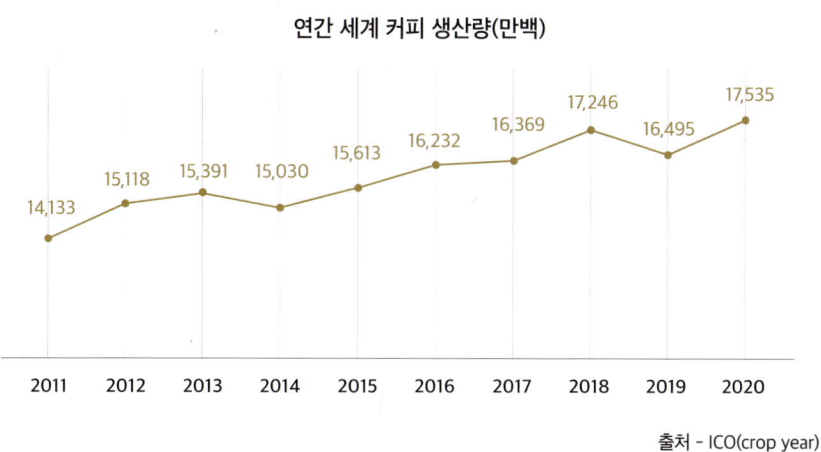

① 지역별 생산 규모

지역별로 생산량을 살펴보면 브라질이 있는 남아메리카의 비중이 가장 크며 두 번째가 아시아&오세아니아 지역이고 그다음이 중앙아메리카(멕시코 포함)와 아프리카이다.

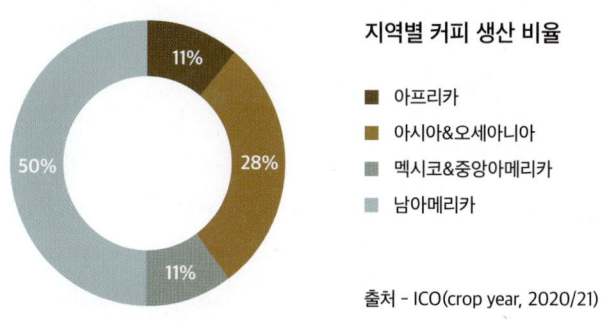

② 종별 커피 생산 비율

2020년도 기준 전체 커피 생산에서 아라비카 커피는 9,200만백으로 56%를 차지하였고 로부스타는 7,200만백으로 43%를 생산하였다. 이전에는 아라비카가 생산량의 약 70%를 차지하고 있었으나 베트남과 브라질의 로부스타 생산량 증가로 인해 아라비카 비중은 감소하고 상대적으로 로부스타는 점차 증가하는 양상을 보인다.

③ 국가별 커피 생산량

커피 생산은 생산량 상위 6개국이 전체 커피 생산의 80% 정도를 차지한다. 그중 브라질이 세계 커피 생산의 30% 이상을 차지하고 있어 커피 가격은 브라질의 커피 작황에 따라 많은 영향을 받는다.

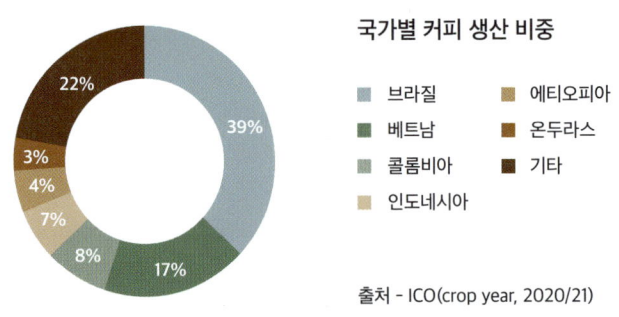

소비

1) 지역별 커피 소비

2020년 기준 전 세계 커피 소비량은 1억 6,600만백이며 이 중 수출국의 커피 소비는 5천만백으로 30%이고 수입국의 커피 소비는 1억 1,600만백 정도로 70%를 차지하였다. 지역별로 살펴보면 유럽 지역의 커피 소비가 가장 많고 그다음은 아시아/오세아니아, 북아메리카 순이다.

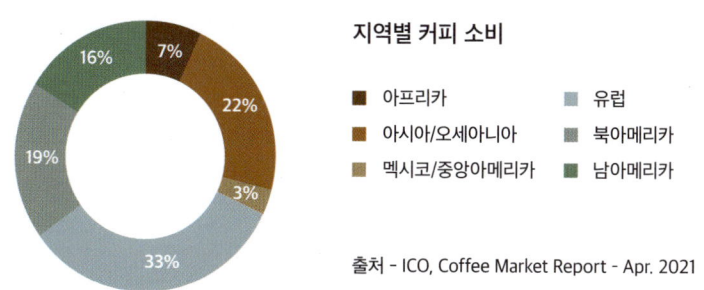

출처 - ICO, Coffee Market Report - Apr. 2021

2) 국가별 커피 소비

국가별로는 2020년 기준 미국이 2,698만백으로 가장 많아 전체 커피 소비의 23%를 차지하고 있으며 그다음이 브라질로 2,240만백이고 독일, 일본이 그 뒤를 잇고 있다.

3) 일인당 커피 소비

세계에서 일 인당 커피 소비가 가장 많은 나라는 핀란드, 스웨덴, 노르웨이 같은 스칸디나비아 지역으로 이는 유럽에서도 알프스산맥을 기준으로 북쪽에 있는 추운 나라들이다. 그뿐만 아니라 미국에서도 커피샵은 대체로 날씨가 추운 시카고, 뉴욕 등의 지역에 많이 분포되어 있으며 이를 통해 커피 소비는 기후와 밀접한 관계가 있다는 것을 알 수 있다.

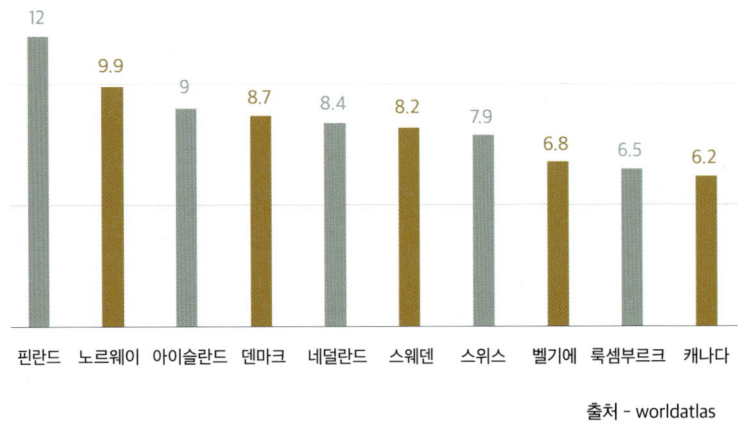

일인당 커피소비 상위 10개국 (kg, 2020년)

출처 - worldatlas

가격

커피 가격은 1파운드 당 US 센트로 표시한다. 이는 커피 가격이 120이라 하면 커피 1파운드(약 453g) 당 US 달러로 1달러 20센트라는 의미이다. 커피도 농산물이므로 작황에 따라 그 가격 변동 폭이 상당히 큰데 특히 1992-1999년 사이에는 가격이 무려 네 배 가까이 폭등하였지만 그 후 2001년까지 지속해서 하락하여 커피의 생산원가에도 못 미치는 수준까지 되었다. 그러나 2001-2011년까지 가격이 다시 상승하였고 이후부터는 등락을 거듭하고 있다.

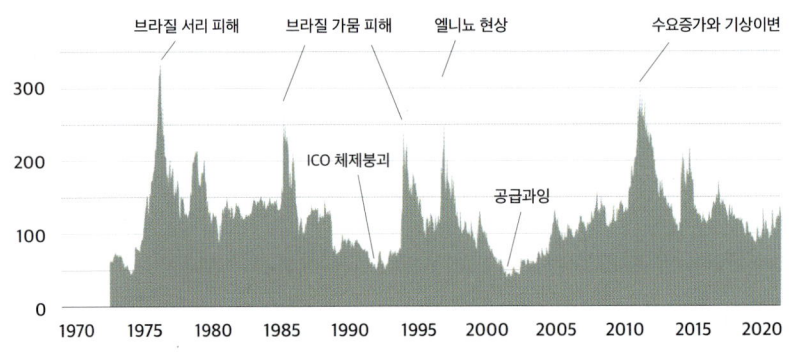

커피 가격 연도별 추이

국제커피기구

런던에 본부를 두고 있는 국제커피기구는 1962년 체결된 국제커피협정에 의거하여 1963년 출범하였다. 국제커피기구는 커피 수출국에 분기별로 수출 물량 쿼터를 배정함으로써 공급량을 조절하고 이를 통해 커피 가격의 안정을 꾀하기 위해 설립되었다.

그러나 1989년 그 체제가 붕괴하였는데 이는 5년 단위로 갱신되어야 효력이 발생하는 국제커피협정이 회원국 사이의 의견 대립으로 'ICA 1989'를 체결하지 못하였기 때문이었다. 2001년에는 가장 중요한 수출량 통제에 관한 조항이 빠진 채 향후 6년간 유효한 'ICA 2001'이 체결되었고 2007년 'ICA 2007'이 다시 체결되어 오늘에 이르고 있다. 결국 국제커피기구는 수출량 통제라는 본연의 목적을 상실한 채 커피의 소비 촉진, 커피 품질 개선 프로그램 시행, 커피 정보 제공 등의 업무를 수행하고 있다.

내용 요약

- 커피 거래 시 커피 생산 국가는 콜롬비아 마일드, 아더 마일드, 브라질 내추럴, 로부스타 그룹으로 나뉜다.
- 커피 생산량의 결산 기준은 크랍 이어, 커피 이어, 캘린더 이어가 있는데 크랍 이어를 가장 많이 사용한다.
- 대륙별 커피 생산량은 남아메리카>아시아>중앙아메리카>아프리카 순이다.
- 아라비카 커피가 60%, 로부스타 커피가 40% 생산된다.
- 2020년 기준 국가별 커피 생산량은 브라질>베트남>콜롬비아>인도네시아>에티오피아>온두라스 순이다.
- 지역별 커피 소비는 유럽>아시아>북아메리카>남아메리카>아프리카 순이다.
- 국가별 커피 소비는 미국>브라질>독일>일본의 순이다.
- 날씨가 추운 나라에서 커피 소비가 많이 이루어지며 일인당 커피 소비는 핀란드>노르웨이>아이슬란드 순이다.
- 커피 가격이 150이면 1파운드 (약 453g) 당 US 달러로 1달러 50센트라는 의미이다.

12. 카페인

특성 및 각성 효과

1) 특성

카페인(Caffeine)은 '커피 안에 있는 물질(coffee+in)'이란 뜻으로 1819년 독일의 화학자 룽게(Friedrich Ferdinand Runge, 1795-1867)가 처음 분리에 성공하여 'kaffein'이라고 명명한데서 유래하였다. 카페인은 퓨린(purine)계의 크산틴 알칼로이드(xanthine alkaloid)의 합성물질이어서 1, 3, 7-트리메틸크산틴(1, 3, 7-trimethylxanthine)으로도 불리며 실온에서 하얀색을 띠고 쓴맛이 나는 특징을 가지고 있다. 냄새가 없는 결정 구조로 이루어져 있는 카페인의 녹는점은 약 235-238℃ 이고 드라이아이스처럼 승화[29]하는 성질을 가지고 있는데 이때 승화 온도는 178℃ 이다.

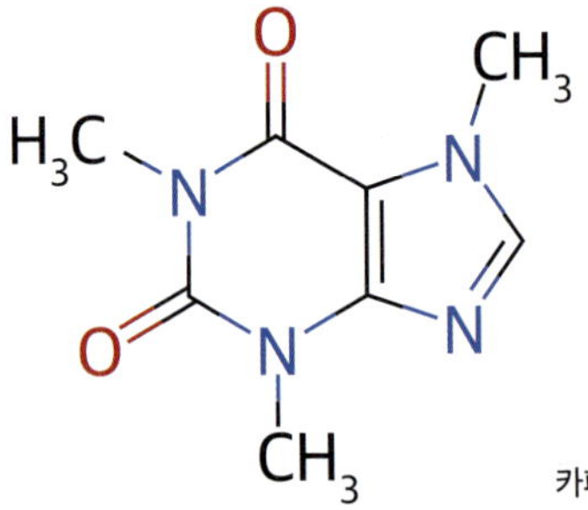

카페인의 분자식($C_8H_{10}N_4O_2$)

2) 각성 효과

카페인은 식물이 해충 등으로부터 자신을 보호하기 위해 만들어 내는 천연 독성물질로 강력한 각성 효과를 일으키는 특성이 있다. 아래 그림은 거미에게 카페인과 마리화나를 투여한 뒤 각각 거미줄을 치게 한 것으로 카페인의 각성 효과가 마리화나 보다 강한 것을 잘 보여주고 있다.

---

29 고체 상태에서 중간 단계인 액체 상태를 거치지 않고 기체 상태로 바로 변화하는 것을 말한다.

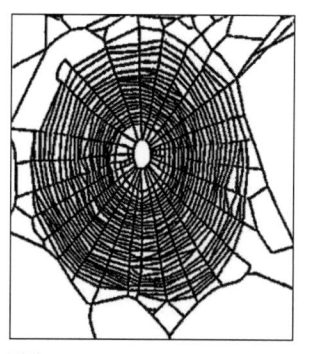  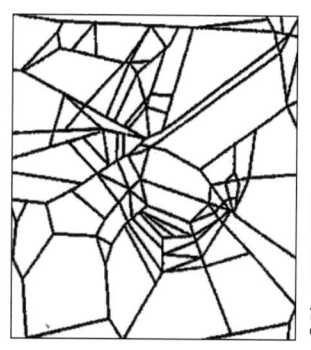

정상   마리화나   카페인

출처 - NASA, 1954

카페인이 인체에 흡수되면 각성 효과로 인해 중추신경계가 자극을 받아 일시적으로 잠이 깨고 우리 몸이 기민하게 되며 기분도 고조된다. 또한 집중력도 높아진다. 그러나 카페인의 각성 효과는 일시적이어서 지속해서 카페인을 섭취하면 인체가 적응하여 카페인 자극에 점차 둔해진다.

커피에서의 카페인

카페인은 커피, 차, 카카오, 마테(maté) 등에 함유되어 있지만 그중 가장 주된 카페인 섭취는 커피를 통해 이루어지고 있으며 최근에는 에너지드링크를 통해서도 많이 섭취되고 있다.

카페인은 커피열매뿐만 아니라 잎에도 존재하며 카페인 함량은 로부스타 커피가 아라비카 커피보다 두 배 가까이 많다. 카페인 함량은 체리의 성숙과는 무관하게 일정하지만, 커피의 종류와 추출 방법에 따라서는 차이가 있으며 보통 에스프레소 한 잔(30ml)에는 약 64mg, 드립 커피 한 잔(237ml)에는 약 145mg의 카페인이 함유되어 있다.

카페인과 건강

카페인을 섭취하면 심장 박동이 빨라지고 손이 떨리는 등의 현상으로 인해 커피를 꺼리는 사람들도 꽤 많다. 하지만 개인의 특성에 맞는 적정한 카페인 섭취는 우리 몸에 여러 가지 긍정적인 효과를 줄 수 있다는 것을 여러 문헌을 통해 알 수 있으며 카페인의 긍정적 효과는 다음과 같다.

1) 다이어트 효과

식사하기 15분 전에 카페인을 섭취하면 포만감을 빨리 느끼게 해주고 공복감을 줄여줌으로써 식욕을 억제하는 효과가 있다. 또한 대사율을 향상시켜 운동 효과를 높여주며 지방 연소를 활발하게 하여 체중을 감소시켜 준다.

2) 노화 방지

카페인은 노화의 주된 원인인 활성 산소로부터 비타민C, 비타민E, 베타카로틴(beta carotene), 셀레늄(selenium)과 같이 신체를 보호하는 강력한 항산화 물질이다. 또한 카페인은 장기 기억 능력을 향상해 뇌 기능의 손상을 방지하고 복원시키는 기능을 함으로써 파킨슨씨병이나 알츠하이머병 같은 퇴행성 질환의 발병 위험을 줄여주고 질병의 진행을 지연시키는 효능이 있다.

3) 항암 효과

카페인은 어떤 종류의 암 발병률도 높이지 않고 흡연 물질과 종양 같은 발암 물질로부터 신체를 보호하여 여러 가지 암에 효능이 있는 것으로 조사되었다. 하루 3-4잔의 커피를 마시면 유방암 발병을 상당히 줄여주고 결장암의 발병 가능성은 커피를 전혀 안 마시는 그룹에 비해 30% 정도 줄여준다고 한다.

4) 기타 효과

① 편두통을 줄여준다.
② 담석을 예방한다.
③ 천식과 흡연으로 인한 호흡기 질환에 도움을 준다.
④ 당뇨 환자의 저혈당 쇼크 예방에 도움을 준다.
⑤ 남성의 수정 능력을 증대시킬 수 있다.

디카페인커피

디카페인커피(decaffeinated coffee)는 커피에서 카페인을 용해하고 추출하여 카페인을 제거한 커피로 상업적 규모의 카페인 제거 기술은 독일 'Kaffee HAG' 사의 설립자인 로셀리우스(Ludwig Roselius, 1874-1943)에 의해 1903년 개발되었다(특허 1906년). 이후 본격적인 시장은 1960년대 미국에서 형성되었는데 우리나라에서는 아직 디카페인커피의 소비가 미미하지만 스페인이나 미국에서는 커피 소비의 10% 이상을 차지한다.

디카페인커피의 제조 목적은 카페인은 제거하고 향과 맛은 유지되는 커피를 생산하는 것이다. 디카페인커피 제조 시에는 벤젠, 클로로포름, 트리클로로에틸렌과 디클로로메탄 같은 용매가 사용됐지만, 이 용매들은 인체에 유해 가능성이 있고 환경에 안 좋은 영향을 미치며 비용이 많이 들어 지금은 아래와 같은 공법으로 대체되었다.

디카페인 커피

1) 물 추출법

1930년대 초에 스위스에서 개발된 공법이다. 뜨거운 물을 커피에 침투하여 통과 시킬 때 물과 함께 카페인뿐만 아니라 커피 플레이버의 요소가 되는 여러 화합물도 활성탄소에 통과시키면서 카페인을 제거하는 공정이다.

이때 통과된 물이 다시 콩에 흡수된 후 증발하여 마르면 좋은 플레이버를 지닌 카페인이 없는 커피가 만들어 진다. 이 방법은 클로로겐산과 같은 수용성 물질을 상실하게 만든다는 단점이 있다.

2) 초임계 이산화탄소 추출법

1970대 독일의 HAG 사에 의해 개발된 공법이다. 200기압의 압력을 받은 상태에서 온도가 초임계 온도인 31°C를 넘어가면 CO_2는 초임계 상태가 되어 액체 상태로 변화하면서 생두에 침투하여 97-99%의 카페인을 용해한다. 이렇게 용해된 카페인은 활성탄소 흡착이나 증류, 재결정, 역삼투 방식으로 분리된다.

이 방법은 유해물질의 잔류 문제가 없고 카페인의 선택적 추출은 가능하지만 시설을 갖추는데 비용이 많이 든다는 단점이 있다.

3) 유기용매 추출법

생두에 압력을 가한 상태에서 증기를 쐬어 주면 콩이 부풀고 표면적이 넓어져 카페인 제거가 쉬워진다. 이때 다시 압력을 가해 용매의 끓는점에 가까운 온도가 되면 용매를 이용하여 카페인을 제거한다. 사용되는 용매는 커피의 품질에 영향을 주지 않고 카페인만을 선택적으로 제거해야만 하나 미량의 용매 성분이 커피에 남는다. 하지만 이러한 잔류 성분은 디카페인커피를 마시는 사람의 건강에 영향을 주지 않아 안전하다. 요즘 사용되고 있는 용매는 에틸아세테이트(ethyl acetate)와 메틸렌클로라이드(methylene chloride)이다.

4) 기타

모든 디카페인커피 제조 공정은 엄격한 과학적 관리를 받아 안전하다. 유럽연합(European Union, EU)은 디카페인커피의 카페인 함량이 원두는 0.1%, 인스턴트커피의 경우 0.3%를 초과해서는 안 된다고 규정하였다. 이는 컵 당 3mg 이하의 카페인이 들어있다는 의미이다. 미국의 규정은 유럽연합처럼 엄격하지 않아 97% 이상의 카페인이 제거되면 디카페인커피로 인정한다. 오늘날에는 여러 가지 공법으로 대부분의 카페인을 제거할 수 있으며(99.9% 이상) 디카페인커피 18잔에 들어있는 카페인은 일반 커피 1잔과 비슷한 양이다.

인스턴트커피

인스턴트커피는 더 손쉽고 편하게 즐길 수 있도록 만들어진 커피를 말한다. 인스턴트커피 역사는 백여 년 전으로 거슬러 올라간다. 그 이전에도 여러 시도가 있었지만 1901년 일본계 과학자가 처음 제법을 고안했다고 알려져 있다. 그 후 1906년 영국인 발명가 워싱턴(George Constant Washington, 1871-1946)이 대량 생산 공법을 창안하였고 1910년에는 이것을 상품화하여 'Red E Coffee'라는 이름으로 시장에 출시하였지만 커피가 물에 잘 녹지 않아 시장에서 그리 인기를 끌지 못했다고 한다.
그 후 1930년대 브라질 정부는 커피 과잉 생산으로 재고가 폭발적으로 증가하자 이를 해결하기 위해 인스턴트커피를 상품화해줄 것을 네슬레 사에 요청하였다. 이에 네슬레 사는 1938년 새로운 공법으로 인스턴트커피를 개발하여 '네스카페(Nescafé)'라는 상품명으로 판매하였고 이로부터 본격적인 인스턴트커피의 탄생이 시작되었다. 이후 2차 세계대전 당시 미군에게 인스턴트커피를 보급하였으며 이런 이유로 인스턴트커피는 세계 각지로 퍼져 나갔다. 인스턴트커피는 다음과 같은 공정을 거쳐 제조된다.

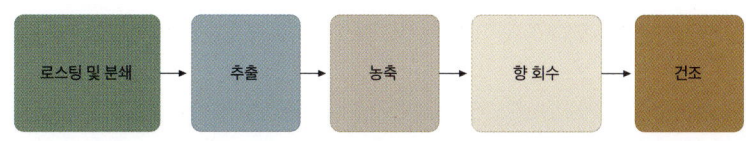

1) 로스팅 및 분쇄
로스팅 된 커피를 커피 성분이 잘 용해될 수 있도록 0.5-1.1mm로 아주 잘게 분쇄한다.

2) 추출

분쇄된 커피를 5-8개의 추출 용기에 계속 이동시키면서 추출을 진행한다. 첫 번째 단계에서 155-180°C로 추출된 커피는 다음 단계의 용기로 이동하면서 농도가 점차 높아진다. 최종적으로 얻어지는 커피 농도는 20-30% 정도이다.

3) 농축

추출된 커피액을 여러 단계의 여과 과정을 거쳐 커피 농도를 40%까지 농축시킨다.

4) 향 회수

위의 과정을 거치면서 소실되는 향기 성분을 모아 다시 커피에 환원시킨다.

5) 건조

건조 방식은 크게 SD(spray dry) 방식과 FD(freeze dry) 방식으로 나뉜다.

① SD 방식

SD 방식은 먼저 추출한 커피 농축액에 압력을 가해 20m 정도 높이의 건조 타워 상부에서 노즐을 통해 분사시킨다. 이때 250°C 정도의 열풍을 쏘이면 수분은 증발하고 가루 상태의 커피 성분은 건조 타워 하단에 모인다. 이러한 SD 방식은 가공 비용이 적게 들고 입자가 작아 찬물에도 잘 녹지만 고온 건조로 인해 커피향이 대부분 상실된다는 단점이 있다.

② FD 방식

SD 방식보다 진일보한 것으로 1965년 미국 제너럴 푸드사에 의해 'Maxim'이라는 상품으로 처음 개발되었다. 커피 농축액을 -6°C에서 슬러시 상태로 예비 동결시킨 다음 -45°C에서 급속 동결시켜 두께 약 6mm의 케이크 상태로 만들어 진공 상태의 건조기로 옮긴다. 그러면 케이크가 건조기 안에서 작은 입자로 잘게 부서지고 얼음 결정은 진공 상태에서 바로 수증기로 승화되어 커피 입자만 남는다.

FD 방식은 열을 이용하여 건조하지 않으므로 SD 방식보다 커피향이 좋고 맛이 부드러운 커피를 생산할 수 있으나 SD 방식보다 비용이 많이 든다는 단점이 있다.

내용 요약

- 카페인은 하얀색을 띠고 쓴맛이 나는 특징을 가지고 있다. 냄새가 없는 결정 구조로 이루어져 있으며 녹는점은 235-238°C 이고 승화 온도는 178°C 이다.

- 카페인은 중추신경계를 자극해 일시적으로 잠을 깨우고 우리 몸을 기민하게 하여 기분도 고조되고 집중력도 높아진다.

- 카페인 함량은 로부스타가 아라비카에 비해 두 배 가까이 많고 카페인 함량은 체리의 성숙과는 무관하게 일정하다. 보통 에스프레소 한 잔(30ml)에는 약 64mg, 드립 커피 한 잔(237ml)에는 약 145mg의 카페인이 함유되어 있다.

- 카페인은 다이어트 효과, 노화 방지, 항암 효과 등이 있다.

- 디카페인커피는 독일의 로셀리우스가 개발했으며 제조 방법은 물 추출법, 유기용매 추출법, 초임계 이산화탄소 추출법이 있다.

- 디카페인커피 18잔에 들어있는 카페인은 일반 커피 1잔과 비슷하다.

- 인스턴트커피는 스위스 네슬레 사에서 처음 상품화에 성공하였으며 SD 방식과 FD 방식이 있다.

▲ 커피 로스팅 과정 중 냉각단계

3　*Coffee Roasting*

커피 로스팅

1. 로스팅 이해
2. 로스팅에 따른 변화
3. 로스팅 단계
4. 로스팅 머신
5. 로스팅 시 고려사항
6. 로스팅 방법
7. 블렌딩

1. 로스팅 이해

로스팅의 의미

로스팅은 생두에 열을 가해 원두로 변화시키는 것으로 이 과정을 통해 우리가 말하는 커피가 만들어지므로 커피 프로세스에서 매우 중요한 단계이다. 로스팅을 하는 이유는 많은 물질로 구성된 생두가 그 자체로는 아무런 맛과 향이 없으므로 생두에 열을 가해 생두가 물리적, 화학적 변화를 거쳐 그 안의 여러 가지 성분들(지방, 당분, 카페인, 유기산 등)이 밖으로 방출되게 하여 맛과 향이 나도록 하기 위해서이다.

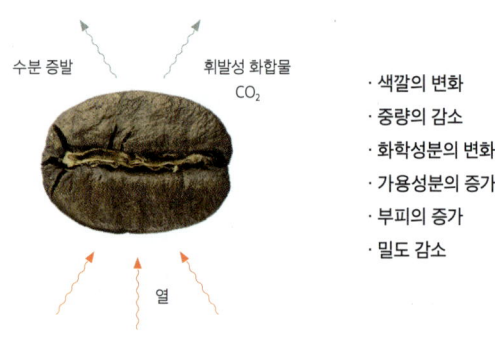

- 색깔의 변화
- 중량의 감소
- 화학성분의 변화
- 가용성분의 증가
- 부피의 증가
- 밀도 감소

로스팅 조건

만족스러운 로스팅 결과를 얻기 위해서는 아래의 조건이 충족되었을 때 가능하다. 첫째, 좋은 맛과 향을 가지고 있는 신선한 생두이다. 생두가 좋지 않으면 아무리 로스팅을 잘해도 좋은 결과를 기대하기 어렵다.

둘째, 커피 맛과 생두의 특성에 대한 정확한 이해가 있는 로스터이다. 그래야 로스팅 단계마다 적절한 조치를 취할 수 있다. 그 밖에도 로스터는 가공과정에 따른 커피향미 특성의 차이, 원산지별 커피의 특성, 품종에 따른 특성, 수분 함유율과 밀도 차이에 따른 특성 등을 잘 알고 있어야 하며 본인의 로스팅 프로파일(투입 온도 결정, 열량 공급 조절, 댐퍼 개폐, 총 로스팅 시간 등)도 가지고 있어야 한다.

셋째, 성능이 뒷받침되는 로스팅 머신이다. 에스프레소처럼 로스팅도 결국 머신 내부에서 이루어지므로 로스팅 머신의 성능이 중요하며 평소에 관리를 잘 해주어야 일정한 성능을 발휘할 수 있다.

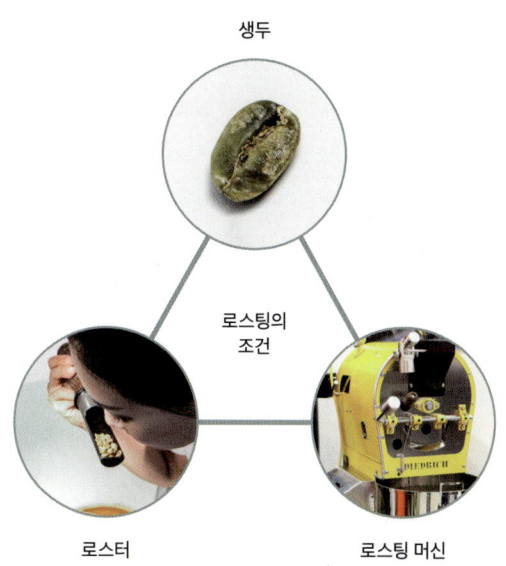

로스팅 과정
로스팅은 아래 그림처럼 건조, 열분해, 냉각의 세 단계로 이루어진다.

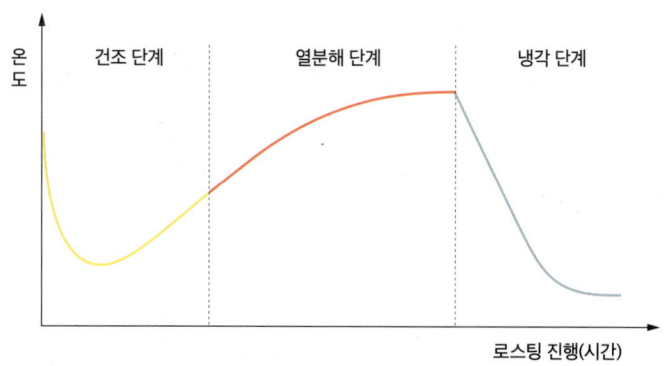

1) 건조 단계

건조 단계는 커피콩[1] 내부 온도가 물의 끓는점(100°C)에 도달할 때까지 일어나는 구간으로 수분 증발 단계, 옐로 단계, 시나몬 단계의 과정을 거친다. 수분 증발 단계에서는 커피콩의 내부 온도가 100°C에 다다를 때 수분이 기화하여 기체 상태로(수증기) 바뀌고 수증기는 커피콩에서 증발하면서 외부로 방출되는데 이때 커피콩에서는 풋내가 난다.

140°C에 다다르면 커피콩은 마이야르 반응(Maillard reaction)[2]이 시작되며 이에 따라 커피콩의 색깔이 점차 노란색으로 변하는 옐로 단계가 된다. 이 단계에서는 곡물향이 나고 커피콩의 당 성분도 캐러멜로 변화하기 시작한다. 160°C에 도달하면 커피콩은 노란색에서 계피색으로 바뀌며 표면에 반점이 생기기 시작하는 시나몬 단계가 되는데 곡물향은 사라지고 옅은 신향이 나기 시작한다.

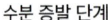
수분 증발 단계

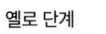
옐로 단계

시나몬 단계

2) 열분해 단계

실질적인 로스팅이 진행되는 단계로 지속적인 열 공급으로 인해 열분해 반응이 일어나면서 커피의 화학적 성분이 변화한다. 열분해 반응은 190-210°C에서 절정을 이루는데 이 반응을 통해 커피의 맛과 향을 내는 여러 물질이 생성되고 이때 많은 양의 이산화탄소도 방출된다. 또한 콩의 부피는 증가하고 조직은 부서지기 쉬운 상태로 바뀌며 캐러멜화(caramelization)[3]에 의해 색깔은 점차 짙은 갈색으로 변화한다.

---

1 로스팅 전에는 생두, 진행 중에는 커피콩, 종료 후에는 원두로 단계별 명칭을 구분하여 사용하기로 한다.
2, 3 2단원 로스팅에 따른 변화 중 <커피의 갈변 반응> 참조

열분해 단계에서는 두 번의 크랙(crack)[4]이 발생한다. 1차 크랙이 일어나는 시점에서는 건조 단계에서의 흡열 반응[5]이 발열 반응[6]으로 바뀌면서 원두 내부의 조직이 팽창하여 열을 방출시킨다. 그 후 2차 크랙이 진행되면 발열은 더욱 증가하고 오일, 이산화탄소도 점점 많이 발생한다.

① 1차 크랙

온도가 상승하여 190-200℃에 다다르면 커피콩의 세포 내부에 있는 수분이 기화하면서 엄청난 압력이 발생된다. 이로 인해 커피콩의 가장 약한 부분인 센터컷이 벌어지면서 파열음이 들리는데 이것이 바로 1차 크랙이다.

1차 크랙의 시작과 함께 본격적인 커피콩의 변화가 일어난다. 색깔은 옅은 갈색을 거쳐 갈색으로 바뀌고 커피콩의 부피는 50-60% 정도 팽창하며 커피콩과 실버스킨의 서로 다른 팽창률에 따라 실버스킨도 분리된다. 세포 내의 화합물은 열분해를 통해 수용성 다당류를 생성한다. 반응이 지속되면서 이런 다당류는 갈변 반응(sugar browning)을 일으키는 캐러멜로 바뀌는데 이런 캐러멜화는 커피향의 질을 결정하는 주요한 요인이다.

② 휴지기

1차 크랙이 종료되어 크랙 소리가 안 들려도 반응은 지속해서 일어난다. 1차 크랙과 2차 크랙 사이에서는 열역학의 변화가 일어나 짧은 시간 동안 발열 반응에서 다시 흡열 반응으로 바뀐다.

③ 2차 크랙

휴지기를 지나 온도가 215-220℃에 다다르면 세포 내의 탈수로 인해 커피콩은 보다 바삭바삭 해지고 세포 내에 형성된 이산화탄소, 일산화탄소, 질소산화물 같은 가스의 압력과 결합하여 세포 조직의 파괴가 발생한다. 이것이 2차 크랙으로 1차 크랙에 비해 소리가 더 크고 연속적으로 나며 이때 다시 발열 반응으로 바뀐다. 커피콩의 색깔은 갈색에서 짙은 갈색으로 바뀌고 2차 크랙 이후 커피콩의 부피는 생두에 비해 80-90%까지 팽창한다.

---

4 크랙은 팝콘 튀는 소리와 비슷하다고 하여 팝(pop)이나 팝핑(popping)이라고도 한다.
5 반응 과정에서 주변으로부터 열을 빼앗으며 진행되는 화학 반응이다.
6 반응 과정에서 빛이나 열의 형태로 에너지를 방출하는 화학 반응이다.

④ 오일 이동

225-230℃가 되면 세포벽을 감싸고 있는 커피 오일이 가열되어 커피콩 표면이 반짝인다. 또 세포 내에 있던 오일도 압력에 의해 표면으로 이동한다. 오일이 연소되면서 로스팅 머신에서는 보다 짙은 연기가 발생한다.

1차 크랙   2차 크랙   오일 이동

3) 냉각 단계

로스팅이 끝나면 즉시 열을 식혀야 하는데 그렇지 않으면 커피콩 내부의 열로 인해 원하는 로스팅 포인트보다 더 진행되기 때문이다. 냉각할 때에 찬 공기를 순환시키거나 물을 분사시키는 방법을 사용하고 물이 공기보다 냉각 효과가 더 좋지만 물의 양이 많으면 커피에 흡수되므로 주의하여야 한다.

내용 요약

- 로스팅은 건조 → 열분해 → 냉각 순으로 진행된다.
- 건조 단계는 수분 증발 → 옐로 → 시나몬 단계로 진행된다.
- 열분해 단계는 실질적인 로스팅이 진행하는 단계로 두 번의 크랙이 발생하며 갈변 반응으로 원두 색깔이 갈색으로 바뀐다.
- 1차 크랙은 커피콩 온도가 190-200℃에서 발생하며 색깔은 옅은 갈색을 거쳐 갈색으로 바뀌고 커피콩의 부피는 50-60% 정도 팽창하며 실버스킨도 분리된다.
- 2차 크랙은 커피콩 온도가 215-220℃에 다다를 때 가스의 압력으로 인해 세포 조직이 파괴되는 것을 말하며 커피콩의 색깔은 갈색에서 짙은 갈색으로 바뀌고 커피콩의 부피는 80-90%까지 팽창한다.
- 커피콩 온도가 225-230℃가 되면 커피 오일이 가열되어 커피콩 표면이 반짝이며 세포 내에 있던 오일도 압력에 의해 표면으로 이동한다.
- 로스팅이 완료되면 즉시 냉각을 해주어야 한다.

2. 로스팅에 따른 변화

물리적 변화

로스팅이 진행되면서 커피콩에서는 여러 가지 물리적 변화들이 생긴다. 색깔은 녹색에서 갈색으로 변하고 중량은 감소한다. 또한 세포 조직의 다공질화로 부피가 증가하며 이에 따라 밀도는 감소한다.

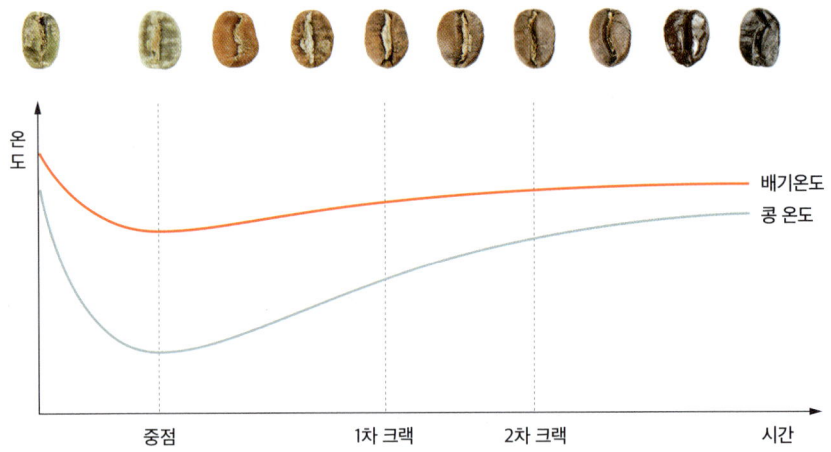

1) 색깔

생두를 투입하고 열을 가하면 색깔이 점차 변화하는 것을 발견할 수 있다. 처음에는 녹색이었던 커피콩 색깔이 옅은 녹색을 거쳐 노란색으로 바뀌는데 이는 생두가 가지고 있는 엽록소와 안토시아닌(anthocyanin) 같은 색소 성분이 분해되기 때문이다. 이후 로스팅 진행에 따라 노란색에서 계피색으로 변하고 1차 크랙이 발생하면 열에 의한 갈변 반응이 일어나 옅은 갈색으로 변화한다. 이때 점차 열을 더 가하면 갈색에서 짙은 갈색으로 바뀌며 최종적으로 검은색이 된다. 이러한 색깔의 변화를 살펴보면 현재 로스팅이 얼마나 진행되었는지를 판단할 수 있다.

2) 중량

중량은 로스팅 시간에 비례하여 감소하며 이는 수분 증발, 가스와 채프(chaff)[7] 발생, 유기물 손실 등에 의한 것이다.

로스팅에 따른 중량 감소

로스팅 단계	애그트론 No.[8]	로스팅 시간	중량 감소
미디엄 로스트	55	12분	15%
다크 로스트	35	15분	17%
베리 다크 로스트	25	19분	21%

출처 - Mané Alves, 1998, An Analytic Approach Before, During and After Roasting, Coffee Lab International

생두에 함유된 수분은 열을 커피콩 내부로 전달하는 매개체 역할을 하고 로스팅 전반에 커피콩 내부 온도가 물의 끓는점 이상으로 상승하면 급격히 기화되어 감소하기 시작한다. 그 후 로스팅이 더 진행되어 미디엄 로스트 단계에 다다르면 수분 함량은 2-3%까지 줄어든다.

로스팅에 의해 원두 1g 당 2-5ml의 가스가 발생하는데 87% 정도는 이산화탄소(CO_2)로 가스의 50% 정도는 로스팅 과정에서 소멸하고 나머지는 서서히 방출되면서 향기 성분이 공기 중의 산소와 접촉하는 것을 막아준다. 채프는 1차 크랙 이후 주로 발생하여 커피콩의 중량을 감소시킨다.

유기물은 로스팅을 하면 미디엄 로스트일때 성분의 5-8%가 줄어들고 이는 클로로겐산(chlorogenic acid), 탄수화물, 트리고넬린(trigonelline), 아미노산(amino acid)의 감소에 기인한다.

---

7 로스팅할 때 떨어져 나오는 실버스킨이나 가루 등을 말한다.
8 단원 <로스팅 단계> 참조

3) 부피

생두를 투입하면 내부의 수분이 증발하면서 부피가 줄어들어 표면에 주름이 생기기 시작하고 이러한 현상은 생두의 밀도가 강할수록 더 잘 나타난다. ① 1차 크랙 직전에 커피콩은 가장 많이 수축한다. ② 1차 크랙 이후 세포 조직은 다공질 조직으로 바뀌어 생두에 비해 부피가 50-60% 정도 팽창한다. ③ 2차 크랙이 일어나면 커피콩의 색깔이 점점 진해지고 세포 조직은 더욱더 다공질로 바뀌어 부서지기 쉬운 상태가 된다. 이때 부피는 생두의 원래 크기보다 최대 80-90% 증가한다.

1차 크랙 - 부피 팽창 시작
(안쪽은 아직 색깔이 연한 갈색임)

2차 크랙 - 부피 팽창 진행
(안쪽도 색이 진해졌으며 안쪽과 바깥쪽 사이가 벌어졌음)

4) 밀도

부피가 증가하고 중량이 감소함에 따라 밀도는 생두일 때 1.2-1.4g/ml에서 미디엄 로스트일 때 0.7-0.8g/ml로 줄어든다.

동일한 무게의 원두를 담았을 때 다크 로스트일수록 많이 담기는 것은 로스팅이 진행될수록 밀도가 감소한다는 의미임

속성 변화

아래 그림은 로스팅 진행에 따라 맛, 향, 바디 등 여러 속성이 변화하는 것을 그래프로 표시한 것이다.

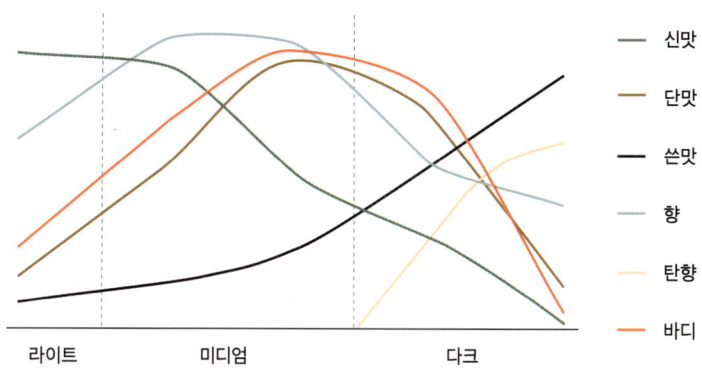

로스팅 진행에 따른 커피의 특성 변화

출처 - Coffee Roasting Handbook

1) 맛

신맛은 로스팅이 진행될수록 약해진다. 먼저 탄수화물이 분해되면서 휘발성산을 생성하는데 이 휘발성산은 미디엄 로스트에서 절정을 이루지만 로스팅이 더 진행되면서 감소하기 때문이고 두 번째는 적정 산도[9]가 1차 크랙 과정에서 절정을 이룬 후 미디엄 로스트 이후 감소하기 때문이다.

단맛은 캐러멜화가 진행되면서 증가하다가 다크 로스트에 다다르면 감소한다. 쓴맛은 로스팅에 따라 클로로겐산이 분해되어 쓴맛 성분을 나타내는 물질이 새로이 생성되면서 나타나는데 이는 다크 로스트일수록 강해진다. 카페인도 쓴맛을 내는 물질이지만 쓴맛에서 차지하는 비중이 적어 로스팅 진행에 따라 큰 영향을 주지 않는다. 떫은맛은 클로로겐산에 의해 영향을 받는다. 클로로겐산은 로스팅 정도에는 비례하여 감소하는 반면 로스팅 속도에는 반비례하여 감소하므로 로스팅이 너무 빨리 진행되면 클로로겐산의 감소가 충분히 되지 않아 커피에서 떫은맛이 난다.

---

9 식품 중의 총 산량을 알칼리 표준 용액을 사용하여 적정법으로 구한 값을 말하며 식품의 신맛 강도를 나타내는 척도로 사용된다.

2) 향

향은 휘발성 화합물에 의해 결정된다. 미디엄 로스트 이후가 되면 커피 고유의 향이 급격히 감소하며 다크 로스트 단계가 되면 콩이 가지고 있던 고유의 향은 거의 소실되고 전분과 당분이 탄화되면서 발생하는 향이 새롭게 생성되는데 대부분 자극적인 탄향이나 매운향이다.

3) 바디

바디는 커피의 섬유질, 단백질, 오일과 같은 불용성분과 밀접한 관계가 있어서 바디가 강한 커피일수록 점성이나 미끈함을 잘 느낄 수 있고 로스팅이 진행될수록 상승 곡선을 보이다가 다크 로스트를 지나면 오히려 감소한다.

성분 변화

커피에 함유된 화학적 화합물들은 크게 휘발성 화합물과 비휘발성 화합물로 나눌 수 있는데 전자는 아로마, 후자는 신맛, 쓴맛, 떫은맛과 같은 기본적인 맛과 관련이 있다.

아래의 표는 각 성분이 생두에서 원두로 변화할 때 전체성분에서 차지하는 상대 비율을 나타낸 것이다. 이 비율은 분석 대상이 되는 커피의 상태와 분석 방법에 따라 조금씩 달라질 수 있다.

성분			아라비카		로부스타	
			생두	원두	생두	원두
비휘발성 화합물	탄수화물	다당류	34-44	31-33	48-55	37
		자당	6-9	0-4.2	0.9-4	0-1.6
		환원당	0.1	0.3	0.4	0.3
		리그닌	3	3	3	3
		펙틴	2	2	2	2

성분			아라비카		로부스타	
			생두	원두	생두	원두
비휘발성 화합물	단백질 화합물	단백질/펩타이드	10-11	7.5-10	11.0-15	7.5-10
		유리 아미노산	0.5	-	0.8-1	-
	지질		15.5-18.2	17.9	7.2-10.8	11.2
	산		1.4	2.4	1.4	2.6
	클로로겐산		4.1-7.9	1.9-2.5	6.1-11.3	3.3-3.8
	카페인		0.9-1.3	1.1-1.3	1.5-2.5	2.4-2.5
	트리고넬린		0.6-2	0.2-1.2	0.6-0.7	0.3-0.7
	무기물		3.0-4.2	4.5	4.4-4.5	4.7
	멜라노이딘		-	25	-	25
휘발성 화합물	휘발성 화합물		미량	0.1	미량	0.1

- 성분: 건조물 중량 100g 당 함량
- 로스팅 정도: 미디엄 로스팅

출처 - Yi-Fang Chu, 2012, Coffee: Emerging Health Effects and Disease Prevention

1) 비휘발성 화합물

① 탄수화물

커피에 갈색을 띠게 하고 커피향, 플레이버, 맛의 형성에 중요한 역할을 하는 탄수화물은 커피 성분 중 가장 많은 비중을 차지하며 대부분의 성분은 다당류이다.

다당류는 주로 불용성으로 세포벽을 이루는 셀룰로오스(cellulose), 헤미셀룰로오스(hemicelluose)를 구성한다. 수용성 다당류도 소량 존재하는데 이들은 향기 성분의 보존과 커피의 점성을 높이는데 기여하고 에스프레소 거품(크레마)의 안정성에도 영향을 준다.

당류 중에는 흔히 설탕으로 불리는 자당이 90% 정도로 가장 많으며 이는 포도당과 과당으로 구성된 이당류이다. 당류와 같은 저분자 물질(주로 자당)은 갈변 반응을 통해 원두가 갈색을 띠게 하고 커피의 플레이버, 아로마 물질을 형성한다. 아라비카 커피의 아로마와 플레이버가 로부스타 커피보다 더 뛰어난 것은 바로 이 자당이 두 배 정도 더 많기 때문이다.

② 단백질

단백질은 마이야르 반응에 꼭 필요한 물질로 커피의 플레이버 형성에 필수적인 성분이다. 펩타이드(peptide), 유리 아미노산(free amino acid) 등을 포함하고 그 중 유리 아미노산은 로스팅 진행에 따라 급속히 소실되며 단당류와 반응해서 멜라노이딘(melanoidin)이라는 최종 물질로 바뀌는데 이는 원두가 갈색을 띠게 하고 또 아로마, 플레이버 성분 등을 형성하는데 아주 중요한 역할을 한다.

③ 지질

지질(lipid)은 커피의 아로마와 관계가 있는 물질로 로부스타보다 아라비카 커피에 더 많이 함유되어 있다. 지질은 약 75% 정도가 트리글리세라이드(triglyceride)[10] 형태이며 그 밖에 지방산(fatty acids)[11], 디테르펜(diterpene), 토코페롤(tocopherol), 스테롤(sterol) 등으로 존재한다. 생두 표면에 왁스 형태로 소량(지질 전체의 0.2-0.3%) 있으며 대부분은 생두 내부에 존재한다. 지질은 열에 안정적이어서 로스팅에 따른 큰 변화를 보이지 않는다.

커피에 존재하는 지방산은 대부분 불포화지방산으로 리놀레산(linoleic acid)과 팔미트산(palmitic acid)이 가장 많이 함유되어 있다. 무더운 곳에서 장기간 커피를 보관하면 이러한 지방산의 산화와 가수분해로 인해 안 좋은 냄새가 나며 커피의 품질도 떨어진다.

종류	리놀레산	팔미트산	올레산	스테아르산
함량	36.6-45.9	30.7-41.5	7.6-11.9	6.6-10.6

출처 - R. J. Clarke, 1989, Coffee Volume 1 Chemistry

④ 산

산은 커피의 신맛을 결정하는 성분으로 아로마와 커피 추출액의 쓴맛과도 관련이 있다. 시트르산(citric acid, 구연산), 말산(malic acid, 사과산), 아세트산 등이 커피의 신맛을 결정하고 이 성분들은 아라비카가 로부스타에 비해 많아서 아라

---

[10] 글리세롤 한 분자에 지방산 3분자가 에스테르 결합으로 결합된 화합물의 총칭으로 식용 유지의 대부분 (보통 99% 이상)이 트리글리세라이드로 구성되어 있다. - 영양학 사전

[11] 지방을 가수 분해하면 생기는데 포화지방산과 불포화지방산이 있다. 고도로 포화된 지방은 상당히 높은 용점을 가지며(상온에서 고체), 불포화지방은 용점이 낮다(상온에서 액체 또는 기름 상태). - 두산백과

비카 커피(pH 4.85-5.15)가 로부스타(pH 5.25-5.40) 커피보다 신맛이 강하다. 또한 고지대에서 생산된 커피는 자당 성분이 더 많아 분해 과정에서 산이 더 많이 생성되므로 저지대에서 생산된 커피보다 신맛이 더 강하다.

이 밖에도 생두에 존재하는 산에는 옥살산(oxalic acid, 수산), 타타르산(tartaric acid, 주석산), 젖산 등이 있다.

⑤ 클로로겐산

클로로겐산은 유기산 중 가장 많은 성분으로 폴리페놀 형태의 페놀화합물(phenol compound)에 속하고 1차 크랙 전에 분해되어 카페산(caffeic acid)과 퀸산(quinic acid)으로 바뀐다. 퀸산은 원두에 갈색을 띠게 하며 마이야르 반응에 참여하여 멜라노이딘 형성에도 관여한다. 또 떫은맛이 나며 부분적으로 바디를 증가시킨다. 퀸산과 마찬가지로 카페산도 떫은맛을 낸다.

클로로겐산은 일반적으로 아라비카보다 로부스타에 더 많이 함유되어 있으므로 로부스타 커피가 아라비카 커피보다 쓴맛과 거친맛이 더 느껴진다. 로스팅이 진행됨에 따라 클로로겐산의 양은 감소하는데 미디엄 로스트일 때 약 50%, 다크 로스트일 때 약 80%가 줄어든다.

⑥ 카페인

카페인은 비교적 열에 안정적이어서 로스팅을 하면 일부가 승화되어 소실되지만 로스팅에 따른 중량 손실로 인해 원두에서 차지하는 비중은 큰 변화를 보이지 않는다. 카페인의 쓴맛은 전체 커피 쓴맛의 10% 정도밖에 되지 않는데 이는 디카페인커피에서도 비슷한 정도의 쓴맛이 느껴지는 것을 통해 알 수 있다.

⑦ 트리고넬린

트리고넬린은 커피 아로마를 구성하는 중요한 성분으로 카페인의 약 25% 정도로 쓴맛을 낸다. 로스팅 과정에서 피리딘(pyridine), 피라진(pyrazine), 피롤(pyrrol)과 같은 휘발성 화합물과 니코틴산(nicotinic acid)[12]으로 분해되며 생두에 비해 원두에는 니코틴산의 함량이 약 10배 정도 증가한다. 열에 불안정하므로 로스팅에 따라 50-80% 정도가 소실된다.

---

12 비타민 B3 또는 니아신(niacin)이라고도 한다.

⑧ 무기물

커피에 함유된 무기물은 약 30여 종으로 그중 포타슘(칼륨, K)이 약 40%로 가장 많다. 그 밖에 인(P), 칼슘(Ca), 망간(Mn), 나트륨(Na) 등이 존재하며 이 외의 미량 성분은 커피 재배지의 토양 성분에 따라 조금씩 차이를 보인다.

⑨ 멜라노이딘

멜라노이딘은 아미노산과 당류 사이의 마이야르 반응으로 생성되는 최종 산물이다. 이는 원두에 갈색을 띠게 하고 항산화 작용을 하며 커피 플레이버에도 영향을 미친다. 또한 커피 쓴맛에도 영향을 준다.

2) 휘발성 화합물

커피의 향을 결정하는 휘발성 화합물은 생두에 존재하는 탄수화물, 단백질, 클로로겐산, 트리고넬린 등의 비휘발성 화합물이 로스팅 과정에서 열분해, 마이야르 반응 등을 일으키면서 생성된다.

휘발성 화합물의 양은 다른 식품에 비해 적지만 종류는 매우 많아 약 950여 가지이다. 주로 황 화합물, 푸란(furane), 탄화수소, 케톤(ketone), 알데히드(aldehyde), 에스테르(ester), 피라진, 페놀(phenol), 카복실산(carboxylic acid), 피리딘, 피롤 등의 화합물로 구성되어 있으며 이는 다시 향의 종류에 따라 크게 6가지 그룹으로 나눌 수 있다.

로스팅 과정에서 휘발성 화합물은 풀 시티 로스팅 단계까지 증가하나 프렌치, 이탈리안 로스팅 단계에 이르면 오히려 감소한다. 하지만 자극적인 향은 오히려 증가하여 다크 로스트 커피에서는 향이 더 자극적으로 느껴진다. 원두 상태에서 휘발성 화합물은 가스 방출과 함께 증발, 산화되어 상온에서 2주가 지나면 소실된다.

휘발성 화합물의 향에 따른 분류

그룹	양(mg/kg)	그룹	양(mg/kg)
프루티 (fruity)	49.2	스위티시/캐러멜 (sweetish/caramel)	36.7

그룹	양(mg/kg)	그룹	양(mg/kg)
스모키/페놀 (smoky/phenolic)	19.93	황/로스티 (sulphurous/roasty)	0.95
스파이시(spicy)	0.86	어씨(earthy)	0.11

출처 - R.J. Clarke & O.G. Vitzthum, 2001, Coffee Recent Developments

커피의 갈변 반응

식품이 조리나 가공 과정에서 갈색으로 변하는 것을 갈변 반응이라 한다. 갈변 반응에는 사과를 깎아 공기와 접촉되면 색깔이 변하는 것처럼 효소가 관여하는 효소적 갈변 반응과 효소가 관여하지 않는 비효소적 갈변 반응으로 나누어지는데 커피의 갈변은 열에 의한 비효소적 갈변 반응으로 그 원인은 다음과 같다.

1. 마이야르 반응

마이야르 반응은 프랑스 화학자 루이 마이야르(Louis Camille Maillard, 1878-1936)가 포도당과 글리신(glycine)을 가열하였을 때 갈색 색소인 멜라노이딘을 생성한다고 처음으로 발표하여 붙여진 이름이다. 커피 로스팅 시 이 마이야르 반응을 통해 생두에 함유된 미량의 아미노산이 환원당, 다당류 등과 작용하여 갈색의 중합체인 멜라노이딘을 생성하며 이 멜라노이딘에 의해 원두는 갈색을 띤다. 또 휘발성 방향족 화합물의 생성으로 커피의 향이 만들어진다.

2. 캐러멜화

캐러멜화는 커피의 당 성분(주로 자당)이 고온으로 가열되면서 열분해 또는 산화 과정을 거쳐 캐러멜로 변화하는 것으로 캐러멜화 과정을 통해 커피의 색깔은 갈색으로 변하고 포름산, 아세트산 같은 유기산이 생성되며 탄산가스가 방출된다. 그리고 휘발성 화합물이 방출되면서 특유의 캐러멜향이 생성된다.

캐러멜화가 시작되는 온도는 당의 종류에 따라 다른데 자당은 160℃이고 과당은 110℃이다. 마이야르 반응처럼 비효소적 갈변에 속하나 다른 점은 캐러멜화가 마이야르 반응보다 더 높은 온도에서 이루어지며 캐러멜화는 아미노산 같은 질소 화합물이 필요하지 않다는 점이다.

내용 요약

- 로스팅을 하면 색깔은 녹색에서 갈색으로 변화하고 중량은 15-20% 감소한다. 또한 부피는 최대 80-90% 증가하고 이에 따라 밀도는 1.2-1.4g/ml에서 0.7-0.8g/ml로 감소한다.
- 로스팅이 진행될수록 신맛은 감소하고 단맛은 증가하다가 다크 로스트에 다다르면 감소하며 쓴맛은 지속해서 증가한다.
- 미디엄 로스트 이후가 되면 커피 고유 향은 급격히 감소하며 다크 로스트 단계가 되면 고유의 향은 거의 소실된다.
- 바디는 로스팅이 진행될수록 증가하다가 다크 로스트를 지나면 오히려 감소한다.
- 로스팅에 따라 자당은 거의 감소하고 단백질 중 유리 아미노산은 멜라노이딘으로 바뀌며 지질은 크게 변화를 보이지 않는다.
- 커피에 존재하는 지방산 중 리놀레산과 팔미트산이 가장 많이 함유되어 있다.
- 산 성분은 아라비카가 로부스타에 비해 많으므로 아라비카 커피(pH 4.85-5.15)가 로부스타(pH 5.25-5.40) 커피보다 신맛이 강하다.
- 클로로겐산은 유기산 중 가장 많은 성분으로 아라비카보다 로부스타에 더 많이 함유되어있어 로부스타 커피가 아라비카 커피보다 쓴맛과 거친 맛이 더 느껴진다.
- 카페인은 로스팅에 따른 변화가 별로 없으며 쓴맛은 전체 커피 쓴맛의 10% 정도 밖에 되지 않는다.
- 트리고넬린은 커피 아로마를 구성하는 중요한 성분으로 카페인의 약 25% 정도의 쓴맛을 낸다. 로스팅을 하면 50-80% 정도가 소실된다.
- 커피에 함유된 무기물은 포타슘(칼륨, K)이 약 40%로 가장 많으며 그 밖에 인(P), 칼슘(Ca), 망간(Mn), 나트륨(Na) 등이 존재한다. 멜라노이딘은 원두에 갈색을 띠게 하고 항산화 작용을 하며 커피 플레이버에도 영향을 미친다.
- 휘발성 화합물의 종류는 약 950여 가지이다.

- 커피의 갈변은 마이야르 반응과 캐러멜화로 인해 일어난다.
- 마이야르 반응을 통해 아미노산이 환원당, 다당류 등과 작용하여 멜라노이딘이 생성되며 원두는 갈색을 띠게 된다.
- 캐러멜화는 커피의 당 성분(주로 자당)이 고온으로 가열되면서 열분해 또는 산화 과정을 거쳐 캐러멜로 변화하는 것을 말한다.

3. 로스팅 단계

원두의 색깔로 원하는 로스팅 상태가 되었는지 판별할 수 있다. 정확한 방법은 원두의 밝기를 측정하여 수치로 나타내는 것이지만 일반적으로는 로스팅 단계를 쉽게 이해할 수 있도록 명칭으로 표현한다.

로스팅 단계별로 사용되는 명칭이나 정의는 나라와 지역마다 일정치 않아 혼동을 주기도 하며 주로 일본, 미국, SCA의 로스팅 단계를 많이 사용한다. 그리고 로스팅 단계를 폭넓게 라이트, 미디엄, 다크 로스트로 분류하기도 하는데 사실 이는 포괄적인 명칭으로 그 경계가 명확하지 않으며 다크 로스트도 아래 표에서 보듯이 더 세분하기도 한다.

명칭에서 오는 오해도 있을 수 있다. 예를 들어 이탈리안 로스트는 다크 로스트 명칭으로 사용되는데 이로 인해 이탈리아에서는 지금도 다크 로스트 커피를 즐긴다고 오해할 수 있으나 이는 사실과 다르다. 과거 가스가 아닌 석탄이나 화목을 사용하여 화력 조절이 어려웠고 이로 인해 다크 로스트를 많이 했다고 하여 붙여진 이름이다.

단계별 명칭

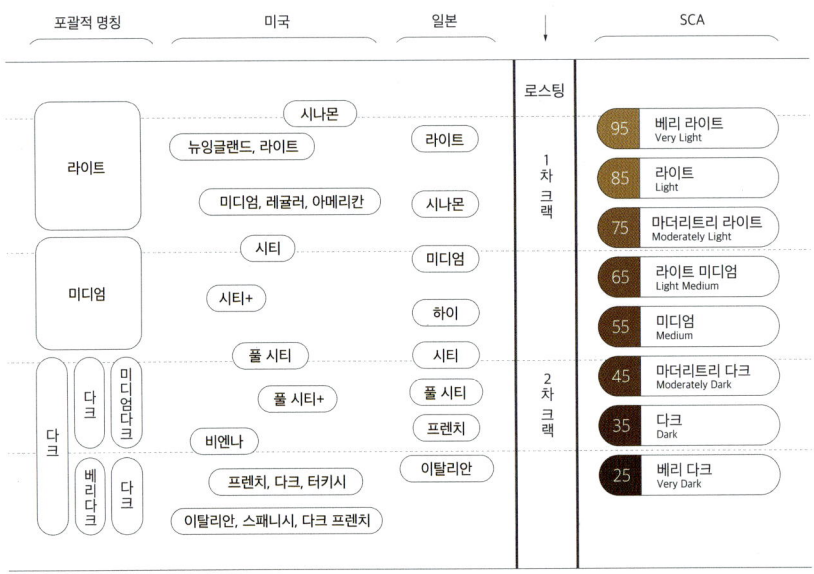

1) 미국의 로스팅 단계

미국은 지역마다 사용되는 용어가 매우 다양하다. 각 단계별 명칭은 시티[13], 뉴잉글랜드, 비엔나, 이탈리안, 프렌치처럼 지역 명칭에서 온 경우가 많고 여러 가지가 같이 사용되기도 한다.

2) 일본의 로스팅 8단계

우리가 흔히 사용하는 로스팅 단계로 라이트부터 이탈리안 로스트까지 총 8단계로 분류한다.

3) SCA의 로스팅 단계

SCA에서는 애그트론(Agtron) 사의 'M-Basic/E10-CP'로 측정한 값이다. 가장 밝은 단계인 #95부터 가장 어두운 단계인 #25까지 애그트론 넘버로 표기하고 베리 라이트(Very Light)부터 베리 다크(Very Dark)까지 각 단계별로 명칭을 부여한다.

로스팅 단계 측정

원두 색깔을 육안으로 정확하게 측정하는 것이 어려우므로 측정 장비를 사용하는 것이 더 정확하다. 측정 장비를 사용할 때는 통상 원두를 아주 가늘게 분쇄하여 표면을 편평하게 만든 후에 측정하며 그 값은 분쇄 상태 등 상황에 따라 조금씩 달라질 수 있다. 통상 분쇄한 상태에서 측정하므로 원두 표면의 색깔보다 수치가 더 높게(연하게) 표시된다.

1) 측정 장비

측정 장비는 애그트론, 자발리틱스(JAVALYTICS), 컬러트랙(Color-Track) 사의 장비가 많이 사용되고 그 밖에 휴대용 장비도 사용된다.

---

13 시티라는 명칭은 뉴욕시(New York City)에서 유래했다고 한다.

애그트론 사의 E20-CP

자발리틱스 사의 V-RDA-DN

컬러트랙 사의 Benchtop

휴대용 측정기

2) SCA의 컬러 타일

측정 장비는 고가이므로 구입하기 쉽지 않다. 그래서 SCA에서 간략하게 로스팅 정도를 판별할 수 있는 시스템을 개발하였다. 이 시스템은 8개의 디스크로 구성되어 있으며 각각의 디스크 뒷면에는 색깔별로 타일(tile) 넘버 25-95까지가 쓰여 있다. 측정 방법은 분쇄된 원두를 검은 종이 위에 올려놓고 색깔이 비슷한 두 개의 타일과 육안으로 비교하여 로스팅 단계를 대략 판별하는 것이다.

내용 요약

- 로스팅 단계별 명칭은 나라와 지역마다 일정치 않으며 미국, 일본, SCA의 명칭이 많이 사용된다.
- 미국의 단계별 명칭은 라이트(시나몬, 뉴잉글랜드, 아메리칸), 미디엄(시티, 시티+), 다크(풀 시티, 풀 시티+, 비엔나), 베리 다크(프렌치, 스패니쉬)가 있다.
- 일본은 라이트>시나몬>미디엄>하이>시티>풀 시티>프렌치>이탈리안의 8단계를 사용한다.
- SCA의 단계별 명칭은 가장 밝은 단계인 #95부터 가장 어두운 단계인 #25가 사용되며 베리 라이트부터 베리 다크까지 각 단계별로 명칭을 부여한다.
- 정확한 로스팅 단계는 광학 장비를 사용하여 측정할 수 있다.

4. 로스팅 머신

초기에는 생두를 점토나 돌로 만든 그릇에 담아 불 위에서 로스팅하였다고 하며 이후 1650년경 양철로 만든 원통형의 로스팅 기구가 출현하면서 로스팅을 위한 기구를 사용하기 시작하였다. 그 뒤 많은 기술적 발전을 통해 19세기에 오늘날과 같은 형태의 드럼형 로스터기가 출현했는데 처음에는 나무, 석탄 등을 화력으로 사용 했으나 오늘날은 전기나 가스 등을 주로 이용한다.

열원의 종류

로스팅 시 사용되는 열원은 가스, 전기 등 다양하지만 주로 가스가 사용된다. 이는 화력 조절이 쉬우며 청정에너지이기 때문이다. 사용되는 가스는

LPG와 LNG(도시가스)가 있는데 LPG는 LNG에 비해 압력이 더 강하고 머신의 설치가 자유로운 장점이 있지만 주기적으로 가스를 공급해주어야 하는 번거로움이 있다. 이에 비해 LNG는 안정적인 공급이 장점이나 연결 시 추가 비용이 발생하고 머신 설치에 따른 공간의 제약을 받는 단점이 있다. 전기는 가스에 비해 화력이 약해 주로 가정용이나 소형 로스팅 머신에 사용된다.

가스식 로스팅 머신　　　　　　　전기식 로스팅 머신

머신의 종류

로스팅 머신은 크게 형태와 열 전달 방식에 따라 다음과 같이 분류할 수 있다.

1) 형태별 종류
로스팅 머신은 드럼형 로스터[14]가 가장 많이 사용되고 그 밖에 스파웃형, 유동형, 보울 형, 소용돌이형 등의 형태도 다양하게 사용된다.

14　로스터(roaster)는 로스팅 머신을 의미하기도 하며 로스팅 하는 사람을 뜻하기도 한다.

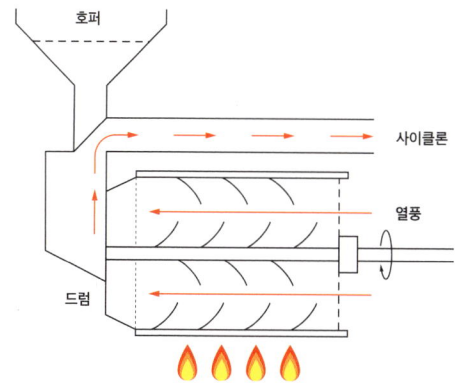

드럼형 로스터는 원통형의 드럼에 커피콩을 넣고 드럼을 회전시키며 열을 가해 로스팅하는 방식이다. 로스팅 시간은 8-20분 정도이다.

드럼형 로스터

2) 열 전달 방식에 따른 종류

① 열 전달 방식

로스팅 시 커피콩에 열이 전달되는 방식은 크게 전도(conduction), 대류(convection), 복사(radiation)의 세 가지가 있으며 전도와 대류가 주로 사용된다.

열원		특성
전도		- 커피콩이 드럼 표면에 닿거나 콩끼리 접촉될 때 열이 전달됨 - 열 전달이 균일하지 않으며 커피콩의 내부까지 열이 침투하기 힘듦
대류		- 뜨거워진 공기가 드럼 내부로 흘러 들어가 콩에 열을 전달함 - 전도에 비해 열에너지 전달이 균일하고 콩 내부까지 열 침투가 잘됨
복사		- 자외선, 적외선 같은 전자기파에 의한 열 전달을 의미함 - 금속판이 가열되면 전자기파가 발생하여 커피콩에 열이 전달되거나 커피콩에서 나온 열이 다른 커피콩에 전달되는 경우임

② 열 전달 방식에 따른 머신의 종류

직화식 머신

드럼에 뚫려 있는 작은 구멍으로 화력이 커피콩에 전달되는 전도열을 통해 로스팅이 이루어진다. 구조상 드럼의 두께가 얇아서 예열 시간이 반열풍식에 비해 짧은 편이고 즉각적인 화력 조절이 가능하지만 열 전달이 고르지 않고 내부까지 열 침투가 어려워 커피콩이 덜 팽창한다. 또한 연기도 많이 발생하여 대형화가 어렵고 약한 바디로 인해 에스프레소 추출에도 적합하지 않아 요즘에는 널리 사용되지 않는다. 그러나 향기 물질과 이산화탄소가 세포 내에 많이 잔류하여 향미가 다른 방식에 비해 오래가는 특성이 있다.

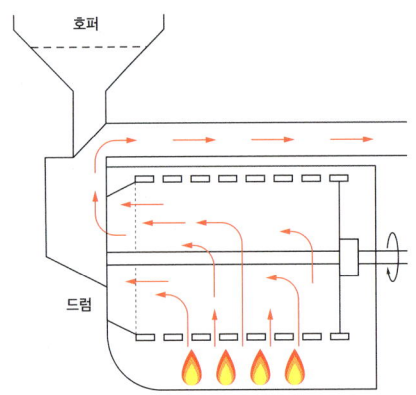

반열풍식 머신

일반적으로 가장 많이 사용하는 머신으로 '반열풍'이라는 이름은 전도열과 대류열을 동시에 사용하여 붙여진 것이다. 이 머신은 가열된 드럼 표면에서 발생하는 전도열과 화력에 의해 생성된 열풍 즉, 대류열을 드럼 내부로 전달시켜 로스팅하는데 이때 전도와 대류의 비율은 로스팅 머신마다 조금씩 다르다.

직화식에 비해 외부 환경변화에 영향을 덜 받으며 콩의 내부까지 열이 균일하게 전달되므로 커피콩이 잘 팽창되며 로스팅 과정의 변화가 일정하여 안정적인 로스팅이 가능하다.

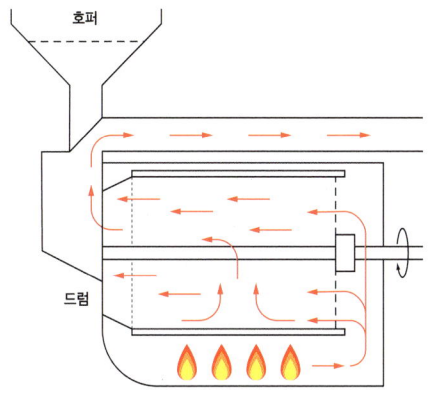

열풍식 머신

열풍식 머신은 열풍이 드럼을 가열하지 않고 드럼 내부로 바로 유입되어 로스팅이 이루어지는 것으로 대류 방식을 이용하는 것이다. 균일한 로스팅이 가능하고 로스팅 시간을 단축할 수 있는 장점이 있다. 아래 왼쪽 그림은 수평형 드럼 로스터의 경우를 그린 것이며 오른쪽 사진은 수직형 로스터의 예이다.

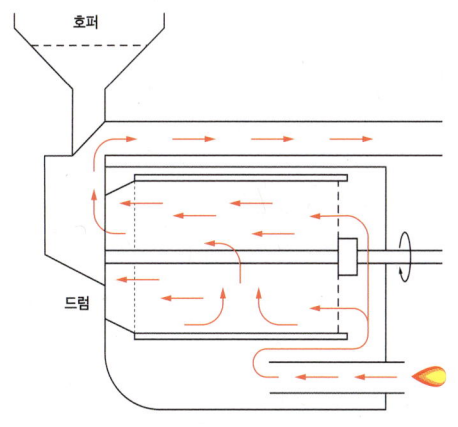

머신의 구조

일반적으로 사용되는 머신의 구조는 드럼, 버너, 모터와 배연 장치 등으로 구성되어 있다. 관리만 지속해서 잘 해주면 장기간 큰 무리 없이 사용할 수 있다.

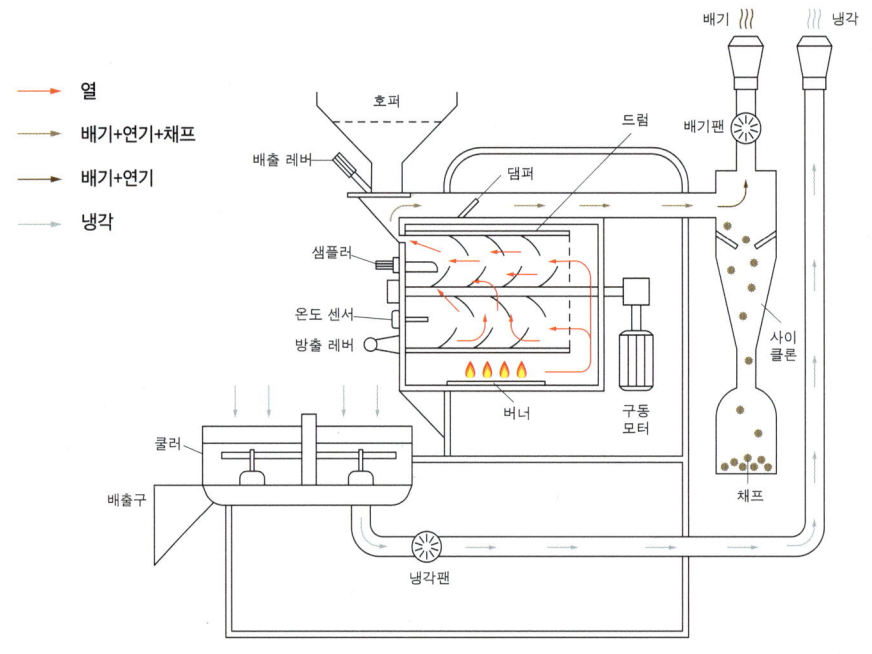

로스팅 머신 구조(반열풍식/투 웨이 방식)

1) 드럼

드럼은 커피콩이 담겨 로스팅이 이루어지는 곳으로 모터에 의해 중심축이 돌면서 일정한 속도로 회전한다. 표면은 구조에 따라 구멍이 뚫려 있기도 하며 중심축에 달린 교반기는 커피콩을 상하로 움직이게 하여 열이 고르게 전달되도록 한다. 로스팅이 종료된 후에는 드럼이 식을 때까지 기다린 다음 작동을 멈춰야 무리가 가지 않으며 또 중심축에 윤활유를 주기적으로 공급해야 원활히 작동한다.

드럼의 용량은 1회에 투입할 수 있는 생두의 무게를 kg으로 표시하고 재질은 전통적으로 주철로 주물 제작해 왔는데 근래에는 탄소강이나 스테인리스강도 새로운 재료로 사용되고 있다.

 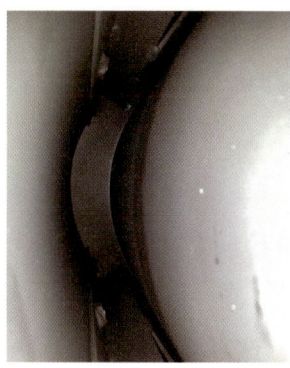 

직화식 드럼　　　　　　반 열풍식 드럼 (외부)　　　　　반 열풍식 드럼 (내부)

2) 호퍼

호퍼(hopper)는 미리 계량된 생두를 담아놓는 깔때기 형태의 통이다.

3) 샘플러

샘플러(sampler)는 트라이어(trier)라고도 하는데 로스팅 도중에 일정량의 콩을 드럼에서 꺼내 볼 수 있는 도구이다. 이 샘플러를 통해 커피콩의 색깔, 형태 같은 외관을 관찰하고 또 향을 맡아보면서 그에 따른 적절한 조치를 취할 수 있다.

4) 쿨러

로스팅이 끝난 후에도 원두 내부의 열로 인해 로스팅은 계속 진행된다. 이를 막기 위해서는 즉시 원두를 식혀주어야 하는데 이때 사용하는 것이 쿨러(cooler)이다. 배출구가 따로 있는 투 웨이(two-way) 방식과 그렇지 않은 원 웨이(one-way) 방식이 있다.

호퍼

샘플러

쿨러

5) 댐퍼

댐퍼(damper)를 개방하면 드럼 내부의 열이나 연기 등이 외부로 잘 빠져나가고 반대로 댐퍼를 차단하면 드럼 내부의 열과 로스팅 시 발생하는 향, 채프 등이 잘 배출되지 않는다. 따라서 로스팅 시 댐퍼의 개폐를 통해 배기량을 제어함으로 섬세한 향미를 구현할 수 있으며 이러한 관점에서 댐퍼의 기능은 화력 조절, 채프나 연기의 배출, 향미의 취사 선택이라 할 수 있다.

6) 버너

버너는 노즐을 통해 열을 드럼에 공급하는 장치이다. 머신에 사용되는 가스가 LPG인지 LNG인지에 따라 노즐의 구조가 다르므로 미리 사용되는 가스의 종류를 파악하여 그에 맞는 가스를 준비해야 한다.

7) 온도계

온도계는 드럼 앞쪽의 내부에 장착되어 드럼 내부의 온도를 표시해 준다. 온도 센서가 앞쪽에 하나만 있기도 하지만, 드럼 뒤쪽에 추가로 장착되어 내부 온도뿐만 아니라 배기 온도를 동시에 표시해주기도 한다.

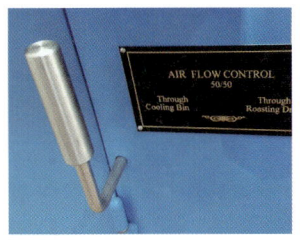
댐퍼

버너

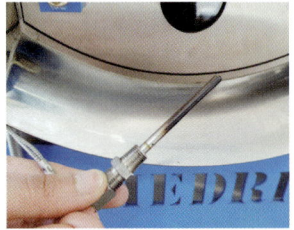
온도 센서

8) 표시 장치/작동 버튼

압력계는 버너에 공급되는 가스의 압력을 표시해주며 드럼 내부의 온도는 온도 표시 장치를 통해 알 수 있다. 그 밖에 드럼, 팬, 쿨링팬을 작동시키는 버튼과 가스 점화와 화력을 조절하는 스위치 등이 있다.

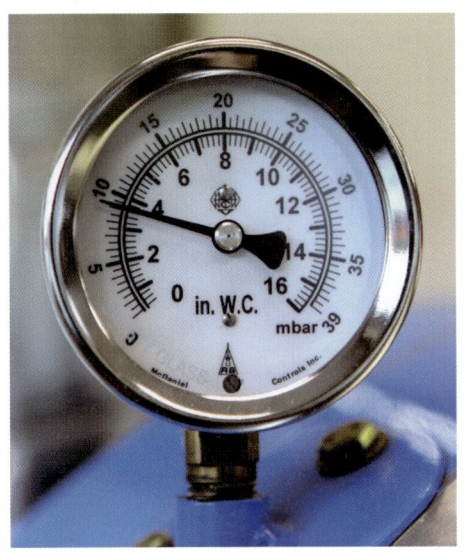

압력계

온도 표시 장치

작동 버튼

9) 채프 수집 장치

채프 수집 장치(chaff collector)는 채프가 연통을 통해 외부로 유출되지 않게 이를 모아주는 장치로 외장형과 내장형이 있다. 외장형을 보통 사이클론(cyclone)이라 하는데 배출구와 연통 사이에 위치하고 별도의 공간을 차지하지만 내장형에 비해 청소가 쉽다.

10) 기타

팬은 드럼에서 발생되는 뜨거운 공기, 수증기 등을 외부로 배출시키는 역할을 한다. 애프터버너(afterburner)는 로스팅 시 발생되는 미세한 냄새 물질이나 연기에 섞여있는 분진과 질소산화물 등을 제거해주는 장치로 고온(593–760°C)에서 이 물질들을 열 산화를 통해 제거한다. 촉매 산화 장치는 상대적으로 저온(343–454°C)에서 금속이나 세라믹 촉매를 사용하여 제거하는 방식이다.

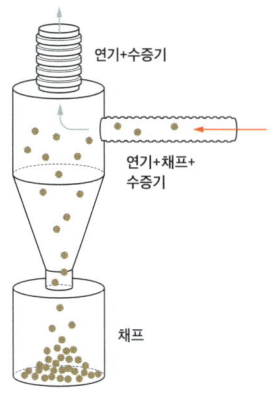

사이클론 구조

팬

애프터버너

로스터리샵과 OEM 방식 비교

커피를 판매하는 방법은 본인이 생두를 구입해서 직접 커피를 로스팅하는 로스터리샵(roastery shop) 방식과 원두를 구입해 판매하는 OEM 방식으로 나눌 수 있다. 각각의 방식에는 여러 가지 장단점이 존재하는데 최근 경향은 대형 프랜차이즈샵의 획일적인 커피 맛을 탈피하고자 하는 소비자의 요구에 부응하여 개인 로스터리샵이 많아지고 있다는 것이다. 하지만 로스팅을 본인이 하는 것만이 꼭 능사는 아니므로 각각의 장단점을 꼼꼼히 따져봐야 한다.

	로스터리샵 방식	OEM 방식
장점	• 원두보다는 생두가 저렴하므로 커피 원가를 낮출 수 있음 • 로스터의 개성을 발휘할 수 있음 • 커피의 품질 관리가 가능함 • 커피뿐만 아니라 원두 판매도 가능함 • 판매되는 커피의 종류를 자유롭게 조절할 수 있음	• 로스팅이 필요 없으므로 운영에 대한 부담이 적음 • 로스팅 머신 설치 공간이 필요 없으므로 공간을 보다 효율적으로 활용할 수 있음 • 테이크 아웃샵에 보다 적합함
단점	• 로스팅 머신 가격의 구입에 따른 경제적 부담 • 로스팅 머신의 설치 공간과 여러 부대 장비를 필요로 함 • 로스팅 숙달에 필요한 시간과 비용이 필요함 • 로스팅 작업에 따른 시간과 노동력이 요구됨	• 커피 맛을 통한 샵의 개성을 표현하기가 상대적으로 어려움 • 원두의 신선도 관리가 어려움 • 구입처를 바꾸는데 따른 어려움이 발생함 • 배달 지연에 따른 영업의 어려움이 발생할 수 있음

로스팅 머신의 선택

로스팅 머신을 구입할 때 현실적으로 구입 가격이 가장 큰 고려 사항이나 제조사 별로 머신 특성이 상이하고 용량도 다양하므로 다음과 같은 사항들을 고려하여 로스터 본인에게 가장 잘 부합하는 로스팅 머신을 구입하도록 하여야 한다. 먼저 구입하기 전에는 해당 로스팅 머신을 사용하고 있는 기존 로스터의 경험을 들어보는 것이 좋으며 가능한 구입 전에 해당 로스팅 머신의 운전을 통해 머신의 특성을 파악하는 것도 필요하다.

1) 머신 성능

원활한 로스팅을 하기 위해서는 무엇보다도 머신의 성능이 뒷받침되어야 한다. 머신을 연속적으로 사용했을 때도 균일한 결과를 지속해서 얻는 것은 매우 중요한데 이는 로스팅 머신의 성능과 직결되는 문제이기도 하다.

2) 머신 용량

머신 설치 공간과 필요한 원두의 규모를 예상하여 용량에 맞는 머신을 구입한다. 사용량에 비해 너무 큰 용량의 머신을 사용하면 재고 부담이 생길 수 있고 반대로 너무 작은 용량을 구입하면 로스팅 횟수가 많아지므로 원두 사용량에 따른 적합한 머신을 구입하는 것이 좋다.

머신 용량은 소용량부터 대용량까지 다양하며 1kg 정도의 소용량 머신은 대부분 단위 당 가격이 비싼 편이고 로스팅도 큰 용량의 머신에 비해 대체로 안정적이지 않다. 따라서 처음 구입 시 다소 부담이 되더라도 1kg 용량의 머신보다 더 큰 머신을 구입하는 것이 장기적으로 바람직하다.

3) 내구성과 유지 관리

로스팅 머신은 한번 구입하면 장기간 사용하므로 성능이 지속해서 발휘될 수 있는지 또한 유지 보수는 얼마나 편리한지를 살펴보아야 한다.

내용 요약

- 로스팅 시 열원으로는 가스, 전기가 있다.
- 로스팅 머신은 형태별로 드럼형, 스파웃형, 유동형, 보울형, 소용돌이형 등이 있으며 드럼형을 가장 많이 사용한다.
- 로스팅 시 커피콩에 열이 전달되는 방식은 전도, 대류, 복사가 있으며 전도와 대류가 주로 사용된다.
- 열 전달 방식에 따른 머신의 종류는 직화식, 반열풍식, 열풍식이 있으며 반열풍식이 주로 사용된다.
- 드럼은 커피콩이 담겨 로스팅이 이루어지는 곳으로 1회에 투입할 수 있는 생두의 중량을 kg으로 표시하고 재질은 전통적으로 주철, 탄소강, 스테인리스강이 사용된다.
- 호퍼는 미리 계량된 생두를 담아놓는 깔때기 형태의 통이다.
- 샘플러/트라이어는 로스팅 도중에 일정량의 콩을 드럼에서 꺼내보는 도구이다.
- 쿨러는 로스팅이 끝난 후 원두를 식히는 장치로 투 웨이 방식과 원 웨이 방식이 있다.
- 댐퍼의 개폐를 통해 드럼 내부의 열이나 연기를 외부로 배출할 수 있다.
- 채프 수집 장치는 채프가 연통을 통해 외부로 유출되지 않도록 이를 모아주는 장치로 외장형과 내장형이 있으며 외장형을 사이클론이라 한다.
- 로스팅 머신 선택 시 머신 성능, 머신 용량, 내구성과 유지 관리의 용이성을 살펴 보아야 한다.

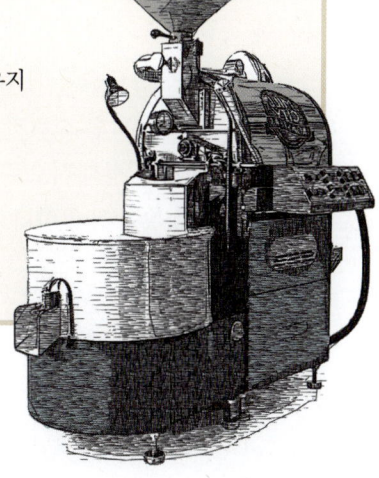

5. 로스팅 시 고려 사항

열량 공급

로스팅을 할 때 열량이 지나치게 많이 공급되면 커피콩이 타서 쓴맛이 강하고 향도 없다. 반대로 지나치게 적게 공급되면 로스팅 시간이 길어지고 내부까지 열이 침투하지 못해 갈변 반응이 원활히 진행되지 않는데 이 역시 커피에서 안 좋은 맛이 나게 하는 원인이 된다. 따라서 로스팅을 할 때는 진행 속도와 시간을 수시로 확인하여 그때그때 상황에 맞게 열량을 조절해 주어야 한다. 열량 공급에 영향을 주는 요소는 아래와 같다.

1) 투입량
생두의 투입량이 많아질수록 당연히 열량을 많이 공급한다.

2) 날씨
외부 온도가 낮거나 바람이 많이 불수록 드럼 내부의 열량을 외부로 빼앗기므로 투입 온도를 높여줘야 한다. 반열풍식 머신보다 직화신 머신에서 이런 경향이 더 심하게 나타난다.

3) 생두의 밀도
커피는 원산지, 품종, 재배고도 등에 따라 그 밀도가 다르다. 일정한 용기에 똑같은 양의 생두를 담고 무게를 측정해보면 무게가 각기 다른데 이는 무게가 많이 나갈수록 밀도가 크다는 뜻이다.[15] 밀도가 큰 생두는 떨어뜨렸을 때 무겁고 둔탁한 소리가 나고 로스팅 시 열을 더 가해야 한다. 반면 밀도가 작은 생두는 상대적으로 가볍고 경쾌한 소리가 나며 로스팅 시 열을 상대적으로 덜 공급해야 한다.

---

15 이를 겉보기 밀도(bulk density)라고 하며 g/L으로 표시한다.

4) 생두의 신선도

똑같은 생두라 하더라도 보관 기간이 길어지면서 수분 함량이 줄어들고 유기물이 대사 작용을 통해 소실됨에 따라 그 특성이 바뀌므로 그에 맞는 조치를 취해야 한다. 생두의 신선도는 수분 측정계로 수분 함량을 측정하는 것이 가장 정확한 방법이나 육안이나 손의 감촉 등을 통해서도 대략적인 생두의 상태를 판별할 수 있다. 그러나 수분 함량을 통해서는 생두의 신선도만 알 수 있을 뿐이며 생두의 품질까지는 파악할 수 없다.

생두는 경과 기간에 따라 아래와 같이 구분할 수 있는데 뉴 크랍일 때는 수분 함량이 그만큼 더 많으므로 로스팅 시 열 공급을 더 해주어야 한다.

경과 기간에 따른 생두의 구분

	뉴 크랍(new crop)	패스트 크랍(past crop)	올드 크랍(old crop)
외관			
수확 후 경과 기간	1년 이내	1년에서 2년 사이	2년 경과
수분 함량	10-11%	9-10%	9% 이하
색깔	청록색, 녹색	옅은 녹색	옅은 갈색, 갈색
냄새	신선한 곡물의 풋내	곡물의 풋내와 매콤한 냄새가 섞여 있음	매콤한 냄새
감촉	손에 달라붙는 느낌	중간	손에서 바로 떨어짐
소리	무겁고 둔탁한 소리	중간	가볍고 경쾌한 소리

로스팅 포인트

로스팅 시 적정한 로스팅 포인트를 정하는 것은 매우 중요하다. 일반적으로 생두별 특성에 따라 로스팅 포인트는 달라지지만 커피 맛에 대한 선호도도 사람마다 다르고 동일한 생두라 할지라도 커피의 사용 목적 등에 따라 로스팅 포인트는 얼마든지 달라질 수 있다. 예를 들어 에티오피아를 드립용으로 로스팅할 때 시티 로스트 정도로 할 수 있지만 에스프레소 블렌딩에 사용할 때는 풀 시티 이상으로 할 수도 있다.

1) 로스팅 진행에 따른 커피 향미 특성

로스팅이 진행될수록 신맛과 향은 약해지고 반대로 바디와 단맛은 강해진다. 따라서 포인트가 신맛이나 향일 경우는 로스팅을 약하게 해주고 바디나 단맛이 포인트인 경우에는 로스팅을 좀 더 강하게 해주며 이는 동일한 생두일 경우에도 마찬가지이다.

로스팅 진행에 따른 향미 특성 변화

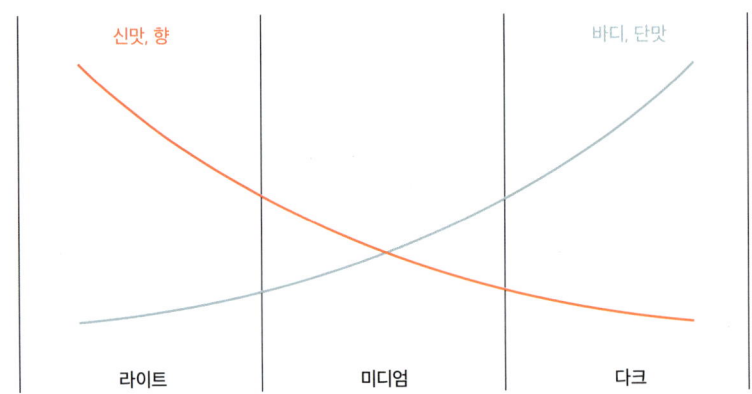

2) 밀도에 따른 생두 특성

생두는 밀도에 따라 다음과 같이 분류할 수 있다.

무른 생두		에티오피아, 예멘, 파푸아뉴기니
중간 생두	1	르완다, 부룬디, 엘살바도르, 파나마, 탄자니아
	2	과테말라, 니카라과, 도미니카, 멕시코, 브라질, 케냐
단단한 생두		만델링, 코스타리카, 콜롬비아

밀도에 따라 생두는 로스팅 단계별로 각기 다른 특성을 보인다. 처음 로스팅을 할 때 각 단계별로 커피콩이 변화하는 상태를 확인하면 생두의 밀도를 보다 쉽게 파악할 수 있어 로스팅 포인트 결정에 도움이 된다.

① 무른 생두
무른 생두는 열 통과가 잘 되어 로스팅 시간이 짧고 과일향이나 꽃향처럼 휘발성이 강한 향을 가지고 있는 경우가 많다. 이런 경우 로스팅이 강하면 생두의 특성이 쉽게 사라져 밋밋한 커피가 되므로 대체로 로스팅을 약하게 하여 커피의 특성이 사라지지 않도록 해야 한다. 따라서 로스팅 포인트는 1차 크랙과 2차 크랙 사이가 된다.

② 중간 생두
중간 생두는 밀도뿐만 아니라 향미 또한 중간적인 특성을 지니고 있기 때문에 로스팅을 약하게 하면 신맛이 지나치게 강하게 느껴질 수 있으므로 무른 생두에 비해서 로스팅을 조금 더 강하게 해야 한다. 따라서 로스팅 포인트는 대체로 2차 크랙 전후가 되며 이 그룹에 속하는 많은 생두를 밀도 차이에 의해 다시 1그룹과 2그룹으로 분류하였다.

③ 단단한 생두
단단한 생두는 열 통과가 어려워 로스팅 시간이 길다. 이런 특성을 가진 생두는 로스팅이 약하면 신맛이 굉장히 자극적이고 떫은맛이 나므로 로스팅을 좀 더 진행시켜 신맛을 약하게 하거나 단맛이나 바디가 보다 잘 표현될 수 있도록 한다. 따라서 로스팅 포인트는 2차 크랙 이후가 된다.

> **내용 요약**
>
> - 로스팅 시 생두 투입량, 날씨, 생두 밀도 등을 고려하여 화력을 조절해야 한다.
> - 생두는 경과 기간에 따라 뉴 크랍>패스트 크랍>올드 크랍으로 분류할 수 있다.
> - 로스팅 포인트는 정해져 있는 것이 아니라 생두의 품질, 로스터의 선호도, 사용 목적에 따라 달라질 수 있다.
> - 생두의 밀도가 클수록 열 공급을 늘려주어야 한다.

6. 로스팅 방법

머신 로스팅

1) 로스팅 방법

머신을 이용한 로스팅은 온도와 시간에 따라 다음과 같이 크게 두 가지로 나누어 볼 수 있다. 바로 열량을 많이 공급하면서 단시간에 로스팅하는 방법(High Temperature Short Time Process, HTST)과 반대로 열량을 적게 공급하면서 장시간 로스팅하는 방법(Low Temperature Long Time Process, LTLT)이다.

① 고온 단시간 로스팅

고온 단시간 로스팅은 고온의 열풍을 이용하여 짧은 시간(통상 5분 이내)에 로스팅하는 것을 말한다. 이런 방식으로 로스팅을 하면 커피콩이 금속 표면에 닿지 않고 대류열에 의해 공중에 뜬 상태에서 로스팅되므로 로스팅이 고르게 되고 시간도 단축된다. 이때 사용되는 머신은 드럼형 로스터가 아니라 지속적인 로스팅이 가능한 유동형 로스터나 열풍식 로스터이다.

고온 단시간 로스팅은 중량 손실이 적어 커피를 추출했을 때 가용 성분이 더 많이 나와 경제적인 장점이 있지만, 저온 장시간 로스팅에 비해 쓴맛이나 탄맛이 더 날 수 있다.

② 저온 장시간 로스팅
저온 장시간 로스팅은 드럼형 로스터를 사용하여 상대적으로 긴 시간(10분 이상) 동안 로스팅하는 것을 말한다. 고온 단시간 로스팅에 비해 플레이버는 약하지만 열이 내부까지 덜 침투하여 쓴맛이 덜하고 조화로운 커피를 만들 수 있는 장점을 가지고 있다.

로스팅 방법에 따른 차이

	고온 로스팅	저온 로스팅
중량 손실	적음	많음
밀도	낮음	높음
부피	큼	작음
공극률	큼	작음
수분 함량	많음(+0.5%)	적음
플레이버 강도	강함	약함
맛 특성	신맛이 강하고 쓴맛과 탄맛은 더 남	전체적인 맛은 약하나 단맛과 신맛의 균형이 잡혀 있음
오일 분출	많음	적음
CO_2	많음	적음

출처 - S. SCHENKER et. al, 2008, JOURNAL OF FOOD SCIENCE—Vol. 65, No. 3

위와 같이 로스팅 방법에 따른 커피 특성은 드럼형 로스터를 이용한 일반적인 로스팅 방법에도 적용해볼 수 있다. 예를 들어 220°C에 투입하여 12분 걸려 로스팅을 하였다면 200°C에 투입하고 화력도 약하게 하여 20분 동안 로스팅을 할 수 있다는 것이다. 이렇게 상대적으로 저온 로스팅을 하면 커피의 특성은 많이 약화하지만 쓴맛 등이 약해져 부드러운 커피를 만들 수 있다.

2) 로스팅 실제

① 준비 작업

생두 분석
로스팅하기 전에 로스팅 할 생두의 수분 함량, 품종, 가공 방법, 밀도 등을 평가한다. 생두에 섞여 있는 결점두나 이물질들은 소량만 들어 있어도 커피 맛에 안 좋은 영향을 미치므로 로스팅을 하기 전 이런 불순물들은 골라내야 한다.

투입 온도와 로스팅 포인트 결정
로스팅할 생두의 특성과 투입량에 따른 적절한 초기 투입 온도를 결정하고 로스터가 표현하고자 하는 최적의 로스팅 포인트를 미리 정해 놓는다.
생두를 투입하면 드럼 내부 온도는 생두가 열을 흡수하면서 일정 온도까지 내려가고 이때 최저 온도를 중점(Turning Point, TP)이라 한다. 생두 투입 온도를 결정할 때는 이 중점을 결정한 뒤 이에 맞도록 온도를 역산하여 설정한다. 중점은 머신의 종류, 생두 투입량, 외부 온도 등에 따라 달라지며 로스팅을 하기 전 경험을 통해 각 경우에 따른 중점을 미리 파악해야 한다.

예열
초기부터 높은 열로 너무 짧은 시간에 예열하면 드럼 내부는 원활한 로스팅을 하기에 충분히 가열되어 있지 않은 상태가 되므로 예열은 약한 화력으로 시작하여 서서히 단계별로 화력을 올려준다. 직화식 머신보다는 반열풍식 머신을, 여름철보다는 겨울철에 예열을 더 길게 해준다.

② 로스팅 과정

투입
드럼이 가열되어 로스팅하기에 적정한 온도가 되면 즉시 생두를 투입한다.

중점 체크

원래 예상한 중점까지 온도가 떨어지는지 확인한다. 중점보다 낮거나 높으면 로스팅이 예상보다 느려지거나 빨라지므로 좋은 결과를 얻기 어렵다.

시간과 화력 체크

지속해서 경과 시간, 드럼 온도가 예상과 맞게 진행되는지 확인한다. 예상 시간에 비해 온도가 낮거나 높으면 이에 맞게 화력을 조절한다.

생두 투입

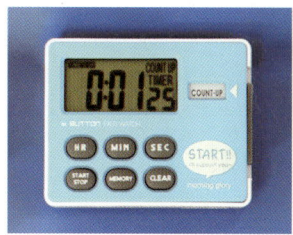
시간 체크

온도 체크

상태 점검

샘플러를 통해 커피의 색깔, 형태, 향 등을 점검하여 로스팅이 원활히 진행되는지 확인하고 댐퍼 개폐나 화력 조절 등 상태에 맞는 적절한 조치를 취한다.

상태 확인

화력 점검

댐퍼 조절

화력 조절

지속해서 가열하면 1차 크랙 이후 반응이 너무 빨라지므로 화력을 줄인다. 이때 화력을 줄이는 시간과 양은 로스팅 머신 종류, 로스팅 방법, 투입량에 따라 조금씩 다르다.

배출
로스팅이 더 진행되어 예상했던 로스팅 포인트에 다다르면 냉각 장치를 가동하고 즉시 원두를 배출시킨다. 2차 크랙 이후에는 반응이 급속히 빨라지므로 배출 시간이 늦어지지 않도록 주의한다.

냉각
배출된 원두는 매우 뜨거운 상태이므로 실온이 될 때까지 충분히 식혀준다.

원두 배출

냉각

원두 받기

마무리
원두가 충분히 냉각되면 이물질이나 깨진 콩, 퀘이커, 셀, 탄콩과 같이 결점이 있는 원두를 제거한다.

결점이 있는 원두

③ 결과 평가
로스팅이 끝나면 로스팅이 잘 되었는지 그 결과를 평가해야 한다. 보통 커핑이나

추출을 통해 확인하는 것이 정확하나 아래와 같은 방법으로도 로스팅이 원활하게 진행되었는지 확인해 볼 수 있다.

시간을 확인한다.
평소보다 시간이 오래 걸렸거나 반대로 너무 빨리 로스팅이 완료되었다면 좋은 결과를 얻기 어렵다. 그러므로 로스터는 로스팅 시 걸리는 적정한 시간을 경험을 통해 미리 파악해 놓아야 한다.

원두를 살펴본다.
원두의 색깔, 팽창 등을 살펴본다. 원두의 색깔이 전체적으로 균일하지 않고 색깔 차이가 크게 나면 열이 골고루 전달되지 못한 것이다. 팽창된 정도에 따라 열 전달이 잘 이루어졌는지 판단할 수 있는데 팽창이 잘 되었으면 로스팅이 잘 된 것이다. 탄콩이 많이 있거나 색깔이 지나치게 밝다면 열량 공급이 원활하지 못한 것으로 이는 티핑(tipping), 스코칭(scorching), 베이크드(baked)의 발생 여부를 통해 알 수 있다.

티핑, 스코칭, 베이크드

드럼과 콩 사이의 전도열이 너무 많이 공급되면 커피콩의 구조상 중심보다 가느다란 양쪽 끝이 먼저 타는 일이 발생하는데 이를 티핑이라 하고 티핑보다 더 많은 열량이 공급되어 콩의 표면이 타는 것은 스코칭 또는 스코치드(scorched)라 한다. 이런 원두는 씹었을 때 탄맛이나 쓴맛이 강하게 나며 향도 없다. 반면 로스팅 시에 열량이 너무 적게 공급되어 로스팅이 잘 진행되지 않은 것을 베이크드라고 한다. 이런 콩은 색깔이 밝고 씹었을 때 향이 약하며 곡물 맛이 느껴진다.

티핑   스코칭   베이크드

원두를 씹어본다.

원두는 씹었을 때 바삭한 느낌이 나야 하고 씹을수록 신맛이나 단맛이 느껴져야 한다. 만약 탄맛이 강하게 나면 열량 공급이 너무 많았다는 것으로 이런 경우 향도 별로 나지 않는다.

무게를 측정한다.

예를 들어 1kg의 생두를 로스팅한 후 원두 무게가 860g일 때 좋은 결과를 얻었다면 지속해서 이와 같은 결과가 나올 수 있도록 한다.

④ 로스팅 일지

여러 가지 로스팅 방법이 있지만 본 책에서는 일반적으로 많이 이루어지는 드럼형 머신을 이용한 저온 로스팅 방법을 제시하였다. 머신은 반열풍식 로스팅 머신(디드릭 5kg)과 직화식 로스팅 머신(본막 4kg)을 사용하였으며 세부적인 내용은 로스터에 따라 일률적이지 않고 조금씩 차이를 보일 수 있다. 아래는 로스팅 일지의 한 예로 다음과 같이 일지를 만들어 작성하면 로스팅 프로파일을 익히는데 도움이 된다.

반열풍식 머신

일자	2019. 10. 22.	로스팅 머신	디드릭 5kg
생두	콜롬비아 나리뇨	실내/외부 온도	20/21℃
습도	51%	수확	New crop
밀도	868g/L	수분 함량	11.10%
가공	내추럴	투입	2kg

	시간	온도(℃)	화력	댐퍼
투입	-	218	3.5	●
	0' 30"	143		
	1'	101		
중점	1' 28"	91		

	시간	온도(℃)	화력	댐퍼
	2'	97		
	2' 30"	106		
	3'	117		
	3' 30"	127		
	3' 37"	130	5	
	4'	137		
	4' 30"	137		
	4' 50"	150		◐
	5'	152		
	5' 30"	159		
	6'	164		
	6' 30"	170		
	7'	175		
	7' 30"	180		
	8'	184		
	8' 30"	189		
	9'	195	3	
1차 크랙 시작	9' 24"	197		
	9' 30"	199		
	10'	201		
	10' 30"	204		
1차 크랙 종료	10' 38"	205		
	11'	207		
	11' 30"	210		
2차 크랙 시작	12'	213		
	12' 30"	217		
	13'	219		
배출	13' 30"	222		

<예열>
전원을 켠 다음 화력 2로 예열을 시작하였다. 드럼 온도가 100℃가 되었을 때 화력을 3으로 올렸고 그 후 180℃에 화력 4로 해주었다. 220℃에 화력을 끄고 온도가 180℃까지 떨어졌을 때 화력을 3.5로 다시 올려주었다.

<투입>
생두의 종류와 양을 고려하여 드럼 온도가 218℃에 도달하였을 때 호퍼에 담겨 있던 생두를 투입하였다.

<중점>
드럼 내부 온도는 1분 28초에 91℃까지 하락한 다음 바로 상승하였다. 적정 중점을 약 1분 20초대에 90℃ 정도로 예상하였는데 거의 근접하였다.

<화력 조절>
로스팅 초반에는 수분을 없애주기 위해 처음 화력을 유지하다가 130℃에 도달했을 때 더 많은 열량을 공급하기 위해 화력을 5로 올려주었다.

<댐퍼 개방>
150℃에 도달했을 때 채프 배출을 위해 댐퍼를 절반 개방시켜 주었다.

<진행 확인>
샘플러를 통해 색상변화가 온도와 시간에 맞게 잘 진행되고 있는지 관찰하였다.

<화력 조절>
반열풍식 로스팅 머신의 특성상 드럼에 열을 많이 가지고 있으므로 1차 크랙 발생 후에 화력을 줄이면 로스팅 진행이 급격히 빨라지므로 그 전에 화력을 줄여주어야 한다. 그래서 1차 크랙 발생 전인 195℃에 화력을 3으로 줄였다.

<1차 크랙>
드럼 온도가 197℃에 도달하자 파열음이 나면서 1차 크랙이 시작되어 샘플러를 통해 향과 커피콩의 형태를 확인하였다.

<2차 크랙>

그 뒤 로스팅이 더 진행되어 217℃에 2차 크랙이 발생하였다. 샘플러를 통해 커피콩의 팽창 정도와 센터컷 주변의 주름이 펴진 정도를 확인하였다.

<배출>

쿨러를 작동시킨 다음 222℃에 다다랐을 때 원두를 배출하였다.

<결점 원두 제거>

깨진 콩이나 퀘이커, 탄콩 등을 제거하였다.

<로스팅 머신 작동 중지>

드럼 온도가 50℃ 이하로 떨어질 때까지 기다린 다음 전원을 차단하였다.

직화식 머신

일자	2019. 10. 22.	로스팅 머신	본막 4kg
생두	콜롬비아 나리뇨	실내/외부 온도	20/21℃
습도	51%	수확	New crop
밀도	868g/L	수분 함량	11.10%
가공	워시드	투입	2kg

	시간	온도(℃)	화력	댐퍼
투입	-	212	1.8	
	0' 30"	160		
	1'	125		
	1' 30"	109		
중점	1' 47"	104		
	2' 20"	105		
	2' 30"	106		

	시간	온도(℃)	화력	댐퍼
	3'	110		
	3' 30"	117		
	4'	123		
	4' 30"	130		
	5'	137		
	5' 14"	140		
	5' 30"	143		◐
	5' 42"	145		●
	6'	148		
	6' 30"	153		
	7'	156		
	7' 30"	160		○
	8'	164		
	8' 30"	170		
	9'	176		
	9' 22"	180		◐
	10'	187		
1차 크랙 시작	10' 15"	190		
	10' 30"	194		●
	10' 50"	195	1.4	
	11'	198		
	11' 30"	202		
	11' 42"	203		◐
1차 크랙 종료	11' 50"	204		
	12'	206		
	12' 30"	211		
2차 크랙 시작	13'	216		
배출	13' 25"	222		

<예열>

낮은 화력부터 시작하여 점차 강한 화력으로 서서히 드럼 내부의 온도를 올려주었다. 225℃에 달해 화력을 끄고 드럼 온도가 145℃까지 떨어질 때까지 기다린 후 다시 화력을 1.8로 공급하였다. 머신 구조상 반열풍식에 비해 예열 시간이 짧게 걸렸다.

<투입>

외부 온도, 생두의 종류와 양 등을 감안하여 212℃에 도달했을 때 생두를 투입하였는데 투입 초기에는 생두에서 좋지 않은 냄새가 나므로 댐퍼를 완전히 개방하였다.

<중점>

예상 중점이 1분 40초대에 104℃ 정도였는데 1분 47초에 104℃가 된 후 그 상태를 유지하다가 2분 20초에 상승하기 시작하였다. 드럼 자체가 열을 가지고 있지 않으므로 반열풍식 로스팅 머신에 비해 중점에 머무르는 시간이 길었다.

<댐퍼 조절>

드럼 온도가 143℃에 달했을 때 커피콩 색깔이 점차 노란빛을 띠면서 빵 굽는 고소한 향이 나기 시작하였다. 댐퍼를 절반 닫아주었으며 145℃가 되었을 때 댐퍼를 완전히 닫아주었다. 이후 온도가 상승하여 160℃에 달하자 계피색이 되었으며 시큼한 향이 나기 시작하여 댐퍼를 개방하였다. 180℃가 되어 시큼한 향은 사라지고 가벼운 신향이 나기 시작하여 댐퍼를 1/2 차단하였다.

<1차 크랙>

190℃에 달하자 1차 크랙이 시작되었다. 샘플러를 통해 향을 맡아보고 신향이 나기 시작하여 194℃에 댐퍼를 완전히 닫아주었으며 195℃가 되었을 때 화력을 1.4로 줄였다. 이후 점차 향이 약해져 203℃가 되었을 때 댐퍼를 절반 개방하였다.

<2차 크랙 시작>

로스팅이 더 진행되어 216℃에 도달했을 때 2차 크랙이 시작되었다.

<배출>

향을 맡고 원두의 색깔과 형태를 확인한 후 222℃가 되었을 때 원두를 배출하여 로스팅을 종료하였다.

<결점 원두 제거>

깨진 콩이나 퀘이커, 탄콩 등을 제거해주었다.

<로스팅 머신 작동 중지>

드럼 온도가 50℃ 이하로 떨어질 때까지 기다린 다음 작동을 중지하였다.

로스팅 결과 평가

<로스팅 프로파일>

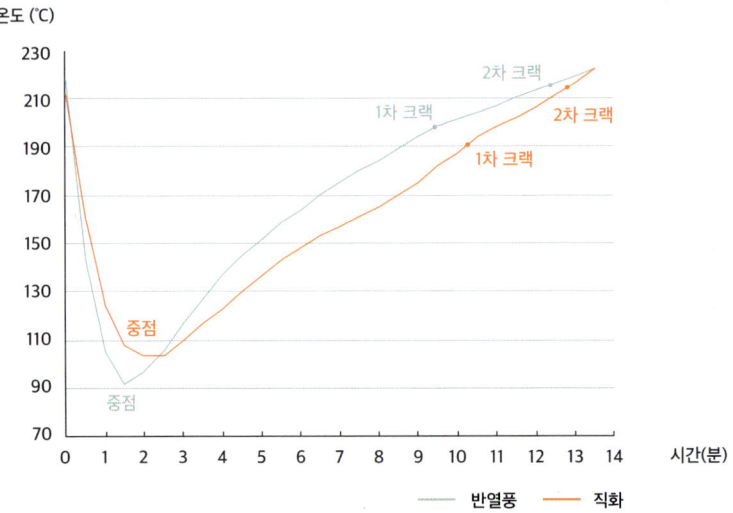

위 그래프를 살펴보면 직화식 머신이 반열풍식 머신에 비해 중점이 더 높았고 중점에 머무르는 시간도 더 길었다는 것을 알 수 있다. 반면 반열풍식 머신은 1차 크랙이 좀 빠른 시간, 높은 온도에서 발생했는데 중점 이후의 열량 공급을 살펴보면 반열풍식(파란색)과 직화식 머신(붉은색)이 거의 동일하다는 것을 알 수 있다. 이를 통해 중점에서부터 1차 크랙 시점까지 공급되는 열량은 각 머신마다 거의 차이가 없다는 것을 알 수 있고 이는 일정량의 열량이 공급되었을

때 크랙이 발생한다는 것을 의미한다. 반열풍식 머신이 1차 크랙이 좀 더 빨리 이루어졌으나 미리 화력을 줄여 2차 크랙은 직화식 머신보다 조금 더 빨랐다. 전체 로스팅 시간은 둘 다 큰 차이가 없었다.

<형태 비교>
반열풍식이 열의 침투가 좋아 직화식에 비해 커피콩의 팽창이 더 컸으며 표면의 주름도 더 적었다.

반 열풍식

직화식

<향미 특성 비교>
두 가지 커피를 추출하여 맛과 향을 평가하였는데 로스팅이 풀 시티 정도였으므로 신맛은 두 가지 다 약했다. 이 밖에 반열풍식 머신으로 로스팅한 콜롬비아가 커피콩의 내부까지 열전달이 원활하여 단맛이 더 강하게 느껴졌고 전체적으로 부드러웠다. 반면 직화식 머신으로 로스팅한 콜롬비아는 향이 더 강했으며 좀 더 날카로운 느낌을 주었다.

홈 로스팅

1) 의미

홈 로스팅이란 상업적인 목적이 아니라 본인이 커피를 즐기기 위해 로스팅 머신 외의 기구나 소형 전기 로스터를 사용하여 가정에서 로스팅하는 것으로 열이나 화력을 생두에 전달할 수 있는 도구만 있다면 언제든지 가능하다. 홈 로스팅을 하면 직접 로스팅을 해봄으로써 생두 특성에 대한 이해의 폭을 넓힐 수 있고 본인이 필요한 양 만큼 로스팅을 하여 커피의 낭비를 줄일 수 있다. 또한 항상 신선한 커피를 마실 수 있으며 무엇보다 생두 가격은 원두를 구입하는 것보다 저렴하므로 훨씬 경제적이다. 그 밖에도 본인이 원하는 로스팅 정도에 맞춰 로스팅 함으로써 본인의 취향에 맞는 커피를 마실 수 있다는 장점이 있다.

2) 홈 로스터

수망 외에도 다양한 기구들이 사용된다. 그중 가정용 전기 로스터는 간편하게 로스팅 할 수 있지만 화력이 약해 커피콩 내부까지 열을 전달하기 어려워 단단한 생두를 로스팅하기는 어렵다. 이외에 도기 로스터 등도 사용된다.

전기 로스터

도기 로스터

3) 수망 로스팅

여러 가지 홈 로스팅 방법 중 수망은 가장 쉽게 접근할 수 있는 수단으로 구입 가격이 저렴하고 로스팅 과정을 육안으로 관찰하기 쉽다는 장점이 있어 본 책에서는 수망 로스팅을 실례로 제시하였다.

수망 로스팅 준비물

① 주의점

수망 로스팅을 할 때 처음에는 밀도가 약한 생두를 먼저 로스팅해본 다음 점차 익숙해지면 밀도가 더 큰 생두를 로스팅하는 것이 좋다. 무엇보다 중요한 것은 골고루 열이 전달되도록 수평으로 쉬지 않고 흔들어 커피콩이 타지 않게 해주는 것이다. 불과 수망이 수평을 유지하여 열이 골고루 전달될 수 있도록 수망 앞쪽이 들리지 않도록 해주고 2차 크랙 이후부터는 로스팅 진행이 급격히 이루어지므로 보다 신속하게 흔들어 주어야 한다. 만약 커피콩을 잘 뒤집어주지 않으면 타서 맛없는 커피가 되므로 수망을 흔들 때 수망의 앞쪽 면을 이용하여 커피콩이 계속 뒤집히도록 해주는 것이 중요하다.

수망 회전 방법

불에서 벗어나지 않는 범위에서 좌우로 약간씩 이동시켜 화력을 골고루 전달함

가끔 원을 그리듯이 수망을 회전시켜 커피콩이 안팎으로 잘 섞이게 함

② 과정

브라질 내추럴 120g으로 로스팅하는 경우 예상 시간

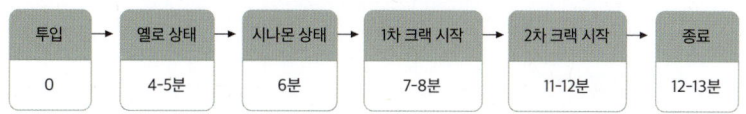

투입	옐로 상태	시나몬 상태	1차 크랙 시작	2차 크랙 시작	종료
0	4-5분	6분	7-8분	11-12분	12-13분

<u>준비 작업</u>

생두를 수망에 담은 후 튀어 나가지 않도록 뚜껑을 클립으로 고정한다. 화력은 중불로 시작하며 화력이 일정하지 않을 수도 있으므로 중간중간 화력을 점검한다.

색깔 변화

로스팅을 시작하고 2-3분 정도 지나면 콩의 색이 약간씩 변화한다. 4-5분 정도 지나면 실버스킨이 분리되기 시작하고 콩의 색깔이 노란색을 띤다. 이후 노란색은 점차 계피색으로 바뀐다.

클립으로 고정함

커피콩이 노란빛을 띰

커피콩이 계피색으로 바뀜

1차 크랙

7-8분 정도 지나면 1차 크랙이 발생한다. 초기의 신향이 차츰 약해지면서 커피 고유의 향이 나기 시작하면 불을 약간 줄인다. 8-9분 정도 지나면 1차 크랙이 끝나면서 향도 약해진다.

2차 크랙 시작

11-12분 정도 지나면 2차 크랙이 발생한다. 2차 크랙이 발생하면 불을 좀 더 줄인다.

로스팅 종료/냉각

2차 크랙이 좀 더 진행되어 연기가 나기 시작하면 로스팅을 종료하고 철망에 신속히 원두를 옮긴 다음 선풍기 등을 이용하여 원두의 온도가 실온이 될 때까지 충분히 식힌다.

1차 크랙

로스팅 종료

냉각

내용 요약

- 고온 단시간 로스팅은 짧은 시간에 로스팅하는 것이며 중량 손실이 적어 가용 성분이 더 많이 나오지만 쓴맛이나 탄맛이 더 날 수 있다.
- 저온 장시간 로스팅 상대적으로 긴 시간 동안 로스팅하는 것을 말하며 플레이버는 약하지만 쓴맛이 덜하고 조화로운 커피를 만들 수 있다.
- 로스팅은 생두 분석 → 투입온도와 로스팅 포인트 결정 → 예열 → 투입 → 중점 체크 → 시간과 화력 체크 → 상태 점검 → 화력 조절 → 배출 → 냉각 → 마무리의 순으로 이루어진다.
- 생두를 투입하면 드럼 내부 온도가 어느 시점까지 떨어지다가 다시 올라가는데 이때 최저 온도를 중점이라 하며 머신의 종류, 생두 투입량, 외부 온도 등에 따라 달라진다.
- 로스팅 시 화력 공급이 잘못되면 티핑, 스코칭, 베이크드가 발생한다.
- 수망 로스팅은 로스팅 과정을 육안으로 관찰하기 쉽다는 장점이 있다.

7. 블렌딩

의미

블렌딩이란 싱글 오리진 커피의 단조로움을 탈피하고자 특성이 다른 두 가지 이상의 서로 다른 커피를 혼합하여 새로운 맛과 향을 창조하는 것을 말한다.

최초의 블렌딩 커피는 모카-자바(Mocha-Java)로 알려져 있는데 이 커피는 인도네시아 커피와 에멘 또는 에티오피아 커피를 혼합한 것이었다. 통상 한 종류의 커피만을 사용하면 커피의 모든 속성을 다 가지고 있기 어려우므로 느낌이 약할 수밖에 없는 반면 블렌딩 커피는 다양한 속성을 가지고 있어 훨씬 풍부하게 커피를 즐길 수 있게 해준다. 예를 들어 싱글 오리진 커피가 신맛을 가졌다고 할 때 그 신맛이 사라지면 다른 맛을 느낄 수 없지만 여러 가지 맛이 나는 블렌딩 커피는 신맛이 사라져도 다른 맛을 느낄 수 있어 훨씬 다양한 맛을 오래 느낄 수 있는 것이다. 그러나 블렌딩이 잘못되면 서로 특성이 상쇄되어 오히려 밋밋한 커피가 되므로 싱글 오리진 커피보다 못한 결과를 가져올 수도 있다.

블렌딩을 잘하기 위해서는 원산지별 커피의 특성을 제대로 이해하고 있어야 일관된 로스팅이 이루어지므로 어려운 작업 중의 하나라고 할 수 있다.

목적

1) 새로운 커피

처음 커피를 접하면 커피 원산지도 많고 그에 따라 커피의 종류도 굉장히 많은 것처럼 생각되지만 조금만 지나면 실제 접할 수 있는 커피는 여러 가지 이유로 한정될 수밖에 없다는 것을 알게 된다. 게다가 개인적인 기호를 생각해보면 실제 사용되는 커피의 수는 더 줄어들어 금방 한계에 부딪힌다. 이런 문제들은 블렌딩을 통한 새로운 커피로 극복할 수 있고 특정 블렌딩 커피(signature blend)를 개발함으로써 타 업체와 차별성을 부여할 수도 있다.

2) 원가 절감

상대적으로 가격이 저렴한 커피를 혼합하거나 고가의 커피를 성격이 유사한 커피로 대체 사용함으로써 제조 원가를 낮출 수 있다.

3) 판매

드립용 블렌딩 커피도 필요하지만 주로 블렌딩이 이루어지는 것은 에스프레소 커피 때문이다. 싱글 오리진 커피만 사용해서 에스프레소 커피를 추출하여도 상당히 깔끔한 에스프레소를 즐길 수 있지만 통상 에스프레소 커피는 블렌딩 커피를 사용한다. 왜냐하면 에스프레소 커피는 신맛, 단맛, 강한 바디 등 복합적인 맛을 추구하기 때문이다.

종류

블렌딩의 종류는 원산지, 로스팅의 정도, 가공 방법 등 다른 특성을 가진 두 가지 이상의 커피를 혼합하는 것이라면 모두 가능하다. 하지만 반드시 그런 것은 아니며 때로는 한 가지 특성을 강화하기 위해 동일한 품종이나 또는 동일한 가공 방식의 커피를 사용하여 블렌딩하기도 한다.

1) 원산지가 서로 다른 커피 블렌딩

가장 일반적인 방법으로 원산지가 달라 그 맛과 향의 특성에 크게 차이가 나는 경우이다. 같은 나라에서도 지역이 다른 경우가 포함되며 새로운 맛을 창조할 가능성이 매우 크다.

예) 브라질 내추럴 + 케냐 AA
　　에티오피아 시다모 워시드 + 에티오피아 하라 내추럴

2) 로스팅 정도가 서로 다른 커피 블렌딩

동일한 커피를 로스팅 정도를 달리하여 블렌딩 하는 방법인데 로스팅 정도를 8단계로 분류했을 때 3단계 이상 차이가 나지 않도록 하는 것이 좋다.

예) 시티 로스트 + 프렌치 로스트 (O)
　　미디엄 로스트 + 프렌치 로스트 (x)

3) 가공 방식이 서로 다른 커피의 블렌딩

커피의 가공 방식에 따라 달라지는 맛과 향을 이용한 블렌딩 방법이다.

예) 엘살바도르 워시드 + 브라질 내추럴

4) 품종이 서로 다른 커피의 블렌딩

품종이 서로 다른 커피를 조합하여 블렌딩 하는 방법이다.

예) 브라질 버번 + 파푸아뉴기니 티피카

5) 동일한 가공 방식 커피의 블렌딩

가공 방식이 동일한 커피를 사용하여 특성을 최대화 하는 방법이다.

예) 엘살바도르 내추럴 + 브라질 내추럴 + 시다모 내추럴

방법

블렌딩에 따른 로스팅 방법은 커피 종류별로 먼저 로스팅을 한 다음 비율에 따라 원두를 혼합하는 방법과 생두 상태에서 혼합한 후 동시에 로스팅 하는 방법이 있다. 그리고 앞의 두 가지를 혼합한 방식도 사용된다.

1) 로스팅 후 블렌딩(후 블렌딩, 개별 블렌딩)

로스팅 후 블렌딩(Blending after Roasting, Post-roast Blending)은 커피별로 각각 로스팅 한 후 블렌딩하는 방식이다. 커피의 특성을 최대한 발휘할 수 있고 커피 특성에 차이가 많은 경우에 적합하지만 사용되는 커피

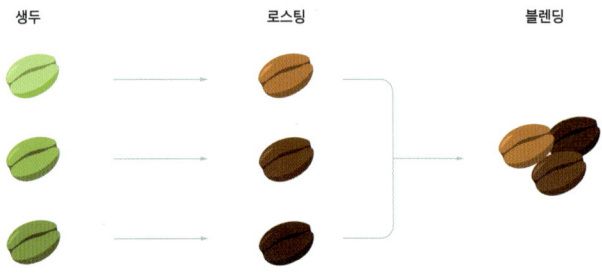

종류만큼 로스팅해야 하므로 작업이 어렵고 항상 일정한 로스팅을 해야 하는 부담이 있다. 또한 블렌딩을 하고 난 후 커피 종류별로 재고가 발생할 수 있으며 로스팅 포인트가 달라 블렌딩 커피의 색깔이 일정하지 않다.

2) 블렌딩 후 로스팅(선 블렌딩, 혼합 블렌딩)

블렌딩 후 로스팅(Blending before Roasting, Pre-roast Blending)은 커피를 미리 정해 놓은 블렌딩 비율대로 생두 상태에서 혼합한 후 한 번에 로스팅하는 방법이다. 로스팅하는 동안 커피의 플레이버가 통일성을 가질 수 있고 한 번만 로스팅하므로 편리하다. 또한 블렌딩 커피의 색상이 균일하고 재고 부담이 없으며 상대적으로 균일한 커피 맛을 낼 수 있다. 하지만 커피의 특성에 차이가 많은 경우 적용이 어렵고 적정한 로스팅 포인트를 결정하기 어려운 단점이 있다.

3) 혼합 블렌딩

때에 따라 위의 두 가지 방법을 혼합하여 사용하는 방식이다. 예를 들어 A, B, C, D 네 가지 생두를 사용하여 블렌딩할 때 A와 B 그리고 C와 D가 특성이 비슷하다면 A와 B를 같이 로스팅하고 C와 D를 같이 로스팅하는 것이다.

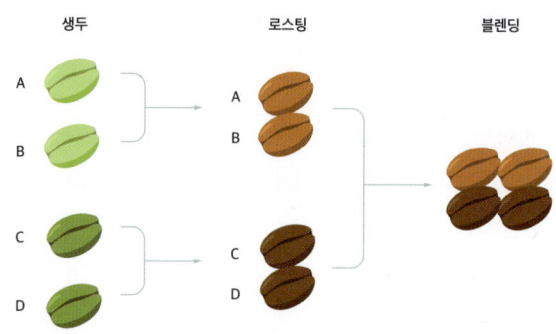

실제

1) 블렌딩 과정

새로운 블렌딩 커피가 만들어지기 위해서는 아래와 같은 여러 과정을 거친다.

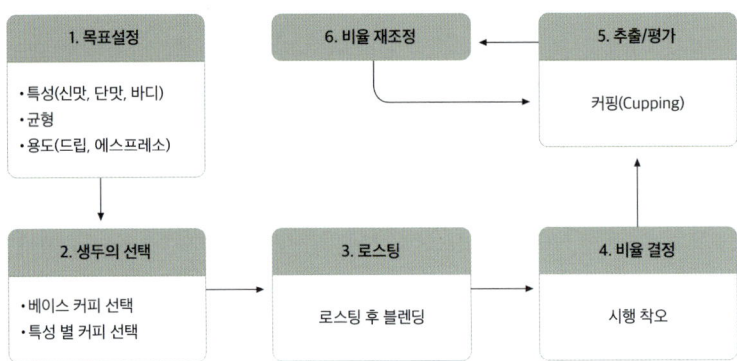

① 목표 설정

어떤 커피를 만들 것인지 먼저 정해야 한다. 드립용 커피도 신맛과 향이 좋게 할 것인지 아니면 단맛이 느껴지고 바디가 강해 여운이 길게 가게 할 것인지에 따라 블렌딩의 목표가 달라질 수 있다. 에스프레소도 기호에 따라 산뜻하며 향이 좋은 커피로 만들 것인지 아니면 바디가 강하고 오래 지속하는 커피로 만들 것인지 정해야 한다.

우리나라는 에스프레소보다는 주로 아메리카노나 메뉴 커피가 소비되는데 아메리카노(Americano) 커피도 핫인지 아이스인지 따라 블렌딩 목표가 다를 수 있고 우유 등이 첨가되는 베리에이션 메뉴의 경우에는 다른 부재료가 혼합되어도 커피 맛을 느낄 수 있도록 블렌딩해야 한다.

② 생두 선택

블렌딩에 사용될 커피 선택이 편리하도록 생두의 특성에 따라 다음과 같이 크게 세 그룹으로 분류하였다.

첫 번째 그룹은 신맛과 향이 좋은 그룹으로 같은 그룹이라 하더라도 신맛의 종류-상큼한 신맛, 과일의 신맛, 톡 쏘는 신맛 등-가 다르므로 선택에 주의해야 한다.

두 번째 그룹은 개성이 약한 그룹으로 다른 생두들과 섞었을 때 잘 어울릴 수 있는 특성을 가지고 있으며 브라질이 대표적이다. 브라질을 베이스로 하여 다른 커피와 혼합하는 일이 많은 이유가 바로 여기에 있다. 세 번째 그룹은 바디가 강한 그룹으로 단맛을 표현할 수 있고 애프터테이스트를 강화할 수 있다.

위 생두 분류를 토대로 우선 베이스로 사용될 커피를 선택한다. 그다음 피자의 토핑처럼 원하는 향이나 맛을 살리기 위한 커피들을 특성에 맞게 선택한다.

I. 신맛, 향	II. 중성	III. 바디, 단맛
르완다	니카라과	과테말라
부룬디	멕시코	만델링
에티오피아	브라질	콜롬비아
엘살바도르	온두라스	페루
케냐		
코스타리카		
탄자니아		
파푸아뉴기니		

③ 로스팅

선택된 커피별로 블렌딩 목적에 부합하는 포인트에 따라 로스팅을 한다. 싱글 오리진 커피의 최적 로스팅 정도와 블렌딩 했을 때의 적정한 로스팅 정도는 다를 수 있음을 주의해야 한다.

④ 추출 및 평가

커피 종류별로 로스팅하고 나면 배합 비율을 정해야 한다. 이때 미리 정한 비율대로 혼합한 후 추출하고 각각의 맛과 향을 평가하여 최적의 비율을 찾아내는데 이 비율을 결정하기 위한 방법으로는 추출보다 커핑(cupping)[16]이 더 효율적이다.

⑤ 재조정

원래 목표했던 대로 결과가 나오지 않으면 생두의 선택을 다시 하거나 로스팅 정도를 달리하는 등 내용에 변화를 준 후 다시 추출이나 커핑을 하여 최적의 조합을 찾아낸다.

---

16 6장 커피 향미 평가 중 7단원 <커피 커핑> 참조

2) 주의점

① 블렌딩에 사용되는 커피의 수는 제한이 없다. 하지만 사용하는 커피의 가짓수가 너무 많으면 제조 과정이 지나치게 복잡해지고 관리와 일정한 로스팅 등 어려움이 많아 현실적으로 6종류를 넘지 않아야 하며 가능하면 3-5가지 범위에서 선택한다.

② 원산지 명칭을 딴 블렌딩, 즉 '케냐 블렌드'와 같은 경우 명칭에 사용되는 커피를 적어도 30% 이상은 사용한다.

③ 지나치게 특이한 커피를 블렌딩에 사용하면 지속해서 구입할 수 없는 경우가 발생할 수 있으므로 안정적으로 구입할 수 있는 커피를 선택한다.

④ 특성이 유사한 커피를 지나치게 중복해서 사용하는 것을 피한다.

3) 블렌딩의 예

아래는 블렌딩의 예를 표시한 것이다. 그런데 이런 블렌딩은 생두의 수급 상황이나 품질, 가격에 따라 매년 조금씩 그 내용이 달라질 수밖에 없다.

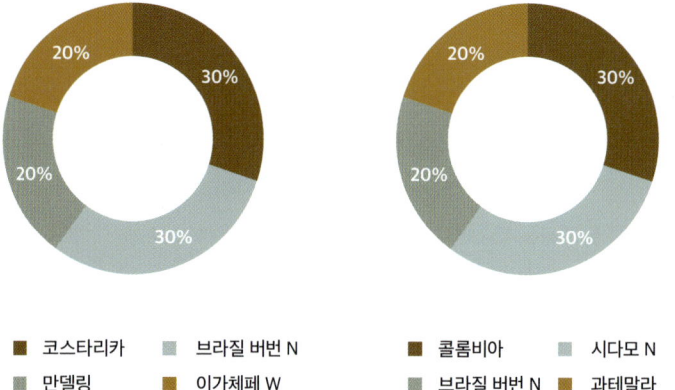

3. 케냐의 진한 향과 달콤한 맛이 조화를 이루는 아이스 아메리카노 블렌딩

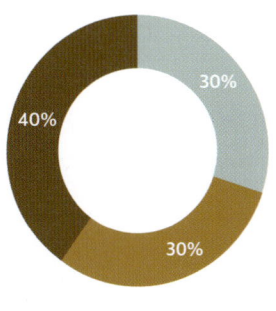

- 온두라스
- 엘살바도르
- 케냐

4. 은은한 단맛과 밸런스가 잘 잡혀있어 티처럼 마시기 편한 블렌딩

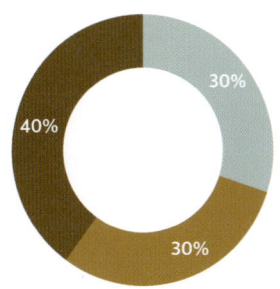

- 니카라과
- 엘살바도르
- 르완다

5. 균형 잡힌 신맛과 강한 바디를 느낄 수 있는 블렌딩

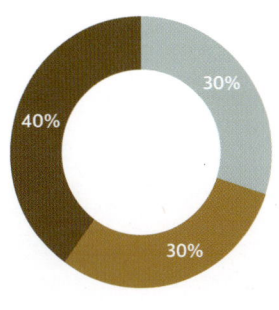

- 페루
- 파나마
- 코스타리카

6. 은은한 베리향과 뚜렷한 단맛을 느낄 수 있는 내추럴 블렌딩

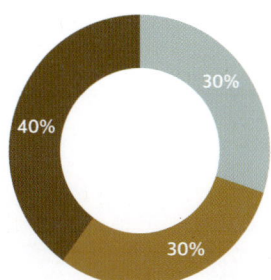

- 엘살바도르 N
- 시다모 N
- 브라질 N

(W: 워시드 커피, N: 내추럴 커피)

내용 요약

- 블렌딩이란 특성이 다른 두 가지 이상의 서로 다른 커피를 혼합하여 새로운 커피를 만들어 내는 것을 말한다.
- 최초의 블렌딩 커피는 모카-자바이며 인도네시아 커피와 예멘 또는 에티오피아 커피를 혼합한 것이었다.
- 블렌딩의 목적은 새로운 커피 창조, 원가 절감, 판매 등에 있다.
- 블렌딩의 종류에는 원산지가 다른 블렌딩, 로스팅 정도가 다른 블렌딩, 가공 방식이 다른 블렌딩, 품종이 다른 커피의 블렌딩, 동일한 가공 방식 커피의 블렌딩 등이 있다.
- 블렌딩 방법은 커피별로 로스팅 한 후 블렌딩하는 방식(후 블렌딩, 개별 블렌딩), 미리 정해 놓은 비율대로 혼합한 후 로스팅 하는 방식(선 블렌딩, 혼합 블렌딩), 두 가지 방식을 같이 사용하는 혼합 블렌딩이 있다.
- 블렌딩은 목표 설정 → 생두 선택 → 로스팅 → 추출 및 평가 → 재조정의 순서로 진행된다.

▲ 칼리타 도기 드리퍼 추출

1. 추출의 이해
2. 커피 맛에 영향을 주는 요인
3. 커피의 산패와 보관
4. 드립 추출
5. 핸드 드립과 푸어 오버 드립
6. 칼리타 드리퍼
7. 하리오 드리퍼
8. 케멕스 커피메이커
9. 클레버 커피 드리퍼
10. 영구필터
11. 콜드브루
12. 사이폰
13. 모카포트
14. 프렌치프레스
15. 에어로프레스
16. 터키식 커피

4

Coffee Brewing

커피 추출

1. 추출의 이해

의미

커피 추출이란 원두를 적정한 크기로 분쇄한 다음 다양한 추출 기구와 물을 사용해 본인이 원하는 스타일로 커피의 맛과 향을 뽑아내는 것이다. 맛있는 커피를 마시기 위해서는 좋은 품질의 생두와 그에 맞는 적절한 로스팅이 선행되어야 하겠지만 추출을 통해 비로소 커피가 완성된다는 점에서 추출 또한 중요한 과정이라 할 수 있다.

추출을 잘하기 위해서는 '커피 맛에 대한 이해'가 매우 중요하다. 왜냐하면 추출이 잘되었는지 안 되었는지 판단하는 기준이 있어야 하기 때문이다. 이런 기준이 없다면 본인이 추출을 잘했는지 알 수 없고 맛없는 커피를 습관적으로 마시며 그 맛에 익숙해질 가능성이 있다.

커피 맛에 대한 이해를 높이기 위해서는 맛있는 커피를 많이 마셔보는 것이 일차적으로 도움이 된다. 그리고 생두 특성과 로스팅에 대한 이해가 수반되어야 하며 본인만의 추출 시스템도 구축해야 한다. 즉, 입자의 크기, 물의 온도, 커피양과 물의 비율, 추출 기구의 선택, 추출 방법 등을 본인이 원하는 커피가 나올 수 있도록 조절할 수 있어야 비로소 맛있는 커피 한 잔이 완성되는 것이다.

과정

추출은 아래 세 단계를 통해 이루어진다.

커피 섬유 조직이 뜨거운 물을 흡수하면 커피 입자와 입자 사이의 공간으로부터 가스가 분출된다. 이 과정을 통해 커피 입자에서는 고형 성분이 녹아 나올 준비를 한다.

커피 입자 내의 가용 성분이 용해된 후 급속히 섬유 조직 외부로 이동하여 물에 섞인다.

이 단계에서 가수분해가 일어나는데 탄수화물처럼 분자량이 큰 물질은 환원당 같은 작은 분자로 분해되고 물에 녹으면서 커피 성분이 된다.

방식

커피의 추출 방식은 추출 과정에 따라 크게 침지식과 여과식으로 나눌 수 있다. 일반적으로 침지 방식은 커피 성분이 지나치게 많이 뽑혀 나올 수 있고 추출 과정을 통제하기가 어려우므로 여과 방식으로 추출한 커피가 상대적으로 맛이 더 깔끔하다.

1) 침지식/침출식

침지식은 여과 방식에 비해 오래된 추출 방법이다. 추출 용기에 분쇄된 커피가루를 넣고 뜨거운 물을 붓거나 찬물을 넣고 가열하여 커피 성분을 뽑아낸다. 즉, 커피가루가 물에 잠긴 상태에서 커피 성분이 용해되어 나오는 방식으로 우려내기(steeping), 달이기(decoction), 삼출(percolation), 진공여과(vacuum filtration)로 나뉜다.

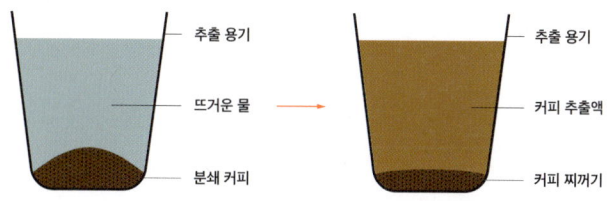

① 우려내기
추출 용기 안에 분쇄된 커피를 넣고 뜨거운 물을 부어 혼합시킨 다음 일정한 시간 동안 유지해 커피 성분을 분리하는 추출 방식으로 프렌치프레스(French press)가 여기에 해당한다.

② 달이기
추출 용기 안에 물과 커피가루를 섞은 후 일정 시간 동안 끓여 커피 성분을 뽑은 다음 커피찌꺼기를 가라앉힌 후 마시는 방식이다. 100℃까지 가열된 물로 추출하므로 커피 성분이 지나치게 많이 뽑힌다. 터키식 커피(Turkish coffee)가 이 방식에 해당한다.

프렌치프레스

터키식 커피

③ 삼출

삼출은 추출 용기 안에 있는 바스켓에 분쇄 커피를 담은 다음 물을 끓이면 물이 관을 타고 올라가 커피가루를 통과하여 커피액이 추출된 후 물과 섞이고, 이후 커피액이 상승하여 다시 커피층을 반복 순환하는 방식이다. 달이기와 마찬가지로 과다 추출이 일어나 커피 맛이 좋지 않고 퍼컬레이터(Percolator)가 이 방식을 사용하는 추출 기구이다.

④ 진공 추출

상부 용기에 분쇄된 커피를 담고 하부 용기에 물을 채운 다음 가열하면 압력이 발생하여 하부 용기에 있던 물이 상부 용기로 올라간다. 물을 커피가루와 잘 섞어준 후 일정 시간이 지나서 불을 끄면 증기압이 제거되면서 하부 용기 내부가 진공 상태가 된다. 진공 추출은 바로 이 진공의 힘이 상부의 추출액을 잡아당겨 하부 용기

퍼컬레이터

사이폰

로 내려오게 하는 방식으로 흔히 사이폰(Syphon, Siphon)이라 부르는 배큐엄 브루어(Vacuum brewer)가 대표적인 기구이다.

2) 여과식/투과식

분쇄 커피가루가 담긴 필터에 물을 통과시켜 커피 성분을 뽑아내는 방식으로 커피 추출액은 별도의 용기에 받는다. 여과식은 드립 여과(drip filtration)와 가압 추출(pressurized infusion)이 있다.

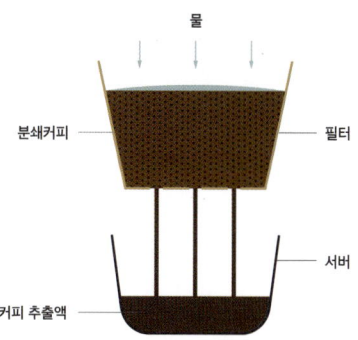

① 드립 여과

필터에 담긴 분쇄 커피에 물이 한번 통과하여 추출되는 커피를 하부 용기에 받는 방식으로 커피메이커, 드립 추출, 콜드브루(Cold brew), 케멕스 커피메이커(Chemex coffee maker) 등이 있다.

  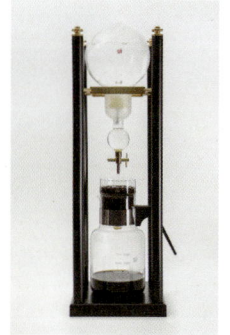

커피메이커 　　　　　드립 추출 　　　　　콜드브루

② 가압 추출

1기압 이상의 가압된 물이 커피층을 통과하여 커피를 추출하는 방식으로 가용 성분과 함께 불용 성분인 커피 오일, 섬유질 등도 함께 추출되어 거품이 형성되고 농도가 짙은 커피가 추출된다. 모카포트(Moka pot)와 에스프레소의 추출 방식이다.

모카포트

에스프레소

내용 요약

- 커피 추출은 적시기 → 용해 → 분리의 순으로 이루어진다.
- 추출 방식은 크게 침지식과 여과식이 있으며 일반적으로 여과식으로 추출한 커피가 맛이 더 깔끔하다.
- 침지식은 추출 용기에 분쇄된 커피가루를 넣고 뜨거운 물을 붓거나 찬물을 넣고 가열하여 커피 성분을 뽑아내는 것이다.
- 침지식은 우려내기(프렌치프레스), 달이기(이브릭), 삼출(퍼컬레이터), 진공 여과(사이폰)로 나뉜다.
- 여과식은 분쇄 커피가루가 담긴 필터에 물을 통과시켜 커피 성분을 뽑아내는 방식이다.
- 여과식은 드립 여과(커피메이커, 드리퍼, 콜드브루 등)와 가압 추출(모카포트, 에스프레소)로 나뉜다.

2. 커피 맛에 영향을 주는 요인

커피 맛에 영향을 주는 요인들은 분쇄, 물, 추출 시간 등 매우 다양하다. 구체적으로 살펴보면 다음과 같다.

분쇄

커피를 분쇄하는 이유는 커피 입자를 잘게 부수어 표면적을 넓혀 커피의 고형 성분이 물에 쉽게 용해되고 그로 인해 추출이 잘되도록 하기 위해서이다. 분쇄에서 중요한 것은 분쇄 입자의 크기와 균일성이다. 분쇄 입자의 크기는 추출 과정에서 맛에 영향을 가장 많이 주는 요소이므로 맛있는 커피를 마시고 싶다면 무엇보다 성능이 좋은 그라인더(grinder/밀, mill)를 갖추는 것이 필수적이다. 그리고 커피는 아무리 신선해도 분쇄를 하면 휘발 성분이 금방 상실되어 밋밋한 커피가 되므로 반드시 추출하기 직전에 분쇄해야 한다.

1) 분쇄 입자 크기와 추출 기구

분쇄 입자가 가늘수록 커피 성분이 많이 추출되고 입자가 굵을수록 물의 통과 시간이 빨라져 커피 성분이 적게 추출된다. 따라서 에스프레소와 같이 커피와 물이 접촉하는 시간이 짧을수록 분쇄 입자를 가늘게 해주고 프렌치프레스처럼 접촉 시간이 길수록 입자를 굵게 해주어야 한다. 터키식 커피를 에스프레소보다 더 고운 파우더 상태로 분쇄하는 것은 추출 시간과 관련이 있는 것이 아니라 분쇄 커피와 물을 같이 넣고 끓여서 마시는 것이기 때문이다. 즉, 추출하고자 하는 기구의 특성을 고려하여 적당한 크기로 분쇄하는 것이 중요하다.

추출 기구에 따른 분쇄 입자 크기

분쇄	입자크기(mm)	입자수[1]	추출 기구
터키시 (Turkish)	0.1 이하 (밀가루)	15,000-35,000	이브릭
매우 가늘게 (Extra fine)	0.2 (가는 소금)	3,500	에스프레소
가늘게 (Fine)	0.4 (소금)	1,000-3,000	모카포트
중간 (Medium)	0.7-1.0 (모래)	500-800	페이퍼 드립
굵게 (Coarse)	1.5 (깨)	100-300	프렌치프레스

2) 그라인더

그라인더는 커피를 추출하기 위해 매우 중요한 장비로 분쇄 시 열이 많이 발생하지 않고 분쇄 입자의 크기가 균일하며 열 발생이 적을수록 성능이 좋은 것이다. 분쇄 입자의 크기가 고르지 못하면 커피 입자와 물의 접촉시간이 서로 달라지고 열이 많이 발생하면 커피 플레이버에 영향을 주기 때문이다.

---

1   원두 한 개당 분쇄되었을 때의 입자 수를 말한다.

그라인더는 분쇄 원리에 따라 충격식(impact)과 간격식(gap) 그라인더로 나뉘며 날의 형태에 따라서는 다시 칼날형(blade type)과 버형(burr type) 그리고 롤형(roll type)으로 구분된다.

충격식은 원두에 직접 물리적인 힘을 가해 분쇄하는 방식이다. 이 방식은 분쇄 입자의 크기가 고르지 않고 입자 조절이 어려우며 많은 열이 발생하는 단점이 있어 잘 사용되지 않는다. 간격식은 두 개의 회전하는 날(버, burr) 사이로 원두가 통과하면서 분쇄되는 방식으로 날 사이의 간격이 넓어지면 분쇄 입자의 크기가 커지고 반대로 좁아지면 분쇄 입자의 크기가 작아진다. 이는 대부분 그라인더에서 사용되는 방식으로 충격식에 비해 균일한 분쇄가 가능하여 향미 손실이 적다는 장점이 있다.

분쇄 방식에 따른 그라인더의 분류

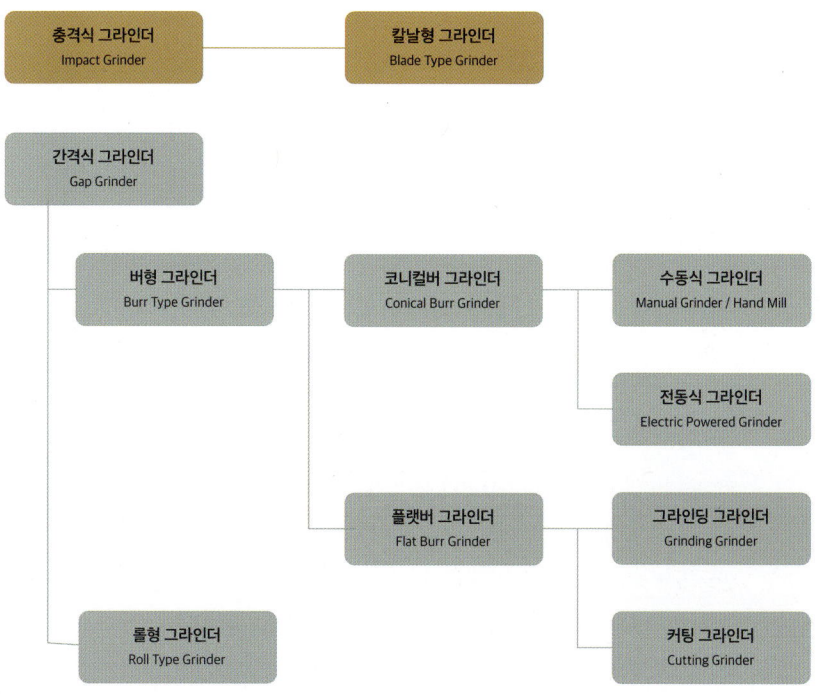

① 칼날형 그라인더

칼날형 그라인더는 주로 가정에서 사용된다. 이는 프로펠러 형태의 두 개의 칼날이 통 안에서 회전하며 분쇄하는 원리를 이용한 것으로 충격식의 단점은 그대로 가지고 있으나 가격이 저렴하고 부피가 작아 휴대할 수 있다는 장점을 가지고 있다.

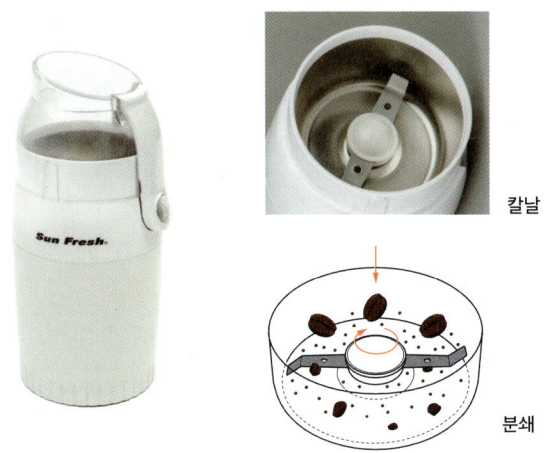

칼날

분쇄

② 버형 그라인더

버는 거친 절삭 면을 가진 날을 의미하고 형태에 따라 코니컬버 그라인더와 플랫 버 그라인더가 있다.

코니컬버 그라인더/원뿔형 그라인더

원뿔형의 칼날이 회전하면서 커피를 분쇄하는 방식으로 회전 속도가 빠르지 않아 분쇄할 때 열이 많이 발생하지 않는다는 장점이 있다. 수동식과 전동식 그라인더가 있는데 핸드밀(hand mill)이라 불리는 수동식 코니컬버 그라인더는 100여 년 이상 가정에서 널리 사용됐으며 형태도 지금까지 크게 변화하지 않았다.

핸드밀은 조절 나사를 돌려 높낮이를 조정함으로써 입자의 크기를 바꿔줄 수 있지만 분쇄 속도가 느려 많은 양을 분쇄할 때에는 적합하지 않다. 반면 전동식 코니컬버 그라인더는 드립이나 에스프레소 분쇄에 모두 사용되고 많은 양을 분쇄할 때에도 사용할 수 있다.

본체	버 형태	분쇄
수동식		
전동식		

플랫버 그라인더

원두가 두 개의 편평한 분쇄 날 사이를 통과하면서 분쇄되는 방식이다. 비교적 균일하게 분쇄가 가능하여 널리 사용되는데 분쇄 특성에 따라 그라인딩 방식과 커팅 방식 그라인더가 있다.

그라인딩 방식은 커피 입자를 맷돌처럼 으깨기 때문에 미세한 분쇄는 한계가 있어 주로 드립 추출에 사용되며 커팅은 커피 입자를 미세하게 절단하는 방식으로 주로 에스프레소 추출에 사용된다.

본체	버 형태	분쇄
그라인딩		

본체	버 형태	분쇄
커팅		

③ 롤형 그라인더

롤형 그라인더는 회전하는 홈이 파인 두 개의 기다란 실린더 사이에 커피가 지나가면서 분쇄되는 형태로 커피 그라인더 중에 가장 균일한 분쇄가 가능하다. 단시간에 많은 양의 커피를 분쇄할 때 주로 쓰인다.

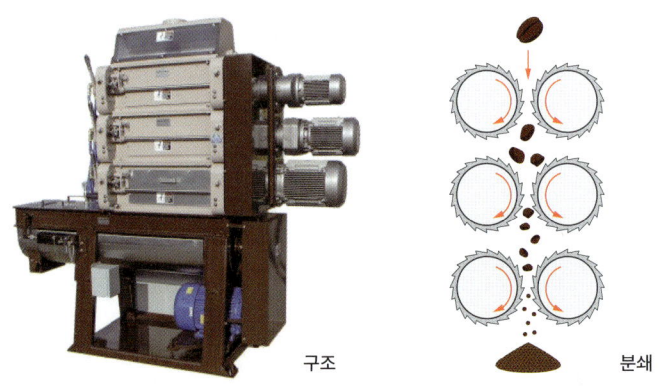

구조   분쇄

④ 그라인더 선택 시 유의점

모든 입자의 크기가 같을 수는 없지만 도표에서 보듯이 분쇄된 입자 크기가 좁은 범위 안에 있어야 좋은 그라인더라 할 수 있다. 입자의 크기가 고르지 못하면 커피 입자마다 물과 접촉하는 면적의 차이로 용해 속도가 달라지고 이로 인해 커피 맛이 저하되기 때문이다.

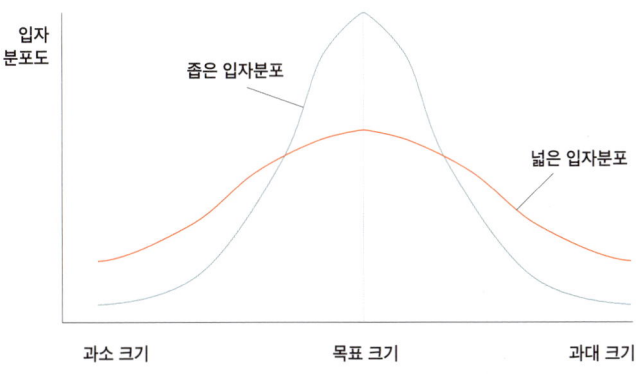

분쇄 입자 분포곡선

미분은 분쇄 시 발생하는 커피 먼지로써 물에 쉽게 용해되어 안 좋은 맛을 내므로 되도록 미분이 적게 발생하는 그라인더가 좋다. 또한 분쇄 시 발생하는 열은 커피의 맛과 향을 변질시키므로 열의 발생이 적은 그라인더이어야 한다.

⑤ 그라인더 관리

그라인더를 지속해서 사용하면 커피의 미세한 입자들이 그라인더의 날 부위에 달라붙어 산패되므로 맛있는 커피를 마시기 위해서는 주기적으로 이를 청소해주어야 한다. 그라인더 청소 시에는 그라인더를 분해하여 청소용 솔이나 붓을 이용해 날에 붙은 커피가루를 제거해주고 가끔 청소 전용 세정제를 사용해 주는 것이 좋다.

물

물은 커피 성분의 98% 이상을 차지하고 있어 커피 맛에 많은 영향을 준다. 따라서 커피 추출에 사용되는 물은 깨끗하고 신선하며 냄새가 나지 않아야 하고 커피 맛에 안 좋은 영향을 주는 성분들이 적거나 없어야 한다.

1) 경도

물에 함유된 미네랄의 정도를 경도로 표시하며 그에 따라 커피 맛도 달라진다. 미네랄이 너무 적은 물로 추출하면 커피가 밋밋해지고 반대의 경우 바디는 강해지지만 커피에서 떫은맛과 쓴맛이 날 수 있다. 커피 추출에 사용되는 물은 50-100mg/L의 미네랄이 함유된 정도가 적합하다.

경수를 사용할 경우 보일러나 히터 등의 배관에 스케일이 달라붙어 머신의 성능이 저하되므로 사용하는 물이 경수일 때는 연수기를 사용하여 이를 완화해 주어야 한다. 우리나라 수돗물의 경도 기준은 300mg/L이고 지역별로 차이가 있으나 대체로 연수부터 약경수 사이로 추출 시 사용하는 데 큰 문제가 없다. 다만 수돗물의 염소 성분을 없애주기 위해 물을 받은 후 어느 정도 시간이 지나서 사용하거나 활성탄소로 염소를 제거해주는 것이 좋다. 국내에서 생산되는 생수는 대체로 수돗물과 비슷한 경도를 보이는데 유럽에서 수입되는 생수는 지역적 특성으로 고경수인 경우가 많다.

경도에 따른 물의 종류

종류	함유량(mg/L)
연수(soft water)	0-60
약경수(moderately hard water)	61-120
경수(hard water)	121-180
고경수(very hard water)	180 이상

출처 - USGC(United States Geological Survey)

2) SCAA 물의 기준

경도에 다른 기준 외에도 커피 추출에 사용되는 물에 대한 여러 기준이 필요하며 SCAA에서는 커피 추출에 사용되는 물의 기준을 아래와 같이 정의해 놓았다.

커피 추출에 필요한 물의 품질 기준(2009, SCAA)

항목	최적 수준	허용 수준
냄새	깨끗하고 신선하며 냄새가 나지 않을 것	
색깔	깨끗할 것	
총염소잔량	0mg/L	

항목	최적 수준	허용 수준
총용존고형물	150mg/L	75-250mg/L
칼슘 경도	68mg/L	85mg/L
pH	7.0-8.0	6.5-7.5
총알칼리도	40mg/L	10-100mg/L
나트륨	10mg/L	30mg/L 이하

① 총염소잔량

염소는 100ppm까지는 큰 문제가 되지 않으나 염소가 커피의 페놀과 결합하여 클로로페놀을 생성하면 커피 추출액에서 강한 약품 냄새가 난다.

② 총용존고형물

총용존고형물(Total Dissolved Solids, TDS)은 물에 녹아 있는 고형 물질의 총량을 의미한다. TDS는 300mg/L을 넘지 않으면 큰 문제가 되지 않지만 반대로 10mg/L 이하가 되면 커피 추출에 적합하지 않다.

③ pH

신맛이 강한 아라비카 커피의 pH는 4.7-4.8이다. 따라서 pH7 이상의 알칼리성 물로 추출하면 커피의 신맛이 중화되어 바람직하지 않다. 특히 커피에서 좋은 신맛을 뽑아내려는 경우 더욱 피해야 한다.

④ 총알칼리도

산을 중화시킬 수 있는 능력의 척도를 말하며 단위는 mg/L를 사용한다. 과도한 알칼리도는 추출 수율과 플레이버의 성분 용해에 영향을 준다.

3) 온도

추출 시 사용할 물의 온도가 몇 도가 적당한지는 여러 변수가 있어 딱 잘라 말하기 어렵지만 일반적으로 물의 온도가 높을수록 카페인, 클로로겐산, 페놀화합물, 트리고넬린 등 커피 성분이 많이 추출되어 쓴맛, 신맛 등이 강해지며 반대로 물의 온도가 낮을수록 이런 성분이 적게 추출되어 상대적으로 맛이 약해진다는 것을 아래의 그래프를 통해 확인할 수 있다.

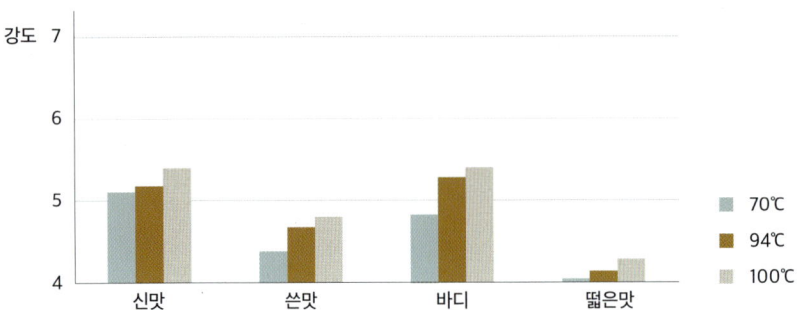

추출 온도에 따른 맛의 변화

ICO Technical Unit - Report No. 9 (커피 60g/물 1리터)

물의 온도가 지나치게 높으면 아래 그림처럼 좋지 않은 성분을 포함하여 모든 수용성분이 너무 이른 시간에 나와 강하고 쓴맛이 나는 커피가 된다. 반대로 낮으면 커피 맛에 좋은 플레이버가 충분히 뽑혀 나오지 않아 상대적으로 쓴맛 성분이 도드라지게 느껴져 약하면서 쓴맛 나는 커피가 된다.

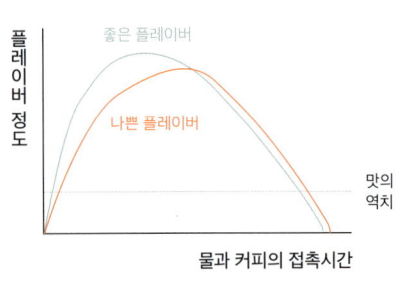
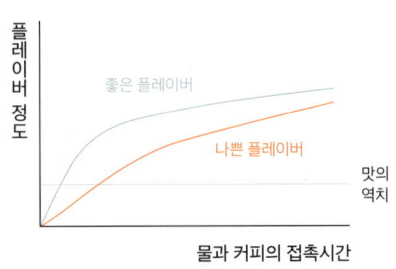

로스팅 정도에 따라서는 라이트 로스트 커피일수록 가용 성분이 적으며 다크 로스트 커피일수록 가용 성분이 많다. 따라서 라이트 로스트 커피

는 물의 온도를 높여주고 반대로 다크 로스트 커피는 낮춰주어야 한다. 그러므로 추출하기 전에는 커피의 상태를 보고 로스팅 정도를 파악할 수 있어야 정확한 추출이 가능하다. 하지만 물의 온도가 '높다', '낮다'는 상대적인 기준이며 절대적인 기준은 개인에 따라 차이가 있을 수 있다.

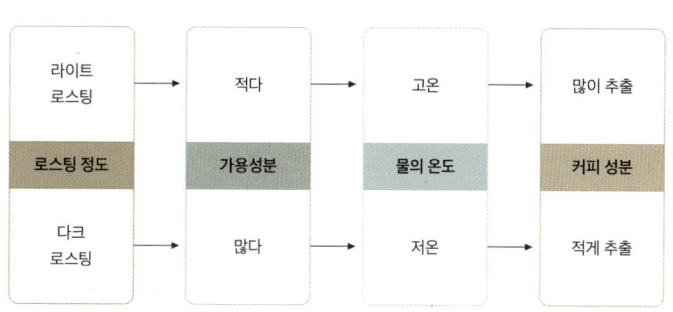

로스팅 정도에 따른 물의 온도 변화

물과 커피의 비율

사용되는 커피의 양과 추출량이 조화를 이룰 때 맛있는 커피를 마실 수 있다. 이에 대한 하나의 기준으로 '커피브루잉차트'를 많이 사용하는데 이 차트를 이해하기 위해서는 추출 수율과 농도의 개념을 이해해야 한다.

1) 추출 수율과 농도

커피의 성분 중 물을 부었을 때 녹아 나오는 성분은 약 28% 정도이며 나머지 72%는 불용성이다. 이 28% 중 실제 커피에 녹아 나온 성분의 비율을 추출 수율(extraction, solubles yield)이라 한다. 추출 수율은 같은 커피양이라 하더라도 추출하는 물의 온도, 추출 시간, 추출 방법 등에 따라 달라지는데 추출 수율이 지나치게 높으면 커피에서 쓰고 떫은맛이 강해지며 반대일 경우에는 풋내가 느껴진다.

커피의 농도(strength, solubles concentration)는 커피 추출액에서 수용성 고형 성분의 양이 차지하는 비율을 말하고 커피의 플레이버와 아로마와 관계가 있어 높아지거나 낮아지면 커피의 맛이 너무 강하거나 싱겁게 느껴진다.

2) 적정 추출 수율과 농도

커피의 추출 수율과 농도가 얼마일 때 커피 맛이 가장 좋은 지에 대한 정의는 조금씩 다르다. SCAA는 추출 수율이 18-22% 사이에서 향이 풍부하고 조화된 맛을 느낄 수 있으며 18% 미만이면 풋내가 나고, 반대로 22% 이상 되면 쓰고 떫은맛이 난다고 하였다. 또한 농도는 1.15-1.35%일 때 가장 커피 맛이 좋다고 정의하였다. 반면 노르웨이커피협회(Norwegian Coffee Association, NCA)는 추출 수율 18-22%, 농도 1.30-1.55%, SCAE는 추출 수율 18-22%, 농도 1.20-1.45%일 때가 가장 적당하다고 정의하였다. 위의 관점에서 보면 92-96°C의 1리터 물로 50-65g의 신선한 커피를 산소표백 필터를 이용하여 18-22%의 커피 성분을 뽑을 때 커피 농도는 1.20-1.45%가 되는데 이것을 바로 '골드컵(Gold Cup)'이라 한다.

3) 커피브루잉차트

커피브루잉차트는 커피브루잉센터에서 작성한 것으로 맛있는 커피 추출을 위해 사용해야 하는 적정한 커피와 물의 양을 그래프로 표시한 것이다. 가로축은 추출 수율, 세로축은 커피 농도를 나타낸 것이고 사선은 추출 수율과 농도의 관계를 나타내었다.

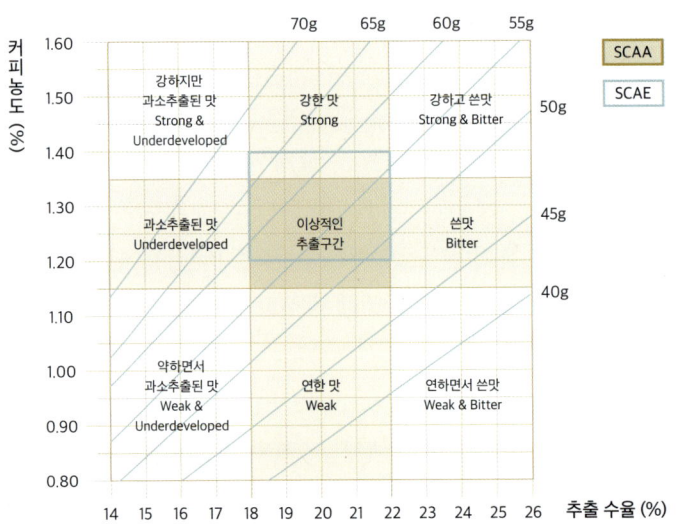

추출 수율 계산

추출 수율은 TDS × 추출량 ÷ 커피양 으로 대략적으로 계산할 수 있다.
만약 커피 20g을 사용하여 40g의 커피를 추출했을 때 TDS가 9.5%라면
9.5 × 40 ÷ 20 = 19% 가 된다.

커피브루잉차트는 적정한 농도와 추출 수율의 커피를 만들고자 할 때 필요한 커피와 물 사용량의 비율을 손쉽게 알 수 있다는 점에서 의미가 있다. 그러나 사용되는 커피의 로스팅 정도, 커피에 대한 개인적인 선호도, 추출 방법과 추출 기구의 종류, 커피의 품질에 따른 차이를 고려하지 않아 일률적으로 적용하긴 어려운 점이 있다.

4) 추출 농도/수율 측정

추출된 커피의 농도를 측정하여 목표했던 추출 농도가 맞는지 측정한다. 추출 수율을 계산하기 어려우면 미국 VST사의 프로그램을 이용하도록 하고 만약 목표치와 다르게 나왔다면 커피양이나 추출량을 조절하여 최적의 비율을 찾아낸다.

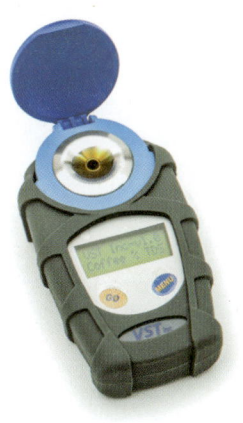
농도계

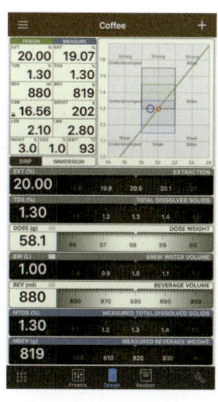
VST Coffee Tools

추출 시간

커피 성분은 대부분 추출 초기에 나와서 추출 시간이 길어져도 추출 성분에는 큰 변화가 없다. 하지만 추출 시간이 길어지면 맛에 안 좋은 영향을 주는 성분들까지도 많이 나와 커피 맛이 안 좋아지므로 적정 추출 시간 안에 커피를 뽑는 것이 좋다.

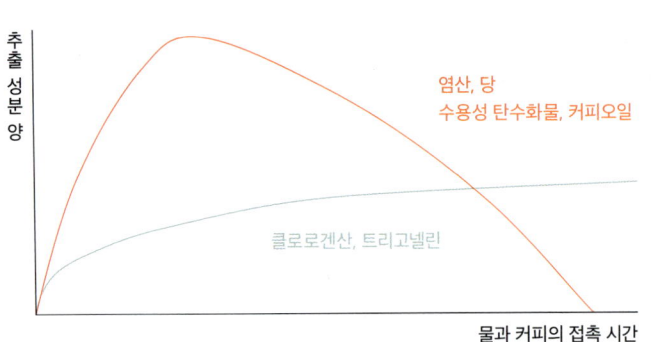

시간에 따른 커피 성분의 추출

위의 그래프는 추출 시간에 따라 각 성분이 녹아 나오는 양을 표시한 것이다. 위 그래프에 나타나 있듯이 추출 시간이 길어지면 쓴맛이나 떫은맛을 내는 클로로겐산, 트리고넬린의 추출 성분이 많아져 커피 맛을 떨어뜨린다는 것을 알 수 있다. 반면 커피 맛을 좋게 하는 산이나 당분 같은 성분들은 시간이 갈수록 적게 나오는 것을 알 수 있다.

추출 시간에 따른 쓴맛 성분의 누적 추출량 (%)

시간(분)	카페인	트리고넬린	클로로겐산	페놀 화합물
1	0.86	0.76	0.76	1.23
2	0.99	0.83	0.83	1.36
5	1.07	0.88	0.88	1.52
10	1.1	0.89	0.89	1.57

출처 - CBC Publication #47

기타 조건

1) 마실 때의 온도

커피를 마실 때 커피가 너무 뜨겁거나 식어 있으면 커피 맛이 좋지 않게 느껴진다. 커피를 마시기에 적당한 온도는 개인차가 있을 수 있는데 드립 커피의 경우 65-70°C정도로 알려져 있다. 그런데 드립 커피는 양이 150ml 정도이고 한 번에 마시기보다 보통 몇 분 또는 그 이상의 시간에 걸쳐 마시므로 처음 마실 때는 70°C보다 조금 높은 정도가 좋으며 이를 위해 잔 예열과 신속한 서빙이 이루어져야 한다.

2) 보관 온도

커피를 추출하면 즉시 마시는 것이 좋다. 추출 후 시간이 지날수록 커피 추출액이 변화를 일으켜 점점 맛과 향이 없는 커피가 되기 때문이다. 이는 커피의 향기 물질은 끓는점이 물보다 낮아 쉽게 기화되어 증발하는 것과 커피 추출액 중 클로로겐산이 카페산과 퀸산으로 변화하면서 시큼한 맛과 쓴맛이 증가하는 데서 기인한다. 상황에 따라 커피를 대량으로 뽑아 보관할 수밖에 없는 경우가 발생할 때는 아래와 같이 보관 원칙을 지키는 것이 바람직하다.

커피 보관

1. 30분을 넘기지 않는 것이 좋다.
2. 커피 보관 온도는 80-85°C가 적당하다.
3. 밀폐된 단열 용기에 보관하는 것이 좋다.
4. 직접 가열하지 않는 것이 좋다.

---

3) 컵의 선택

컵에 따라 커피 맛이 달라지기도 하므로 커피에 맞는 적당한 컵의 선택도 중요하다. 통상 차갑게 마시는 커피는 유리 재질의 컵을 사용하고 따뜻하게 마시는 커피는 도자기 재질의 컵을 사용한다. 그리고 마일드한 커피를 마실 때는 테두리가 넓고 두께가 얇은 컵을 사용하며 맛이 강한 커피를 마실 때는 일직선 형태의 두께가 두꺼운 컵을 사용하는데 이는 컵이 혀에 닿았을 때 맛을 느끼는 부위가 서로 다르기 때문이다.

두껍고 좁은 컵과 넓고 얇은 컵

과다 추출과 과소 추출

동일한 양의 커피를 뽑았을 때 커피 성분이 지나치게 많이 나와 쓰게 느껴지는 것 즉, 추출 수율이 너무 높은 것을 과다 추출(over extraction)이라 하며 그 반대의 경우를 과소 추출(under extraction)이라 한다. 이럴 땐 앞에서 살펴본 분쇄, 추출 시간, 물의 온도, 사용되는 커피양 등의 조건들을 변화시켜 적정 추출이 되도록 해주어야 한다. 예를 들어 입자가 너무 가늘면 조금 굵게 분쇄해주고 커피양이 너무 많다면 조금 줄여주면 된다. 결국 본인이 원하는 커피를 마시기 위해서는 시행착오를 통해 자신만의 추출 시스템을 구축해야 한다.

과다 추출
- 너무 가는 입자
- 너무 긴 추출 시간
- 너무 높은 추출 온도
- 많은 양의 커피 사용과 적은 추출량

과소 추출
- 너무 굵은 입자
- 너무 짧은 추출 시간
- 너무 낮은 추출 온도
- 적은 양의 커피 사용과 많은 추출량

내용 요약

- 분쇄 입자 크기는 터키시>매우 가늘게>가늘게>중간>굵게로 나눌 수 있다.
- 그라인더는 충격식과 간격식으로 나눌 수 있으며 충격식은 칼날형 그라인더가 있고 간격식은 버형 그라인더와 롤형 그라인더가 있다.
- 칼날형은 분쇄 시 커피에 충격을 주지만 부피가 작아 휴대가 가능하다는 장점이 있다.
- 버형 그라인더는 코니컬버 그라인더와 플랫버 그라인더 있으며 코니컬버는 전동식과 수동식 그라인더가 있고 플랫버는 그라인딩 방식과 커팅 방식 그라인더가 있다.
- 롤형 그라인더는 균일한 분쇄가 가능하며 산업용으로 주로 쓰인다.
- 커피 추출에 사용되는 물은 50-100mg/L의 미네랄이 함유된 약경수가 적합하다.
- 추출 시 물의 온도가 높을수록 쓴맛, 신맛 등이 강해지며 반대로 물의 온도가 낮을수록 상대적으로 맛이 약해진다.
- 추출 수율은 사용된 커피의 양과 커피에 녹아 있는 고형 성분의 비율을 의미한다.
- SCAA에서는 추출 수율이 18-22%, 추출 농도가 1.20-1.45%일 때 가장 이상적인 커피라고 정의하였다.
- 추출 수율은 **TDS × 추출량 ÷ 커피양**으로 대략적으로 계산할 수 있다.
- 추출 시간이 길어지면 맛에 안 좋은 영향을 주는 성분들이 많이 나오므로 적정한 추출 시간 안에 커피를 뽑는 것이 좋다.
- 추출 커피의 보관은 30분을 넘기지 않는 것이 좋다.

3. 커피의 산패와 보관

커피의 매력은 단지 맛에만 국한된 것이 아니다. 향이 없는 커피는 이미 죽은 커피라고 할 수 있으므로 커피의 진정한 매력을 느끼기 위해서는 맛과 향이 조화를 이루어야 하며 이를 위해서는 신선한 커피를 사용해야 한다.

산패 과정

생두 상태에서의 커피는 어느 정도 보관이 가능하지만 로스팅하여 원두가 되면 급속히 변화하는데 특히 분쇄된 커피는 이런 현상이 더욱 빨라진다. 휘발성이 강한 향기 성분은 로스팅 후 하루 안에 소실된다. 10일 정도가 지나면 아로마가 대부분 소실되어 향이 없는 밋밋한 커피가 된다. 시간이 더 지나면 산소와 수분이 커피의 지방과 결합하여 화학적 변화가 일어난다. 이에 따라 안 좋은 냄새가 생성되고 그 뒤에는 맛이 변질되어 더는 마시기 힘든 상태가 된다.

산패 요인

1) 산소

원두에서 발생하는 탄산가스는 지속해서 향기 물질과 함께 외부로 방출되는데 더 이상 탄산가스가 방출되지 않으면 이때부터는 외부의 산소가 커피 조직 내부로 침투하여 커피를 산화시킨다. 따라서 포장 내부에 아주 적은 양의 산소만 존재해도 커피는 쉽게 변질된다.

탄산가스(CO_2), 아로마

산소(O_2)

2) 수분

커피를 로스팅하면 커피 조직이 다공질로 바뀌어 외부의 습기를 잘 빨아들인다. 따라서 습도가 높을수록 커피는 쉽게 변질되고 상대습도가 0%라도 로스팅 후 3-4주 부터 산패가 진행된다.

3) 온도

커피의 보관 온도가 10℃ 상승할수록 커피의 변질 속도는 2.3배씩 빨라진다.

4) 오일 이동

오일 이동은 로스팅 과정뿐만 아니라 로스팅 후 탄산가스가 방출될 때도 일어난다. 커피 표면의 오일은 산화가 빨리 진행되어 커피의 품질을 저하시킨다. 다크 로스트 커피일수록 라이트 로스트 커피에 비해 오일 생성이 많이 되고 세포벽의 파괴로 탄산가스의 방출도 빨라지면서 커피 표면에 오일이 많이 배어 나와 산패가 더 빠르다.

라이트 로스트 커피　　　　　다크 로스트 커피

5) 분쇄 입자 크기

분쇄된 커피는 공기와 접촉하는 면적이 넓어져 분쇄되지 않은 원두[2]에 비해 산패가 빨리 진행되며 가늘게 분쇄될수록 이런 현상은 더 빨라진다.[3] 또한 커피를 분쇄하면 공기와의 접촉을 막아주는 차단벽 역할을 하던 탄산가스도 제거되므로 커피는 추출하기 직전에 분쇄하여야 한다.

6) 햇볕

햇볕은 화학 반응이 일어날 때 촉매 역할을 하여 커피 산화를 촉진하는 원인이 된다. 특히 에스프레소 커피와 같이 불포화지방산이 많이 있는 경우 이런 현상이 더 많이 나타난다.

---

[2] 이를 홀빈(whole bean)이라 한다.
[3] 원두 한 개가 1,000개의 분쇄 입자로 쪼개지면 표면적은 약 10배로 증가한다.

포장 방법

로스팅 과정에서 발생하는 탄산가스는 원두 1kg당 6-10리터의 양이며 로스팅 후에는 1파운드(약 450g) 당 1리터이다. 이 탄산가스는 산소와의 접촉을 막아주는 역할을 하기도 하지만 그렇다고 해서 탄산가스를 방출시키지 않고 포장을 하면 커피 맛이 텁텁할 수도 있고 부피가 팽창하여 자칫 포장이 터질 수도 있다. 그러므로 로스팅이 완료되면 탄산가스를 8-24시간 정도 방출해 준 다음 포장해야 한다.

커피의 보관 기간

	잔존 산소(%)	보관 기간(월)
공기 포장	16-18	1
밸브 포장	10-12	3
진공 포장	4-6	4-6
불활성 가스 포장	1-2	6-8
가압 포장	<1	>18

출처 - Andrea Illy, Espresso coffee

1) 공기 포장

흔히 사용하는 포장 방법이다. 종이 재질(크라프트지), 종이에 필름을 입힌 재질, 알루미늄 호일을 여러 겹 붙여 만든 재질 등을 사용한다. 이 방법은 손쉽게 포장할 수는 있지만 종이 내부에 남아 있는 공기로 인해 커피의 보관 기간을 늘려주지 못한다는 단점이 있다.

2) 밸브 포장

1960년대 후반 이탈리아의 고글리오(Luigi Goglio)가 개발한 방법이다. 포장 용기에 원웨이 밸브(one-way valve)를 부착시켜 탄산가스가 방출되는 동안 산소와 습기의 유입을 차단하는 것으로 로스팅 후 가스 방출을 하지 않고 바로 포장할 수 있다.

  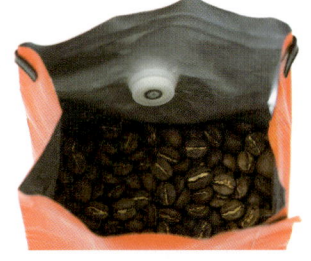

공기 포장　　　　　　　　밸브 포장 (원웨이 밸브)

3) 진공 포장

분쇄 커피를 용기에 넣은 후 공기를 빼내어 포장하는 방법이다. 일반적으로 금속 캔이나 복합 필름 포장 용기를 사용하여 잔존 산소량이 1.0% 이하가 되도록 한다.

4) 불활성 가스 포장

포장 내의 공기를 불활성 가스로 대체하여 포장하는 방법이다. 일반적으로 질소가스가 사용되며 진공 포장에 비해 보관 기간이 세 배 정도 길어진다.

진공 포장　　　　　　　　불활성 가스(질소) 포장

4　다른 원소와 화학 반응을 잘 일으키지 않아 안정인 상태를 유지하는 기체를 말한다. 비활성 기체라고도 한다.

소비와 보관

1) 소비

커피는 신선식품이므로 소량을 구입해 될 수 있는 대로 빨리 소비하는 것이 최상의 방법이다.

2) 보관

소비자 관점에서 살펴보면 포장 방법이 중요한 것이 아니라 구입 후의 보관 방법이 더 중요하다. 왜냐하면 포장이 아무리 잘 되어있더라도 한 번 개봉을 한 다음에는 다시 원상태로 되돌릴 수 없기 때문이다.

냉장 보관은 커피의 산패를 지연시킬 수 있고 휘발성 물질의 증발을 늦출 수 있지만 냉장고 내부의 좋지 않은 냄새가 커피에 스며들어 커피 플레이버를 떨어뜨릴 수도 있으므로 커피를 냉장고에 보관할 때는 이 점에 유의하여야 한다.

냉동 보관은 커피를 장기간 보관할 수는 있으나 커피를 꺼낸 다음 바로 사용하면 커피 성분이 제대로 추출되지 않으므로 커피 온도가 실온과 같아질 때까지 기다린 후 분쇄하여 사용하는 것이 좋다.

소비하고 남은 커피는 커피 봉투의 공기를 최대한 빼낸 다음 밀폐 용기에 넣어 직사광선이 들지 않는 서늘한 장소에 보관하도록 한다. 보관 용기의 재질은 유리나 도기가 좋고 압착력이 좋아야 하며 햇볕을 차단하도록 불투명해야 한다.

커피 보관 용기

비닐로 포장한 다음 보관 용기에 넣음

펌프를 이용해 내부의 공기를 빼냄

그리고 커피를 계속 소비하면 보관 용기의 내부 공간이 점차 확대되므로 비닐로 한번 포장해 담는 것이 좋으며 이 밖에 펌프를 이용해 내부 공기를 제거해주는 포장 용기를 사용하는 것도 좋은 방법이다.

내용 요약

- 커피 산패는 산소, 수분, 온도, 분쇄 입자 크기, 로스팅 정도 등에 영향을 받지만 그중 산소가 가장 큰 영향을 미친다.
- 상대습도가 0%라도 로스팅 후 3-4주부터 산패가 진행된다.
- 커피의 보관 온도가 10°C 상승할수록 커피의 변질 속도는 2.3배씩 빨라진다.
- 다크 로스트 커피일수록 오일 생성이 많이 되어 산패가 더 빠르다.
- 탄산가스는 로스팅 후 원두 1파운드(약 450g) 당 1리터가 발생한다.
- 커피 포장 방법은 공기 포장, 밸브 포장, 불활성 가스 포장, 진공 포장 등이 있으며 불활성 가스 포장(질소 포장)이 가장 보관을 오래 할 수 있다.
- 커피는 직사광선이 들지 않는 서늘한 장소에 실온 보관한다.

4. 드립 추출

의미

드립 추출이란 분쇄된 커피가 담긴 필터에 물을 부어 커피를 추출하는 것으로 커피메이커 등의 기계를 이용하는 오토 드립(auto drip)과 원하는 양이 추출될 때까지 사람이 물을 부어주는 매뉴얼 드립(manual drip)으로 구분된다. 아래 표와 같이 사용하는 필터에 따라 여러 가지로 분류할 수 있으며 또 물을 붓는 방식에 따라 푸어 오버 드립(pour over drip)과 핸드 드립(hand drip)[5]으로 나눌 수 있다.

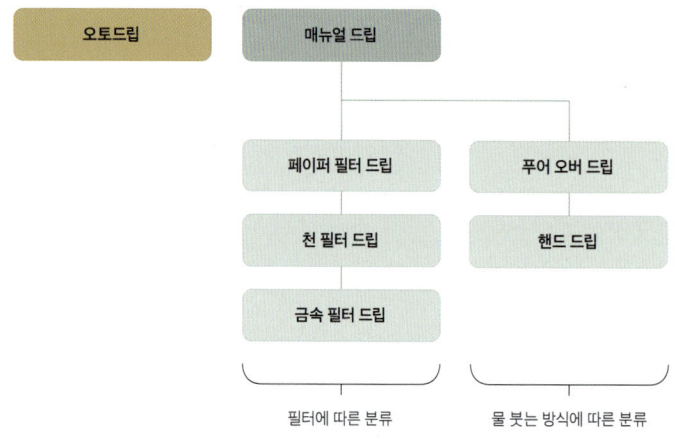

오토 드립

사람의 손이 아닌 기계를 통해 추출하는 방식으로 최초의 전기식 커피메이커는 1954년 독일에서 특허를 출원한 위고매트(Wigomat)이다. 그전에는 퍼컬레이터를 많이 사용했지만 과다 추출로 인한 쓴맛으로 인해 전기식 커피메이커로 점차 대체되었고 오늘날에도 가정이나 사무실 등에서 널리 사용되고 있다.

---

5 핸드 드립은 일본식 영어 표현이지만 매뉴얼 드립과 구분하기 위해 그대로 사용하기로 한다.

커피메이커의 또 다른 형태인 커피언(coffee urn)은 대용량의 커피를 추출한 후 전기를 이용하여 보관하는 커피 기구이다. 주로 대규모 행사장이나 호텔, 연회, 비행기 등에서 많은 사람에게 커피를 제공할 때 사용한다. 오토 드립의 장점은 손쉽게 일정한 맛을 낼 수 있다는 점이다. 그러나 추출 시 물의 온도가 너무 높고 물이 커피층에 골고루 주입되지 않으며 로스팅 정도에 따른 온도 조절이 어렵다는 단점을 가지고 있다. 최근에는 기술 발전으로 추출 온도를 0.1°C단위까지 조절하고 주입양도 일정하게 공급하는 제품도 출시되어 매장에서 사용하기도 한다.

위고매트 커피메이커　　　　커피언　　　　자동 드립 머신

매뉴얼 드립

1) 페이퍼 필터 드립

1908년 독일의 드레스덴 지역에 살던 멜리타 벤츠(Melitta Bentz, 1873-1950) 부인은 평소 커피를 즐겨 마시다가 우연히 종이를 이용하여 커피를 거르는 방법을 발견하였고 여기서 아이디어를 얻어 금속제의 드리퍼를 개발하였으며 이때부터 페이퍼 필터 드립이 시작되었다. 이 방법 이전에는 커피를 금속망이나 리넨(linen) 천을 이용하여 걸러 마셨다. 멜리타 여사의 이 새로운 커피 추출 방법은 훨씬 깔끔한 커피의 추출이 가능하였으며 기존 방법의 비위생적이고 커피찌꺼기가 제대로 걸러지지 않는 문제들을 해결하는 새로운 커피 추출법이었다.

멜리타 벤츠 여사와 초기의 드리퍼

2) 천 필터 드립

천 필터 드립은 페이퍼 필터 드립이 사용되기 전까지 금속 필터와 함께 사용되어온 방법으로 천의 섬유 조직을 커피를 거르는 필터로 사용한다. 일반적으로 융 재질의 천이 우수한 여과 능력으로 인해 가장 널리 사용되어 통상 천 필터 드립을 융(flannel) 드립이라 하며 지금도 일본이나 동남아시아에서 주로 사용되고 있다.

융 드립은 커피의 바디를 구성하는 오일이나 불용성 고형 성분이 페이퍼 드립에 비해 쉽게 통과되어 진하면서도 부드러운 맛의 커피가 뽑히므로 뛰어난 맛을 느낄 수 있다. 하지만 융 드립은 필터 관리가 어렵고 번거롭다는 단점으로 인해 널리 사용되지 않는다.

융 추출 모습　　　　융 필터 (좁고 깊은 형태)　　　　융 필터 (넓고 얕은 형태)

3) 금속 필터 드립

그물망 구조나 미세한 구멍이 뚫려있는 금속 필터를 사용하여 추출하는 방법이다. 금속 필터는 하리오 드리퍼나 칼리타 드리퍼, 케멕스 커피 메이커 등에 올려놓고 사용하는데 반영구적으로 사용할 수 있는 장점이 있지만 초기 구입 가격이 다른 드리퍼에 비해 비싸고 사용 후 청소를 해야 하는 번거로움이 있다. 금속 필터를 사용해 추출한 커피는 플레이버와 바디는 강하지만 여과 능력이 떨어져 커피 침전물까지 추출되어 탁한 느낌을 준다.

필요한 기구

스위스 골드(Swiss gold) 필터   콘 필터(KONE filter)

드립 추출 중 매뉴얼 드립을 하려면 드립 포트, 서버 등의 여러 가지 도구들이 필요하다. 구체적으로 살펴보면 다음과 같다.

1) 드립 포트

드립 포트는 핸드 드립을 위한 전용 주전자로 일반 포트와 구조가 다르다.

① 구조

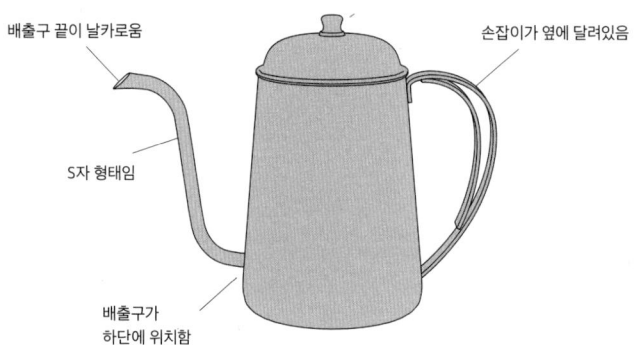

출구는 드립 포트 하단에서 시작하여 S자 형태로 되어있는데 그 이유는 직선형 구조로 되어있으면 유속이 너무 빨라 커피에 충격을 주고 거칠게 추출되기 때문이다. 배출구 끝은 물이 가늘게 나가도록 날카롭게 제작되어 있으며 회전 시 안정적으로 물을 주입할 수 있도록 손잡이는 드립 포트 옆에 달려있다.
드립 포트는 직접 불에 올려놓으면 안 되고 사용 후 물을 비운 다음 뒤집어 보관하는 것이 좋다.

② 종류

드립 포트를 구입할 때는 포트의 재질, 용량, 배출구의 형태 그리고 손잡이의 모양 등을 고려해야 한다.
드립 포트는 재질에 따라 스테인리스와 동, 에나멜(법랑)이 있다. 스테인리스 포트는 오래 사용해도 외관이 깨끗하고 녹이 잘 안 생기며 보온성도 좋아 가장 널리 사용된다. 동 포트는 장식적인 효과는 좋으나 가격이 상대적으로 비싸고 관리를 잘못하면 외관의 손상과 녹이 생길 수 있어 사용 시 유의해야 한다. 요즘은 뜨거운 물을 옮길 필요 없이 물을 항상 데운 상태에서 바로 사용할 수 있는 전기 드립 포트도 출시되어 많이 사용되고 있다.
드립 포트의 용량은 다양하다. 용량이 크면 많은 양을 추출할 때 편리하지만 무거워 사용하기 힘들고 섬세한 컨트롤이 어려우며 물의 온도 조절에도 시간이 오래 걸린다. 반면 작은 용량은 사용하기는 편하지만, 물줄기의 힘이 약하고 많은 양을 추출하기 위해서 중간에 물을 채워야 하는 불편이 따를 수 있다.

드립 포트의 손잡이 형태도 사용하는데 중요한 요소이다. 장시간 사용 시 손이 아플 수도 있고 잡기에 불편하면 컨트롤이 어려워 물줄기 조절이 어려울 수 있기 때문이다. 그러므로 직접 잡아보고 사용하기에 편한 것을 선택하는 것이 좋다.

드립 포트 종류

2) 드리퍼

드리퍼는 페이퍼 필터를 올려놓고 분쇄된 커피를 담는 기구를 말한다. 재질과 구조 그리고 크기에 따라 다양한 종류가 있는데 형태에 따라 동일한 커피를 사용하여 추출해도 커피의 맛이 달라지므로 종류별로 드리퍼의 특성을 이해해야 한다.

① 재질에 따른 분류

드리퍼의 재질은 플라스틱, 금속, 도기(세라믹), 유리 등이 있다. 플라스틱 드리퍼는 취급이 편리하고 가격이 저렴하며 성형이 쉬워 드리퍼 리브(rib)가 다른 재질에 비해 기능을 잘 발휘한다. 이런 이유로 가장 많이 사용되는데 보온성이 다른 재질보다 조금 떨어지고 열에 약해 지속해서 사용 시 표면에 균열이 생기며 커피 얼룩이 잘 지워지지 않는 단점이 있다. 특히 드리퍼 하단부에 커피 물이 배면 커피 맛에 안 좋은 영향을 줄 수 있어 사용 후 즉시 세척하는 것이 좋다. 투명한 재질과 불투명한 재질이 있으며 투명 재질의 드리퍼는 물이 통과하는 과정을 관찰할 수 있어 추출에 도움을 준다.

투명재질   불투명재질

도기 드리퍼는 다른 재질보다 무거운 편으로 안정감이 있고 보온성도 좋지만 다루기가 불편하고 파손의 위험이 크다는 단점을 가지고 있다. 추출하기 전에 예열하여 사용하는 것이 좋다. 금속 드리퍼는 동이나 스테인리스의 재질로 만들어진다. 장식적인 효과는 뛰어나지만 상대적으로 가격이 비싼 편이다. 유리 드리퍼는 다른 재질보다 위생상의 장점이 있으며 제품 특성은 도기와 유사하다. 본체와 받침대가 분리되어 청소가 다른 제품보다 간편하다.

도기   금속   유리

② 형태에 따른 분류
아래와 같이 사다리꼴형이나 원뿔형으로 나눌 수 있다.

사다리꼴형

원뿔형

리브

리브는 드리퍼 내부의 요철을 말한다. 리브는 커피가루에 물을 부었을 때 커피가루 안에 있던 공기가 빠져나가는 통로 역할과 커피 추출액이 아래로 흘러내려 가도록 해주는 역할을 한다. 또 추출을 마친 후 페이퍼 필터를 쉽게 제거해주는 기능도 한다. 드리퍼 별로 리브의 높이와 수가 다르게 설계되어 있는데 리브의 수가 많고 그 높이가 높을수록 물의 통과가 잘된다.

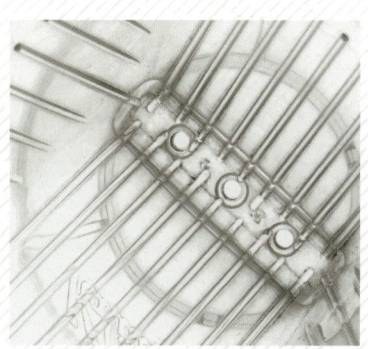

공기

커피 추출액

3) 서버

서버(server)는 추출된 커피액을 담는 기구를 말한다. 통상 내열 유리로 만들어져 열에는 강하지만 충격에는 약해 파손이 잘 되므로 취급에 주의해야 한다. 용량은 300ml부터 1,600ml까지 다양하므로 추출하고자 하는 커피의 양에 따라 적당한 크기를 선택하여 사용하면 되고 양 표시도 다양한데 정확한 양을 추출하기 위해서는 ml로 표시된 것이 편리하다. 제작사마다 서버 입구의 형태가 조금씩 달라 동일 회사의 드리퍼가 아니면 잘 맞지 않는 경우가 생기므로 구입 시 잘 살펴보아야 한다.

300ml   500ml

4) 페이퍼 필터

페이퍼 필터는 커피를 거르는 역할을 해주고 여과 능력이 좋아 깔끔한 맛을 낼 수 있게 해준다. 사용하지 않을 때는 잘 밀봉하여 냄새가 없고 햇볕이 들지 않는 곳에 보관하는 것이 좋다. 추출하기 전에 페이퍼 필터에 미리 물을 붓기도 하는데 이렇게 하는 이유는 페이퍼 필터에서 특유의 냄새가 나는 것을 방지하고 조직을 부드럽게 하여 추출이 원활히 이루어지도록 하기 위해서이다. 또 페이퍼 필터가 드리퍼에 잘 밀착되어 물을 부었을 때 커피층이 무너지는 것을 막아주는 효과도 있다.

① 종류

멜리타와 칼리타 페이퍼는 드리퍼와 동일한 사다리꼴 모양을 사용하고 하리오 드리퍼 같은 원뿔형도 역시 그에 맞는 형태를 사용한다. 이 밖에 칼리타 웨이브 드리퍼에 사용하는 둥근 형태의 가장자리에 리브가 있는 BG 필터도 있다.

페이퍼 필터는 100% 펄프 재질이며 흰색과 갈색의 두 가지 종류가 있다. 흰색 페이퍼 필터는 산소 표백을 한 것이고 갈색 페이퍼 필터는 표백을 하지 않은 것이다. 페이퍼 필터 색깔에 따른 커피 맛의 차이는 거의 없다.

	사다리꼴형/흰색	원뿔형/갈색	BG 필터/흰색
형태			
적용 드리퍼	멜리타, 칼리타 드리퍼	하리오 드리퍼	칼리타 웨이브 드리퍼

② 접는 법

<u>사다리꼴형</u>

드리퍼 크기에 맞는 필터를 준비함

옆면을 안으로 접음

아랫면을 뒤쪽으로 접어줌

양쪽 끝을 살짝 접어줌

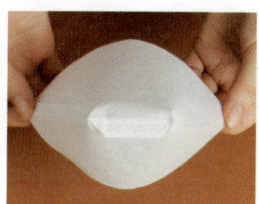
완성된 모습

드리퍼에 밀착시킴

원뿔형

원뿔형은 봉제선이 하나이므로 한 번만 접어 주면 된다. 이때 봉제선 위쪽을 안으로 조금만 더 접어주면 드리퍼에 밀착이 잘 된다.

5) 기타 필요한 도구

온도계와 저울, 계량스푼 등이 필요하다. 드립 스탠드나 드립 스테이션을 사용하여 추출하기도 한다.

막대 온도계   디지털 온도계   드립 스탠드

계량 스푼   저울   드립 스테이션

내용 요약

- 드립 추출이란 필터에 분쇄 커피를 담고 물을 부어 커피를 추출하는 것으로 자동 드립과 매뉴얼 드립으로 구분된다.
- 커피메이커, 커피언은 오토 드립에 해당한다.
- 매뉴얼 드립은 사용하는 필터와 물 붓는 방식에 따라 구분할 수 있다.
- 페이퍼 필터 드립은 독일의 멜리타 벤츠 부인에 의해 시작되었으며 사용하기가 편리하다.
- 천 필터 드립은 융을 주로 사용하며 부드러운 맛의 커피를 추출할 수 있다.
- 금속 필터 드립은 반영구적으로 사용할 수 있는 장점을 가지고 있다.
- 드립 포트는 드립 추출에 사용되는 전용 주전자로 재질에 따라 스테인리스와 동, 에나멜(법랑)이 있다.
- 드리퍼는 페이퍼 필터를 올려놓고 분쇄된 커피를 담는 기구를 말하며 플라스틱, 금속, 도기(세라믹), 유리 등이 있다.
- 리브는 드리퍼 내부의 요철로 물을 부었을 때 커피가루 안에 있던 공기가 빠져나가도록 해주며 커피 추출액이 아래로 흘러내려 가도록 해주는 역할도 한다.
- 페이퍼 필터는 커피를 거르는 역할을 해주고 여과 능력이 좋아 깔끔한 맛을 낼 수 있게 해주며 드리퍼 형태에 맞는 것을 사용해야 한다.

5. 핸드 드립과 푸어 오버

핸드 드립

1) 물줄기

추출의 생명은 얼마나 물줄기를 잘 조절할 수 있는 가에 달려있다. 즉, 물줄기의 굵기를 때로는 가늘게, 때로는 굵게 본인이 의도한 대로 줄 수 있어야 하며 회전할 때 물줄기가 출렁거리지 않고 흔들림이 없어야 원활한 추출을 할 수 있다. 처음에는 물줄기를 일정하게 하는 것이 어렵지만 이는 연습을 통해 해결할 수 있고 물줄기는 항상 가는 것이 좋은 게 아니라 때로는 굵게 주입하는 것도 필요하다.

2) 방법

① 뜸

커피 추출의 첫 번째 단계는 바로 뜸이다. 뜸을 잘 들여야 커피 성분이 원활하게 뽑혀 맛있는 커피를 만들 수 있다. 초보자들이 가장 어려워하는 과정이 바로 뜸인데 커피가 팽창하기 전이고 포트에 물이 많아 기울이기 어려우며 커피와 드립 포트 사이의 거리가 멀어 물을 정확히 주입하기 어렵기 때문이다.

이유

뜸이 잘 들어야 커피가 가지고 있는 맛과 향을 표현할 수 있다. 커피에 처음 물을 부으면 커피가루 전체에 물이 퍼지면서 커피에 함유된 탄산가스와 공기가 빠지고 커피의 수용성 성분이 물에 충분히 녹을 수 있게 된다. 만일 이런 과정이 없이 바로 추출을 하면 커피의 수용성 성분이 물에 용해될 시간이 없어 싱거운 커피가 추출된다.

주입 방법

뜸을 주는 방법은 여러 가지가 있으나 일반적으로는 나선형(원형) 주입법이 가장 널리 사용된다. 나선형 주입은 물줄기를 중앙에서 시작하여 점차 외곽으로 나가게 하여 원을 키운다는 느낌으로 물을 주입하는 것이다.

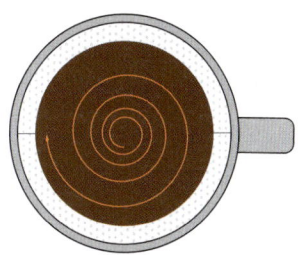
중심에서 외곽으로 주입

중심부터 가늘게 주입

나선을 그리면서 주입 면적 넓힘

외곽까지 빠짐없이 고르게 주입

주입량

물을 적당하게 주입하면 위에서부터 아래로 순차적으로 균일하게 적셔져 맛있는 커피가 된다. 이때 가장자리는 중심에 비해 커피층이 얇으므로 물을 적게 빨리 주입한다.

적정한 주입 / 과도한 주입 / 과소 주입

커피 로스팅 정도도 추출에 중요한 요소로 작용한다. 라이트 로스트 커피는 탄산 가스가 적게 함유되어 있어 물을 부어도 팽창을 별로 하지 않으므로 물을 적게, 빨리 주입하고 반대로 다크 로스트 커피일수록 팽창을 많이 하므로 상대적으로 물을 많이 주입해야 한다.

아래 사진을 통해 같은 양의 분쇄 커피에 같은 양의 물을 부었을 때 로스팅 정도에 따라 팽창을 달리하는 것을 알 수 있다.

라이트 로스트 커피

미디움 로스트 커피

다크 로스트 커피

잘못된 뜸의 유형

가장자리에 물을 많이 주입하면 중심부가 적셔지기 전에 물이 떨어지고 가장자리는 중심부에 비해 커피층이 얇아 여길 통과한 물이 섞이면 전체 커피 맛이 싱거워진다.

커피 가장자리까지 다 적시려고 하다 보면 페이퍼 필터에 물을 바로 주는 경우가 발생하고 이렇게 되면 커피층을 통과하지 않은 물이 페이퍼 필터를 타고 서버에 흘러 들어가 싱거운 커피가 된다.

가장자리에 물을 많이 주입한 경우

물이 페이퍼 필터를 통과한 경우

커피 표면에 물을 골고루 주입하여야 하는데 그렇지 못하면 주입량에 따라 많이 적셔지는 부분과 그렇지 못한 부분이 발생한다. 이후 추출을 하면 적셔진 부분과 그렇지 않은 부분이 서로 다른 맛을 내므로 깔끔하지 않은 커피가 만들어진다. 그리고 어느 한쪽에 물을 많이 주입하면 의도하지 않게 물길이 생기는 현상[6]이 발생한다.

편중된 주입　　　　채널링

② 추출

추출은 뜸을 주고 난 후의 과정으로 어떤 커피를 뽑을 것인가에 따라 또는 개인의 특성에 따라 방법이 매우 다양하다. 추출할 때도 뜸과 마찬가지로 물이 한쪽으로 치우치거나 중심부에만 치중되지 않도록 하고 필터에 물이 직접 닿지 않도록 해야 한다.

방법

뜸보다 물줄기를 굵게 해주고 물줄기는 중심에서 시작하여 외곽으로 나갔다가 다시 중심으로 원을 그리며 들어온다. 이때 드리퍼의 중심 부분은 커피의 양이 외곽보다 많으므로 천천히 주입하고 외곽은 양이 적으므로 조금 빨리 주입해야 한다.

---

[6] 이 현상을 채널링(channelling)이라 하며 에스프레소 추출 시에도 발생한다.

→ 중심에서 외곽으로
→ 외곽에서 중심으로

중심부터 뜸보다 굵게 주입

중심에서 외곽으로 주입

다시 중심으로 들어오면서 주입

잘못된 추출 유형

물줄기의 굵기가 일정하게 주입되지 않으면 커피 성분도 일정하게 추출되지 않아 맛없는 커피가 만들어진다.

일정하지 않은 물줄기   편중된 주입   너무 높은 위치에서 주입

그리고 커피 표면에 물을 고루 주입하지 못해 일정 부분에 물을 주지 않는 경우 커피 성분이 충분히 뽑히지 않아 싱거운 커피가 추출된다. 처음에 커피를 추출하다 보면 드리퍼를 건드릴 수 있다. 이를 피하고자 드립 포트를 너무 높게 들고 추출하면 물줄기가 약해지고 정확도가 떨어져 커피 추출 시간이 지나치게 길어지고 이로 인해 텁텁한 맛이 나는 커피가 추출될 수 있다.

<u>추출 타이밍</u>

<1차 추출>

뜸을 주면 커피가 부풀어 오르다가 점차 그 속도가 느려져 어느 순간 팽창이 멈추는데 바로 이때 1차 추출을 시작한다.

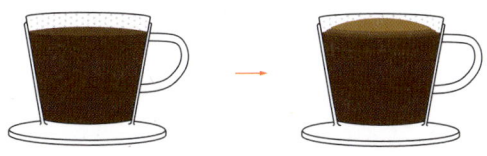

<2차 추출>

1차 추출을 위해 물을 주입하면 커피가 팽창되면서 추출이 이루어진다. 밑에서부터 물줄기가 방울로 바뀌기 시작하고 팽창했던 커피층이 아래로 내려올 때 다음 추출을 시작한다.

③ 뜸과 추출 시 주입 방법의 차이
뜸을 줄 때 포트는 조금 높이 들어 물줄기를 수직으로 떨어지게 하고 가늘고 촘촘히 주입한다. 반면 추출 시에는 포트의 위치를 좀 더 낮게 하고 물줄기를 더 굵게 하여 커피 성분이 원활하게 추출될 수 있도록 한다.

뜸 물줄기

추출 물줄기

④ 추출 횟수와 추출량
커피 추출은 한 번에 하기도 하고 커피양과 추출하고자 하는 추출량에 따라 2차 이상이 될 수도 있다. 그리고 동일한 양의 커피를 추출할 때 추출 횟수가 적을수록 즉, 한 번에 붓는 물의 양이 많을수록 보다 마일드한 커피가 추출된다.

커피 추출 횟수에 따른 농도 차이[7]

추출 횟수	A	B
1차	100cc	75cc
2차	100cc	75cc
3차	100cc	75cc
4차	-	75cc
계	300cc	300cc
농도(%)	1.4	1.64

7 동일한 커피를 동일한 온도로 칼리타 102 드리퍼를 사용하여 추출한 5회 평균값이다.

위의 표는 커피 30g을 가지고 똑같이 300cc를 뽑았을 때 두 가지 경우를 나타낸 표이다. 먼저 A는 물 100cc씩 3차에 걸쳐 균일하게 커피를 추출한 경우이고 B는 75cc씩 4차에 걸쳐 추출한 경우로 A에 비해 B가 더 진한 커피가 추출된 것을 알 수 있다.

추출 횟수 외에 커피의 맛을 결정하는 중요한 요소 중 하나는 1차 추출에서 커피 성분을 충분히 뽑아내는 것이다. 왜냐하면 커피 성분은 아래에서 보듯이 추출 과정 초반부에 대부분 추출되기 때문이다.

1차 추출 (농도 2.83%)   2차 추출 (농도 1.25%)   3차 추출 (농도 0.80%)

푸어 오버 드립

핸드 드립은 물을 주입하는 방법과 스킬을 중시하는 반면 푸어 오버는 커피 농도와 추출 수율이 적정 범위 안에 오도록 하는 것을 목표로 한다. 대체로 푸어 오버 커피는 라이트 로스트 커피를 사용하는 것이 일반적이고 그에 따라 추출 온도도 높게 한다. 그 결과 핸드 드립 커피에 비해 바디는 약하지만 향이 좋으며 깔끔한 커피가 추출될 수 있다.

푸어 오버를 하기 위한 전제 조건은 플레이버가 좋은 생두를 적절하게 로스팅해야 한다는 것이다. 로스팅 시 시간만 짧게 로스팅하면 자칫 풋내가 나고 떫을 수 있으므로 충분한 열량 공급이 이루어지도록 유의한다.

핸드 드립과 푸어 오버 드립의 차이[8]

	핸드 드립	푸어 오버
사용하는 커피	어느 커피나 가능함	라이트 로스트 커피
물과 커피의 비율	10-13 : 1	15-18 : 1
추출 온도	상대적으로 낮음	상대적으로 높음
추출 농도/수율	상대적으로 높음	상대적으로 낮음
커피 특성	맛이 진하게 느껴지며 바디가 강해 여운이 길지만 잘못하면 맛이 거칠거나 뒷맛이 텁텁할 수 있음	산뜻하고 화사하며 플레이버가 좋고 뒷맛이 깔끔하지만 잘못하면 밋밋하거나 시큼한 맛이 날 수 있음

6. 칼리타 드리퍼

특성

칼리타 드리퍼(Kalita dripper)는 일본 칼리타(Kalita) 사에서 제작한 것이다. 추출구가 1개인 멜리타 드리퍼를 변형하여 추출구를 3개로 늘렸고 리브 또한 촘촘하고 높게 설계하여 상대적으로 동일한 커피양을 담았을 때 추출 속도가 빨라질 수 있게 하였다.

사다리꼴   세개의 추출구   촘촘하고 높은 리브

---

8   이 표의 내용은 절대적인 것은 아니며 일반적으로 사용되는 방법에 대한 설명이다.

칼리타 드리퍼는 사다리꼴로 동일한 양의 커피를 담았을 때 원뿔형의 하리오 드리퍼에 비해 커피층의 높이가 낮아 물이 빨리 통과되어 보다 마일드한 커피가 추출된다. 이에 따라 커피 맛의 변화폭이 적고 안정적인 맛을 표현할 수 있다는 장점이 있다.

동일한 양의 커피를 담았을 때 칼리타와 하리오 드리퍼의 높이 차이

종류

칼리타 드리퍼의 종류는 사이즈별로 101(1-2인용), 102(2-4인용), 103(4-7인용), 104(7-12인용)가 있다. 재질별로는 플라스틱이 가장 많이 사용되며 그 밖에 도기, 금속, 유리도 있다.
웨이브 드리퍼(Kalita wave dripper)는 내부가 완전한 원형으로 타원형의 칼리타 드리퍼에 비해 균일하게 추출되는 것이 특징이다.

웨이브 드리퍼

추출

1) 핸드드립

추출 기구	칼리타 102	커피	케냐 30g	추출 온도(℃)	90
추출 횟수	3	추출량(ml)	300	추출 시간	2분 34초	농도(%)	1.52

① 커피의 중심부부터 시작하여 가장자리까지 가늘게 뜸을 줌

② 커피 표면에 골고루 주입하면 커피가 잘 팽창함

③ 잠시 후 짙은 커피액이 떨어짐

④ 팽창이 끝나면 나선형으로 뜸보다 굵게 1차 추출을 시작함

⑤ 이때 중심부는 천천히, 외곽은 빨리 주입함

⑥ 1차 추출 완료 시 약100ml가 추출됨

⑦ 2차 추출 - 1차 추출보다 물줄기를 굵게, 스윙도 조금 더 빨리함

⑧ 2차 추출 완료 시 약 200ml가 추출됨

⑨ 3차 추출 - 물줄기를 2차보다 굵게 하며 조금 더 빨리 주입함

⑩ 300ml가 되면 추출을 완료함

2) 푸어 오버 드립

칼리타 웨이브 드리퍼를 사용했으며 또한 깔끔한 맛을 강조하기 위해 총 3회로 나누어 중심부에만 물을 주입하였다.

커피		케냐		로스팅 정도		라이트 로스트
목표 추출 농도(%)		1.2		목표 추출 수율(%)		20
커피 사용량(g)	18	뜸 주입량(ml)	30	추출량(g)		300

① 커피를 담기 전에 페이퍼를 미리 물로 적셔줌

② 뜸을 들여 커피를 충분히 적셔줌

③ 1차 추출 - 중심부에만 물을 가늘게 주입함

④ 1차 추출 완료 - 주입량 50g/추출량 50g

⑤ 2차 추출 - 계속 중심부에만 주입함

⑥ 2차 추출 완료 - 주입양 51g/추출량 51g

⑦ 3차 추출

⑧ 3차 추출 완료 - 주입양 52g/추출량 52g

⑨ 4차 추출

⑩ 4차 추출 완료 - 주입양 52g/추출량 52g

⑪ 5차 추출 - 주입양 52g/추출량 55g

⑫ 추출 완료

> ## 내용 요약
>
> - 칼리타 드리퍼는 추출구가 3개이고 리브 또한 촘촘하고 높게 설계하여 상대적으로 동일한 양의 커피를 담았을 때 추출 속도가 빠르다.
> - 칼리타 드리퍼의 종류는 사이즈별로 101(1-2인용), 102(2-4인용), 103(4-7인용), 104(7-12인용)가 있다.
> - 웨이브 드리퍼도 사용되는데 완전한 원형으로 커피가 그만큼 균일하게 추출된다.

7. 하리오 드리퍼

하리오 드리퍼(Hario dripper)는 칼리퍼 드리퍼에 비해 늦게 출시되었지만 근래 들어 많이 사용되고 있다.

특성

하리오 드리퍼는 추출구가 하나이므로 커피 추출액을 아래로 잡아당기는 추출력이 좋으며 드리퍼 내부에 있는 리브를 나선형으로 상단 부까지 높게 설계하여 뜸 들이는 동안 공기가 잘 빠져 커피가루가 잘 부풀어 오를 수 있게 하였다.

 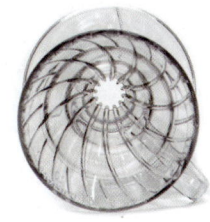 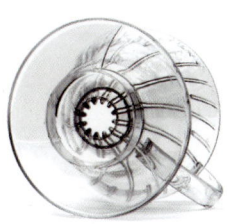

원뿔형   나선형의 리브가 드리퍼 끝까지 있음   한 개의 큰 추출구

종류

하리오 드리퍼는 사이즈별로 01(1-3인용), 02(1-4인용), 03(1-6인용)의 세 종류가 있다. 재질별로는 플라스틱 드리퍼가 가장 많이 사용되며 그 밖에 유리, 도기, 금속 제품의 드리퍼도 사용된다.

추출

1) 핸드 드립

드리퍼 구조상 가장자리의 경사가 심하므로 주입 면적을 칼리타 드리퍼에 비해 좁게 해주어야 한다. 추출 시 물 빠지는 속도가 느리므로 물줄기도 더 가늘게 주입한다.

추출 기구	하리오 01	커피	콜롬비아 30g	추출 온도(℃)	88
추출 횟수	4	추출량(ml)	300	추출 시간	2분 48초	농도(%)	1.63

① 가장자리까지 빠짐없이 물을 주입

② 뜸이 완료되면 진한 커피액이 떨어짐

③ 팽창이 멈춘 시점에서 중심부터 뜸보다 굵게 1차 추출을 시작함

④ 다시 가운데로 들어와 1차 추출을 마무리함

⑤ 1차 추출 완료

⑥ 2차 추출 시작

⑦ 주입 면적을 1차 추출보다 조금 넓힘

⑧ 2차 추출 완료

⑨ 커피층이 내려가기 시작하면 3차 추출 시작

⑩ 조금 빨리 주입함

⑪ 추출량을 확인하면서 추출 마무리함

⑫ 추출이 완료되면 드리퍼를 제거함

2) 푸어 오버 드립

커피		케냐		로스팅 정도		라이트 로스트
목표 추출 농도(%)		1.2		목표 추출 수율(%)		20
커피 사용량(g)	18	뜸 주입량(ml)	30	추출량(g)		300

① 페이퍼를 미리 적시고 분쇄 커피를 담음

② 30ml가 될 때까지 물을 고르게 부어 뜸을 들임

③ 라이트 로스트 커피이므로 팽창이 되지 않아 커피에 물이 잘 흡수되도록 스푼을 이용해 강제로 교반해줌

④ 추출 시작 - 물줄기를 핸드 드립보다 굵게 원형으로 균일하게 주입

⑤ 목표한 양이 될 때까지 저울에 표시된 숫자를 보면서 추출을 지속함

⑥ 목표한 추출량에 근접하면 추출을 종료하고 추출액이 내려오기를 기다렸다가 드리퍼를 제거함

⑦ 추출 완료

내용 요약

- 하리오 드리퍼는 원뿔형으로 칼리타에 비해 커피가루와 접촉하는 시간이 길어져 커피 성분을 더욱 많이 추출할 수 있다.
- 하리오 드리퍼는 추출구가 하나이므로 커피 추출액을 아래로 잡아당기는 추출력이 좋다.
- 사이즈별로 01(1-3인용), 02(1-4인용), 03(1-6인용)의 세 종류가 있다.

8. 케멕스 커피메이커

케멕스 커피메이커는 독일 출신의 화학자 쉴럼봄(Peter J. Schlum-bohm, 1896-1962)에 의해 1941년 탄생하였으며 독창성과 미적 가치로 인해 뉴욕현대미술관과 그 밖의 여러 박물관에 영구 전시되고 있다.

구조

와인에 사용되는 디켄터(decanter)와 유사한 일체형의 모래시계 형태로 하단부는 넓고 상단부는 좁다. 이런 구조적 특성은 커피 추출액과 공기의 접촉면을 증가시켜 커피 맛을 부드럽게 해주는 동시에 커피향의 손실도 막아준다. 공기 통로는 일반 드리퍼의 리브에 해당하는 것으로 공기가 이 통로로 빠져나가 페이퍼 필터를 통과한 커피액이 쉽게 아래로 떨어질 수 있도록 해준다. 배꼽 단추는 손잡이 아랫부분부터 바닥까지 하단부 용량의 약 절반을 표시해주는 역할을 한다. 케멕스를 기울여 추출 커피를 컵에 따르기 쉽도록 나무로 된 손잡이를 중간 부분에 설치하였다.

종류

기계로 제작되어 경제적인 보급형의 클래식(classic) 시리즈, 사람의 손으로 일일이 만들어 가격이 상대적으로 비싼 핸드 블로운(hand blown) 시리즈 그리고 따르기 편하도록 별도의 손잡이가 달린 글래스 핸드(glass hand) 시리즈가 있다. 크기별로는 3잔용부터 13잔용까지 있다.

| 클래식 | 핸드 블로운 | 글래스 핸들 |

특성

케멕스 커피메이커로 커피를 추출하면 아무래도 리브가 없다 보니 물이 아래로 잘 빠지지 않으므로 추출 시간이 다른 드리퍼 추출보다 더 오래 걸린다. 그래서 많은 양을 뽑기에는 좋지만 커피에서 자칫 텁텁한 맛이 날 수 있다.

페이퍼 필터

케멕스 커피메이커 전용 필터를 사용한다. 다른 페이퍼 필터에 비해 20-30%가 더 두꺼워 흡수력이 좋으므로 커피찌꺼기나 오일 등 커피 맛에 안 좋은 성분을 잘 걸러내어 커피 맛을 좋게 해준다. 사각형, 반원형 등이 있으나 추출 후 제거하기가 편리해 사각형 필터가 많이 사용된다.
페이퍼 필터 외에 깔때기 형태의 금속 필터도 사용되며 금속 필터로 추출할 때에는 분쇄 입자를 페이퍼 필터 사용 시보다 조금 더 굵게 해주는 것이 좋다.

전용 페이퍼 필터

금속 필터

추출

얇은 면이 공기 통로에 오면 추출이 느려지거나 추출을 방해할 수 있으므로 필터의 세 번 접힌 두꺼운 면을 공기 통로가 있는 쪽에 위치시킨다.

추출 기구	케멕스 6인용	커피	리무 45g	추출온도(℃)	90
추출 시간	4분 23초	추출량(ml)	600	농도(%)	1.24

① 페이퍼 필터의 접힌 두꺼운 면을 공기 통로가 있는 쪽에 오도록 함

② 페이퍼 필터에 뜨거운 물을 부어 용기를 데워준 후 하단부에 고인 물은 버림

③ 분쇄한 커피를 페이퍼 필터에 담음

④ 가늘게 물을 주입하여 뜸을 들임

⑤ 뜸 들이기가 완료되면 나선형으로 물을 주입함

⑥ 원하는 양이 뽑힐 때까지 여러 차례 추출함

⑦ 물 붓기를 종료하고 추출량이 될 때까지 기다림

⑧ 추출이 완료되면 페이퍼 필터를 제거함 - 페이퍼 필터를 들면 커피 액이 그대로 흘러내리므로 미리 용기를 준비해야 함

내용 요약

- 케멕스 커피메이커는 독일 출신의 화학자 쉴럼봄에 의해 1941년 탄생하였다.
- 모래시계 형태로 하단부는 넓고 상단부는 좁은 구조로 인해 커피 추출액과 공기의 접촉을 증가시켜 커피 맛을 부드럽게 해주는 동시에 커피향의 손실도 막을 수 있다.
- 케멕스 커피메이커는 물이 아래로 잘 빠지지 않아 추출 시간이 오래 걸려 커피에서 자칫 텁텁한 맛이 날 수 있다.
- 추출 시 페이퍼 필터 외에 금속 필터도 사용되며 이때 입자를 페이퍼 필터 사용 시 보다 조금 더 굵게 분쇄한다.

9. 클레버 커피 드리퍼

클레버 커피 드리퍼(Clever coffee dripper)는 하이브리드 추출 기구의 하나로 프렌치프레스와 페이퍼 드리퍼를 결합한 형태이다. 프렌치프레스 커피같이 여과가 없는 경우 바디는 강하지만 침전물이 많이 섞여 있어 텁텁한 느낌을 주는데 클레버 커피 드리퍼는 이를 페이퍼로 다시 한번 여과시켜 프렌치프레스보다 깔끔한 커피를 즐길 수 있다.

구조

기구 하단에 스토퍼(stopper)을 장착하여 컵이나 서버에 올려놓으면 스토퍼가 열리면서 커피액이 아래로 내려오는 구조이다.

특성

클레버의 장점은 추출이 아주 쉬워 경험이 없거나 적은 사람도 좋은 추출 결과를 얻을 수 있다는 것이다. 또 인체에 유해한 비스페놀(BPA) 성분이 없으며 가볍고 내구성이 좋아 여행 갈 때 적합하다.

추출

클레버 추출에 사용되는 커피는 드립보다 조금 굵게 분쇄한다.

추출 기구	클레버 3인용	커피	리무 30g	추출온도(℃)	90
추출 시간	5분 10초	추출량(ml)	400	농도(%)	1.26

① 칼리타 103 페이퍼를 올려준 후 분쇄 커피를 담음
② 물을 조금 부어 뜸을 들임
③ 물 350ml를 부음

④ 커피와 물이 잘 섞이도록 스틱으로 저음
⑤ 약 3분 정도 기다린 다음 서버에 올려놓으면 하단부의 스토퍼가 열리면서 커피액이 내려옴
⑥ 추출액이 나올 때까지 기다림

내용 요약

- 클레버 커피 드리퍼는 프렌치프레스와 페이퍼 드리퍼를 결합한 하이브리드 추출 기구이다.
- 기구 하단에 스토퍼가 있어 컵이나 서버에 올려놓으면 스토퍼가 열려 커피액이 아래로 내려온다.
- 클레버의 장점은 추출이 쉬워 경험이 없거나 적은 사람도 클레버를 사용하여 좋은 결과를 얻을 수 있다.
- 클레버 추출에 사용되는 커피는 드립보다 조금 굵게 분쇄한다.

10. 영구 필터

페이퍼 필터는 페이퍼를 수시로 구입해야 하고 구입 후 오랫동안 사용하지 않으면 필터에서 종이 냄새가 나는 단점이 있다. 이에 '굳이 페이퍼를 사용하지 않고 커피를 뽑을 수는 없을까' 하는 고민이 시작되었고 그 결과 종이를 사용하지 않아 환경도 보호할 수 있고 반영구적으로 반복 사용이 가능한 영구 필터(permanent filter)가 출시되어 사용되고 있다. 추출 방법은 페이퍼 필터를 사용했을 때와 동일하다.

페이퍼 필터 vs 영구 필터

페이퍼 필터와 영구 필터는 가격, 편리성, 여과 성능, 건강, 처리의 편의성 그리고 환경에 대한 영향 등 여러 점에서 각기 장점과 단점을 가지고 있다.

항목	페이퍼 필터	영구 필터
초기 구입 비용	저렴함	고가임
여과 능력	양호	미흡
편리성	편리함	매번 청소하기가 번거롭고 불편함
환경에 대한 영향	많음	적음
구입	지속해서 구입해야 함	한 번만 구입하면 됨
기간 경과	시간이 지나면 페이퍼에서 안 좋은 냄새가 날 수 있음	관리를 잘하면 영향을 받지 않음
맛	깔끔함	플레이버와 바디가 강하나 커피 미분이 함께 추출되어 탁한 느낌을 줌

하리오 스테인리스 망 드리퍼

스테인리스 메시(mesh) 필터를 사용하여 커피를 추출하는 드리퍼이다. 드리퍼 내부에 눈금 표시가 있어 계량하지 않고 분쇄 커피를 담을 수 있다. 서버 위에 올려놓고 바로 추출할 수 있으며 하단부를 분리하면 간편하게 청소할 수 있다.

스위스 골드 필터

스위스 골드 필터는 스위스 엘포(Elfo) 사에서 제작한 드리퍼이다. 말 그대로 스테인리스에 24K 금을 도금한 금속 필터를 사용하고 있어 내구성이 가장 뛰어나 반영구적으로 사용할 수 있다. 하리오 스테인리스 필터와 특성이 유사하나 좀 더 촘촘한 구조로 되어있고 서버 위에 그냥 올려놓고 사용할 수도 있지만 사이즈에 맞는 카리타 드리퍼에 올려놓고 사용하면 더 안정적이다. 커피메이커에도 사용할 수 있으며 커피 오일 성분이 많이 추출되어 바디가 강하고 향미가 깊은 커피가 추출된다는 특성을 가지고 있다.

콘 필터

콘 필터는 미국 에이블(Able) 사에서 만든 제품으로 종이를 사용하지 않고 지속적으로 반복해서 사용할 수 있는 필터를 만들고자 연구하여 제작된 필터이다. 다른 드리퍼처럼 그물망 구조가 아닌 스테인리스에 타공을 하여 반영구적으로 사용할 수 있고 원추형 구조로 페이퍼 드립에 비해 더 많은 커피 오일이 통과할 수 있어 바디가 강한 커피가 추출된다.

케멕스 커피메이커에 적합하도록 설계되었지만 하리오 드리퍼에도 올려놓고 사용할 수 있고 현재 사용되는 것은 3세대 필터로 전보다 구멍이 작아 미분이 적게 나오며 상단부에는 플라스틱으로 마감처리가 되어 있다. 또한 끝이 뾰족한 형태에서 편평하게 제작되어 사용하기 편리하게 바뀌었다.

내용 요약

- 영구 필터는 한 번 구입하면 오래 사용할 수 있는 장점이 있다.
- 하리오 스테인리스 망 드리퍼는 스테인리스 메시 필터를 사용하며 서버 위에 올려놓고 추출할 수 있다.
- 스위스 골드 필터는 스테인리스에 24K 금을 도금한 금속 필터를 사용하여 영구 필터 중 내구성이 가장 뛰어나다.
- 콘 필터는 원추형 구조로 스테인리스에 타공을 하여 제작되었으며 케멕스 커피메이커, 하리오 드리퍼에 올려놓고 사용할 수 있다.

11. 콜드브루

구조

상부에는 물을 담는 수조가 있고 중간에는 떨어지는 물의 양을 조절할 수 있는 코크가 있다. 여과기 아래에 융 필터가 사용되며 하부에 커피액을 받는 플라스크가 있다. 콜드브루 커피 기구는 대부분 일본에서 생산된 제품이 사용되어왔으나 콜드브루 커피의 인기에 따라 우리나라 제품도 잇따라 출시되고 있다. 기구의 종류도 소형부터 대형의 30인용까지 다양하다.

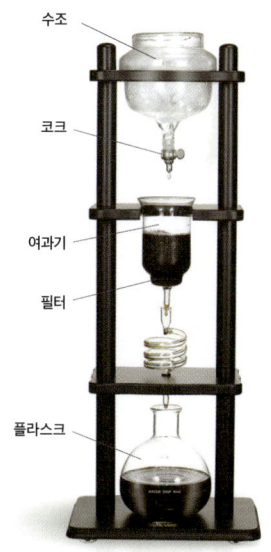

더치 커피, 콜드브루 커피?

더치(Dutch)는 네덜란드를 가리키는 말로 더치 커피(Dutch coffee)는 네덜란드 상인들이 커피를 장기간 마시기 위해서 고안한 데서 유래하였다고 하지만 이에 관한 확실한 증거는 없다. 이보다는 과거 네덜란드의 식민지였던 인도네시아에서 로부스타 커피의 쓴맛이 덜 나게 하려고 찬물로 추출하는 방법을 사용했는데 이 방법이 일본으로 전해져 더치 커피라고 하게 되었다는 이야기가 더 신빙성이 있어 보인다.

이렇게 찬물로 추출하는 방식의 제품을 미국 토디 사에서 처음 출시하였다. 그런데 토디 사 제품은 위에서 물을 한 방울씩 떨어뜨려 추출하는 방식이 아니라 상부 용기에 커피와 물을 섞어준 다음 아래 용기로 커피가 추출되는 방식으로 현재 주로 사용되는 콜드브루 커피 기구와는 차이가 있다.

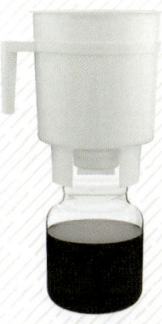

토디 사 제품

특성

콜드브루 커피는 뜨거운 물로 추출하는 일반적인 커피와는 다른 특성을 보인다. 산화가 덜 되어 장시간 보관해도 맛의 변화가 적고 묵직하며 와인에서 느껴지는 향미를 가지고 있기도 해 개인의 취향과 선호도에 있어서도 큰 차이를 보인다. 추출한 뒤 바로 마시는 것보다 유리로 된 밀폐 용기를 사용하여 냉장고에서 며칠 정도 숙성시킨 뒤 마시는 것이 좋고 통상 얼음을 넣어 차게 마시지만 데워서 따뜻하게 마실 수도 있다.

1) 플레이버

콜드브루 커피는 오일 성분이 별로 없어 바디와 플레이버가 약하지만 일반 커피에 비해 신맛이 약 1/3로 줄어들고 타닌 성분이 적어 떫은맛이 덜 난다. 아래 표는 동일한 커피(하우스블렌드, 미디엄 로스트)를 토디 사 추출 기구와 뜨거운 물을 사용하여 Mr. Coffee 사의 커피메이커로 추출했을 때 산 성분을 비교한 것이다.

커피의 신맛 비교[9]

	토디 사	Mr. Coffee 사	비교
pH	5.82	5.43	2.45배 낮음
총산함량(mg KOH/g)	0.15	0.28	46.4% 적음
타닌산(ppm)	23	91	74.7% 적음

2) 카페인 함량

카페인은 온도가 올라갈수록 용해가 많이 되므로 찬물로 추출하면 카페인이 거의 없다고도 하지만 반대로 장시간 추출하므로 그 효과가 상쇄되며 오히려 더 많이 들어있다고 주장하기도 한다. 이에 대한 토디 사의 조사에 따르면 토디 사의 콜드브루 커피는 100ml에 40mg이 들어 있는데 비

---

9   Toddy사의 의뢰로 Intertek Caleb Brett Process Chemistry Laboratory에서 실험한 결과이다.

해 스타벅스 커피는 100ml에 61mg이 들어있어 약 1/3이 적다고 한다.

3) 보관

추출할 때 물의 온도가 높을수록 커피의 당과 산 성분, 휘발성 오일 등이 많이 용해되므로 커피가 식으면 시큼하거나 떫은맛은 강해진다. 반대로 찬물로 추출하면 이런 성분들이 적거나 거의 없어 장기간 보관이 가능하며 일반적으로 2주 정도까지가 맛있게 마실 수 있는 기간이고 최대 4주 정도까지 보관할 수 있다.

추출 시 유의점

1) 커피

추출에 사용되는 커피의 로스팅 정도는 폭이 넓다. 일반적으로 다크 로스트 커피를 많이 사용하나 라이트 로스트 커피를 사용하여 향이 좋은 커피를 추출할 수도 있고 싱글 오리진 커피만 사용하거나 블렌딩 커피를 사용하기도 한다. 너무 신선한 커피를 사용하면 커피 내부의 탄산가스로 인해 여과기에 있는 커피가 넘칠 수도 있으므로 주의한다.

2) 분쇄

드립 커피에 사용되는 커피보다 가늘게 분쇄한다. 이는 위에서 떨어지는 물방울의 힘에 의해서만 추출이 되기 때문이다.

3) 커피와 물의 비율

개인의 취향에 따라 다르지만 커피 10g에 물 100ml의 비율을 사용한다.

4) 추출 시간

추출 속도는 1초에 한두 방울씩 떨어지는 정도가 적당하고 속도가 너무 빠르거나 늦으면 코크를 조정하여 적정한 속도로 떨어지게 해준다. 상부 수조에 물이 적어지면 수압이 약해져 추출 속도가 느려질 수 있으므로 가끔 추출 속도를 확인해서 코크를 조정해야 한다.

5) 탬핑

분쇄된 커피를 담은 후 살짝 눌러 표면을 편평하게 해준다. 이렇게 하는 이유는 가벼운 커피가루가 물 위에 뜨지 않고 물의 통과가 균일하게 이루어지도록 하기 위해서이다. 이때 너무 세게 누르면 물이 잘 통과하지 못하므로 주의한다.

추출

추출 기구	오지 WD-60	커피	콜롬비아 42g	추출 시간	4시간
추출량(ml)		400	농도(%)		1.52

① 융 필터를 여과기 아래쪽에 세팅함

② 분쇄된 커피를 계량하여 담음

③ 탬퍼를 이용해 커피 표면을 평평하게 해줌

④ 물이 고르게 스며들도록 여과기 위에 종이 필터를 올려놓음

⑤ 상부 수조에 물을 부어줌

⑥ 코크를 잠근 후 수조를 설치함

 ⑦ 물이 커피가루에 균일하게 배어들게 함
 ⑧ 커피가 다 적셔지면 커피액이 떨어지기 시작함
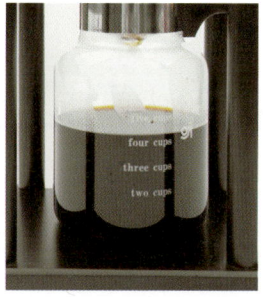 ⑨ 원하는 양이 되면 추출을 종료함

세척과 관리

추출 뒤 기구를 깨끗하게 씻어주는 것은 모든 기구에서 중요하지만 콜드브루 커피의 경우 상온에서 장시간 추출하므로 더욱 중요하다. 관리가 되지 않아 커피찌꺼기가 달라붙은 상태에서 다시 추출하면 대장균 등이 쉽게 증식할 수 있으므로 플라스크 등을 뜨거운 물로 깨끗하게 씻어주고 여과기 등은 뜨거운 물에 커피 청소용 세제를 넣어 담가 놓도록 한다.

내용 요약

- 콜드브루 커피는 찬물로 추출하므로 뜨거운 물로 추출한 커피에 비해 신맛은 적지만 산화가 덜 되어 장시간 보관해도 맛의 변화가 적다.
- 콜드브루 커피를 더치 커피라고도 부르는데 이는 정확한 표현이 아니다.
- 콜드브루는 위에서부터 수조, 조절 코크, 여과기, 플라스크로 구성되어 있다.
- 시간이 지나 상부 수조에 물이 적어지면 수압이 약해져 추출 속도가 느려질 수 있으므로 가끔 추출 속도를 조정한다.
- 콜드브루 커피는 상온에서 장시간 추출하므로 관리가 되지 않으면 대장균 등이 쉽게 증식할 수 있으므로 특히 여름철에는 기구를 잘 세척해서 사용해야 한다.

12. 사이폰

기구의 탄생

1842년 프랑스의 바슈(M. Vassieux) 부인이 진공식 추출 방식에 기초한 커피 추출 기구의 특허를 등록하였다. 그러나 이런 진공식 추출 기구는 바슈 부인이 처음 고안한 것이 아니었고 그보다 앞선 1800년대부터 이미 출현하였으며 1830년대 초 독일에서 먼저 특허 등록이 되었다. 그런데 바슈 부인이 진공식 추출 기구의 창시자로 흔히 언급되는 이유는 그녀의 기구가 최초로 실제 생산되어 사용되었으며 형태도 지금의 추출 기구와 아주 유사하기 때문이다.

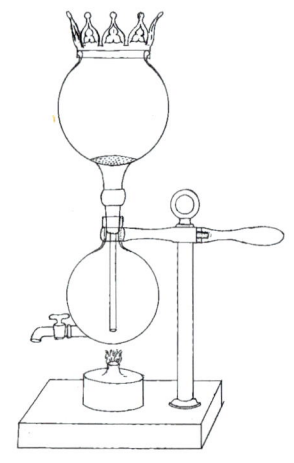

바슈 부인의 특허품

진공식 추출 기구는 배큐엄 브루어를 비롯하여 배큐엄 커피 팟(Vacuum coffee pot), 백 팟(Vac pot), 사이폰 커피메이커(Siphon coffee maker) 등으로 불린다. 그런데 우리가 흔히 사이폰이라고 부르는 것은 1924년 일본인 고노(河野彬)가 만든 추출 기구를 '가배(茶琲) 사이폰'이라고 한 것이 그대로 소개되었기 때문이다. 여러 진공식 추출 기구 중 현재 사용하는 기구가 사이폰이므로 이 책에서도 사이폰으로 표기하도록 한다.

구조

사이폰은 물이 담기는 플라스크, 커피와 물이 섞여 커피 성분이 추출되는 로드 그리고 손잡이 부분인 스탠드 등으로 구성되어 있다.

사이폰의 구조와 명칭

추출 원리

하단부의 물이 가열되면 증기압이 발생하여 내부의 압력이 증가하고 이 압력으로 인해 물이 사이폰 튜브를 통해 상단부로 밀려 올라간다. 하지만 사이폰 튜브와 하단부 바닥 사이에는 간격이 있어 물이 다 올라가지 않고 남아 있게 된다. 남아 있는 물은 증기를 계속 발생시켜 상단부에 올라가 있는 물이 다시 하단부로 역류하지 않게 해주고 상단부에 커피와 섞여 있는 물을 식혀 줘 100℃ 까지 끓지 않고 추출에 적합한 온도인 85-93℃를 유지하게 해주는 역할을 한다. 그래서 마치 끓는 것처럼 보여도 실제는 하단부의 증기가 올라오는 것이다.

하단부의 열원을 제거하면 하단부의 증기가 팽창하는 대신 수축을 하고 부분 진공 상태가 되어 하단부 내부의 압력이 외부보다 낮아져 상단부의 커피 액이 하단부로 빨려 내려오는 것이고 이런 이유로 사이폰을 진공식 추출 기구라 부르는 것이다.

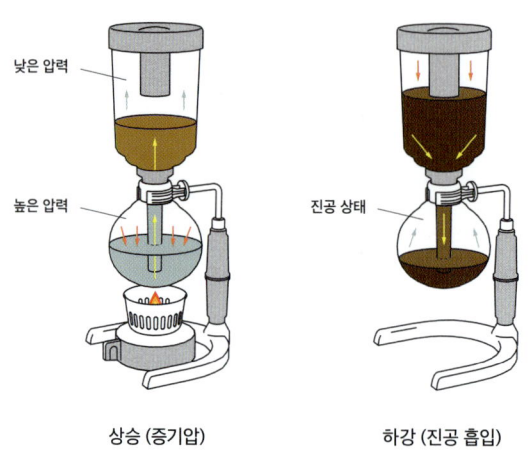

상승 (증기압)　　　　　　하강 (진공 흡입)

사이폰은 추출 조건들을 원하는 대로 통제할 수 있는 이상적인 추출 기구이다. 즉, 추출하는 동안 물의 온도는 지속해서 가열되며 커피는 충분히 고르게 물에 적셔지고 사용자는 추출 시간과 교반을 통제할 수 있다. 이런 결과로 사이폰 커피는 향이 좋고 연출 효과가 뛰어나며 산뜻하고 깨끗한 맛을 표현할 수 있다.

사이폰 커피의 가장 큰 특징은 향이 좋다는 것이다. 이는 다른 방법의 커피 추출은 추출하는 동안 향이 방출되어 소실되지만 사이폰은 구조가 밀폐되어 있어 향이 안에 머무르기 때문이다. 따라서 추출에 사용되는 커피는 다크 로스트 커피보다 라이트나 미디엄 로스트 커피가 좋다.

추출에 필요한 도구

사이폰 추출을 위해서는 필터, 열원, 스틱 등이 필요하다.

1) 열원

사이폰 추출에 사용되는 열원은 알코올, 전기, 가스 등이 있다.

알코올램프	할로겐 히터

가정용으로 사용되며 심지 길이는 3-5mm가 적당함	할로겐 전구의 열로 가열하며 온도 조절을 쉽게 할 수 있음

2) 스틱

사이폰 추출은 스틱의 사용에 따라 맛의 변화를 줄 수 있으므로 스틱을 사용하는 테크닉이 매우 중요  하다. 보통 대나무 재질을 사용하고 손잡이 부분은 가는 것이 사용하기 편리하며 연필 쥐듯이 세 손가락으로 잡는다. 다음 그림은 다양한 사용법 중 많이 사용되는 두 가지 방법이다.

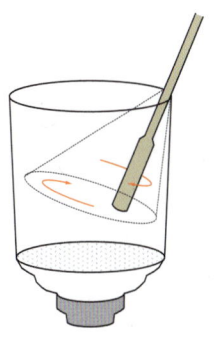 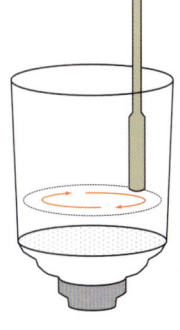

스틱을 로드 면에 고정하고 상하로 회전하면서 섞어줌   스틱을 수평으로 회전하면서 섞어줌

3) 필터

사이폰 추출에 사용되는 필터는 융과 페이퍼 필터가 있다. 융 필터는 휘발성 오일과 향기 성분이 더 많이 추출되어 보다 맛있는 커피를 만들 수 있으나 관리가 번거로운 반면 페이퍼 필터는 여과기를 이용해 일회용으로 사용한다.

사이폰 전용 필터　　　　페이퍼 필터와 융 필터 여과기

추출

사이폰 커피는 추출 시 진한 노란색 거품이 많이 나올수록 향이 좋은 커피가 만들어진다.

1) 준비

① 물

찬물을 넣고 가열하면 시간이 너무 많이 걸리므로 뜨거운 물을 미리 준비하는 것이 좋으며 커피가 물을 흡수하는 양과 열에 의해 증발하는 양을 고려하여 추출하고자 하는 양보다 조금 더 준비하여 부어준다. 플라스크에 담는 물의 양은 50-80% 정도가 적당하며 이보다 적거나 많으면 추출이 원활히 이루어지지 않는다.

② 분쇄

일반적으로 드립보다 조금 가늘게 분쇄하여 사용한다.

③ 필터 세팅

여과기 하단부에 사이폰 필터를 끼워줌

여과기 상부를 돌려 상하부를 결합

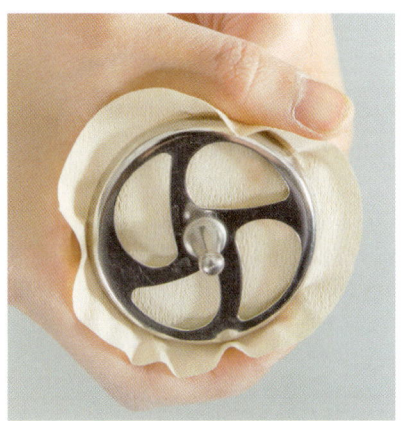
로드에 삽입이 잘 되도록 필터를 위로 쓸어 올려줌

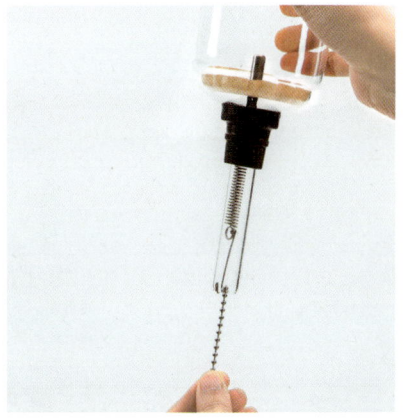
로드에 필터를 삽입한 다음 고리를 당겨 로드 하단부에 걸어줌

2) 과정

로드에 미리 커피를 담아 추출하기도 하고 가열된 물이 상부로 올라왔을 때 커피를 부어 추출하기도 한다.

추출 기구		하리오 3인용		커피		엘살바도르 25g	
물 사용량(ml)	300	추출량(ml)	260	농도(%)		1.3	

① 미리 끓인 물을 계량하여 플라스크에 부음

② 플라스크 하단 중심부에 알코올램프를 위치시키고 계량한 커피를 플라스크에 담음

③ 로드를 플라스크에 걸쳐놓음

④ 물이 끓기 시작하면서 기포가 점차 커짐

⑤ 로드를 삽입하고 스틱을 든 상태에서 하단부의 물이 위로 올라올 때까지 기다림

⑥ 플라스크 내 압력에 의해 물이 상부로 올라감

⑦ 커피가루가 유리 벽에 달라붙지 않도록 물이 올라오면 신속하게 저어줌

⑧ 커피가루에 충격을 주지 않도록 균일하게 섞어줌

⑨ 다 저어준 다음 알코올램프를 밖으로 빼내 화력을 줄여줌

⑩ 스틱으로 섞어준 후 25-30초가 지나면 불을 끄고 1차 보다 빠르게 다시 한번 저어줌

⑪ 추출액이 플라스크로 내려오기 시작

⑫ 추출이 완료되면서 노란 거품이 나옴

아래 사진은 빈 로드를 올려놓은 상태에서 물이 끓으면 로드를 삽입하고 물이 상단부로 올라오면 커피를 붓고 추출하는 방법이다. 그 이후의 과정은 위의 방법과 동일하다.

① 물이 다 올라오면 계량한 커피를 부어줌

② 스틱으로 신속하게 저어줌

세척과 관리

사이폰은 유리 제품이고 뜨거워지므로 사용에 특히 주의한다. 내열 유리로 제작되어 뜨거운 물과 접촉해도 안전하나 로드를 분리하다가 뜨거운 내용물이 쏟아져 화상을 입을 수도 있으니 각별히 조심한다. 사용하기 전에는 로드나 플라스크의 물기를 마른 수건으로 잘 닦은 다음 사용하며, 사용 후에는 세제로 로드 내부에 묻은 커피 찌꺼기를 깨끗이 씻고 물기를 제거하여 보관한다.

내용 요약

- 프랑스의 바슈 부인이 진공식 추출 기구의 창시자로 알려져 있다.
- 사이폰 커피는 마일드하며 향이 좋다는 특성을 가지고 있다.
- 물이 상부로 올라가는 것은 증기압에 의해서이며 하단부로 내려오는 것은 진공에 의해서이다.
- 사이폰은 물이 담기는 플라스크, 커피와 물이 섞여 커피 성분이 추출되는 로드 그리고 손잡이 부분인 스탠드 등으로 구성되어 있다.
- 사이폰 추출은 스틱의 사용에 따라 맛의 변화를 줄 수 있으므로 스틱을 사용하는 테크닉이 매우 중요하다.

13. 모카포트

1933년 이탈리아의 알폰소 비알레띠(Alfonso Bialetti, 1888-1970)에 의해 탄생한 모카포트는 가정에서 손쉽게 에스프레소를 즐길 수 있게 고안된 커피 기구이다. 모카포트는 불 위에 올려놓고 추출하므로 '스토브 탑 에스프레소 메이커'(stove-top espresso maker)라고도 하는데 이탈리아에서는 마치네타(macchinetta)라고 하며 지금도 이탈리아, 스페인 등의 가정에서 널리 사용되고 있다.

구조와 추출 원리

모카포트는 물이 담기는 하부 포트와 커피가 추출되는 상부 포트 그리고 커피가 담기는 필터 바스켓으로 구성되어 있고, 하부 포트의 물이 압력을 받은 상태에서 가열되면 필터 바스켓을 통과하면서 상부 포트로 올라가 커피가 추출된다.

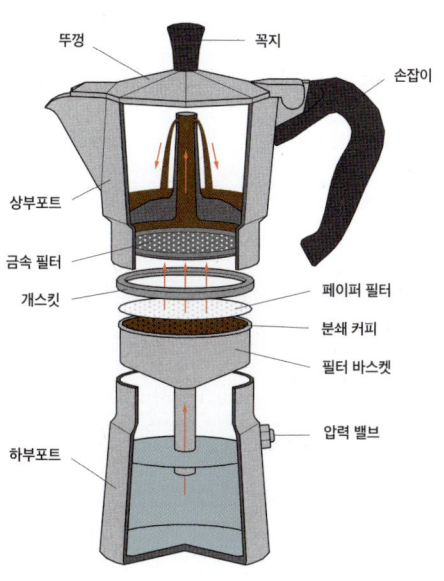

특성

모카포트는 1.5기압 정도의 가압 상태에서 추출되어 에스프레소 커피보다는 약하지만 일반적인 추출 커피보다는 훨씬 진한 커피가 추출된다. 따라서 라이트 로스 커피보다 다크 로스트 커피가 추출에 더 어울리며 추출된 커피를 그냥 마실 수도 있지만 물을 타서 희석하거나 우유를 첨가해 에스프레소 메뉴처럼 즐길 수도 있다.

종류

1) 재질별

알루미늄이 가장 많이 사용되며 그 밖에 스테인리스, 도기 등도 사용된다. 알루미늄 재질은 열전도율이 좋고 가격도 저렴하여 많이 사용되지만 관리를 잘못하면 녹이 잘 생기는 단점이 있다. 스테인리스 재질은 이런 부식의 위험이 적고 도기 재질은 상부만 도기이며 하부는 스테인리스 재질로 장식적인 효과가 좋으나 파손의 위험이 있어 사용하기는 불편하다.

알루미늄   스테인리스   도기

2) 용량별

한 번에 추출하고자 하는 양에 따라 1인용부터 12인용까지 있다. 모카포트의 용량은 에스프레소 기준이므로 1인분의 양이 생각보다 적다. 또 모카포트는 바스켓에 커피를 가득 채웠을 때 제대로 추출이 되므로 용량이 너무 큰 것을 사용하면 커피를 낭비하는 결과가 생길 수 있다.

용량	하부포트 최대용량(ml)
1인용	60
3인용	200
6인용	300
9인용	550
12인용	775

※ 커피가 물을 흡수하므로 실제 추출되는 양은 이보다 적어짐

3) 기능별

기능별로는 모카 익스프레스(Moka Express)와 브리카(Brikka), 무카(Mukka) 등이 있다. 모카 익스프레스는 추출 압력이 높지 않아 크레마가 형성되지 않는다. 그래서 이를 보완하여 추출구에 압력 밸브를 달아 크레마 형성이 가능하게 만든 제품이 바로 브리카이다. 브리카는 모카 익스프레스에 비해 저온에서 추출되며 크레마가 생성되므로 더 부드러운 커피를 즐길 수 있다. 이 밖에 상부에 가열한 우유를 넣고 추출하면 카푸치노를 만들 수 있는 무카도 있다.

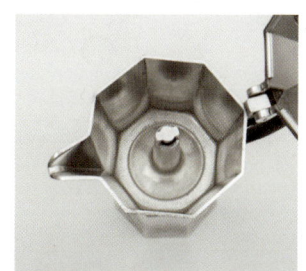
모카 익스프레스

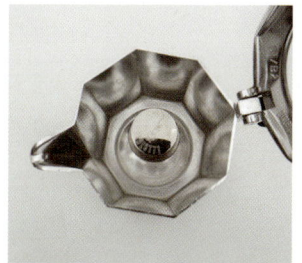
브리카

무카

추출에 필요한 도구

추출 시 커피 침전물이 섞일 수 있으므로 사이즈 별로 이에 맞는 전용 페이퍼 필터를 사용한다. 받침대는 모카포트를 불 위에 올려놓을 때 사용한다.

전용 페이퍼 필터

받침대

추출 시 유의점

다크 로스트 원두를 가늘게 분쇄하여 사용하고 가열 시 불을 너무 세게 하면 손잡이 부분이 녹을 수도 있으므로 주의한다.

추출

1) 모카 익스프레스 추출

모카 익스프레스	6인용	커피	만델링 25g	농도(%)	2.51

① 하부 포트에 물을 압력밸브 하단까지 부어줌

② 필터 바스켓에 커피를 균일하게 가득 담은 후 커피 스푼으로 표면을 살짝 눌러줌

③ 전용 페이퍼 필터를 필터 바스켓 위에 올려놓은 다음 바스켓을 하부포트에 삽입함

④ 추출 시 공기가 새 압력이 낮아질 수 있으므로 상하 포트를 단단히 결합함

⑤ 중불을 사용하여 가열하면 몇 분 후 짙은 커피액이 추출되기 시작함

⑥ 짙은 추출액이 지속해서 나옴

⑦ 색깔이 점차 옅어짐

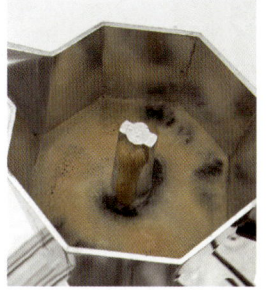
⑧ 거품이 나오기 시작하면 불을 끔

⑨ 뚜껑을 닫음

2) 브리카 추출

브리카	4인용	커피	만델링 23g	농도(%)	1.98

① 커피액이 추출되기 시작함

② 노란색 거품이 나오기 시작함

③ 쉭-소리가 나면서 일시에 추출 되면 불을 꺼줌

커피 추출액 비교

모카 익스프레스   브리카

세척과 관리

　　모카포트 사용에서 가장 중요한 것이 사용 후 관리이다. 다른 추출 기구는 관리를 잘못하면 불쾌한 맛이 나는 정도지만 모카포트는 녹이 쉽게 슬어 아예 사용하지 못할 수도 있다.

추출이 끝나면 찬물로 본체를 식힌 후 부드러운 스폰지에 세제를 묻혀 잘 닦아주고 물기를 제거해준 다음 분해하여 보관한다. 사용하다 보면 얼룩이 생기는데 이때 베이킹 소다와 뜨거운 물을 붓고 일정 시간이 지나면 깨끗이 씻어준다. 또 오래 사용하면 개스킷이 고온으로 인해 달라붙거나 경화되어 공기가 샐 수 있으므로 개스킷도 적정한 주기마다 새것으로 교환해 주어야 한다.

오염된 상태의 개스킷   새 개스킷으로 교환한 상태

내용 요약

- 모카포트는 알폰소 비알레띠에 의해 탄생하였으며 가정에서 손쉽게 에스프레소를 즐길 수 있게 고안된 커피 기구이다.
- 모카포트는 1.5기압 정도의 가압 상태에서 추출되어 에스프레소 커피보다는 약하지만 일반적인 커피보다는 훨씬 진한 커피가 추출된다.
- 사용하는 커피는 다크 로스트 원두를 가늘게 분쇄하여 사용한다.
- 일반적인 모카 익스프레스 외에 부드러운 커피가 추출되는 브리카도 있다.
- 모카포트는 관리가 중요하며 사용 후 잘 세척한 다음 분해해서 보관한다.

14. 프렌치프레스

기구의 탄생

프렌치프레스는 1850년대 프랑스에서 처음 금속 재질로 만들어졌고 1930년에 칼리마니(Attilio Calimani, 1889-1949)라는 이탈리아인에 의해 유리와 금속 재질로 된 현재의 모습을 갖추게 되었다. 커피프레스(coffee press), 프레스팟(press pot), 커피플런저(coffee plunger), 카페티에라(caffettiera) 등 다양한 이름으로 불리기도 한다.

구조와 종류

프렌치프레스는 커피액이 담기는 용기(비커)와 플런저(plunger)가 달린 뚜껑으로 이루어져 있는데 플런저는 커피찌꺼기를 거르기 위한 금속 필터가 달린 막대로 상하로 움직일 수 있다.
용기의 재질은 유리가 많이 사용되며 그 밖에 스테인리스, 플라스틱 재질도 사용된다. 용량에 따라서는 350ml 부터 500ml, 800ml, 1,000ml 등이 있고 휴대하기 편리하도록 추출 후 뚜껑을 닫으면 텀블러 기능을 하는 제품, 이중 유리로 되어있어 보온 기능이 좋은 제품도 있다.

에스프로프레스(Espro press)는 기존의 프렌치프레스의 단점을 보완한 새로운 제품이다. 기본적인 원리나 추출 방법은 프렌치프레스와 동일하나 본체가 이중 스테인리스 재질로 보온성이 좋고 필터가 커피 침전물을 걸러줌으로써 보다 깔끔한 커피가 추출된다.

프렌치프레스 구조   에스프로프레스 구조

특성

프렌치프레스는 커피 플레이버와 오일 성분이 컵 안에 남아 있어 바디가 강한 커피를 추출할 수 있으나 금속 필터로 여과하다 보니 미세한 커피 침전물까지 추출액에 섞여 깔끔하지 않고 텁텁한 맛이 날 수 있다. 하지만 사용이 편리하고 휴대가 가능한 장점도 가지고 있다.

추출

일반적으로 프렌치프레스에 사용되는 커피는 가늘게 분쇄하면 커피에 미분이 많이 섞여 잡미가 많이 날 수 있으므로 추출 기구 중 입자를 가장 굵게 한다.

커피	과테말라 40g	물 사용량(ml)	500	물 온도(℃)	89
추출 시간		4분 10초		농도(%)	0.98

① 뜨거운 물로 비커를 예열함

② 분쇄한 커피를 비커에 담음

③ 물을 조금 부어 뜸을 들임

④ 조금 기다렸다가 나머지 물을 부어줌

⑤ 스틱을 저어 커피와 물을 잘 섞어줌

⑥ 뚜껑을 닫고 3-4분 기다림

⑦ 플런저를 천천히 내려 커피를 추출하며 너무 끝까지 누르지 않음

⑧ 커피찌꺼기를 고려하여 조금 남겨놓고 따름

세척과 관리

사용 후 즉시 세척하지 않으면 커피 오일이 산패되어 커피에서 안 좋은 맛이 날 수 있으므로 세제를 사용하여 닦아준 후 물기를 제거하여 보관한다. 가끔 부품을 분해하여 청소해주는데 특히 금속 필터 망이 손상되면 필터 기능이 상실되므로 부드러운 솔로 청소해준다.

내용 요약

- 프렌치프레스는 1850년대 프랑스에서 처음 금속 재질로 만들어졌고 1930년에 칼리마니에 의해 현재의 모습을 갖추게 되었다.
- 프렌치프레스는 커피프레스, 프레스팟, 커피플런저, 카페티에라 등 다양한 이름으로 불린다.
- 에스프로프레스는 본체가 이중 스테인리스 재질로 보온성이 좋으며 필터가 커피 침전물을 걸러주어 프렌치프레스보다 깔끔한 커피를 추출할 수 있다.
- 프렌치프레스는 바디가 강한 커피를 추출할 수 있으나 미세한 커피 침전물까지 추출액에 섞여 깔끔하지 않고 텁텁한 맛이 날 수 있다.
- 프렌치프레스 커피는 미분이 섞여 잡미가 날 수 있으므로 입자를 가장 굵게 분쇄한다.

15. 에어로프레스

에어로프레스(Aeropress)는 미국 에어로비(Aerobie) 사에서 만든 새로운 개념의 추출 기구로 추출이 손쉽다는 특징을 가지고 있으며 여행 시에도 사용할 수 있도록 잘 깨지지 않게 제작되었다. 추출이 신속하게 이루어지며 휴대할 수 있어 장소에 구애받지 않고 사용할 수 있다.

구조와 추출 원리

에어로프레스는 상부의 플런저와 하부의 커피와 물이 담기는 체임버로 구성되어 있다. 플런저에 압력을 가해 체임버에 담긴 물을 밀어내어 추출하는 방식으로 주사기와 같은 원리이다.

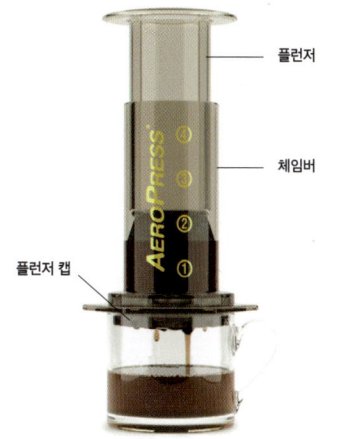

특성

에어로프레스는 추출이 손 쉬워 맛의 편차가 적고 플런저로 커피에 동일한 압력을 가하므로 균일한 추출이 이루어져 맛이 풍부하고 플레이버가 좋은 커피가 추출된다. 또한 마이크로 섬유 필터를 사용하여 침전물을 잘 걸러내므로 다른 프레스 방식의 커피보다 맛이 깔끔하다.

추출에 필요한 도구

분쇄 커피가 담기는 플런저 캡, 물이 채워지는 체임버, 체임버에 결합해 아래로 밀어주는 플런저, 체임버의 물과 커피가 잘 섞이도록 저어줄 교반기, 커피를 체임버에 부을 때 필요한 깔때기, 커피를 담을 때 사용할 전용 스푼 그리고 플런저 캡에 장착할 전용 필터 등이 필요하다.

보통 전용 마이크로 필터를 사용하지만 좀 더 바디가 강한 커피를 원한다면 에이블사의 콘 필터를 사용하면 된다. 이 필터는 스테인리스 재질로 반영구적 사용이 가능하다.

추출 시 유의점

　평평한 곳에 컵을 놓고 몸을 숙여서 눌러주어야 하며 부드럽게 일정한 압력으로 눌러 주는 것이 핵심이다. 너무 세게 누르면 커피 덩어리를 압축시켜 흐름을 차단하므로 처음엔 플런저를 살짝 누른 다음 플런저가 커피가루에 닿을 때까지 동일한 압력을 유지하여 추출한다. 분쇄는 미세하게 한다.

추출

체임버를 반듯이 세운 상태로 추출하는 방법과 플런저를 뒤집어서 추출하는 두 가지의 추출 방법이 있다.

1) 세워서 추출하는 방법

플런저 캡을 체임버와 결합한 다음 체임버를 반듯이 세운 상태에서 커피와 물을 섞은 후 플런저를 삽입하여 눌러주는 방법이다. 그러나 이렇게 하면 플런저를 누르기 전에 물이 아래로 흘러내린다.

커피	케냐 16g	물 온도(℃)	82	물 사용량(ml)	120	농도(%)	1.37

① 밀착이 잘 되도록 필터를 미리 물에 적셔줌

② 플런저 캡에 필터를 장착하고 체임버에 끼워줌

③ 가늘게 분쇄한 커피 한 스푼(12-13g)을 체임버에 담음

④ 체임버에 물을 숫자2(120ml)까지 부음

⑤ 교반기로 커피와 물을 잘 섞어줌

⑥ 플런저 하단의 고무 실(seal)을 물에 적신 후 체임버에 끼워줌

⑦ 플런저를 살짝 눌러줌

⑧ 커피가 추출될 때까지 부드럽게 천천히 눌러줌

⑨ 거품이 나옴

⑩ 플런저를 끝까지 밀어 추출을 완료

2) 뒤집어서 추출하는 방법

플런저를 체임버와 결합한 다음 뒤집은 상태에서 커피와 물을 섞어주고 플런저 캡을 결합한다. 이후 다시 반듯하게 세워 추출하는 방법으로 첫 번째 방법보다 진한 맛의 커피를 추출할 수 있지만 뒤집는 과정에서 뜨거운 물이 쏟아질 수 있으므로 주의해야 한다.

① 체임버에 플런저를 끼운 다음 뒤집은 후 커피를 담고 물을 부어줌

② 교반기로 잘 섞어줌

③ 플런저캡 결합

④ 서버를 뒤집어 올려놓음

⑤ 서버와 기구를 돌려 바로 세워줌

⑥ 플런저를 눌러 추출함

내용 요약

- 에어로프레스는 추출이 신속하게 이루어지며 휴대할 수 있어 장소에 구애받지 않고 사용할 수 있다.
- 에어로프레스는 플런저에 압력을 가해 체임버에 담긴 물을 밀어내어 추출하는 방식으로 주사기와 같은 원리이다.
- 에어로프레스는 플런저로 커피에 동일한 압력을 가하므로 균일한 추출이 이루어져 맛이 풍부하며 플레이버가 좋은 커피가 추출된다.
- 체임버를 세운 상태로 추출할 수 있고 뒤집은 상태에서도 추출할 수 있다.

16. 터키식 커피 추출

터키식 커피는 가장 오래된 커피 추출 방법으로 원래 이집트 카이로에서 유래하여 중동 지역에 퍼져 있었지만 오스만제국(지금의 터키)이 중동 지역을 정복한 후 터키에도 전파되었으며 이후 터키 전역에 널리 퍼져 지금도 사용되고 있어 오늘날 터키식 커피로 알려지게 되었다. 그러므로 정확하게 표현하면 중동식 커피가 맞다고 할 수 있으며 현재는 중동 지역과 터키, 발칸반도, 헝가리 등지에서 사용하고 있다.

추출 기구

터키식 커피 추출 기구를 통상 이브릭(Ibrik)이라 하는데 원래 터키에서 이브릭은 뚜껑이 달린 물 주전자이고 커피 기구는 제즈베(Cezve)[10]이다. 하지만 그리스에서는 이를 브리키(briki)라 불렀는데 그리스 이민자들에 의해 미국 등지에 터키식 커피가 알려지면서 이 추출 기구를 이브릭이라 부르게 된 것이다. 그래서 지금은 이브릭과 제즈베를 혼용해서 사용하고 있다.

이브릭 　　　　　　　　　　　　　추출 기구 세트

10　체즈베라고도 한다.

특성

터키식 커피는 물과 커피를 혼합하여 가열한 후 커피찌꺼기를 거르지 않고 그대로 마시는 것이 특징이다. 이러한 특징으로 인해 강한 바디는 느낄 수 있지만 커피 침전물이 섞여 있어 뒷맛은 텁텁할 수 있다. 그러므로 터키식 커피는 곱게 분쇄된 전용 커피를 구입하거나 터키식 커피 전용 그라인더를 이용해 에스프레소보다 더 곱게 분쇄(파우더 상태)해서 사용해야 한다. 터키에서는 커피의 쓴맛을 없애기 위해 카다멈(cadamom)[11]을 넣어 마셨다고 하며 지금은 설탕을 사용한다.

전용 밀

분쇄 커피

추출

① 분쇄 커피 담기

② 물을 부어주고 기호에 따라 설탕을 첨가하기도 함

③ 커피와 물을 섞어줌

---

11 인도에서 생산되는 생강과의 향신료

④ 약불로 가열함

⑤ 끓으면서 거품이 발생함

⑥ 거품을 컵에 미리 따라놓음

⑦ 거품이 올라옴

⑧ 불에서 들어준 후 스틱으로 저어 거품을 가라앉히고 다시 여러 차례 가열함

⑨ 커피 침전물이 가라앉도록 잠시 기다린 후 컵에 조심스럽게 따라줌

⑩ 컵 받침에 커피잔을 엎어 놓은 후 컵 안에 남은 커피찌꺼기 형태를 보고 커피점을 치기도 함

내용 요약

- 터키식 커피는 가장 오래된 커피 추출 방법으로 원래 중동 지역의 추출 방법이었지만 터키에서 많이 사용하여 오늘날 터키식 커피로 알려지게 되었다.
- 터키식 커피의 추출 기구를 통상 이브릭이라 한다.
- 터키식 커피는 커피찌꺼기를 거르지 않고 그대로 마시므로 에스프레소보다 더 가늘게 분쇄해서 사용해야 한다.
- 커피를 마신 다음 컵을 뒤집어 컵 안에 남은 커피찌꺼기의 모양을 보고 커피점을 치기도 한다.

◀ 에스프레소 자동 그라인더

5 *Caffe Espresso*
에스프레소

1. 에스프레소 역사
2. 에스프레소 특성
3. 에스프레소 머신
4. 에스프레소 그라인더
5. 에스프레소 맛에 영향을 주는 요인
6. 에스프레소 추출
7. 카푸치노
8. 에스프레소 메뉴
9. 장비 관리

1. 에스프레소 역사

새로운 추출 기구의 시작

에스프레소 머신이 개발되기 전까지 사람들은 금속이나 천 필터를 이용한 드립 방식의 커피를 즐겼는데 이는 추출 시간이 너무 오래 걸리고 번거롭다는 단점이 있었다. 따라서 새로운 방식의 추출 방법을 원하였고 이러한 시대적 요구에 따라 물을 끓여 그 증기압을 이용하는 퍼컬레이터와 사이폰 등의 커피 추출 기구가 등장하였다. 그 후 이런 커피 기구들은 점차 발전하여 1800년대 초 커피를 연속하여 추출할 수 있는 대형 커피 머신으로 발전하였지만 만족할만한 수준은 아니었고 그저 큰 추출 기구에 불과했다.

에스프레소 머신의 탄생과 발전

1) 베제라의 최초 에스프레소 머신

에스프레소 머신은 이탈리아 밀라노 출신의 루이지 베제라(Luigi Bezzera)가 1901년 증기압을 이용하여 커피를 추출하는 머신의 특허를 출원하면서 시작되었다. 몇 년 후 베제라는 1906년 밀라노 국제박람회에서 이를 일반인에게 선보였는데 이는 수직형의 원통 안에 담긴 물이 가열될 때 발생하는 1.5기압의 증기가 보일러 내의 뜨거운 물을 밀어내어 커피를 추출하는 방식이었다. 이 머신은 포터필터를 사용하여 그룹을 통해 커피를 바로 컵에 추출하였고 이러한 관점에서 베제라의 발명품은 현재 에스프레소 머신의 기본적인 방식을 확립한 것이라 할 수 있다.

2) 파보니의 타워형 머신

파보니(Desiderio Pavoni)는 1903년 베제라의 특허를 획득한 후 1905년 회사를 설립하여 에스프레소 머신의 상업적 생산을 시작하였다. 파보니의 타워형 머신은 대중적 인기는 끌었지만 베제라의 머신과 같이 100°C 이상 가열된 물로 커피를 추출하여 여전히 커피에서 탄맛과 쓴맛이 나는 단점을 가지고 있었다.

베제라의 에스프레소 머신　　　파보니의 에스프레소 머신

3) 크레모네시의 피스톤 펌프 머신

파보니 머신의 단점을 보완하기 위한 연구가 시작된 이후 1938년 크레모네시(M. Cremonesi)가 드디어 물을 끓이지 않고 피스톤 펌프의 압력으로 커피를 추출하는 방식을 개발하였으며 이는 파보니 머신의 단점이었던 커피의 탄맛을 제거해주는 획기적인 방식이었다.

4) 가지아의 새로운 에스프레소 머신

밀라노에서 커피샵을 운영하던 가지아(Achille Gaggia)는 기존의 파보니 머신에 스프링 레버를 결합한 피스톤 작동 방식의 새로운 에스프레소 머신을 개발하여 1938년 특허를 취득하였다. 그런데 이 머신은 이전의 1-2기압보다 훨씬 강력한 9기압 이상으로 커피를 추출하다 보니 뜻하지 않게 표면에 거품이 생성되었고 이것이 바로 크레마(crema)였다.
가지아는 이 크레마를 커피가 신선해서 생기는 '천연 커피크림(Caffè crema di caffè naturale)'이라고 광고하였다고 한다. 가지아의 에스프레소 머신으로 인해 '진정한 에스프레소[1]'가 탄생하였으며 당시에는 에스프레소보다 카페 크레마(Caffè Crema)로 더 많이 불렸다고 한다.

---

[1] 에스프레소는 커피를 뽑는 하나의 방식으로 커피를 가리킬 때는 '에스프레소 커피' 즉 '카페 에스프레소'가 정확한 표현이겠으나 지금은 혼용해서 널리 사용하므로 이 책에서도 구분하지 않고 사용하기로 한다.

5) 페이마의 전동식 에스프레소 머신

1960년에 카를로 발렌테(Carlo Ernesto Valente)에 의해 페이마(Faema) 사에서 혁신적인 전동식 에스프레소 머신 타르타루가(Tartaruga) 모델을 개발하였으며 다음 해 이를 'E61'이란 이름으로 시장에 판매하였다. 이 머신은 전동 펌프를 이용해 추출 압력을 공급하는 방식으로 추출수가 신속하게 분쇄 커피를 통과하여 커피에서 날 수 있는 불필요한 맛을 없앴으며 또한 열교환기를 장착하여 추출에 사용되는 물의 온도 조절이 가능하도록 하였다. 이런 기술적 혁신으로 인해 에스프레소 머신의 크기는 더욱 작아졌고 이에 따라 'E61'은 현재 사용되는 에스프레소 머신의 기원이 되었다.

가지아의 에스프레소 머신

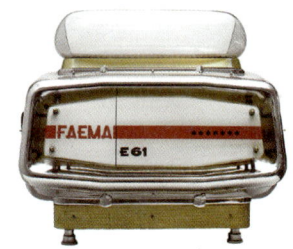
E61

6) 듀얼 보일러 방식

1970년 라마르조코(La Marzocco) 사에서 기존 방식과 달리 온수와 스팀 보일러를 나란히 두 개 설치하여 온수나 스팀 사용과 관계없이 온도를 일정하게 유지할 수 있는 'GS 시리즈'를 출시하였다.

7) 독립 보일러 방식

2001년 달라코르테(Dalla Corte) 사에서 스팀 온수 보일러 외에 그룹별로 커피 보일러를 설치하여 듀얼 보일러와 마찬가지로 스팀이나 온수 사용과 관계없이 추출수의 온도가 일정하게 유지되는 독립 보일러 시스템을 개발하였다.

8) 하이 엔드 에스프레소 머신

라마르조코 GS 시리즈

달라코르테 독립 보일러 시스템

최근에는 사용하는 커피의 품질 향상과 더불어 고급화된 소비자의 취향에 부응하기 위해 고성능의 머신들이 출시되고 있다. 바로 각 그룹별로 온도 조절 장치가 별도로 있어 추출 온도를 달리할 수 있고 추출 과정 중 온도 변화를 줄 수 있는 머신, 추출 압력이 9기압으로 일정한 것이 아니라 그룹 헤드에 장착된 압력 조절 손잡이(패들 시프트)를 조작하여 압력에 변화를 줌으로써 커피의 향미를 더 높일 수 있는 가변압 방식 머신, 추출 시 유속을 조절할 수 있어 맛에 변화를 줄 수 있는 머신 등이다.

그룹별 온도 조절

패들 방식

에스프레소의 확산

이탈리아 밀라노에서 탄생한 에스프레소는 현재 전 세계에서 많은 사람이 즐기는 대중적인 커피 음료가 되었다. 그러나 에스프레소를 처음부터 지금처럼 널리 즐겼던 것은 아니었다. 에스프레소의 확산은 이탈리아 여행을 통해 에스프레소를 경험한 관광객과 미국 및 유럽 등지에 사는 이탈리아계 이민자들에 의해 운영되는 커피샵을 통해 이루어졌다.

미국의 경우 초기에는 이탈리아계 노동자 계층이 주로 찾는 음료로 널리 확산되지 못했었다. 그러다가 스타벅스 사에 의해 에스프레소를 기반으로 한 커피 음료가 1980년대부터 미국에서 대중적인 인기를 끌기 시작했다. 그 후 커피 시장에 신선한 변화가 일어났는데 이는 규모는 작지만 보다 차별화된 커피 맛을 즐기고자 하는 시대적 요구였다. 이런 요구에 부응하여 새로운 체인점들이 탄생하여 커피를 즐기는 트렌드를 변화시켰고 인텔리젠시아(Intelligentsia, 시카고), 스텀타운(Stumptown, 포틀랜드), 블루보틀(Blue Bottle, 오클랜드), 기미커피(Gimme! coffee, 뉴욕) 등이 여기에 해당한다.[2]

인텔리젠시아

블루 보틀

---

2 이런 현상을 'Third wave coffee'라 한다.

내용 요약

- 1901년 루이지 베제라에 의해 에스프레소 머신이 탄생하였다.
- 1938년 가지아는 스프링 레버를 결합한 피스톤 작동 방식의 새로운 에스프레소 머신을 개발하였으며 크레마가 있는 커피가 처음으로 만들어졌다.
- 1960년 페이마 사에서 전동 펌프를 이용한 새로운 에스프레소 머신을 개발하였다.
- 1970년 라마르조코 사에서 온수 보일러 외에 스팀 보일러를 별도로 설치한 듀얼 보일러 방식의 에스프레소 머신을 개발하였다.
- 2001년 달라코르테 사에서 그룹별로 커피 보일러를 설치한 독립 보일러 방식의 에스프레소 머신을 개발하였다.
- 기술 개발로 추출 시 압력에 변화를 줄 수 있는 가변압 머신, 그룹별로 온도 설정을 달리할 수 있는 하이 엔드 머신도 개발되어 사용되고 있다.
- 에스프레소는 초기에는 이탈리아계의 노동자 계층이 주로 찾는 음료였으며 스타벅스 사에 의해 대중적인 음료가 되었고 근래에는 차별화된 커피 맛을 추구하는 커피샵들도 많이 탄생하였다.

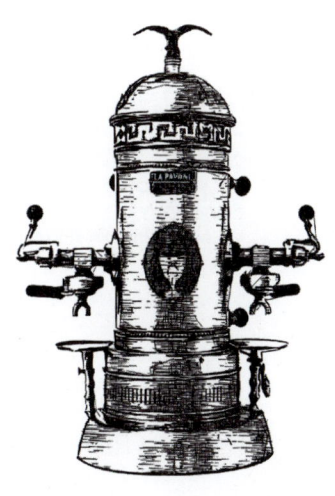

2. 에스프레소 특성

에스프레소는 고형 성분과 불용성 커피 오일이 동시에 추출되므로 빠르게 추출되는 것 외에도 많은 부분에서 기존의 커피와는 완전히 다르다. 그리고 다른 방식으로 추출된 커피에 비해 물리·화학적 특성 등에서도 많은 차이를 보인다.

물리적 특성

1) 밀도

에스프레소의 밀도는 1.02g/ml 정도로 순수한 물과 비교해 크게 차이가 나지 않으며 이는 에스프레소에 분산된 오일이 물보다 밀도가 낮아 전체적인 밀도를 감소시키기 때문이다.

2) 점도

에스프레소의 점도는 지질의 존재로 인해 순수한 물에 비해 두 배 이상 높은 경향을 보인다. 온도가 30℃일 때 순수한 물의 점도가 0.81mPa.s[3]인데 비해 에스프레소의 점도는 1.51-2.01mPa.s이다.

3) 굴절률

굴절률은 빛이 물질을 통과할 때 꺾이는 정도를 말하며 농도와 비례 관계에 있어 용질의 농도를 측정하는 수단이 된다. 물의 온도가 20℃일 때 순수한 물의 굴절률은 1.333인데[4] 비해 에스프레소의 굴절률은 총 고형 성분의 영향으로 이보다 높은 1.338-1.342이다.

4) 표면장력[5]

표면장력은 액체가 표면에 존재하는 힘으로 되도록 작은 면적을 취

---

3 Pa.s는 점도 단위로 Pascal Second의 약자이다. 점도는 온도 압력에 따라 달라지며 물의 점도는 20℃일 때 1mPa.s, 벌꿀은 약 500mPa.s이다.
4 굴절률은 진공일 때 1.0으로 밀도가 커질수록 굴절이 많이 되므로 숫자도 커진다.
5 온도가 올라갈수록 표면장력은 약해진다.

하려는 힘의 성질이다. 순수한 물의 표면장력이 20°C일 때 73×10^{-3} N/m인데 비해 에스프레소는 46×10^{-3} N/m으로 약하다. 이는 고형 성분과 커피 오일의 존재 때문이다.

화학적 특성

1) 총 고형 성분

총 고형 성분은 커피에 함유된 모든 고형 성분의 양이다. 에스프레소의 가장 중요한 화학적 특성으로 커피에서 느끼는 농도와 밀접한 관계가 있고 이는 사용되는 커피의 양, 추출 방식, 로스팅 정도, 추출 시 물의 온도에 따라 달라진다.

2) 지질

지질은 에스프레소 커피 용액에 작은 입자로 분산되어 존재한다. 페이퍼 필터 드립의 경우 1ml당 0.01g이 있는데 비해 에스프레소는 이보다 훨씬 많은 1ml당 2.5mg이 존재한다.

3) 산

에스프레소에는 아세트산, 포름산, 말산, 젖산이 주로 함유되어 있다. 그 밖에 퀸산, 클로로겐산도 존재하는데 다크 로스트 커피일수록 이들 산의 함유량은 적어진다.

4) 탄수화물

에스프레소에는 미량의 단당류만 존재하며 자당은 함유되어 있지 않다. 탄수화물 성분 중 소량 함유된 수용성 다당류는 에스프레소의 점성을 높여주고 크레마의 안정성에도 기여한다.

5) 카페인

에스프레소는 다른 추출 방식의 커피보다 카페인이 약 60ml 정도로 적게 함유되어 있는데 이는 추출 시간이 다른 방식보다 훨씬 짧은 데서 기인한다.

관능적 특성

앞에서 언급한 에스프레소의 물리·화학적 특성은 시각, 미각, 후각, 촉각 등의 감각을 통해 감지할 수 있다.

1) 시각적 특성

다른 커피와 달리 에스프레소 표면에 있는 크레마는 에스프레소의 가장 큰 시각적 특성으로 이는 커피에서 나오는 지방 성분과 탄산가스, 커피의 향 성분이 결합하여 생성된 미세한 거품이다.

① 크레마의 평가 요소

크레마는 색깔, 두께, 지속성, 농도의 관점에서 평가가 이루어진다. 색깔은 밝은 갈색이거나 붉은빛이 도는 황금색이어야 하는데 미디엄 로스트일 때는 황금색을, 다크 로스트의 경우에는 약간 붉은색을 띠어야 한다. 두께는 3-4mm 정도로 적어도 커피양의 10% 이상은 되어야 하며 지속성이 있어야 하고 구멍이나 흰점 등이 없이 깨끗한 상태여야 한다. 마지막으로 농도는 짙고 촉감이 부드러워야 한다.

② 크레마를 통해 알 수 있는 것들

에스프레소는 크레마를 통해 여러 가지를 판단할 수 있다. 먼저 커피의 신선도이다. 오래된 커피로 에스프레소를 추출하면 크레마가 별로 생성되지 않고 쉽게 사라지며 가장자리에만 남아 있는 것을 알 수 있다. 그리고 추출의 균일성으로 크레마가 안정적인 상태라면 이는 추출 과정에서 채널링과 같은 추출 결함이 없었다는 것이다. 마지막으로 크레마의 색깔이 진할수록 커피 성분이 많이 추출된 것이다.

2) 미각적 특성

에스프레소는 유화된 오일이 맛을 느끼는 감각 기관에 달라붙어 있으면서 천천히 휘발성 화합물을 방출시키므로 커피를 마신 후에도 길게 여운을 느낄 수 있다. 좋은 에스프레소는 맛이 부드럽고 명확해야 하며 한쪽으로 치우치지 않고 균형을 이루고 있어야 한다.

3) 후각적 특성

커피에는 많은 휘발성 화합물이 존재하는데 이 성분들은 대부분 지용성이다. 따라서 에스프레소는 다른 방식의 커피보다 지질 성분이 많아 더 강한 플레이버를 느낄 수 있다.

4) 촉각적 특성

에스프레소는 유화된 지질 성분과 많은 고형 성분으로 인해 입안에서 더 부드럽게 느껴지며 이런 촉각적인 특성도 에스프레소의 매력 중 하나이다.

방법적 특성

1) 즉석 추출

에스프레소는 추출 뒤 시간이 지나면 표면의 거품이 사라지면서 부드러운 맛이 없어진다. 따라서 에스프레소는 미리 뽑아 놓고 보관하는 것이 아니라 고객의 주문을 받은 다음 추출하여 바로 서빙해야 한다.

2) 가압 추출

압력은 에스프레소와 다른 추출 방법을 구별 짓는 아주 중요한 요소이다. 에스프레소는 분쇄된 커피에 약 9기압의 뜨거운 물줄기가 통과되면서 추출이 이루어지므로 수용성 성분 외에 물에 녹지 않는 성분까지도 추출된다. 이런 특성으로 인해 에스프레소는 드립 방식의 커피에 비해 매끈하고 기름진 맛과 농축된 맛 그리고 강한 바디를 느낄 수 있는 것이다.

유화
물과 기름처럼 섞이지 않는 액체를 강력히 뒤섞으면 하나의 액체가 아주 작은 방울 상태로 다른 액체에 분산되어 유화액(emulsion)을 형성하는 것을 말한다. 이런 유화액은 우유나 마요네즈처럼 물속에 오일이 작은 입자로 분산된 상태(oil in water, O/W)와 버터와 같이 오일 속에 물이 분산된 상태(water in oil, W/O)가 있는데 에스프레소는 물에 오일이 분산된 상태이다.

3) 신속 추출

에스프레소는 20-30초 정도의 비교적 짧은 시간 안에 추출이 이루어져야 한다. 만약 추출 시간이 길어져 30초를 넘으면 과다 추출이 되어 쓰고 거친 맛이 느껴지며, 반대로 20초 이하의 짧은 시간 안에 추출이 이루어지면 과소 추출이 되어 커피에서 연하고 특성 없는 맛이 날 수 있다.

에스프레소는 곱게 분쇄한 원두에 압력을 가한 뜨거운 물로 짧은 시간 안에 추출하여 작은 컵(데미타세)에 마시는 농축된 커피이다."

에스프레소의 4M
한 잔의 맛있는 에스프레소를 마시기까지는 여러 요인이 충족되어야 하며 이러한 조건들을 통상 '에스프레소의 4M'이라 한다.

1. Miscela(Mix, 블렌딩)
에스프레소 추출에 사용되는 커피는 통상 여러 가지 종류의 커피를 블렌딩해서 사용한다. 그러나 반드시 블렌딩 커피만을 사용하는 것이 아니고 때론 싱글 오리진 커피만을 사용하는 것이 더 좋은 결과를 가져오기도 한다.

2. Macinatura(Mill, 분쇄)

에스프레소 추출 과정에서 커피 맛에 영향을 주는 요소는 분쇄 입자의 크기, 물의 온도, 커피 양 등이 있지만 이 중에서 분쇄 입자의 크기가 커피 맛에 가장 많은 영향을 준다. 다른 기구를 통한 추출도 분쇄 입자의 크기가 커피 맛에 많은 영향을 주지만 에스프레소는 추출 특성상 더 민감하게 반응하므로 적절한 분쇄가 매우 중요하다.

3. Macchina(Machine, 머신)

에스프레소 머신은 추출 시 물의 온도, 압력, 물 양의 세팅 등이 정확하게 되어 있어야 하며 연속 추출에 따른 성능 유지 등이 충족되어야 한다. 그리고 주기적인 청소와 정기적인 부품 교환 등 사후 관리도 완벽해야 한다.

4. Mano(Man, 바리스타)

'Mano'는 작업자의 손(mano dell'operatore)이란 뜻으로 바리스타(barista)를 의미하는데 바리스타는 바(bar) 안에서 일하는 사람 즉, 바맨(barman)이란 뜻을 가지고 있다. 커피는 조건이 동일해도 어떤 바리스타의 손을 거치느냐에 따라 그 맛이 달라진다. 따라서 바리스타는 사용되는 원두와 머신의 특성에 대한 이해를 하고 있어야 하며 장비의 유지 관리, 정확한 분쇄 입자 조절과 신속한 추출 동작 및 철저한 위생 관리 수행, 친절한 고객 응대 등을 할 수 있어야 한다.

내용 요약

- 에스프레소의 밀도는 1.02g/ml 정도로 순수한 물과 비교해 크게 차이가 나지 않으며 점도는 지질의 존재로 순수한 물에 비해 두 배 이상 높은 경향을 보인다.
- 순수한 물의 굴절률은 1.333이고 에스프레소의 굴절률은 이보다 높은 1.338-1.342이며 에스프레소의 표면장력은 고형 성분과 커피 오일로 인해 물보다 약하다.
- 지질은 페이퍼 필터 드립 추출에서 1ml당 0.01g인데 비해 에스프레소는 1ml당 2.5mg이다.
- 에스프레소에는 아세트산, 포름산, 말산, 젖산이 주로 함유되어 있으며 퀸산, 클로로겐산도 미량 존재한다.
- 에스프레소에는 미량의 단당류만 존재하며 자당은 함유되어 있지 않다. 수용성 다당류는 에스프레소의 점성을 높여주고 크레마의 안정성에도 기여한다.
- 에스프레소는 추출 시간이 짧아 카페인이 약 60ml 정도로 적게 함유되어 있다.
- 크레마는 미세한 거품으로 에스프레소의 가장 큰 특징이며 지방 성분과 탄산가스, 커피의 향 성분이 결합하여 생성된다.
- 크레마의 색깔은 밝은 갈색이거나 붉은빛이 도는 황금색이어야 하고 두께는 3-4mm 정도로 커피양의 10% 이상 되어야 하며 지속성이 있어야 한다.
- 크레마로 커피의 신선도, 추출의 균일성, 추출 정도를 파악할 수 있다.
- 에스프레소의 추출 특성은 즉석 추출, 가압 추출, 신속 추출이다.
- 에스프레소 추출의 4M은 Miscela(Mix, 블렌딩), Macinatura(Mill, 분쇄), Macchina(Machine, 머신), Mano(Man, 바리스타)이다.

3. 에스프레소 머신

작동 방식에 따른 분류

에스프레소 머신은 작동 방식에 따라 아래와 같이 분류할 수 있다.

1) 수동 머신

가지아가 개발한 이후 지금까지 사용되고 있는 에스프레소 머신이다. 사람의 힘으로 레버를 작동하고 이때 생성된 압력으로 커피를 추출하며 추출하기 전에 미리 커피를 살짝 적셔주는 프리 인퓨전(pre-infusion)이 가능하다. 레버를 아래로 당겨 스프링을 압축시켰다가 놓으면 스프링의 복원력으로 인해 초반에는 13-15bar의 압력이 생성되지만 추출 후반부에는 복원력이 약해지면서 압력이 서서히 낮아진다. 따라서 수동 머신은 상대적으로 풍부한 크레마와 바디가 강한 커피는 추출할 수 있지만, 레버 작동에 힘이 많이 들고 추출 시간이 오래 걸리므로 추출을 많이 할 때는 적당하지 않을 수 있다.

수동 머신 작동 원리

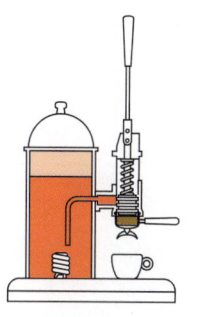
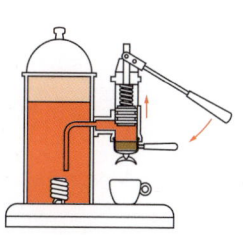
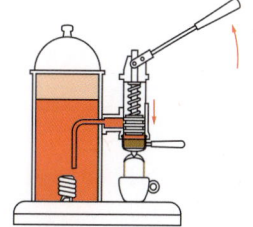

피스톤에 의해 물 유입이 차단된 상태

레버를 아래로 당기면 피스톤이 위로 올라가 스프링이 위로 압축되고 뜨거운 물이 유입됨

레버를 놓으면 스프링이 원래 크기로 늘어나면서 피스톤이 필터 바스켓의 커피에 압력을 가하여 커피가 추출됨

2) 반자동 머신

에스프레소 머신의 대부분을 차지하는 형태이다. 사람의 힘이 아닌 전동 펌프를 통해 압력을 생성하고 보일러 온도가 자동으로 조절되며 일정한 추출량을 저장시켜 사용할 수 있다. 추출하는 그룹 수에 따라 1그룹부터 4그룹 머신까지 있다.

1그룹

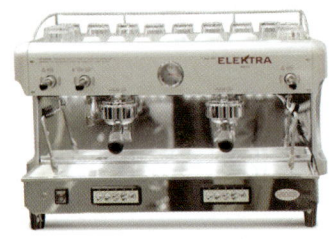

2그룹

3그룹

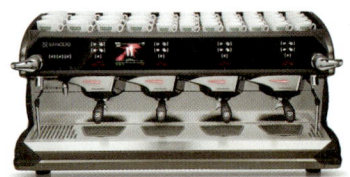

4그룹

3) 자동 머신

그라인더가 내장되어 있고 탬핑 작업 없이 버튼 작동만으로 추출과 메뉴 제조가 가능하다. 별도의 인력이 필요 없고 신속한 추출이 가능한 장점이 있어 호텔, 뷔페, 대형 식당 등에서 많이 사용한다.

보일러 구조에 따른 분류

보일러는 에스프레소 머신 핵심 부품이다. 히터가 내장되어 있어 전기로 물을 가열하고 온수와 스팀을 공급하는 중요한 역할을 한다.
보일러는 구조에 따라 싱글, 독립, 더블, 혼합 보일러로 나눌 수 있다.

1) 싱글 보일러

싱글 보일러(원 보일러)는 하나의 보일러가 온수, 스팀, 커피 추출을 모두 담당하고 추출수는 뜨거운 물이나 스팀에 의해 데워지는 간접 가열 방식이다. 보일러 내부에 스케일이 덜 끼고 구조가 단순해 고장이 적으며 가격이 저렴해 가장 많이 사용되고 있으나 연속 추출을 하면 물의 온도가 내려가 안정적인 맛을 내기 어렵다. 싱글 보일러는 다시 관통형, 침출형, 스팀가열형으로 나뉜다.

① 관통형
관통형은 원통형의 열교환기가 보일러 내부를 관통하는 구조로 물이 열교환기를 지날 때 아래쪽은 100℃의 뜨거워진 물에 의해, 위쪽은 120℃의 스팀에 의해 가열되는 방식이다.

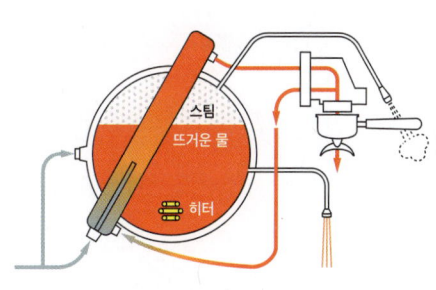
관통형 보일러 구조

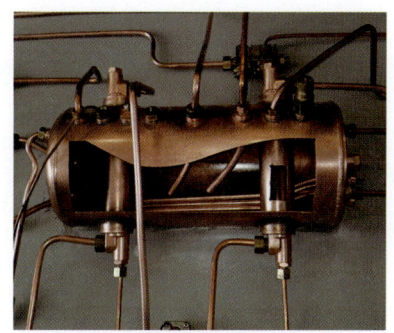
관통형 보일러 내부

② 침출형

열교환기가 내부에 잠긴 상태에서 가열되는 방식이다. 관통형보다 온도 유지가 잘 되고 보일러 압력과 추출수의 온도도 더 높다.

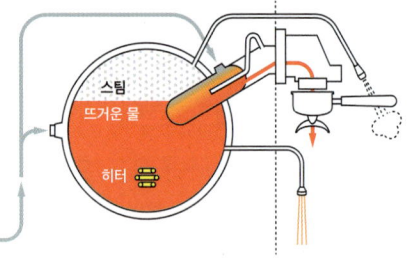

③ 스팀 가열형

스팀 가열형은 열교환기가 보일러에 잠겨 있지 않고 고온의 스팀에 의해 물이 간접 가열되는 방식이다. 연속 추출을 해도 온도가 빨리 회복되는 장점이 있다.

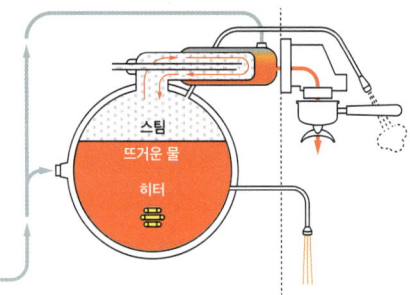

2) 독립 보일러

독립 보일러(멀티 보일러)형은 주 보일러와는 별도로 각 그룹마다 소형의 커피 보일러가 따로 장착된 방식이다. 이 방식은 싱글 보일러와 달리 커피 추출 시 온수나 스팀 사용의 영향을 받지 않지만 커피 보일러에 스케일이 쉽게 생길 수 있다. 커피 보일러 가열 방식은 히터가 커피 보일러 내부에 있어 물을 직접 가열하는 내장형과 커피 보일러 외벽에 히터를 감아 물을 가열하는 외장형이 있다.

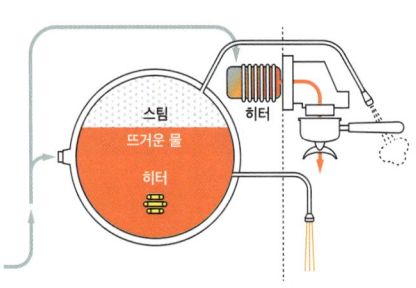
독립 보일러 구조 (외장형)

커피 보일러 (내장형)

3) 듀얼 보일러

듀얼 보일러(트윈/더블 보일러)는 스팀, 온수를 담당하는 보일러와 커피 추출을 담당하는 커피 보일러가 나란히 있는 시스템을 말한다. 독립 보일러에 비해 커피 추출 보일러의 용량이 커서 더 안정적인 물 공급이 가능하다.

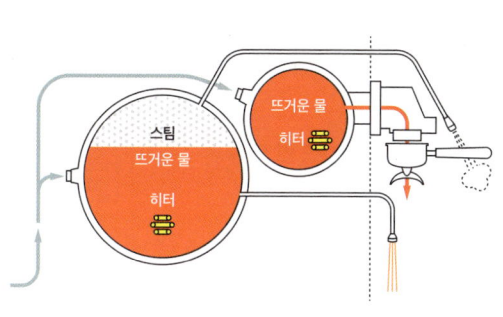

듀얼 보일러 구조　　　듀얼 보일러 머신

4) 혼합형 보일러

혼합형 보일러는 싱글 보일러와 독립 보일러가 결합한 방식으로 추출수가 주 보일러 내부에서 미리 80-85°C로 가열된 후 커피 보일러에서 다시 90-95°C로 가열되어 사용된다. 이 방식은 가열에 따른 시간을 단축할 수 있고 각 그룹별로 온도를 달리 설정하여 사용할 수 있다.

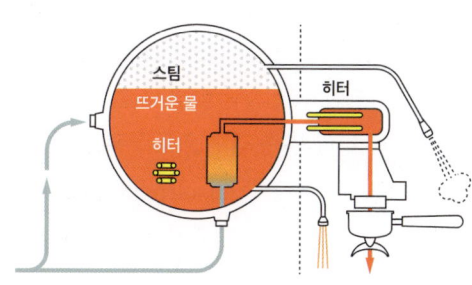

혼합형 보일러 구조

작동 시스템

에스프레소 머신 내부를 살펴보면 보일러를 비롯해 추출, 스팀 분사 등을 위한 여러 부품이 설치되어 있다.

원 보일러(관통형) 구조

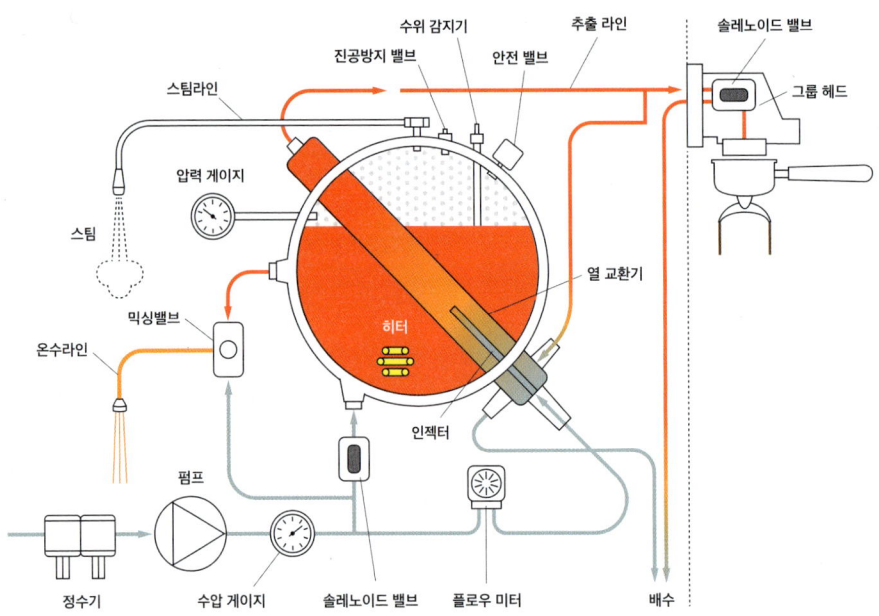

정수기를 지난 물은 펌프를 통과하면서 물의 압력이 9bar로 상승한다. 물은 스팀 온수 라인과 커피 추출 라인으로 분리되어 보일러로 유입된다. 스팀 온수 라인의 물은 솔레노이드 밸브(solenoid valve)를 거쳐 보일러로 유입된다. 여기에서 히터(heating element)에 의해 가열되고 믹싱밸브(mixing valve)에서 찬물과 혼합된 후 온수 노즐(hot water nozzle)을 거쳐 외부로 배출된다.

보일러 상부에 채워져 있는 스팀은 스팀완드(steam wand)를 통해 분사된다. 한편 커피 추출에 사용되는 물은 추출 물량을 조절하는 플로우 미터(flow meter)를 거쳐 열교환기를 통해 가열된 다음 그룹헤드(group head)를 통과하여 커피를 추출한다. 펌프의 압력과 스팀 압력은 게이지를 통해 확인할 수 있으며 보일러 내부의 물의 양은 수위 감지기를 통해 제어된다.

내부 구조

1) 보일러

내부 용량의 70%가 물로 채워지며 나머지 30%의 공간에 스팀이 채워지도록 설계되어 있는데 크기는 내부 용적을 리터로 표시한다.
에스프레소 머신의 용량은 바로 보일러의 용량을 의미하므로 사용할 머신의 보일러 용량을 구입 전에 꼭 확인할 필요가 있다. 일반적인 보일러의 용량은 11리터이다. 보일러는 구조, 재질, 작동 방식 등에 따라 다양한 형태로 분류할 수 있다.

보일러 제작과정 - 편평한 동판을 구부려 원통형으로 가공함

① 재질

보일러 본체는 동이나 동에 니켈, 크롬을 도금해서 제작된다. 동 보일러는 열전도율이 좋고 제작이 쉬우나 부식에 약하고 수명이 짧다. 스테인리스 보일러는 동 보일러에 비해 상대적으로 스케일이 덜 끼고 부식도 잘 안되어 위생적이며 수명이 길지만 성형이 어렵고 가격이 비싸며 팽창률이 적어 동파에 취약한 단점을 가지고 있다.

동 보일러   스테인리스 보일러

② 온도 조절

보일러의 온도 조절 방식은 ON/OFF 방식과 PID[6] 방식이 있다. ON/OFF 방식은 보일러의 압력이 설정된 값에 도달하면 압력 스위치가 작동하여 히터의 전원이 차단되고 설정된 압력 이하가 되면 다시 히터가 작동된다. 이 방식은 스프링의 장력을 이용하므로 설정된 값에 도달해도 관성에 의해 압력이 계속 올라간다.

---

6   PID는 P(proportional, 비례), I(integral, 적분), D(derivative, 미분)의 약자이다.

따라서 정확한 온도 제어가 잘 안되고 어느 정도 편차가 발생하는 단점이 있다. PID는 원하는 온도와 실제 추출수의 온도 편차를 최소화하는 제어 기능으로 주로 하이 엔드 머신에 이 기능이 탑재되어 손쉽게 온도를 조절할 수 있다. 이로 인해 온도 변화에 즉각적으로 대응하여 온도를 일정하게 유지할 수 있고 각 그룹마다 온도를 달리 설정할 수도 있다.

2) 히터

히터는 절연체를 입힌 니크롬선을 동이나 스테인리스로 감싸서 제작되며 보일러의 물을 가열하는 중요한 역할을 한다. 보일러 내부에 장착되어 물과 직접 접촉하는 직접 가열식, 보일러 외부에 장착되어 물을 가열하는 간접 가열식이 있고 보통 동으로 제작하지만 소형 자동 머신에서는 스테인리스가 사용되기도 한다.

동 히터

히터 단면

3) 펌프

펌프는 2-4bar 정도의 수돗물 압력을 에스프레소를 추출하기에 적당한 8-10bar까지 상승시키는 역할을 하며 로터리 펌프(rotary vane pump), 바이브레이션 펌프(vibration pump), 기어 펌프(gear pump) 세 가지 종류가 사용된다.

로터리 펌프는 펌프헤드, 콘덴서, 모터로 구성되어 있고 모터에 연결된 회전 날개가 고속으로 회전하면서 압력을 만들어 낸다. 소음이 적고 추출 압력을 손쉽게 조정할 수 있으며 시간당 100-200리터를 처리할 수 있어 업소용 반자동 머신이나 대형 자동 머신에 주로 사용된다.

펌프헤드의 조절 나사를 시계방향으로 돌리면 압력이 증가하고 반대로 돌리면 압력이 감소하며 만약 압력이 8-10bar 사이를 벗어나 있다면 조절해야 한다.

압력 조절

바이브레이션 펌프는 피스톤의 왕복운동으로 인해 압력이 생성되고 주로 소형 자동 머신에 사용된다. 기어 펌프는 기어의 회전력으로 압력을 만들어 내며 추출 압력에 변화를 줄 수 있어 가변압 머신에 사용된다.

4) 플로우 미터

추출량을 제어하는 장치로 그룹에 하나씩 달려있다. 추출수가 플로우 미터로 유입되면 내부 회전체가 회전하고 동시에 상단에 있는 두 개의 자석이 신호를 보내 사전에 세팅한 회전수에 도달했는지를 인지한다. 그러면 플로우 미터는 더 이상 그룹헤드로 물이 유입되지 않도록 물의 흐름을 차단한다.

플로우 미터 구조

5) 밸브

에스프레소 머신에는 여러 가지 기능을 하는 밸브들이 있다.

① 솔레노이드 밸브

전기가 공급되면 플런저를 열어 물을 통과시키고 전기가 차단되면 플런저를 닫아 물의 흐름을 통제하는 역할을 하고 2웨이와 3웨이 밸브가 있다. 이 중 2웨이 밸브는 보일러의 물 공급과 온수 배출을 통제하는 역할을 한다. 3웨이 밸브는 2웨이 밸브와 구조와 역할은 비슷하지만, 중간에 추출 후 잔여물이 배출되는 통로가 하나 더 있으며 그룹헤드에 설치되어 있다.

2웨이 솔레노이드 밸브

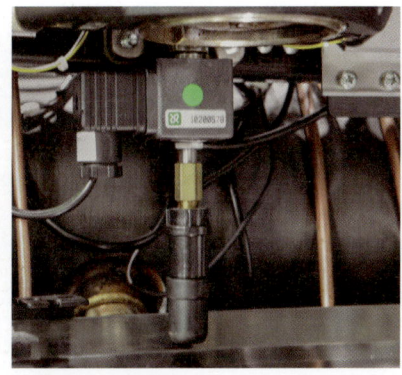

3웨이 솔레노이드 밸브

② 진공 방지 밸브/에어 밸브

보일러가 가열되면 스팀이 생성되는데 이때 공기가 차 있으면 스팀 생성 전에 공기가 먼저 가열되므로 스팀밸브를 열면 스팀 대신 뜨거운 공기만 나온다. 진공 방지 밸브는 스팀이 생성되는 동안 보일러 내부의 공기를 외부로 배출시키는 역할을 하며 스팀이 생성되면 다시 닫힌다.

③ 안전 밸브/과압 방지 밸브

주 보일러용과 추출수용의 두 가지가 있다. 주 보일러용은 주 보일러가 계속 가열되어 보일러 내부의 압력이 과도하게 상승하면 폭발의 위험이 있으므로 일정 수준 이상의 압력에 도달하면 보일러의 수증기를 외부로 방출시킨다. 추출수용 안전 밸브는 추출 압력이 12bar 이상 과도하게 상승할 경우 작동하고 일정량의 물을 밖으로 배출하여 압력을 낮추는 역할을 한다.

주 보일러용 안전 밸브

④ 믹싱밸브

믹싱밸브는 보일러에서 가열된 추출수를 그대로 사용하면 너무 뜨거우므로 정수 필터를 통과한 상온수를 섞어 온도를 적정 수준으로 낮춰주는 역할을 한다. 밸브의 나사를 돌려 상온수의 유입량을 조절할 수 있다.

⑤ 센서

수위센서는 보일러 내부의 수위를 감지하는 장치로 사전에 정해 놓은 양의 물이 공급되면 센서가 이를 감지해 물 공급을 차단한다. 압력 센서는 보일러 내부의 압력을 감지하는 장치이며 열 센서는 보일러의 열을 감지하여 온도를 제어하는 역할을 한다.

믹싱 밸브   수위센서

⑥ 지글러

지글러(gigleur)/지클러(gicleur)는 그룹헤드로 유입되는 물의 양을 조절함으로써 속도를 완화하는 역할을 한다.

외부 구조

에스프레소 머신 외부에는 커피가 추출되는 그룹헤드, 온수 노즐, 컵 워머, 스팀완드, 각종 작동 버튼과 게이지 등이 있다.

1) 그룹헤드

그룹헤드는 포터필터를 장착하는 곳으로 에스프레소 추출을 위해 최종적으로 이곳에서 물이 분사된다. 그룹헤드는 외부에 노출되어 있어 온도 유지가 중요하므로 예열 시스템을 갖추고 있으며 일반적으로 두껍게 제작된다.

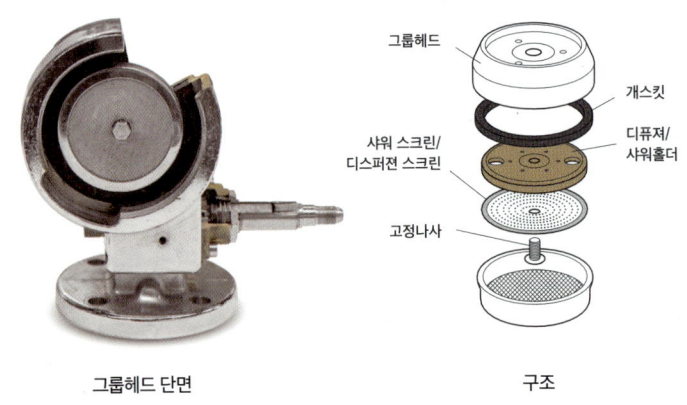

그룹헤드 단면   구조

그룹헤드는 머신의 종류에 따라 작동 방법이 다른데 독립 보일러 머신의 경우 각 그룹별로 온도 조절 장치가 별도로 있으므로 추출 온도를 다르게 세팅하여 사용할 수 있다.

① 그룹 개스킷
그룹 개스킷(group gasket)은 포터필터와 그룹헤드 사이의 간격을 차단하여 추출 시 고온 고압의 물이 새지 않도록 하는 역할을 한다. 지속해서 열을 받으면 점차 경화되면서 탄력을 잃어 추출 시 물이 새는 현상이 발생한다.

② 디퓨져
디퓨져(diffuser)/샤워홀더(shower holder)는 그룹헤드 본체에서 한 줄기로 나오는 물을 4-6개의 물줄기로 나누어 필터 전체에 골고루 압력이 걸리도록 해준다.

그룹 개스킷　　　　디퓨져

③ 샤워 스크린
샤워 스크린(shower screen)/디스퍼젼 스크린(dispersion screen)은 디퓨져를 통과한 물을 미세한 수많은 줄기로 분사시켜 분쇄 커피 표면에 고르게 전달하는 역할을 하며 형태에 따라 분리형과 일체형이 있다. 지속해서 사용하면 커피찌꺼기가 끼고 미세한 구멍이 점차 넓어져 균일한 추출이 이루어지지 않으므로 주기적인 청소와 교체가 필요하다.

분리형　　　　　　일체형

2) 포터필터

포터필터(portafilter)는 분쇄된 커피를 담아 그룹헤드에 장착시키는 기구로 이탈리아어 'porta filtro' 즉, 휴대할 수 있는 필터라는 의미이다. 온도 유지를 위해 항상 그룹헤드에 장착해 놓고 사용해야 하며 스파웃이 없어 추출된 커피가 바로 컵에 담기는 바텀리스 포터필터(bottomless/naked portafilter)도 사용된다.

바텀리스 포터필터를 사용하면 항상 더블샷이 추출되지만 에스프레소가 추출되는 과정을 육안으로 관찰할 수 있고 추출 결함 특히 채널링 현상을 알아차릴 수 있어 이를 수정할 수 있다는 장점이 있다. 또한 추출된 커피가 스파웃을 거치지 않고 바로 컵으로 떨어지므로 크레마가 더 잘 보존되어 단맛이 더 강하고 부드러우며 촉감이 좋은 커피가 만들어진다.

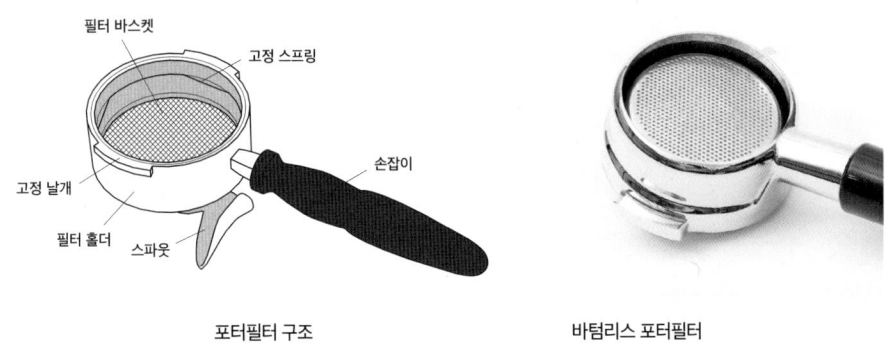

포터필터 구조   바텀리스 포터필터

① 필터홀더

필터홀더(filter holder)는 필터 바스켓(filter basket)을 고정하는 부분으로 동으로 제작되어 있어 사용하다 보면 스크래치가 발생할 수 있으므로 주의해야 한다. 내부의 고정 스프링은 필터홀더에 필터 바스켓이 잘 장착되도록 해주고 스파웃은 추출된 에스프레소가 흘러 컵에 담기도록 해주는데 필터 바스켓에 따라 1잔용과 2잔용이 있지만 1잔용은 커피 사용량이 적어 커피 맛이 약하므로 잘 사용하지 않는다.

고정 스프링

커피 찌꺼기가 달라붙지 않도록 내부가 코팅되어 있기도 함

1잔용

2잔용

② 필터 바스켓

필터 바스켓은 분쇄 커피가 담기는 곳으로 아래쪽에 미세한 구멍이 뚫려 있어 필터 역할을 한다. 사이즈는 지름으로 표시하고 54-58mm까지 있으며 그중 58mm가 많이 사용된다. 크기가 작은 필터 바스켓은 면적이 작아 수평 유지가 쉽고 같은 양을 담아도 분쇄 커피의 높이가 높아져 과소 추출은 잘 안 일어나지만 입자가 가늘면 과다 추출이 일어날 수도 있다.

필터 바스켓에 담기는 양은 2잔용 기준으로 14g이었으나 아무래도 담기는 커피

양이 많아야 커피 맛이 더 풍부해지므로 점차 크기가 늘어나 지금은 22g이 넘게 담기는 필터 바스켓도 사용된다. 필 라인은 분쇄 커피를 적정하게 담기 위한 기준이 된다. 필터 바스켓은 9기압의 압력을 계속 받으므로 지속해서 사용하면 구멍이 점차 넓어진다. 추출 시 미세한 커피가루가 섞여 나오면 필터 바스켓을 교체해야 한다.

싱글   더블   트리플

필터 바스켓은 바닥에 뚫려 있는 구멍의 크기와 배열이 얼마나 균일한지가 중요하다. 만약 필터 바스켓의 구멍이 균일하지 않다면 추출 시 어느 한쪽으로 편중될 수밖에 없기 때문이다. VST 필터 바스켓은 일반 필터 바스켓처럼 아래로 갈수록 좁아지는 원뿔형이 아니라 원기둥 형태로 설계되었고 정밀 가공을 통해 오차를 줄여 일반 필터 바스켓의 단점을 보완하였다. IMS 필터 바스켓은 0.3mm 크기의 필터홀을 아래가 넓어지게 설계하였고 매끄럽게 가공하여 저항 없이 커피 성분이 잘 흘러나올 수 있도록 제작되었다. VST 필터 바스켓이나 IMS 필터 바스켓은 일반 필터 바스켓보다 좀 더 매끄러운 커피가 추출된다고 평가받는다.

일반 필터 바스켓   VST 필터 바스켓   IMS 필터 바스켓

3) 스팀 분사 장치

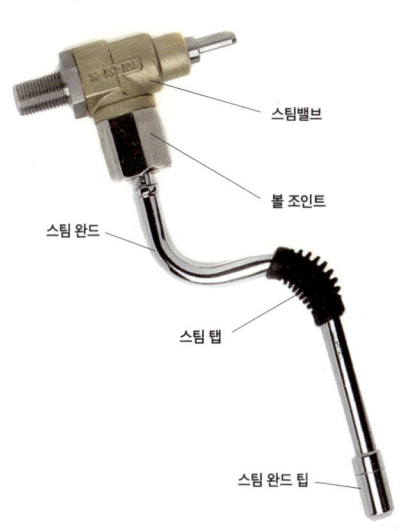

- 스팀밸브
- 볼 조인트
- 스팀 완드
- 스팀 탭
- 스팀 완드 팁

레버 방식

다이얼 방식

　보일러에서 만들어진 스팀을 분사시키는 장치로 스팀밸브를 통과한 스팀은 스팀완드(steam wand/steam nozzle)를 지나 스팀완드 팁(steam wand tip)으로 분사된다. 스팀완드는 스팀에 의해 가열되어 있어 사용 시 주의해야 하며 플라스틱이나 고무로 된 스팀탭을 행주로 감싸고 작동시켜야 한다.[7] 스팀 작동 시 레버를 상하로 움직이거나 다이얼을 좌우로 돌리면 필터홀더의 간격이 조절되면서 스팀 분사량을 조절할 수 있다.

스팀완드 팁은 머신에 따라 둥근 형부터 소용돌이 형까지 형태가 조금씩 다르고 구멍이 클수록 거품을 만드는 시간이 단축된다. 구멍의 개수는 한 개에서 네 개 이상 여러 가지가 있으며 하나만 있는 팁은 우유 가열에 시간이 더 걸리고 스팀이 수직으로만 분사되어 스팀 피처를 움직여야 혼합이 이루어진다.

7　요즘은 뜨겁지 않은 스팀완드가 장착된 머신도 출시되었다.

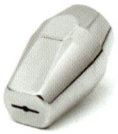  

다양한 형태의 스팀완드 팁

4) 압력 표시장치

압력 표시장치는 펌프 압력과 스팀 압력을 표시하는 것으로 하나의 게이지로 표시되기도 하고 각각 표시되기도 한다. 펌프 압력 게이지의 범위는 0bar부터 최대치까지 표시되어 있으며 바늘이 8-10bar 안에서 작동하는 경우가 정상이므로 이 범위를 벗어나면 조치를 취해야 한다.

보일러 스팀의 압력 게이지는 0.8-1.2bar를 유지해야 하며 만약 게이지가 1.0bar를 가리키면 이때 절대 압력은 약 2기압으로 보일러의 내부 온도는 120℃정도이다. 게이지 수치가 1.5bar 이상으로 상승하면 위험한 것이다.

상단 - 스팀 압력 / 하단 - 펌프 압력

5) 작동 버튼

작동 버튼은 보통 5개로 구성되어 있으며 버튼식이 대부분이나 최근에는 터치식도 사용된다. 컵이 하나 그려져 있는 버튼은 1잔용, 두 개 그려져 있는 것은 2잔용이고 많은 양이 담긴 컵은 더 많은 양을 추출할 때 사용한다. 나머지 한 개는 사용자가 임의로 작동을 멈추는 프리 버튼으로 열수 흘리기나 그룹헤드를 청소할 때 사용한다.

버튼식

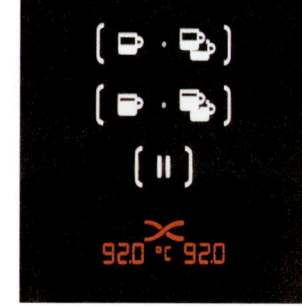

터치식

6) 컵워머

머신의 제일 윗부분에 있는 컵워머(cup warmer)는 내장된 열선에 의해 컵이나 잔 받침 등을 예열하는 장치로 여기에 물을 붓거나 하면 고장이 날 수 있으므로 주의해야 한다.

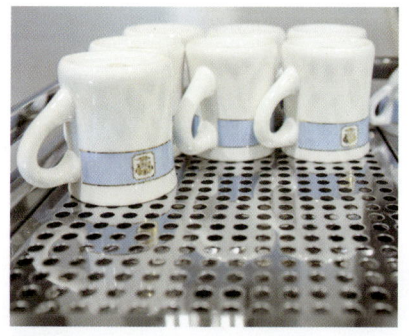

컵워머

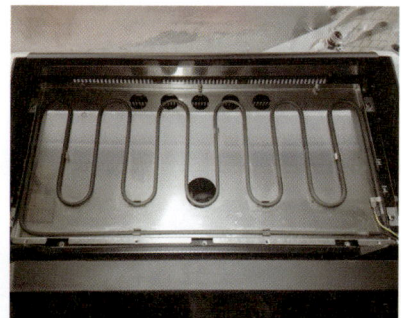

열선

7) 드립 트레이/온수 노즐

드립 트레이(drip tray)는 커피 추출액이나 물을 버릴 수 있는 머신 하부에 있는 장치이고 온수 노즐은 보일러에 의해 데워진 뜨거운 물을 외부로 공급해 주는 장치이다.

드립 트레이

온수 노즐

8) 정수기/연수기

물에는 많은 불순물이 섞여 있어 그대로 사용하면 부품이 부식되고 스케일이 발생하여 머신의 성능이 저하되므로 정수기나 연수기를 사용해 이를 걸러주어야 한다. 정수기는 물에 들어있는 유기 화합물, 염소, 침전물 등을 제거하는 데 사용된다. 먼저 필터를 사용하여 물속에 있는 입자가 큰 침전물을 제거하고 그 이후 미세한 구멍을 가진 활성탄소의 흡착력을 이용하여 염소나 냄새 등을 없앤다. 지하수와 같이 경도가 높은 물을 사용한다면 연수기를 사용해 물속에 녹아 있는 칼슘, 마그네슘과 같은 양이온을 제거해주어야 한다. 연수기는 염화나트륨이 주성분인 이온교환수지(ion exchange resins)를 사용하여 경도를 낮춘다. 수질에 따라 사용되는 필터의 종류가 달라지며 때론 정수 필터뿐만 아니라 연수 필터를 같이 사용하기도 한다. 필터는 지속해서 사용하면 정수 능력이 떨어지므로 주기적으로 교환해 주어야 한다. 필터의 수명은 수질과 처리 용량에 따라 다르지만 대략 6개월 정도이다.

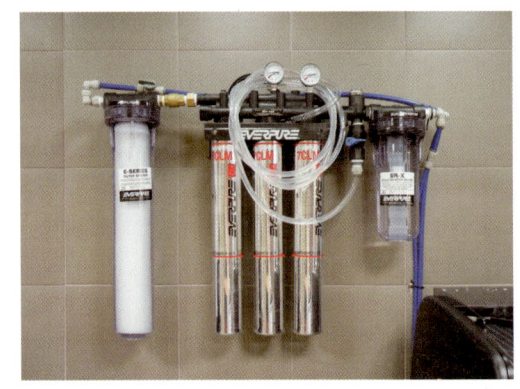
정수기

에스프레소 머신 설치 예

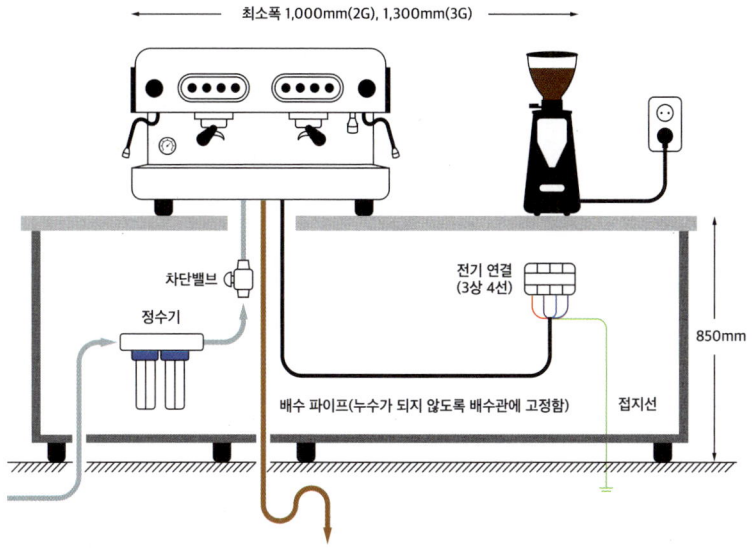

내용 요약

- 에스프레소 머신은 작동 방식에 따라 수동, 반자동, 자동 머신으로 나뉜다.
- 에스프레소 머신은 보일러 구조에 싱글 보일러(관통형, 침출형, 스팀 가열형), 독립 보일러, 듀얼 보일러, 혼합형 보일러로 분류할 수 있다.
- 보일러는 히터에 의해 가열된 뜨거운 물과 스팀을 공급하는 주요 장치로 동이나 스테인리스로 제작되며 70%가 물, 30%가 스팀으로 채워지도록 설계되어 있다.
- 펌프는 물의 압력을 8-10bar까지 상승시켜주며 로터리 펌프가 많이 사용된다.
- 플로우 미터는 정해진 시간 동안만 물이 통과하도록 제어하는 장치이다.
- 솔레노이드 밸브는 물의 흐름을 통제하는 역할을 하며 2웨이와 3웨이 밸브가 있다.

- 진공 방지 밸브(에어 밸브)는 스팀이 생성되는 동안 보일러 내부의 공기를 외부로 배출시키는 역할을 한다.
- 주 보일러용 안전 밸브는 압력이 과도하면 보일러의 수증기를 외부로 방출시키고, 추출수용 안전 밸브는 추출 압력이 12bar 이상 상승하면 일정량의 물을 밖으로 배출시킨다.
- 믹싱밸브는 보일러에서 가열된 추출수와 상온수를 섞어 온도를 낮춰주는 역할을 한다.
- 수위센서는 보일러 내부의 수위를 감지하는 장치이며 압력 센서는 보일러 내부의 압력을 감지하는 장치이고 열 센서는 보일러의 열을 감지하여 온도를 제어하는 역할을 한다.
- 지글러는 그룹헤드로 유입되는 물의 양을 조절하여 속도를 완화시킨다.
- 그룹헤드는 포터필터를 장착하는 곳으로 외부에 노출되므로 예열 시스템을 갖추고 있다.
- 그룹 개스킷은 포터필터와 그룹헤드 사이에 장착되어 고온 고압의 물이 새지 않도록 한다.
- 디퓨져/샤워홀더는 그룹헤드 본체에서 물을 여러 물줄기로 나누어 필터 전체에 골고루 압력이 걸리도록 해준다.
- 샤워 스크린/디스퍼젼 스크린은 디퓨져를 통과한 물을 미세한 수많은 줄기로 분사시켜 커피층에 전달시키는 역할을 한다.
- 포터필터는 분쇄된 커피를 담아 그룹헤드에 장착시키는 기구로 필터홀더, 필터 바스켓, 고정 스프링, 손잡이로 구성되어 있다.
- 필터홀더는 필터 바스켓을 고정하는 부분으로 동으로 제작된다.
- 스파웃은 추출된 에스프레소가 흘러 컵에 담기도록 해준다.
- 필터 바스켓은 분쇄 커피가 담기는 곳으로 아래쪽에 미세한 구멍이 뚫려 있으며 지름 58mm가 많이 사용된다.

- 스팀 분사 장치는 스팀밸브, 스팀완드, 스팀완드 팁 등으로 구성되어있다.
- 압력 게이지는 8-10bar 안에서 작동하며 보일러 스팀 압력 게이지는 0.8-1.2bar를 유지해야 하고 수치가 1.5bar 이상으로 상승하면 위험하다.
- 컵워머는 머신의 제일 윗부분에 있으며 열선에 의해 컵, 잔 받침 등을 예열하는 장치로 여기에 물을 붓지 않도록 한다.
- 드립 트레이는 커피 추출액이나 물을 버릴 수 있는 머신 하부에 있는 장치이다.
- 에스프레소 머신은 정수기 연결이 필수적이며 필터는 주기적으로 교환해 주어야 하고 경우에 따라 연수기를 사용하기도 한다.

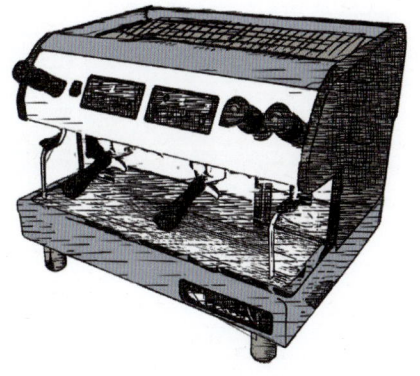

4. 에스프레소 그라인더

그라인더는 에스프레소 머신과 함께 에스프레소의 맛을 좌우하는 중요한 장비이다. 그라인더의 성능을 최대화하기 위해서는 주기적으로 청소하고 그라인더 날도 교체해주어야 한다. 과거에는 수동 그라인더가 널리 사용되었으나 근래에는 편리함과 신속성으로 인해 자동 그라인더를 훨씬 더 많이 사용한다.

수동 그라인더는 원하는 양이 분쇄되어 나오는 동안 스위치를 계속 작동시키는 방식이고 포터필터를 올려놓으면 배출 버튼이 작동하여 미리 세팅된 시간만큼 커피가 분쇄되어 담기는 방식이 자동 그라인더이다.

수동 그라인더

수동 그라인더를 사용하면 분쇄된 커피를 도징(dosing)이라고 하는 작업을 통해 필터 바스켓에 담아야 하는데 이렇게 하면 아무래도 커피를 흘릴 수밖에 없어 커피를 낭비하게 되고 시간도 오래 걸리는 단점을 가지고 있다.

1) 호퍼

호퍼는 원두를 보관하는 통으로 대부분 원뿔형이나 원통형이지만 간혹 사각형 형태도 있다. 500g에서 2kg까지 담을 수 있으며 호퍼에 담긴 커피가 너무 적으면 분쇄되면서 콩이 튀어 올라와 굵게 갈리므로 통상 호퍼의 2/3 정도를 채우고 사용하는 것이 좋다. 호퍼 게이트(hopper gate)를 열면 호퍼에 담긴 원두가 아래로 내려가며 호퍼를 분리할 때는 호퍼 게이트를 닫고 작업해야 한다.

2) 입자조절판/입자 조절 레버

입자조절판은 나사식으로 조절하게 되어있어 일반적으로 입자 조절 손잡이를 시계방향으로 돌리면 숫자가 커지면서 날 사이의 간격이 넓어져 분쇄 입자도 굵어지고 반대로 돌리면 분쇄 입자는 가늘어진다.

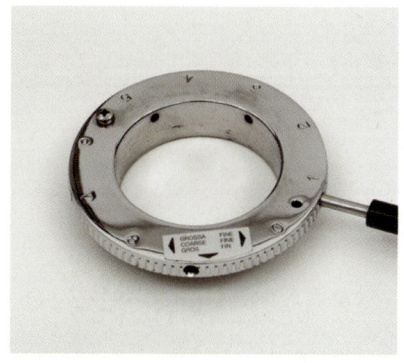

입자조절판

입자 조절

자동 그라인더는 입자 조절 레버를 위아래로 돌려 입자의 크기를 조정한다. 그라인더 작동 중에 입자 조절을 하면 그라인더 날이 손상을 입을 수 있으므로 반드시 전원을 차단하고 해야 한다.

3) 그라인더 날

그라인더 날은 그라인더에서 가장 중요한 부분으로 두 개가 한 쌍으로 구성되어 있다. 상부 날은 입자조절 캡에 고정되어 있고 모터에 의해 하부 날이 회전하면서 커피를 분쇄한다. 날의 크기는 58mm, 64mm처럼 지름을 mm로 표시하는데 날이 클수록 시간당 분쇄량이 많으므로 그만큼 열 발생도 적어 안정적이지만 고가이다. 커피 분쇄 시 그라인더는 생각보다 많은 열이 발생하고 이는 커피 품질을 떨어뜨리는 원인이 되므로 사용시간의 2배 이상 휴식 시간을 가져주는 것이 좋다.

그라인더 날은 형태에 따라 코니컬버와 플랫버의 두 종류가 있다. 코니컬버는 회전수가 적어 열 발생이 적지만 플랫버는 커팅 방식으로 회전수가 많아 열 발생이 많고 그라인더 날의 수명도 그만큼 짧다.

코니컬버와 플랫버의 특성 비교

	코니컬버	플랫버
날의 형태		
분당 회전수	400-600	1,400-1,600
열 발생	적음	많음
분쇄 입자	덜 균일함	균일함
칼날 교환 시기	1,000kg 분쇄 시	500-700kg 분쇄 시

4) 도저

도저(doser)는 수동 그라인더에서 분쇄된 커피를 담고 있다가 커피의 일정량을 포터필터에 공급하는 역할을 한다. 수동 타입과 자동 타입 두 가지가 있다.

① 수동 타입

그라인더 앞에 달린 원통형의 도저는 분쇄된 커피가 일정하게 담기도록 6개의 도징 체임버로 분할되어 있고 도저 옆면에는 배출 레버가 달려 있어 앞으로 당기면 도저 날개가 시계방향으로 회전하면서 커피가 포터필터에 담기도록 한다. 이때 도저 내부의 조절기를 시계방향으로 돌리면 담기는 커피양이 줄어들고 반대 방향으로 돌리면 담기는 양이 증가한다. 이처럼 도저 안에 있는 커피를 배출 레버를 사용하여 포터필터에 담기게 하는 과정을 도징이라고 한다.

바쁜 매장에서는 커피를 미리 분쇄하여 도징 체임버에 가득 채운 후 일정 횟수만큼만 배출 레버를 당겨 커피를 받기도 하는데 이때 커피를 담는 시간은 절약할 수 있지만 커피가 도저에 담겨 있는 동안 산패된다는 문제도 있다.

② 자동 타입

수동 타입은 스위치를 작동시키는 동안 커피가 분쇄되어 도저에 담기지만 자동 타입은 도저에 일정 정도의 커피가 담기면 내부의 레버가 뒤로 밀리면서 분쇄가 멈추고 반대로 담겨 있는 커피양이 줄어들면 레버가 앞으로 당겨지면서 다시 분쇄가 시작된다. 도저에 담기는 분쇄 커피의 양은 원하는 만큼 설정할 수 있다.

수동 타입

자동 타입

5) 배출 레버

배출 레버를 앞으로 작동시키면 도징 체임버에 담겨 있는 분쇄 커피가 배출구를 통해 필터 바스켓에 담긴다.

6) 기타

받침대는 포터필터에서 떨어진 커피가루를 모으는 것으로 분리하여 청소할 수 있다. 그라인더 본체 내부에는 그라인더 날을 회전시키는 모터가 있으며 용량은 전력량(W)으로 표시한다. 그 밖에 그라인더를 작동·정지시키는 스위치, 포터필터를 걸어놓는 포터필터 거치대 등이 있다.

자동 그라인더

자동 그라인더는 포터필터를 거치대에 올려놓으면 배출 버튼이 작동되면서 미리 세팅한 시간만큼 커피가 분쇄되어 배출구로 나와 포터필터에 담긴다. 수동 그라인더보다 커피가 담기는 시간이 절약되고 일정량의 커피가 배출되면 자동으로 작동이 멈추므로 커피의 낭비를 줄일 수 있다는 장점이 있다.

호퍼에 담긴 원두의 양이나 입자의 굵기, 로스팅 정도에 따라 오차가 발생할 수 있으므로 수시로 배출량을 점검해야 한다. 만약 포터필터에 담기는 양을 임의로 정하고 싶을 때는 원하는 양이 나올 때까지 프리버튼을 계속 누르고 있으면 된다.

- 호퍼
- 매뉴얼 버튼
- 조절 버튼
- 입자조절 레버
- 배출구
- 포터필터 거치대
- 배출 버튼
- 전원 스위치

분쇄량 조절

입자 조절 레버

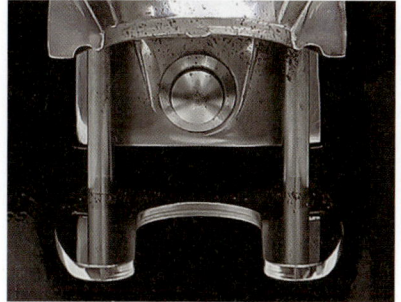

배출 버튼

커피 받기

그라인더 입자 조절

분쇄 입자의 크기를 맞추어 사용하다 보면 추출이 느려지거나 빨라지는 일이 발생하므로 분쇄 입자의 크기는 상황에 따라 조정해주어야 한다. 이때 꼭 저울을 사용하여 필터 바스켓에 담기는 양을 일정하게 한 상태에서 굵기를 조정해야 한다.

먼저 분쇄도를 가는 쪽에서 세팅한 다음 추출한다. 그리고 점차 굵은 쪽으로 바꿔가며 세팅을 하고 정상 추출이 이루어질 때까지 반복한다. 분쇄도를 바꾼 다음에는 도저에 남아 있는 커피를 다 비우고 추출해야 한다. 분쇄 입자에 영향을 주는 대표적인 조건들은 아래와 같다.

1) 습도

커피 입자는 대기 중의 습기를 잘 흡수하는데 습기를 흡수한 커피로 에스프레소를 추출하면 커피 입자가 팽창한 상태여서 물이 커피층을 잘 통과하지 못한다. 그 결과 정상적인 상태보다 추출이 늦어지므로 습도가 높은 날에는 입자를 평소보다 조금 더 굵게 해주어야 한다. 반대로 건조한 날에는 입자를 조금 가늘게 해주어야 한다.

2) 온도

온도도 커피 입자의 품질에 영향을 준다. 따라서 하루 중에 기온이 변하는 시점에는 분쇄 입자를 다시 점검해야 한다.

3) 원두 교체 시

사용하던 원두가 다른 종류로 바뀌거나 같은 원두지만 로스팅 일자가 달라진 경우에도 분쇄 입자를 다시 조정해주어야 한다.

내용 요약

- 에스프레소 그라인더는 수동과 자동 그라인더가 있는데 근래에는 편리함과 신속성으로 인해 자동 그라인더를 더 많이 사용한다.
- 호퍼는 원두를 보관하는 통으로 대부분 원뿔형, 원통형이지만 간혹 사각형 형태도 있다.
- 입자조절판은 입자조절 손잡이를 시계방향으로 돌리면 숫자가 커지면서 날 사이의 간격이 넓어져 분쇄 입자도 굵어지고 반대로 돌리면 분쇄 입자가 가늘어진다.
- 그라인더 날은 코니컬버와 플랫버의 두 종류가 있으며 코니컬버는 회전수가 적어 열 발생이 적은 반면 플랫버는 열 발생이 많아 그라인더 날의 수명도 그만큼 짧다.
- 도저는 수동 그라인더에서 분쇄된 커피를 담고 있다가 커피의 일정량을 포터필터에 공급하는 역할을 한다.
- 습도가 높은 날에는 입자를 평소보다 조금 더 굵게 분쇄하고 기온이 변하는 시점에 분쇄 입자를 다시 점검해야 하며 사용하던 원두가 바뀌거나 같은 원두지만 로스팅 일자가 달라진 경우에도 분쇄 입자를 다시 조정해주어야 한다.

5. 에스프레소 맛에 영향을 주는 요인

에스프레소 맛에 영향을 주는 여러 요인 중 가장 큰 영향을 주는 것은 사용하는 커피 입자의 크기와 양이다. 이 밖에도 추출 온도, 펌프 압력 등에 따라 에스프레소의 맛은 달라지는데 만약 추출이 제대로 이루어지지 않았다면 각 요인의 추출 조건에 맞게 조치를 해야 한다.

분쇄

에스프레소를 추출할 때 커피를 미세하게 분쇄하는 것은 추출 시 9기압의 힘을 견디기 위해서이다. 일반적으로 0.1-0.3mm로 분쇄하여 '밀가루보다 굵게 설탕보다 가늘게'라는 표현을 사용하며 분쇄 입자의 표면적은 홀빈에 비해 30배 이상 되어 쉽게 산패되므로 추출 직전에 분쇄한다.

그런데 일반적으로 분쇄 입자가 균일한 것이 추출에 적합한 것으로 여겨지지만 에스프레소의 경우는 조금 다른 양상을 보인다. 왜냐하면 에스프레소는 매우 짧은 시간 동안 고농도의 고형 성분이 함유되어 추출되어야 하기 때문이다. 이런 서로 상반된 요인을 충족시키기 위해서는 물이 잘 통과할 수 있도록 상대적으로 굵은 입자에 커피 성분이 많이 녹아 나올 수 있도록 미세한 입자가 어느 정도 섞여 있는 것이 추출에 이상적이다.

커피 사용량

커피를 적게 담을수록 커피 성분이 적게 추출되어 커피 맛이 싱거워지고 반대로 커피를 많이 담으면 커피 성분이 지나치게 많이 뽑혀 나와 쓰고 자극적인 맛이 날 수 있다. 정상 추출이 되기 위해선 일정량의 커피를 담는 것이 중요하다.

포터필터에 커피를 담았을 때 필터 바스켓 내부에 생기는 공간을 헤드 스페이스(head space)라 한다. 이 헤드 스페이스가 적절히 확보되어야 커피가 잘 적셔져 추출이 원활하게 이루어지는데 만약 커피를 지나치게 많이 담으면 샤워 스크린과 커피 케이크 사이에 공간이 적어 포터필터를 장착하기 어렵고 난류가 발생하지 않아 추출이 지연되어 과다 추출이 된다. 따라서 커피를 더 담고 싶다면 필터 바스켓을 용량이 큰 것으로 교환해서 사용해야 한다.

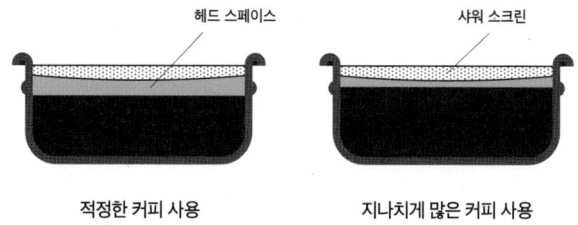

적정한 커피 사용 　　　　　지나치게 많은 커피 사용

추출 온도

　　추출 온도가 낮을수록 자당과 클로로겐산이 적게 추출되어 바디와 단맛은 약하고 시트르산과 말산은 추출량에 큰 차이를 보이지 않아 신맛은 상대적으로 강하게 느껴진다. 반대로 온도가 높으면 바디와 쓴맛은 증가하지만 신맛과 단맛은 약해진다. 중간 온도일 때 신맛, 단맛, 바디가 균형을 이루며 쓴맛은 약하게 느껴진다. 최근에는 이런 추출 온도에 따른 맛 변화의 특성을 고려하여 추출 초반과 후반 온도를 다르게 설정할 수 있는 머신도 출시되고 있다.
추출 온도는 사용하는 커피의 로스팅 정도와도 관련이 있는데 앞서 3장 추출 편에서 보았듯이 사용하는 커피가 다크 로스트일수록 물의 온도는 낮춰주어야 한다.

추출 시간

　　아래 사진은 10초 단위로 에스프레소를 추출했을 때의 커피 색깔과 양을 확인한 것이다. 사진에서 보듯이 커피 성분은 대부분 초반에 뽑혀 나오므로 색깔이 뒤로 갈수록 옅어지는 것과, 추출되면서 커피 케이크의 저항이 약해지므로 같은 시간이더라도 추출량은 뒤로 갈수록 많아지는 것을 확인할 수 있다. 따라서 에스프레소의 추출 시간에 따라 커피 맛이 진해질 수도 혹은 연해질 수도 있으며 이러한 맥락에서 에스프레소를 추출할 때는 적정 시간을 지키는 것이 중요하다고 할 수 있다.

| 1-10초 | 10-20초 | 20-30초 |

추출 압력

기존의 에스프레소 머신은 커피 추출 시 압력 변화를 줄 수 없었으므로 처음부터 끝까지 9기압으로 추출했었다. 하지만 최근 사용되고 있는 가변압 머신은 추출 과정 중 압력 변화를 가능하게 하여 아래의 그래프처럼 더욱 개성 있는 커피 추출을 가능하게 하였다.

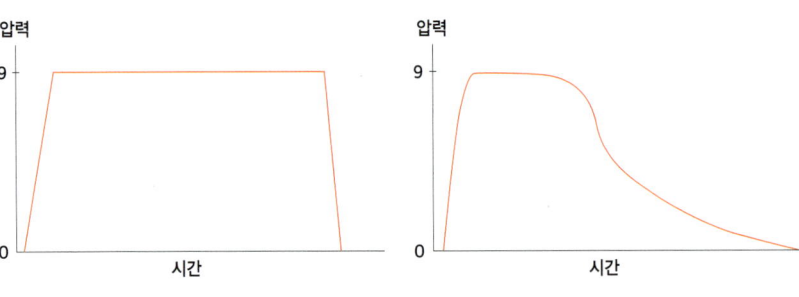

일반적인 추출 - 균형 잡힌 커피

후반부에 서서히 압력을 감소시킴 - 바디와 밸런스에 변화를 준 커피

프리 인퓨전

1) 의미

프리 인퓨전은 추출 버튼을 누르면 바로 추출되는 것이 아니라 소량의 물이 2-4bar의 압력으로 2초 정도 커피 케이크를 적시는 것으로 드립 추출에서 뜸과 같은 역할을 한다. 이렇게 프리 인퓨전을 하면 커피 추출을 방해하는 탄산가스를 제거해 커피 입자 사이로 물이 흘러 들어갔을 때 커피와 물이 섞이는 난류 현상이 잘 일어나 커피 성분이 잘 뽑혀 나온다. 그리고 미리 나온 물을 통해 압력이 커피 케이크에 동일하게 작용함으로써 보다 균일한 추출이 가능하다.

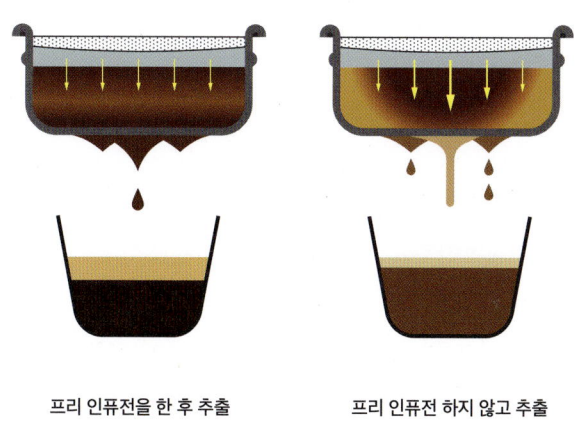

프리 인퓨전을 한 후 추출 / 프리 인퓨전 하지 않고 추출

2) 방식

프리 인퓨전 기능은 주로 on/off 방식으로 이루어지는데 on/off 방식은 탄산가스를 배출하기 어려운 단점이 있다. 반면 3웨이 밸브 방식은 탄산가스를 물이 버려지는 밸브를 통해 빠져나가게 할 수 있어 추출이 더 쉬운 장점을 가지고 있다.

3웨이 밸브를 이용한 프리 인퓨전 과정은 다음과 같다. 먼저 추출수는 지글러를 통해 유입된 후 3웨이 밸브를 통해 그룹헤드로 이동한다. 그룹헤드에 물이 차서 프리 인퓨전이 이루어지는 동안 빠져나가지 못한 물은 프리 인퓨전 밸브를 아래로 밀고 프리 인퓨전 공간에 찬다. 그다음 프리 인퓨전 스프링이 끝까지 내려가 압력이 더 분산되지 않으면 추출이 진행된다.

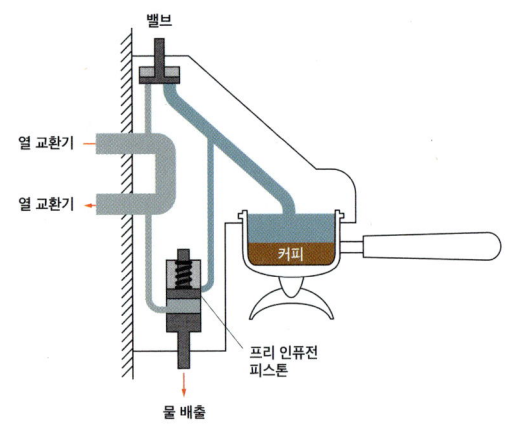

내용 요약

- 에스프레소 추출할 때 9기압의 힘을 견디기 위해 커피를 0.1-0.3mm 크기로 미세하게 분쇄하여 사용하는 것이다.
- 커피를 적게 담으면 커피 성분이 적게 추출되어 커피 맛이 싱거워지고 반대로 많이 담으면 커피 성분이 지나치게 많이 뽑혀 나와 쓰고 자극적인 맛이 날 수 있다.
- 추출 온도가 낮을수록 바디와 단맛이 약하고 신맛은 상대적으로 강하게 느껴진다. 반대로 온도가 높으면 바디와 쓴맛은 증가하고 신맛과 단맛은 약하게 느껴진다.
- 포터필터에 커피를 담았을 때 필터 바스켓 내부에 생기는 공간을 헤드 스페이스라 하며 헤드 스페이스가 적절히 확보되어야 추출이 원활하게 이루어진다.
- 가변압 머신은 추출 과정 중 압력에 변화를 줄 수 있어 개성 있는 커피 추출이 가능하다.
- 프리 인퓨전은 추출하기 전에 2-4bar의 압력으로 2초 정도 커피 케이크를 미리 적시는 것이다.

6. 에스프레소 추출

기준

에스프레소의 추출 기준을 일률적으로 정의하는 것은 어렵다. 왜냐하면 나라나 지역에 따라 에스프레소를 즐기는 취향과 문화가 다르고 사용되는 에스프레소 머신의 기계적 특성에도 차이가 있기 때문이다. 이러한 이유로 에스프레소 추출 기준은 아래 표처럼 조금씩 차이가 있다. 에스프레소를 받으면 크레마가 사라지므로 요즘은 에스프레소 양을 부피(ml)로 측정하지 않고 저울을 사용하여 중량(g)으로 측정한다.

에스프레소의 추출 기준(1인분)

항목	일반적 기준[8]	World Barista Championship	이탈리아[9]
커피양(g)	7±1	-	7±0.5
추출 양(ml)	25±5	30±5	25±2.5
물의 압력(bar)	9±1	9±0.5	9±1
추출 시간(초)	25±5	25±5(권장 사항)	25±5
물의 온도(℃)	90-95	90.5-96.0	88±2

에스프레소의 25

1. 추출 시간(초): 25
2. 추출 양(ml): 25
3. 크레마의 두께(mm): 2.5
4. 기포의 크기(㎛): 25
5. 마신 뒤의 여운 지속시간(분): 25
6. 분쇄 입자(mm): 0.25

---

[8] 우리나라에서 널리 알려진 하나의 기준으로 이 또한 절대적인 것은 아니다.
[9] 국립이탈리아에스프레소연구소(Italian Espresso National Institute, Istituto Nazionale Espresso Italiano)에서 정한 에스프레소 기준이다.

유의점

1) 커피를 균일하게 받는다.

커피를 필터 바스켓에 담다 보면 어느 한쪽으로 치우쳐 받게 되는 경우가 생긴다. 이 상태에서 탬핑을 하면 커피의 밀도가 부분적으로 달라져 커피 맛이 균일하지 않은 결과를 가져온다.

2) 탬핑 시 수평을 유지한다.

에스프레소 추출 시에는 9기압의 힘이 작용하는데 이는 커피 표면 $1cm^2$당 9kg의 힘이 가해진다는 의미이다. 따라서 아주 작은 편차에 의해서도 그 결과는 상당한 차이가 날 수밖에 없다.

커피를 균일하게 받지 않은 경우　　　수평이 맞지 않은 경우

3) 채널링이 일어나지 않도록 한다.

필터 바스켓과 맞지 않는 탬퍼를 사용하여 탬핑을 하거나, 커피 입자가 균일하지 않게 필터 바스켓에 담기거나, 필터홀더에 충격을 주는 경우 커피 케이크와 필터 바스켓 벽면 사이에 틈이 발생한다. 그러면 특정 부분에 통로가 생겨 그쪽으로 물이 먼저 빠져나가는 채널링 현상이 일어나고 그 결과 과소 추출이 된다.

4) 표면에 홈이 생기지 않도록 한다.

커피가 고르게 담기지 않은 경우, 샤워 스크린이 손상되었거나 또는 막힌 경우, 그룹헤드에 찌꺼기가 껴있는 상태에서 결합하거나 탬퍼에 커피가 묻어 있는 상태에서의 탬핑 등은 커피 표면에 홈을 생기게 한다. 또는 커피를 제대로 담지 않아 가장자리가 팬 경우 추출 시 이 부분으로 물이 먼저 흘러가므로 불균일한 커피가 추출된다.

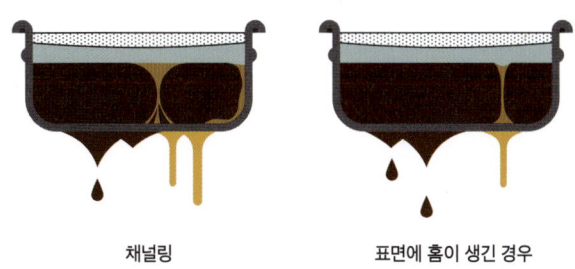

채널링　　　　　표면에 홈이 생긴 경우

과정

에스프레소 추출 과정은 아래와 같은 순서를 반복하여 이루어진다.

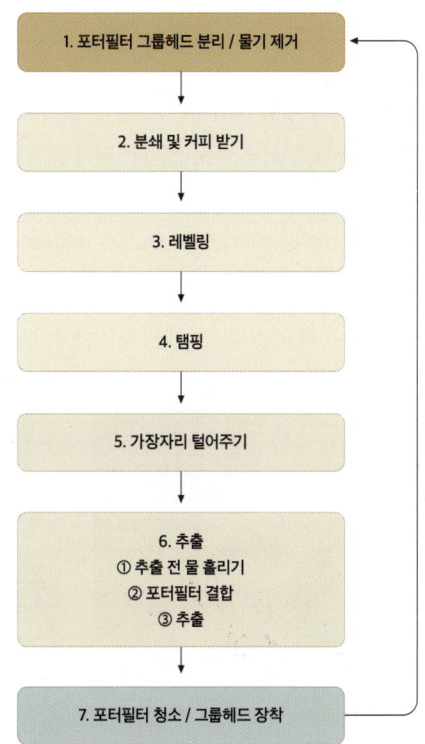

1. 포터필터 그룹헤드 분리 / 물기 제거
2. 분쇄 및 커피 받기
3. 레벨링
4. 탬핑
5. 가장자리 털어주기
6. 추출
   ① 추출 전 물 흘리기
   ② 포터필터 결합
   ③ 추출
7. 포터필터 청소 / 그룹헤드 장착

1) 포터필터 분리/물기 제거

그룹에 장착된 포터필터를 분리한 후 커피를 받기 전에 마른행주를 이용해 필터 바스켓의 물기를 깨끗하게 제거한다. 이때 행주를 두껍게 잡으면 가장자리가 잘 닦이지 않으므로 얇게 잡고 닦는다.

포터필터 분리

필터 바스켓 청소

2) 분쇄 및 커피 받기

① 수동 그라인더

포터필터를 거치대에 놓고 작동 스위치를 켠 후 추출 레버를 당겨 필터 바스켓에 분쇄 커피를 담는다. 커피가 어느 정도 담기면 레버 작동을 보다 신속하게 하여 커피가 과도하게 포터필터에 담기지 않도록 한다. 그라인더에 따라서 어느 한쪽으로만 커피가 배출되기도 하는데 이럴 때는 포터필터를 돌려가면서 받아야 커피를 고르게 담을 수 있다. 커피를 받을 때 중요한 것은 일정량의 커피를 받는 것과 필터 바스켓의 어느 한쪽으로 치우치지 않게 담는 것이다.

포터필터를 거치대에 걸쳐놓고 작동 스위치 켜기

레버를 앞으로 당겼다 놓기

일정량의 커피를 받을 때까지 반복하기

② 자동 그라인더

거치대에 포터필터를 놓고 스위치를 작동시키면 일정량의 분쇄 커피가 필터 바스켓에 담긴다.

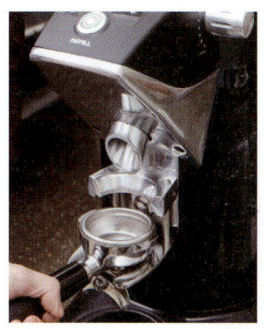  

3) 레벨링

　커피를 필터 바스켓에 담으면 커피 표면이 수평이 아니고 부분적으로 덜 담긴 곳이 있을 수도 있다. 그래서 커피가 덜 담긴 부분을 채워주고 남는 커피를 필터 바스켓의 각 방향에서 중앙으로 모은 후 손이나 도저 커버 등으로 모인 커피를 깎아서 넉박스(knock box)에 버리는데 이를 레벨링(leveling)이라 한다. 이때 커피 표면을 누르지 않는 것과 커피 표면이 수평이 되도록 하는 것이 중요하다.

손가락을 이용해 표면을 고르게 하기　　남는 커피를 가운데로 모으기　　남은 커피를 깎아서 넉박스에 버리기

　자동 그라인더는 커피가 수동 그라인더보다 균일하게 담기므로 이런 동작을 할 필요가 별로 없다. 분쇄 커피가 담긴 포타필터를 바닥에 한두 번 쳐주거나 손으로 필터홀더를 쳐주면 된다.

4) 탬퍼

탬퍼(tamper)는 포터필터에 담긴 커피를 수평으로 다져줄 때 사용하는 도구이다. 탬퍼의 구조나 탬핑 방식에 따라 추출 결과가 달라질 수 있으며 바리스타마다 손의 크기, 손가락 길이 등이 다르므로 본인에게 맞는 편리한 탬퍼를 사용하는 것이 좋다. 탬퍼는 베이스(base)에 스크래치가 생기지 않도록 해야 하고 이물질도 묻지 않게 해야 하므로 보통 탬퍼 받침대에 보관한다.

① 구조

탬퍼는 크게 아랫부분의 베이스와 윗부분의 손잡이(handle)로 구분되고 재질, 길이, 형태에 따라 다양한 종류가 있다. 탬퍼의 사이즈는 베이스의 지름을 mm로 표시하는데 통상 58mm 탬퍼가 가장 많이 사용된다. 탬퍼 구입 전에는 사용하는 머신의 필터 바스켓 크기를 확인해야 한다. 탬퍼 사이즈가 58mm이면 필터 바스켓은 조금 커서 탬핑을 해도 약간의 폭만큼 탬핑이 되지 않는다. 그래서 58.2mm나 58.3mm처럼 보다 정교하게 제작된 탬퍼도 사용된다.

② 손잡이

손잡이가 긴 것과 짧은 것이 있는데 긴 것은 힘을 주기가 좋고 짧은 것은 수평을 맞추기가 더 쉽다. 손잡이에 주로 사용되는 재질은 나무, 스테인리스, 폴리우레탄 등으로 나무는 잡기에 편하며 스테인리스는 무게가 있어 탬핑할 때 힘을 주기가 좋고 알루미늄은 가벼워서 다루기가 편한 장점이 있다.

탬퍼 받침대

③ 베이스

베이스와 손잡이가 분리되는 분리형과 그렇지 않은 일체형이 있으며 베이스의 재질로는 스테인리스가 많이 사용되고 그 밖에 알루미늄, 황동 등도 사용된다. 스테인리스는 부식이 잘 안되고 충격에 강해 가장 널리 사용되며 알루미늄은 가벼워서 다루기가 편하다. 황동이나 동은 무거워 압력을 가하기가 편리하나 재질이 무른 편으로 취급에 주의해야 한다.

스테인리스 - 분리형   황동 - 분리형   알루미늄 - 일체형

베이스의 형태는 바닥이 편평한 플랫형이 주로 사용됐으나 커피를 효율적으로 추출하기 위한 다양한 연구를 거쳐 여러 형태의 베이스가 개발되어 사용되고 있다. 그 결과 볼록형, 리플형(ripple type) 등이 개발되었으며 볼록형은 다시 C-플랫(C-flat), US 커브(US curve), 유로 커브(Euro curve)로 나뉜다.

플랫   C-플랫   US 커브

| 유로 커브 | 리플 | C-리플 |

볼록형을 사용하여 탬핑을 하면 가장자리가 중심보다 더 높아지는 결과를 가져오는데 이런 형태가 더욱 균일한 추출이 가능하다고 한다. 왜냐하면 필터 바스켓의 가장자리가 압력에 약해 이곳으로 물이 먼저 통과하는 현상이 일어나기 쉬운데 이를 예방할 수 있고 필터 바스켓의 바닥이 편평하지 않아 플랫형으로 탬핑했을 때보다 커피 케이크에 압력이 보다 일정하게 작용하기 때문이다.

리플형은 바닥에 물결무늬가 있는 탬퍼로 커피 표면적을 넓혀 물이 잘 스며들 수 있어 추출 수율을 높일 수 있으며 일반 리플 외에 C-리플도 있다.

OCD

OCD(ONA Coffee Distributor)는 2015 세계바리스타챔피언대회 우승자인 사사(Sasa Sestic)에 의해 고안되어 2016년부터 판매되고 있는 새로운 개념의 탬퍼이다.

기존의 탬퍼로 탬핑을 하면 아무래도 힘이 한쪽으로 쏠려 수평을 맞추기도 어렵고 커피의 고른 밀도를 유지하기도 쉽지 않으며 손목에 무리가 가는 문제점을 지니고 있었다. OCD는 이러한 문제점을 개선하고자 필터홀더 위에 올려놓고 회전시키면서 커피를 다지는 방식으로 개발되었는데, 레벨링과 탬핌이 동시에 이루어져 힘이 들지 않게 하였고 담기는 커피의 양이 다를 때는 중간에 끼우는 디스크의 수를 조절할 수 있게 하였다. 이러한 편리성 때문에 최근 매장에서 많이 사용되고 있다.

| 윗면 | 아랫면 | 디스크 |

| 분쇄 커피 받기 | 필터 바스켓에 OCD를 올려놓고 회전시킴 | 완료 |

5) 탬핑

탬핑은 바스켓에 담긴 분쇄 커피를 일정한 힘으로 눌러 다져주는 동작으로 추출 과정에서 이루어지는 경우가 대부분이나 반드시 해야 하는 것은 아니다. 탬핑을 하는 이유는 커피 입자 사이의 밀도를 균일하게 해주어 물이 커피 입자 사이를 고르게 통과할 수 있도록 하기 위해서이며 이때 탬핑의 강도는 추출 시간에 어느 정도 영향을 준다고 볼 수도 있지만 그 차이는 생각보다 크지 않다.

요즘은 과거와 달리 강한 힘으로 누르기보다 살짝 눌러 형태를 만드는 개념으로 탬핑 방식이 바뀌었는데 이는 작업량이 적으면 강하게 눌러도 상관없겠으나 반대의 경우 몸에 무리가 갈 수 있기 때문이다.

탬퍼를 쥐는 방법은 아래처럼 매우 다양하며 일반적으로 긴 탬퍼는 엄지와 검지로, 짧은 탬퍼는 엄지와 검지, 중지로 베이스의 가장자리를 눌러준다. 이때 가장 중요한 것은 수평으로 고르게, 일정한 힘으로 눌러주는 것이다.

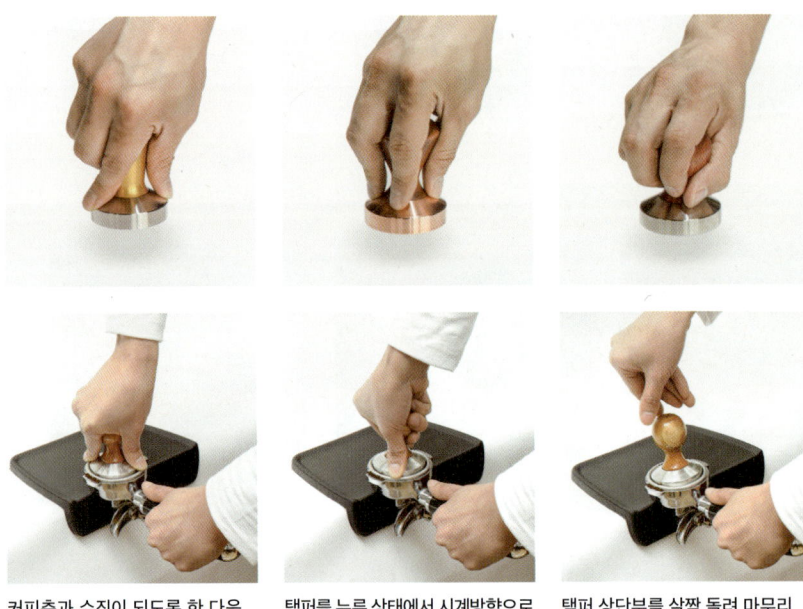

커피층과 수직이 되도록 한 다음 탬퍼를 살짝 누르기

탬퍼를 누른 상태에서 시계방향으로 회전시키기

탬퍼 상단부를 살짝 돌려 마무리 하기

6) 가장자리 털어주기

완료 후에는 필터홀더 가장자리에 붙어있는 커피가루를 손으로 제거한다. 이때 입으로 불면 안 되고 넉박스 위에서 해주어야 하며 특히 스파웃에 커피가루가 묻지 않도록 주의한다.

태핑

탬퍼는 보통 필터 바스켓보다 사이즈가 조금 작아 유격이 있다. 그래서 탬핑을 하고 나면 커피가 가장자리로 밀려 필터 바스켓의 벽면에 달라붙는다. 태핑(tapping)은 탬퍼 손잡이 뒷부분으로 필터홀더를 가볍게 쳐서 벽면에 붙어있는 커피가루를 필터 바스켓 안으로 떨어뜨려 주는 동작이다. 그러나 이 동작은 커피 케이크와 탬퍼 벽면 사이에 틈이나 커피 케이크 내부에 균열을 발생시킬 수 있어 하지 않는 것이 좋다. 또 58.2mm와 같이 정교하게 제작된 탬퍼를 사용하면 굳이 할 필요도 없다.

도징링

필터 바스켓에 분쇄 커피를 받다 보면 아무래도 조금은 흘리거나 필터홀더에 묻을 수밖에 없는데 이를 방지하고자 사용하는 것이 바로 도징링(dosing ring, dosing funnel)이다. 필터 바스켓 사이즈에 맞는 깔때기 형태의 도징링을 필터 바스켓에 올려놓고 커피를 받으면 커피를 흘리지 않고 더욱 쉽게 담을 수 있다.

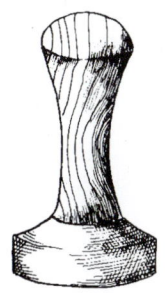

7) 추출

① 추출 전 물 흘리기

그룹에 장착하기 전에 추출 버튼을 눌러 물을 빼준다. 추출 전에 이런 동작을 하는 이유는 샤워 스크린에 붙어있는 찌꺼기를 없애고 사용하지 않을 때 계속해서 가열되어 뜨거워진 추출수를 제거하기 위해서이다.

물 흘리기를 너무 길게 하면 추출수의 온도가 떨어지므로 짧게 하는 것이 좋고 독립 보일러의 경우에는 가열하는데 시간이 걸리므로 물 흘리기를 더 짧게 해야 한다. 이 작업은 포터필터를 그룹에서 분리한 후 실행해도 무방하다.

물 흘리기

② 포터필터 결합

8시 방향에서 삽입한 후 몸의 중심에 올 때까지 힘껏 당겨준다. 장착 시 그룹헤드에 충격을 주지 않도록 해야 하는데 포터필터 앞쪽을 먼저 접촉시킨 후 뒤쪽을 약간 들어 올리면서 장착하면 더 쉽게 결합할 수 있다.

포터필터 결합

③ 추출

추출량을 미리 설정하여 사용하는데 설정 방법은 머신마다 조금 다르지만 보통 다음과 같이 실행한다. 먼저 프리 버튼을 계속 누르고 있으면 세팅 모드로 전환된다.

포터필터를 장착한 후 추출 버튼을 누르고 컵워머에 있는 예열 된 잔을 내려놓는다. 프리 인퓨전 기능이 있는 경우 약 2초 정도 후에 본격적인 추출이 시작된다. 커피를 받을 때 잔 바닥에 바로 떨어져 충격을 받으면 향이 손실되므로 잔의 가장자리에 비스듬하게 떨어지도록 하는 것이 좋다. 머신에 따라 잔을 먼저 내려놓고 추출 버튼을 누를 수도 있다.

추출 버튼 누르기   컵 내리기   에스프레소 추출

8) 포터필터 청소/그룹헤드 장착

추출을 하고 난 뒤에 필터홀더를 넉박스의 바에 쳐서 필터 바스켓에 들어 있는 커피찌꺼기[10]를 제거한다. 그 후 추출 버튼을 눌러 물로 필터 바스켓 내부를 깨끗하게 청소하고 포터필터를 그룹헤드에 다시 장착한다. 커피 찌꺼기의 압축강도를 확인하면 추출 상태를 어느 정도 짐작할 수 있는데 커피찌꺼기가 너무 쉽게 부서지거나 물기가 많다면 추출이 제대로 이루어지지 않은 것이다.

커피 찌꺼기 버리기   포터필터 청소하기   포터필터 그룹에 장착

---

10 커피찌꺼기를 퍽(puck), 에스프레소 퍽(espresso puck), 커피 퍽(coffee puck) 등으로 부른다.

결과

추출 결과를 살펴보면 아래와 같이 정상, 과소, 과다 추출의 세 가지 경우가 있을 수 있는데 사실 이 결과를 단정적으로 얘기하기는 어려운 점이 있다. 커피 맛에 대한 기준이 달라 누구에게는 과다이지만 다른 사람에겐 정상 추출이라고 생각될 수 있기 때문이다. 따라서 정상, 과다, 과소 추출은 상대적인 간격이라고 이해하는 것이 편하다.

과소나 과다 추출의 원인은 두 가지 이상의 원인이 결합하여 일어날 수 있으며 그 과정과 결과는 다음과 같다.

1) 정상 추출

추출 버튼을 누르면 바로 추출되지 않고 몇 초 후에 커피가 추출되기 시작한다.

추출 과정

- 추출액에 점성이 있어 유속이 느리며 거의 수직으로 추출됨
- 추출액의 양이 많아지며 색깔도 점차 옅어짐
- 약 25초에 25-30ml가 추출됨. 커피 추출액은 짙은 갈색을 띰

추출 결과

- 황금색을 띤 부드러운 크레마가 3-5mm 정도 표면에 형성됨
- 커피 찌꺼기가 갈색을 띰

2) 과소 추출

잘못된 추출의 대부분을 차지하며 이는 추출이 지나치게 빨리 이루어져 커피 추출액에 커피 성분이 너무 적어 맛이 약한 상태를 말한다. 이런 현상은 사용되는 커피양이 적거나 입자가 너무 굵을 때 발생한다.

추출 과정
- 추출 버튼을 작동하자마자 커피가 물처럼 점성 없이 빨리 추출됨
- 지속해서 연한 갈색의 커피가 추출됨
- 20초 이내의 이른 시간에 커피 30ml 정도가 추출됨

추출 결과
- 크레마의 색상이 묽고 연하며 빠르게 사라짐
- 커피 찌꺼기가 연한 갈색을 띠고 쉽게 부스러짐

3) 과다 추출

과다 추출은 추출이 지나치게 늦게 이루어져 커피 추출액에 커피 성분이 너무 많아 강한 쓴맛이나 신맛이 나며 자극적인 느낌을 준다. 과소 추출과 반대로 사용되는 커피양이 많거나 입자가 너무 가늘 때 발생한다.

| 추출 과정 | 추출 버튼을 누르고 한참이 지나서 진한 커피가 아주 조금씩 추출됨 | 진한 갈색의 커피가 지속해서 추출됨 | 30초 이상이 지나도 아주 적은 양만 추출됨 |

| 추출 결과 | 크레마의 색상이 진한 색을 띰 | | 커피 찌꺼기가 진한 갈색을 띰 |

4) 농도와 추출 수율 측정

결과물을 시각적으로 판단하여 과다나 과소 추출을 평가할 수도 있지만 보다 정확한 방법은 드립 커피와 마찬가지로 추출 농도를 측정하고 추출 수율을 계산하는 것이다. VST 사의 에스프레소 추출 차트를 보면 에스프레소의 추출 농도는 8-12%이고 그 이상이면 맛이 강한 리스트레또(Ristretto), 그 이하면 맛이 약한 룽고(Lungo)가 된다.

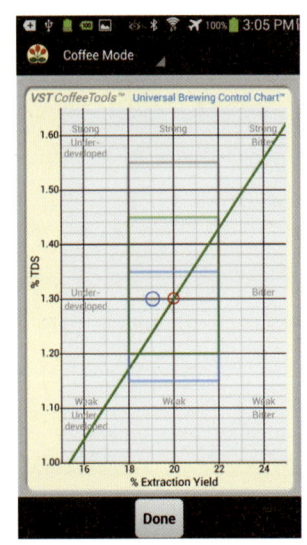

필요한 도구

1) 데미타세

에스프레소를 마실 때 사용되는 잔인 데미타세(demitasse)[11]는 용량이 일반 컵의 반 정도라는 의미로 보통 60-70ml (약 2온스)이다. 에스프레소는 양이 적어 일반 컵에 담으면 빨리 식을 수 있어 데미타세는 이보다 두껍고 작게 제작된다. 재질은 통상 도기인데 유리나 금속 재질도 사용되며 잔이 미끄러지지 않도록 홈이 있는 잔 받침과 같이 사용한다. 안쪽은 둥근 U자 형태로 되어있으며 이는 에스프레소를 직접 받을 때 튀어 나가지 않도록 하기 위해서이다. 잔 외부의 색상은 여러 가지이나 안쪽 색깔은 에스프레소의 색상을 보다 선명하게 보이도록 보통 흰색으로 제작된다.

2) 넉박스

에스프레소를 추출한 다음 발생하는 커피찌꺼기를 버리는 곳을 넉박스라 하며 보통 사각형이고 중간에 필터홀더를 치는 바가 있다. 매장에서는 넉박스가 작아 금방 차버리므로 매립형을 사용하거나 커피찌꺼기가 떨어져 지저분하게 되지 않도록 서랍형을 사용한다.

일반형

---

11 Demitasse는 Demi(절반) + Tasse(컵)의 의미로 프랑스어이다.

매립형

서랍형

3) 기타

그 외에 샷글라스(shot glass), 벨크리머(bell creamer), 패킹매트 등도 필요하다.

샷글라스

벨크리머

패킹매트

내용 요약

- 에스프레소를 추출할 때는 커피를 균일하게 받아야 한다. 탬핑 시에는 수평을 유지해 주어야 하고 채널링이 일어나지 않도록 해야 하며 표면에 홈이 생기지 않도록 한다.
- 남는 커피를 필터 바스켓의 각 방향에서 중앙으로 모은 다음 손이나 도저 커버 등을 이용하여 남은 커피를 깎아 넉박스에 버리는 것을 레벨링이라 한다.
- 탬퍼는 포터필터에 담긴 커피를 수평으로 다져줄 때 사용하는 도구로 58mm 사이즈가 가장 많이 사용되며 플랫형 외에 볼록형, 리플형도 있다.
- 탬핑은 바스켓에 담긴 분쇄 커피를 일정한 힘으로 눌러 다져주는 동작으로 커피 입자 사이의 밀도를 균일하게 하여 물이 균일하게 통과할 수 있도록 해준다.
- 추출과정은 추출 전 물 흘리기 → 포터필터 결합 → 추출 → 포터필터 청소 → 그룹헤드 장착의 순으로 이루어진다.
- 추출 전 물 흘리기를 하는 이유는 샤워 스크린에 붙어있는 커피찌꺼기와 지나치게 온도가 높아진 추출수를 제거하기 위해서이며 짧게 하는 것이 좋다.
- 과소 추출은 추출이 지나치게 빨리 이루어져 맛이 약한 상태를 말하며 사용되는 커피양이 적거나 입자가 너무 굵을 때 발생한다.
- 과다 추출은 추출이 지나치게 늦게 이루어져 커피에서 강한 쓴맛이나 자극적인 느낌을 주는 것으로 사용되는 커피양이 많거나 입자가 너무 가늘 때 발생한다.
- 에스프레소의 적정 추출 농도는 8-12%이다.
- 데미타세는 에스프레소를 마실 때 사용되는 잔으로 용량이 일반 컵의 반 정도라는 의미이며 보통 60-70ml (약 2온스)이다.

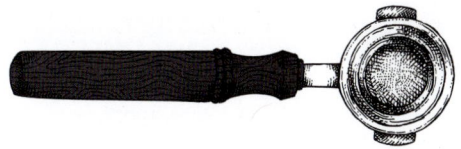

7. 카푸치노

우유 거품 생성 원리

우유 거품은 보일러에서 만들어진 수증기가 스팀완드를 통해 분출되면서 주변의 공기를 같이 끌고 들어가 피처 안의 우유로 흡입되어 생성된다. 스팀완드 팁을 너무 깊게 담그고 있으면 공기를 끌고 들어가지 못해 거품이 생성되지 않고 우유의 온도만 상승시키는 결과를 가져오며 반대로 팁이 표면에 노출되면 우유 표면에 거친 거품이 생기므로 주의해야 한다. 그래서 거품을 생성시키려면 스팀완드 팁을 우유 표면에 살짝 담가주는 것이 적당하다.

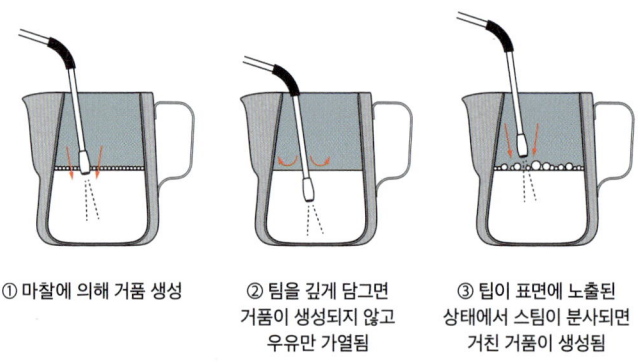

① 마찰에 의해 거품 생성 ② 팁을 깊게 담그면 거품이 생성되지 않고 우유만 가열됨 ③ 팁이 표면에 노출된 상태에서 스팀이 분사되면 거친 거품이 생성됨

필요한 도구 및 재료

1) 피처

피처[12]는 우유 거품을 만들거나 우유를 데워줄 때 필요한 도구로 300ml(1잔), 600ml(2잔), 1,000ml(4잔) 용량 등을 사용한다. 일반적으로 피처는 스테인리스 재질을 사용하는데 이는 스테인리스가 열전도율이 높아 열을 빨리 흡수하여 우유 온도가 상승하는 속도를 늦춰주기 때문이다.

---

12 steaming pitcher, milk frothing pitcher, milk pitcher, milk jug 등 다양한 이름으로 부른다.

피처는 아래는 넓고 위는 좁은 형태로 되어있으며 최근 다양한 형태와 기능이 추가된 피처들도 많이 사용되고 있다.

일반적인 형태   온도가 하단에 표시됨   용량이 안에 표시되어 있음

2) 우유

우유 거품을 만들 때는 5℃ 정도로 차가운 상태의 우유를 사용한다. 우유에 함유된 지방과 단백질에 의해 거품이 생성되고 안정되는 것이므로 저지방 우유는 사용하지 말고 무조정 우유를 사용하는 것이 좋다.

우유 거품 만들기 과정

우유 거품을 만드는 과정은 공기 주입, 혼합, 가열의 세 단계로 나누어 볼 수 있다. 공기 주입은 스팀완드 팁을 담가 외부의 공기를 우유에 불어 넣어 거품을 생성시키는 단계이다. 혼합은 상부의 우유 거품과 아래쪽의 우유를 섞어주는 단계이며 마지막으로 가열은 65-70℃까지 지속해서 온도를 상승시키는 단계이다. 이런 우유 거품을 만드는 작업은 실제로는 생각보다 짧은 시간에 이루어지므로 세심한 주의가 요구된다. 우유 거품을 만드는 방법은 머신, 작업자에 따라 조금씩 다를 수 있으며 세부 과정은 우측과 같다.

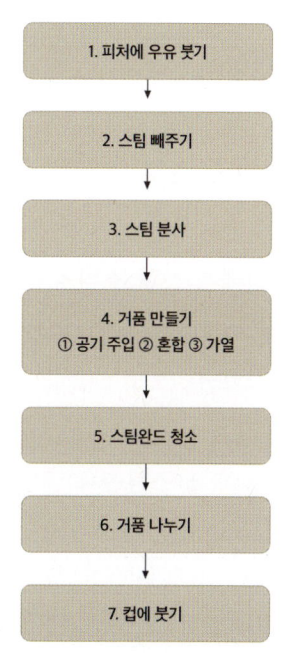

1) 피처에 우유 붓기

거품을 만들기 위해 사용되는 우유는 신선해야 하며 한 번 가열했던 우유는 사용하지 않도록 한다. 피처에 담기는 우유의 양은 아래 그림과 같다.

2) 스팀 빼주기

스팀완드를 사용하지 않으면 스팀완드 내부에 있던 스팀이 식어 스팀완드 팁 부분에 물이 고여 있게 된다. 그대로 사용하면 우유에 물이 들어가 싱거워지므로 사용하기 전에 젖은 행주를 감싼 상태에서 스팀 스위치를 반시계 방향으로 돌려 스팀완드 팁에 고여 있던 물기를 제거한다.

3) 스팀 분사

피처에 스팀완드의 각도를 70-80° 정도가 된 상태에서 우유 표면에 약 1cm 정도 담그고 스팀을 분사한다. 그러면 "쉭"하고 피처 벽을 때리는 소리가 나는데 이때 피처를 조금 아래로 내린다.

스팀완드 팁을 우유에 살짝 담근 상태에서 스팀을 분사함

4) 거품 만들기

① 공기 주입

스팀 스위치를 연 후에 피처를 서서히 아래로 내리면 팁이 노출되면서 주변의 공기를 끌고 들어가 거품이 생성되는데 이때 피처의 약 60%가 찰 때까지 공기를 주입해서 거품을 만들어 준다. 우유의 온도가 상승하면 거품이 만들어지지 않으므로 공기 주입을 우유 온도가 37℃가 되기 전에 완료해야 한다. 그런데 공기를 주입하여 거품이 생성되면 전체 부피가 증가하여 그림처럼 스팀완드 팁이 잠기는 결과를 가져오므로 부피가 증가하는 만큼 피처를 아래로 조금씩 내려주어야 하고 공기 주입이 급격하게 이루어져 거친 거품이 만들어지지 않도록 주의해야 한다.

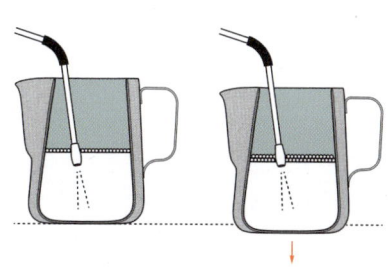 

② 혼합

혼합은 상부의 가벼운 거품과 하부의 가열된 우유를 섞어주는 과정이다. 원하는 양만큼 거품이 생성되면 공기 주입을 중지하고 팁을 고정한다(머신의 스팀 압력에 따라 피처를 약간 기울여주기도 함). 그러면 소용돌이가 생기면서 거칠었던 거

품이 안으로 들어갔다 나오기를 반복하면서 미세한 거품으로 바뀐다. 혼합 전에는 피처 내부가 상단부의 거품과 하단부의 우유가 분리된 상태였지만 이 과정을 통해 거품과 우유가 하나로 혼합된다. 혼합이 완전히 이루어지면 피처의 약 80-90%까지 부피가 증가한다.

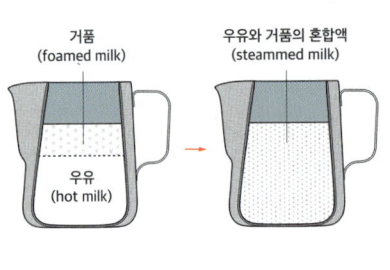
혼합의 의미

팁을 고정하고 우유와 거품을 잘 섞어줌

③ 가열

혼합을 지속하면서 가열을 한다. 가열할 때는 피처 상단에 손을 데어 온도를 감지하고 충분히 가열되었다고 판단되면 신속히 스팀 스위치를 잠근다. 이때 스팀을 완전히 잠그지 않고 피처를 내리면 스팀완드 팁이 노출되면서 표면에 거친 거품이 생기므로 주의해야 한다.

가열 온도는 개인적인 선호도와 컵의 종류가 다르므로 단정적으로 이야기하기 어렵지만 보통 65-68℃ 정도가 적당하다. 하지만 이보다 조금 낮아도 무관한데 65℃ 이하에서는 우유 거품이 약간 차갑게 느껴지지만 단맛이 더 잘 나기 때문이다. 반면 70℃ 이상이 되면 단맛이 약해지고 단백질 성분의 변화로 가열취가 생성되므로 70℃ 이상 가열하는 것은 좋지 않다.

온도 확인

스팀 잠그기

전용 온도계를 사용하기도 함

5) 스팀완드 청소

작업 완료 후 스팀완드를 신속히 닦아주지 않으면 스팀완드에 묻어 있던 우유 찌꺼기가 열에 의해 금방 굳어 좋지 않은 냄새가 날 수 있고 팁이 막힐 수 있으므로 젖은 행주로 잘 닦아주어야 한다.

스팀완드에 묻어있는 우유　　젖은 행주로 신속히 닦아줌　　스팀을 다시 한번 분사함

6) 거품 나누기

혼합 과정에서 미처 없애지 못한 표면의 거친 거품은 피처를 바닥에 쳐서 없애준다. 그 후 거품을 따를 때 보조 피처에 거품을 덜어 놓고 피처를 회전시켜 거품과 우유가 잘 섞이게 한다. 보조 피처에 덜어 놓았던 거품은 두 번째 잔에서 사용하며 앞의 과정을 반복하여 거품과 우유가 섞이게 하는 데 신속히 마무리하지 않으면 우유와 거품이 분리되므로 시간에 유의하도록 한다.

잔여 거품이 있다면 피처를 바닥에 살짝 쳐서 없애줌　　보조 피처에 거품을 덜어 놓음　　피처를 회전시켜 거품을 잘 섞어줌

7) 컵에 붓기

처음엔 거품을 곱게 만들기가 어렵지만 사실 컵에 붓기가 더 어렵다. 왜냐하면 우유와 거품의 구별이 잘되지 않아 양 조절이 쉽지 않기 때문이다. 카푸치노는 거품이 부드러우면서 양이 적당해야 하는데 자칫 그 양이 너무 적거나 많으면 맛없게 느껴지므로 정확한 양을 주입하는 것이 중요하다. 피처를 쥐는 법은 아래 사진과 같이 여러 가지가 있으며 힘을 뺀 상태에서 가볍게 쥐고 스팀밀크를 붓는다.

거품을 부을 때 중요한 것은 피처의 높이와 각도 그리고 굵기이다. 피처를 세울수록 우유가 많이 주입되고 눕힐수록 거품이 많이 주입된다. 그래서 초반에는 피처를 높이하고 굵기를 가늘게 하며 후반부로 갈수록 피처를 컵에 닿을 정도로 눕히고 굵기도 굵게 부어주는 것이다.

컵에 스팀 밀크 붓기

컵을 기울인 상태에서 피처를 조금 높이하고 스팀밀크를 붓는다.

크레마를 안정시키기 위해 피처를 회전하면서 계속 붓는다.

표면에 거품이 올라오기 시작하면 피처를 내려주고 조금 더 굵게 붓는다.

컵이 찰 때까지 더 굵게 붓는다.

피처의 뒷부분을 들고 계속 부어준다. 피처를 들어 올리면서 마무리한다.

평가 요소

카푸치노는 에스프레소 싱글 샷, 스팀밀크, 우유 거품으로 구성된 음료이다. 전통적인 카푸치노는 150-180ml의 컵에 제공되며 최근에는 컵이 커지는 추세이다.

1) 외형

좋은 카푸치노는 표면이 부드러우면서 광택을 띠어야 하고 우유 거품은 크레마와 명확한 경계를 이루면서 뚜렷한 색상 대비가 있어야 한다.

2) 거품

거품은 부드럽고 매끄러워야 하며 미세한 입자로 구성되어 있어야 한다. 두께는 적어도 1cm 이상 되어야 하고 지속성이 있어야 한다.

3) 맛

마실 때 너무 뜨겁거나 차갑게 느껴지지 않아야 하고 마셨을 때 거품의 부드러움을 느낄 수 있어야 하며 우유의 단맛과 에스프레소의 맛이 조화를 이루어야 한다.

카푸치노와 카페 라떼의 차이

카푸치노와 카페 라떼는 에스프레소에 데운 우유와 거품이 추가된 것은 같지만 카푸치노에 비해 카페 라떼가 거품의 양이 적고 우유의 양은 더 많으며 일반적으로 음료의 양도 더 많이 제공된다.

카푸치노(왼쪽)가 커페 라떼(오른쪽)에 비해 거품의 양이 더 많은 것을 알 수 있음

내용 요약

- 피처는 우유 거품을 만들거나 우유를 데워줄 때 필요한 스테인리스 재질의 도구로 300ml(1잔), 600ml(2잔), 1,000ml(4잔) 용량 등을 사용한다.
- 우유 거품 만들기는 공기 주입, 혼합, 가열 단계를 거쳐 만들어진다.
- 우유 스티밍 과정은 우유 붓기 → 스팀 빼주기 → 폼 만들기 → 스팀완드 청소 → 컵에 붓기이다.
- 사용하기 전에 젖은 행주를 감싼 상태에서 스팀 스위치를 작동시켜 스팀완드 팁에 고여 있던 물기를 제거한다.
- 좋은 카푸치노는 표면이 부드럽고 광택을 띠어야 하며 크레마와 명확한 경계를 이루면서 뚜렷한 색상 대비가 있어야 한다. 거품의 두께는 적어도 1cm이상 되어야 하며 지속성이 있어야 하고 우유의 단맛과 에스프레소의 맛이 조화를 이루어야 한다.
- 카푸치노에 비해 카페 라떼는 거품의 양은 적고 우유의 양은 더 많으며 일반적으로 음료의 양도 더 많이 제공된다.

8. 에스프레소 메뉴

에스프레소의 특징 중 하나가 다양한 메뉴에 있다고 할 수 있다. 에스프레소 외에 다양한 부재료를 첨가함으로써 무궁무진하게 메뉴를 개발할 수 있기 때문이다. 메뉴는 크게 핫 메뉴와 콜드 메뉴로 나뉘며 에스프레소만 사용한 베이직 메뉴(basic menu)와 에스프레소에 우유, 크림 등이 첨가된 카푸치노, 카페 라떼와 같은 베리에이션 메뉴(variation menu)로 나눌 수 있다.

베이직 메뉴

카페 리스트레또

1) 카페 리스트레또

'Ristretto'는 제한된이라는 의미로 카페 리스트레또(Caffè Ristretto)는 에스프레소보다 짧은 시간 동안 추출하여 양이 적은 에스프레소를 말한다. 10-15초 동안 약 15-20ml 정도를 추출한다.

카페 에스프레소

2) 카페 에스프레소

카페 에스프레소(Caffè Espresso)는 20-30초 동안 25-30ml 정도 추출된 커피를 말한다.

카페 룽고

3) 카페 룽고

'Lungo'는 길다는 의미로 카페 룽고(Caffè Lungo)는 일반적인 에스프레소보다 추출 시간을 길게 하여 50-60ml 정도 추출한 커피를 말한다.

4) 도피오

도피오(Doppio)는 더블 에스프레소(double espresso)의 의미이며 통상 투 샷(two shot)이나 더블 샷(double shot)이라고 한다. 2잔 분량의 에스프레소(50-60ml)를 제공하는 것을 말하며 도피오 잔에 제공된다. 리스트레또 도피오, 룽고 도피오도 가능하다.

5) 카페 아메리카노

카페 아메리카노(Caffè Americano, Americano)는 에스프레소에 뜨거운 물을 추가해 희석한 음료로 잔의 크기는 보통 10-12온스 정도인데 특별히 정해진 것은 없다. 룽고나 리스트레또의 아메리카노도 가능하다. 호주, 뉴질랜드, 미국 등에서는 아메리카노와 비슷한 롱블랙(Long Black)을 마시는데 뜨거운 물의 양이 아메리카노에 비해 적어 5-6온스 컵을 사용하며 보통 맛이 더 진하고 크레마가 어느 정도 보존된다.

카페 아메리카노   롱블랙

베리에이션 메뉴

1) 에스프레소 마끼아또

'macchiato'는 이탈리아어로 점, 얼룩을 의미하며 에스프레소 마끼아또(Espresso Macchiato/Caffè Macchiato)는 에스프레소에 적은 양의 우유 거품을 올려 데미타세에 제공한다.

2) 카푸치노

카푸치노는 에스프레소와 우유 거품이 조화를 이루는 메뉴로 150-180ml 크기의 잔에 제공되며 기호에 따라 시나몬, 초콜릿 가루를 토핑할 수도 있다.

3) 카페 라떼

'Latte'는 우유라는 뜻으로 카페 라떼(Caffè Latte)는 에스프레소에 데운 우유를 150-200ml 정도 첨가한 메뉴이다. 200-250ml 크기의 잔에 제공하며 카푸치노에 비해 우유의 양은 더 많지만 거품이 없거나 아주 조금만 있다.

4) 카페오레

카페오레(Café au Lait)는 카페 라떼의 프랑스식 표현이다. 원래 프렌치 로스트 커피를 드립으로 추출하여 데운 우유와 함께 카페오레 볼에 동시에 부어 만드는 것이나 일반적으로 에스프레소와 거품우유를 사용하여 만든다.

에스프레소 마끼아또

카푸치노

카페 라떼

5) 카페 콘파나

'con'은 영어의 with이며 'panna'는 cream이라는 의미이다. 즉, 카페 콘파나(Caffè con Panna, Espresso con Panna)는 에스프레소 위에 생크림을 올려 데미타세에 제공하는 음료를 말한다.

6) 카페 모카

카페 모카(Caffè Mocha)는 에스프레소에 초콜릿 시럽과 데운 우유를 넣어 섞은 후 그 위에 휘핑크림을 얹고 초콜릿 시럽과 초콜릿 가루로 장식을 한다.

카페오레   카페 콘파나   카페 모카

내용 요약

- 에스프레소 메뉴는 시간과 양에 따라 리스트레또<에스프레소<룽고로 나뉜다.
- 도피오는 더블 에스프레소의 의미이며 통상 투 샷이나 더블 샷이라고 한다
- 아메리카노는 에스프레소에 뜨거운 물을 추가해 희석한 음료이며 호주, 뉴질랜드, 미국 등에서는 이와 비슷한 롱블랙이 판매된다.
- 에스프레소 마끼아또는 에스프레소에 적은 양의 우유 거품을 올려 데미타세에 제공하는 음료이다.
- 카페 라떼는 에스프레소에 데운 우유를 150-200ml 정도 첨가한 메뉴이다.

- 카페오레는 원래 프렌치 로스트 커피를 드립으로 추출하여 데운 우유와 함께 카페오레 볼에 동시에 부어 만드는 것이나 지금은 에스프레소와 거품 우유를 사용하여 만든다.
- 카페 모카는 에스프레소에 초콜릿 시럽과 데운 우유를 넣어 섞은 후 그 위에 휘핑크림을 얹고 초콜릿 시럽과 초콜릿 가루로 장식을 한 음료이다.

9. 장비 관리

장비 관리의 중요성

에스프레소 머신과 그라인더 같은 장비는 그 성능도 중요하지만 맛있고 위생적인 커피 추출을 위해서 유지 관리와 청결이 반드시 뒷받침되어야 한다. 지속해서 장비를 사용할 때는 장비의 성능이 떨어지지 않게 소모품들도 주기적으로 교체해주어야 하고 고장이 났을 경우 전문 업체에 수리를 의뢰해야 한다. 그룹헤드, 포터필터 등은 커피찌꺼기와 오일이 끼지 않도록 청소해야 하며 청소 주기는 장비의 사용 빈도에 따라 달라지므로 일률적이지 않다. 청소 주기는 머신의 사용 빈도에 따라 차이가 날 수 있으며 체크리스트를 만들어 사용하는 것도 좋은 방법이다.

장비 청소 주기

기간	해당 머신	해당 부품	정검 내용
일일	에스프레소 머신	그룹헤드	물청소는 수시로 해주고 세제 청소는 마감 시에 함
		포터필터	세제 청소
		필터 바스켓	
		드립 트레이	작업 종료 후 깨끗이 청소함
		머신 외부	부드러운 천으로 닦아줌
	일일 그라인더	호퍼	원두 비우기, 호퍼 세제 청소
		도저	분쇄 커피 비우기, 도저 내부 청소
주간	에스프레소 머신	그룹헤드	분해 청소(주 1-2회)
월간	그라인더	분쇄 날	그라인더 분해 청소
	월간 정수기	필터	필터 점검 및 필요 시 교체
분기	에스프레소 머신	필터 바스켓	점검 및 필요 시 교체
		디퓨져	
		샤워 스크린	
		개스킷	점검 및 필요 시 교체

에스프레소 머신 청소 및 관리

1) 그룹헤드 청소

① 백 플러싱

백 플러싱(back flushing)은 구멍이 없는 블라인드 필터(blind filter)나 고무 재질의 디스크를 사용하여 추출되는 물을 역류시켜 그룹헤드와 솔레노이드 밸브를 청소하는 것으로 머신에 따라 자동으로 실행되기도 하지만 이런 자동 기능이 없는 경우 수동으로 해주어야 한다.

블라인드 필터

고무 디스크

수동 청소

우선 블라인드 필터에 전용세제를 넣은 상태에서 포터필터를 그룹에 장착한다. 그 다음 추출 버튼을 눌러 그룹헤드에 물이 나오도록 하고 잠시 뒤 다시 눌러서 물이 나오는 것을 멈추게 하면 된다. 이런 백 플러싱 작업을 반복하여 물만으로 씻기지 않는 커피찌꺼기를 없애주고 다시 물만 사용하여 전용세제의 찌꺼기까지 제거하는데 이 작업은 한 번으로 그치는 것이 아니라 여러 번 반복한다. 대략 1회당 10초 동안 실시하며 5-10회 정도 반복한다.

① 블라인드 필터를 필터홀더에 결합한 다음 세제를 넣음　② 포터필터를 그룹헤드에 장착함　③ 백 플러싱 작업을 통해 그룹을 청소함

④ 커피찌꺼기가 나온 모습　⑤ 포터필터를 다시 장착시켜 맑은 물이 나올 때까지 백 플러싱 작업을 반복함　⑥ 작업이 끝나면 포터필터를 다시 그룹에 장착함

자동 청소

백 플러싱 메뉴가 있는 머신은 버튼을 눌러 손쉽게 할 수 있다.

  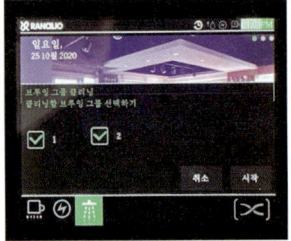

① 고무 디스크를 장착　② 세제를 넣고 포타필터를 그룹에 장착함　③ 그룹을 선택함

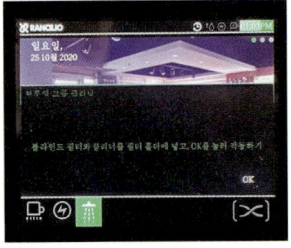 

④ 백 플러싱 실행　⑤ 종료

② 분해 청소

물 청소만으로는 그룹헤드 안쪽의 찌꺼기가 잘 제거되지 않으므로 주 1회 정도 그룹헤드를 분리하여 깨끗이 청소하는 것이 좋다. 분리된 디퓨져와 샤워 스크린은 매우 뜨거우므로 수건이나 장갑을 미리 준비하여 받아야 한다.

① 나사를 풀어줌

② 청소용 솔로 그룹헤드 내부를 깨끗이 청소함

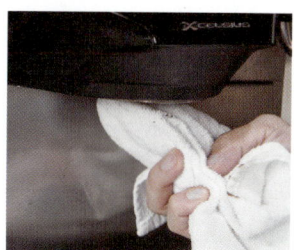

③ 깨끗한 행주로 그룹 안쪽을 닦아줌

③ 청소 도구 사용

아래 청소 도구를 사용하여 백 플러싱을 하지 않고 그룹헤드 내부만 간편하게 청소할 수도 있다.

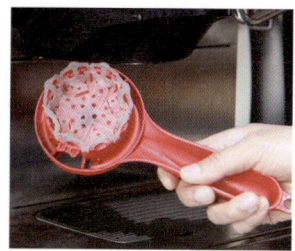

① 청소 전용 도구

② 그룹에 장착함

③ 추출 버튼을 누르고 좌우로 돌리면서 닦아줌

2) 디퓨져와 샤워 스크린 청소

커피 추출에 따라 디퓨져와 샤워 스크린도 커피찌꺼기가 달라붙어 청소를 해주어야 한다. 보통 그룹헤드 청소 시나 개스킷 교체 시 분리되었을 때 하면 되고 오염된 디퓨져와 샤워 스크린은 수세미로 깨끗이 닦아준 후 포터필터 등과 함께 세제를 넣은 통에 담가 놓는다.

① 오염된 디퓨저와 샤워 스크린

② 분리된 샤워 스크린, 디퓨저를 깨끗이 씻어줌

③ 샤워 스크린, 디퓨저를 포터필터와 함께 넉박스에 담가놓음

④ 세척 후 디퓨저와 샤워 스크린

3) 포터필터 청소

커피를 계속 추출하면 필터홀더 내부에 커피 오일과 커피찌꺼기가 눌어붙으므로 매일 작업 종료 후 포터필터를 깨끗이 청소해야 한다. 먼저 넉박스와 같은 통에 전용 세제를 10-20g 정도 넣은 다음 뜨거운 물을 가득 부어주고 포터필터와 필터 바스켓을 분리하여 함께 담가 놓는다. 이후 다시 사용할 때는 포터필터와 필터 바스켓을 부드러운 수세미로 깨끗이 닦아주고 청소용 솔로 스파웃 등을 골고루 청소한 다음 깨끗한 물로 헹군다.

① 전용 세제를 부은 다음 뜨거운 물을 붓고 포터필터를 분해하여 담가놓음

② 포터필터를 꺼내 수세미로 필터홀더를 닦아줌

③ 스파웃도 솔로 닦아줌

④ 필터 바스켓을 닦아줌

⑤ 물로 깨끗이 헹궈줌

4) 드립 트레이/배수관 청소

추출 작업을 하다 보면 드립 트레이가 지저분해지므로 수시로 청소해야 한다. 또한 배수관도 커피찌꺼기가 흘러가면서 일부 달라붙을 수 있고 심할 경우 배수관이 막혀 물이 역류할 수 있으므로 수시로 깨끗하게 해주어야 한다.

① 물을 부어 커피찌꺼기를 흘려보냄

② 부드러운 스폰지로 닦아줌

③ 세제를 푼 물을 배수 파이프에 부어줌

5) 스팀완드 청소

스팀을 사용하다 보면 스팀완드에 우유 찌꺼기가 굳어 스팀 분사를 방해할 수 있으므로 사용 후 아래와 같이 스팀완드를 청소한다.

① 우유가 달라붙은 스팀완드 팁

② 스팀완드를 뜨거운 물에 담가놓음

③ 스팀을 분사함

④ 스팀완드 팁을 분리함

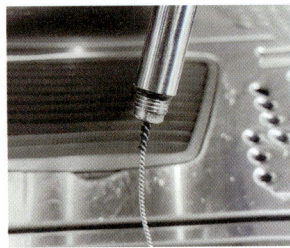
⑤ 청소용 솔로 스팀완드 내부를 청소함

⑥ 스팀완드 내부를 솔로 닦은 다음 다시 조립함

6) 부품 관리

① 게이지

머신을 사용하기 전에 게이지를 먼저 확인하는 습관을 길러야 한다. 보일러 압력과 펌프 압력이 적정한지 등을 살펴보아야 하며 이상이 있다면 적절한 조치를 취해야 한다. 보일러 압력은 0.8-1.2bar가 적정 수준이므로 만약 1.5bar 이상이면 조치를 의뢰한다.

② 펌프

대기 시 펌프 압력은 2-4bar가 적정 수준으로 만약 0bar를 가리키면 수돗물 공급이 안 되거나 펌프가 작동하지 않는 것이다. 특히 모터에서 소음이 나면 장애가 발생한 것이므로 수리를 의뢰한다.

③ 그룹 개스킷

그룹 개스킷은 뜨거운 그룹헤드 안에 장착되어 있으므로 시간이 지나면 경화되어 제 기능을 하지 못한다. 그러면 포터필터를 장착했을 때 헐거운 느낌이 들며 90° 이상 돌아가고 추출 시 물이 새는 현상이 발생하는데 이때 새 개스킷으로 교체해주어야 한다. 그룹헤드는 고온이므로 교체 시에 머신의 전원을 끈 상태에서 두꺼운 장갑을 끼고 작업해야 하며 개스킷을 분리할 때는 다른 부품에 손상을 입히지 않도록 주의한다.

파손된 개스킷

밀착이 안되어 커피가 새는 현상이 나타남

분리형 샤워 스크린의 경우 결합 나사를 분리할 때 나사가 풀어지지 않으면 샤워 스크린을 찢어야 하는 일이 발생하므로 나사선이 마모되지 않도록 주의한다. 또 재결합 시에는 너무 세게 조이지 않도록 해야 하는데 포터필터를 사용할수록 점점 강하게 오른쪽으로 조여져 나중에 분리하기 어렵기 때문이다.

개스킷 교체방법(분리형)

① 전원 버튼을 끈 다음 나사를 풀어 샤워 스크린을 분리함

② 송곳을 사용해 개스킷을 빼냄

③ 개스킷이 어느 정도 나오면 손으로 개스킷을 분리함

④ 개스킷이 분리된 그룹헤드 　　⑤ 새 개스킷을 끼움 (회사 로고가 위로 가도록 함)　　⑥ 개스킷이 완전히 밀착되지 않았음

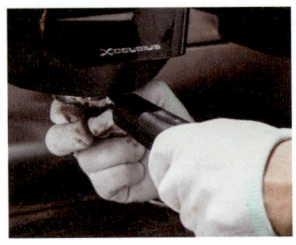 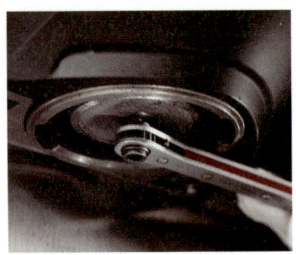 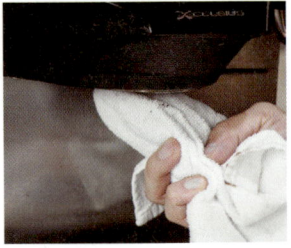

⑦ 필터 바스켓을 뺀 상태의 포터필터를 끼운 다음 오른쪽으로 돌려 개스킷을 밀착시킴　　⑧ 디퓨져와 샤워 스크린을 끼우고 다시 조립함　　⑨ 마른 천으로 닦아준 후 작업이 잘 되었는지 시험 추출함

④ 스팀완드

스팀완드 끝 부분에는 고무 재질의 O링이 끼워져 스팀이 새는 것을 막아준다. 사용하다 보면 O링이 마모되어 누수가 발생하는데 이때 새것으로 교체한다.

① 스팀완드 팁을 분해함　　② O링을 새것으로 교체해줌　　③ 팁을 끼워줌

7) 머신 분해 청소[13]

머신을 계속 사용하면 보일러나 각종 파이프, 부품 내부에 스케일이

13　이 작업을 오버홀(overhaul)이라 부른다.

침착되고 먼지나 커피찌꺼기 등도 부품에 달라붙는다. 이렇게 되면 머신이 성능을 제대로 발휘하지 못하고 고장의 원인이 되기도 하며 무엇보다 커피 맛과 위생에 많은 문제를 불러일으킬 수 있다. 따라서 어느 정도 사용하면 전문 업체에 의뢰하여 머신을 완전히 분해하고 스케일, 녹 등을 제거한 다음 다시 조립해서 사용해야 한다.

① 오염된 상태의 머신

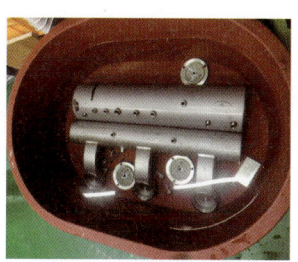
② 분해한 다음 세제를 풀은 통에 담가 오염 물질을 제거함

③ 청소 후 깨끗해진 부품

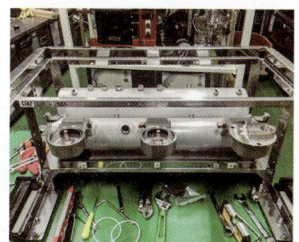
④ 다시 조립함

에스프레소 그라인더 청소 및 관리

그라인더도 사용함에 따라 커피찌꺼기나 오일 등에 의해 오염이 발생하므로 깨끗하게 청소해주어야 한다. 특히 날은 미세한 커피가루가 잘 달라붙는데 이는 커피 맛에 안 좋은 영향을 줄 뿐만 아니라 날을 마모시킬 수 있으므로 일정 시기가 되어 수명이 다하면 새것으로 교체해야 한다. 그라인더의 청소나 날 교체 시 가장 중요한 것은 안전사고 예방을 위해 반드시 전원을 차단한 상태에서 작업해야 한다는 것이다.

1) 호퍼 청소

담겨 있던 원두를 비운 다음 세제로 깨끗이 닦아주고 이때 표면에 스크래치가 생기지 않도록 주의한다.

① 호퍼 게이트를 닫은 상태에서 호퍼를 분리한 다음 원두를 비워줌

② 부드러운 수세미에 세제를 묻혀 닦아줌

③ 물로 깨끗이 헹궈줌

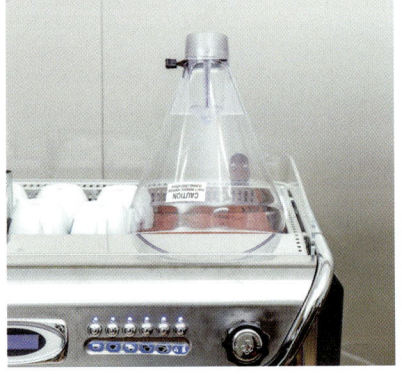

④ 물기를 닦은 후 컵워머에 올려 건조함

2) 수동 그라인더 날 청소 및 교체

① 날 청소

입자조절판을 분리하고 그라인더 상부 날에 붙어있는 커피찌꺼기를 솔로 털어준 후 청소기를 이용해 그라인더 하부 날과 하부 캡에 붙어있는 커피찌꺼기를 제거한다. 날에 묻어 있는 커피가루와 커피 오일은 전용 세제를 사용하여 제거한다.

① 우선 그라인더의 전원을 차단해줌

② 호퍼 제거

③ 도저 내부에 남아있는 커피를 제거해줌

④ 그라인더 본체를 잡고 입자조절판을 시계방향으로 돌려 분리함

⑤ 분리된 입자조절판

⑥ 상부 날을 분리함

⑦ 상부 날에 묻어 있는 커피찌꺼기를 솔로 깨끗이 청소함

⑧ 하부 날을 솔로 청소함

⑨ 청소기로 커피가루를 제거함

② 날 교체

날은 교체해주어야 하는 소모품이다. 날만 주기적으로 갈아주어도 커피의 맛과 향이 한결 좋아지는 것을 느낄 수 있다. 날 교체 시 잘못하면 그라인더 캡과 본체의 나사선이 마모될 수 있으며 만약 이렇게 되면 통째로 부품을 교체해야 하는 일이 생겨 예상치 못한 비용이 발생할 수 있다. 따라서 날 교체는 숙달된 상태가 아니라면 섣불리 하지 않는 것이 좋다.

① 상부 날이 분리된 상태에서 가운데 고정 나사를 풀어줌

② 분리된 고정 나사

③ 하부 날이 돌아가지 않도록 캡을 잡고 하부 날의 고정 나사를 풀어줌

④ 분리된 하부 날

⑤ 내부에 남아있는 커피찌꺼기를 청소기를 사용해 제거한 다음 새 그라인더 날을 다시 조립함

내용 요약

- 에스프레소 머신 일일 청소에는 그룹헤드 청소, 포터필터 청소, 드립 트레이/배수관 청소, 스팀완드 청소가 있다.
- 에스프레소 머신 주간 청소는 그룹헤드 분해 청소, 디퓨져와 샤워 스크린 청소가 있다.
- 머신을 사용하기 전에 게이지를 먼저 확인해야 하며 보일러 압력이나 펌프 압력이 적정한지를 살펴보고 이상이 있다면 적정한 조치를 취해야 한다.
- 대기 시 펌프 압력이 0bar를 가리키면 수돗물 공급이 안 되거나 펌프가 작동을 하지 않는 것이며 특히 모터에서 소음이 나면 수리를 의뢰해야 한다.

- 포터필터를 장착했을 때 헐겁거나 추출 시 물이 새는 현상이 발생하면 그룹 개스킷을 교체해야 하고 교체 시에 머신의 전원을 끈 상태에서 두꺼운 장갑을 끼고 작업해야한다.
- 머신을 지속해서 사용하면 전문 업체에 의뢰하여 머신을 완전히 분해하고 스케일, 녹 등을 제거한 다음 다시 조립해서 사용해야 한다.
- 에스프레소 그라인더 호퍼는 매일 세제로 깨끗이 닦아주어야 하며 호퍼 표면에 스크래치가 생기지 않도록 주의한다.
- 주기적으로 도저 내부에 묻은 커피가루를 솔로 털어내고 청소기를 이용하여 깨끗이 청소한다.
- 회전판에도 커피가루가 달라붙어 있어 주기적으로 분리하여 청소한다.
- 입자조절판을 분리하고 그라인더 상부 날에 붙어있는 커피찌꺼기를 솔로 털어준 후 청소기를 이용해 그라인더 하부 날과 하부 캡에 붙어있는 커피찌꺼기를 제거한다.
- 날은 교체해주어야 하는 소모품으로 주기적으로 갈아주면 커피의 맛과 향이 한결 좋아진다.

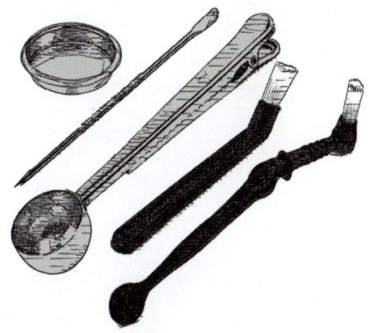

▲ 커피 샘플 평가

6   *Coffee Flavor & Cupping*

커피 향미 평가

1. 커피의 평가
2. 커피의 향
3. 커피의 맛
4. 커피의 촉감
5. 커피의 향미 결점
6. 커피 플레이버 휠
7. 커피 커핑

1. 커피의 평가

우리가 어떤 음식 또는 음료를 먹거나 마셨을 때 맛이 있다 혹은 맛이 없다고 판단할 수 있는 것은 우리 뇌에 그 음식이나 음료에 대한 정보가 있을 때 비로소 가능한 것이다. 커피도 이와 마찬가지로 다양한 경험을 통한 정보가 축적되어 있을 때 맛이나 향 등을 평가할 수 있다.

커피를 이해하는 데 있어 올바른 커피의 평가는 매우 중요하다. 생두 선별, 로스팅, 추출 등 그 결과를 판단하는 것은 결국 맛에 대한 기준이 있어야 가능하다. 그런데 커피가 가지고 있는 향, 맛 등은 매우 다양해서 커피의 특성을 알기까지는 생각보다 많은 시간이 걸린다. 그래서 커피 평가를 잘하기 위해서는 선천적인 감각보다는 후천적인 경험을 통해 커피의 속성 즉, 커피 플레이버에 대한 이해를 해야 한다.

커피 플레이버

맛을 결정하는 것은 아주 적은 양의 향이다. 맛은 입안에 음식물이나 음료가 있을 때 숨을 내쉬면 향이 코와 연결된 좁은 통로를 통해 향기 물질로 휘발되면서 맛을 느끼게 해주는 것이다. 그래서 코를 막고 사과를 먹으면 단지 약간의 신맛이나 단맛만 감지할 뿐 사과라고는 인지하지 못한다. 이처럼 맛과 향은 따로 느껴지는 것이 아니라 동시에 느껴지는데 이렇게 동시에 맛과 향을 느끼는 감각을 플레이버라 한다.

커피의 플레이버도 위와 마찬가지로 커피를 입안에 머금은 상태에서 숨을 내쉴 때 맛과 향이 동시에 느껴지는 감각을 말하며 포괄적으로는 바디를 포함한 커피의 전반적인 특성을 의미하기도 한다.

1) 커피 플레이버의 생성

커피 플레이버를 느끼게 해주는 화합물들은 그 종류가 매우 많아서 커피를 마시면 아주 다양한 플레이버가 감지된다. 커피나무는 토양에 있는 무기질의 도움을 받아 당과 지방을 생성하고 이렇게 생성된 당과 지방은 커피나무의 영양분 혹은 성장에 사용되거나 발아를 대비해 씨앗에 저장해놓는다. 그래서 커피체리를 수확한 다음 씨앗을 로스팅하여 추출하면 씨앗에 저장되어 있던 당과 지방 같은 화합물들로 인해 커피 플레이버를 느낄 수 있는 것이다.

2) 커피 플레이버 평가

커피 플레이버의 평가는 향, 맛, 바디의 세 가지 항목으로 이루어진다.
향은 기체 상태의 천연 화합물로 구성되어 있는데 커피를 분쇄하면 기체 상태로 방출되고 이후 추출 커피액의 표면에서는 증기 상태로 방출된다.
맛은 커피를 추출했을 때 물에 녹는 커피의 무기, 유기 성분으로 구성된다. 사람은 혀의 점막을 통해 화합물의 종류뿐만 아니라 그 강도까지 판별할 수 있다.
바디는 커피를 마셨을 때 기화하지 않고 물에 녹지 않은 성분이 입에 남아서 형성되는 것으로 입안에서 느껴지는 감촉(mouthfeel)이다.

2. 커피의 향

맛은 몇 가지로 한정되지만 향은 세상에 존재하는 가짓수가 매우 많다. 커피에도 1,000여 종의 많은 향이 존재하는데 실제로 커피에서 향을 잘 구별하지 못하는 이유는 후각이 피로를 빨리 느끼고 가장 강하게 나는 한 가지 향만을 감지하기 때문이다.
꽃향, 과일향 같이 좋은 향의 존재 여부는 커피의 품질을 결정하는 매우 중요한 요인으로 이러한 향을 잘 구별하기 위해서는 후천적인 훈련과 더불어 품질이 좋은 커피를 마셔야 한다.

후각 체계

향기 물질은 기체 상태로 코로 들어올 때 또는 음식이나 음료를 먹거나 마실 때 향기 물질이 증기 상태로 후각 영역에 도달한다. 그러면 코의 점막에 있는 후각 세포를 통해 수집된 정보가 대뇌로 전달되고 그곳에서 정보를 처리하여 향을 인지한다.

후각 세포는 약 1,000만 개가 있으며 냄새를 감지하는 수용체는 1,000개 정도이다. 하지만 후각의 민감도는 개인에 따라 차이가 크고 나이가 들수록 퇴화한다. 또 심리적, 생리적 차이와 같은 요인에도 많은 영향을 받는다. 그래서 같은 커피를 동시에 마셔도 사람마다 향기 특성에 대한 반응에 미묘한 차이가 있는 것이다.

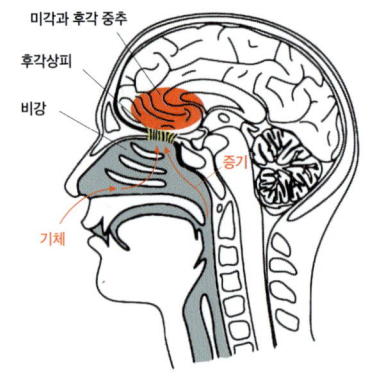

기체와 증기를 통한 후각체계

커피는 각기 독특한 향기 특성이 있으며 커피의 특정한 맛 변조(taste modulation)¹와 결합하여 다른 커피와 구별되는 특유의 플레이버를 형성한다. 따라서 후각은 커피를 다른 것과 구별할 수 있도록 해주는 일차적 감각수단이다.

향의 분류

커피의 향은 두 가지로 분류할 수 있으며 첫 번째는 생성 원인에 따른 분류이고 두 번째는 향을 맡는 단계에 따른 분류이다.

1) 생성 원인에 따른 향의 분류

생성 원인에 따른 향은 먼저 발생 원천에 따라 분류하고 그다음 분자량의 유사성에 따라 다시 나눈다. 이렇게 하면 아래와 같이 세 가지 그룹으로 분류할 수 있으며 각 그룹은 다시 세 가지 하위 그룹으로 분류되는데 이는 꽃향부터 탄향까지 총 아홉 가지 하위 그룹을 형성한다.

---

1 토마토 주스에 소금을 첨가하면 달게 느껴지는 것처럼 한가지나 그 이상의 다른 기본 맛의 강도에 따라 한 가지 기본 맛이 다르게 느껴지는 것을 말한다.

발생 원천에 의한 향	효소에 의한 향	갈변에 의한 향	건류에 의한 향
분자량의 유사성에 의한 향	꽃향 - 꽃향, 방향	견과류향 - 견과류향, 곡물향	송진향 - 수지향, 약품향
	과일향, 감귤향, 베리향	캐러멜향 - 캔디향, 시럽향	향신료향 - 매운향, 톡 쏘는 향
	풀향 - 파향, 콩향	초콜릿향 - 초콜릿향, 바닐라향	탄향 - 연기향, 재향

① 효소에 의해 생성된 향

이 그룹(enzymatic by-products, 그룹 1)에 속하는 향은 생두가 자라는 동안 생두 안에서 일어나는 효소 반응에 의하여 생성된 것들이다. 주로 에스테르[2]와 알데히드[3]로 구성되어 있고 커피향 중에 휘발성이 가장 강하며 갓 분쇄한 커피의 향에서 쉽게 느낄 수 있다.

꽃향 (flowery)	꽃향 (floral)	달콤한 꽃향 (sweetly floral)	재스민, 아르니카(arnica), 라벤더, 커피꽃
		달콤한 허브향 (sweetly herbal)	윈터그린(wintergreen), 티로즈(tea rose)
	방향 (fragrant)	달콤한 향신료향 (sweetly spicy)	카다멈(cardamom), 계피, 샌들우드(sandalwood)
		카르본향 (carvone-like)	캐러웨이(caraway), 딜(dill), 스피어민트(spearmint)
		달콤한 장뇌향 (sweetly camphoric)	스위트바질(sweet basil), 타라곤(tarragon) 코리앤더 씨(coriander seeds)
		아니스향 (anise-like)	아니스(anise). 펜넬(fennel), 바질(basil)

---

2 산과 알코올이 작용하여 탈수 반응을 일으켜 생긴 화합물을 통틀어 이르는 말로 대부분 무색의 액체이다. 휘발성이 있고 꽃향이 나서 향료로 많이 사용된다.
3 포르밀기(-CHO)를 가지고 있는 탄소 화합물을 통틀어 이르는 말로 알코올의 불충분한 산화에 의하여 생긴다. 화학식은 R-CHO이며 자극적인 냄새가 나고 환원제, 향료, 마취제 등으로 사용된다.

과일향 (fruity)	감귤향 (citrus-like)	달콤한 감귤향 (sweet citrus)	레몬, 오렌지, 귤
		마른 감귤향 (dry citrus)	포도, 사과, 올리브
	베리향 (berry-type)	달콤한 베리향 (sweetly berry-like)	체리, 살구, 딸기, 대추야자
		마른 베리향 (dry berry-like)	크랜베리, 블랙베리, 보이즌베리
풀향 (herby)	파향 (alliaceous)	양파향 (onion-like)	양파, 차이브(chive)
		마늘향 (garlic-like)	마늘, 리크(leek), 아위(Asafetida)
	콩향 (leguminous)	야채향 (vegetable-like)	완두, 시금치, 양배추
		파슬리향 (parsley-like)	파슬리, 알팔파(Alfalfa), 목초, 오이

② 갈변에 의해 생성된 향

이 그룹(sugar browning by-products, 그룹 2)의 향들은 견과류향, 캐러멜향, 초콜릿향의 세 가지 향으로 분류할 수 있으며 중간 정도의 휘발성을 가지고 있고 갓 추출한 커피의 표면에서 느낄 수 있다. 이 향들은 알데히드, 케톤, 당카보닐 화합물(sugar carbonyl compound), 피라진 화합물(pyrazine compound) 등의 생성 물질로 구성되어 있고 각각의 화합물들은 맛 특성과 결합하여 커피의 주요한 플레이버 속성을 만들어 내어 우리가 각각의 커피를 구별할 수 있게 해준다.

로스팅 초기에 알데히드와 케톤이 생성되므로 라이트 로스트 커피에서는 확연한 너티향이 난다. 로스팅이 더 진행되면 당 분자가 캐러멜로 알려진 갈색 물질로 농축되어 헤테로고리화합물(heterocyclic compound)[4], 황 화합물, 알코올 등을 생성하므로 미디엄 로스트 커피에서는 캐러멜향의 특성이 나타난다. 이보다 더 진행되면 캐러멜이 피라진 화합물로 바뀌어 초콜릿향이 생성된다. 이후 더 많은 열이 가해지면 갈변 반응에 의해 생성된 화합물들이 연소하여 다크 로스트 커피에서는 더 이상 이 그룹의 향이 존재하지 않는다.

---

4 고리 내에 탄소 외의 원자를 하나 이상 포함하고 있는 유기화합물을 말한다.

견과류향(nutty) - 라이트 로스트 커피	견과류향(nutty)	아몬드, 땅콩, 호두
	곡물향(malty)	바스마티 라이스(basmati rice) 보리, 옥수수, 원두, 토스트
캐러멜향(caramelly) - 미디엄 로스트 커피	캔디향(candy-type)	토피(toffee-like), 감초, 태피(taffy-like) 프랄린(praline-like), 헤이즐넛
	시럽향(syrup-type)	당밀(molasses-like), 메이플 시럽, 꿀
초콜릿향(chocolaty) - 다크 로스트 커피	초콜릿향 (chocolate-type)	베이커스/더치/다크 초콜릿 (Baker's/Dutch/Dark chocolate-like)
	바닐라향 (vanilla-type)	스위스 초콜릿(Swiss chocolate-like), 커스터드, 버터

③ 건류에 의한 향

이 그룹(dry distillation by-products, 그룹 3)의 향은 생두 섬유질의 건류 반응[5]에 의해 생성된다. 주로 헤테로고리화합물, 질소 화합물, 탄화수소 화합물로 구성되어 있으며 커피의 향 중에서 휘발성이 가장 약하다. 갓 추출한 커피를 마셨을 때 증기 상태로 흔히 느껴지며 송진향, 향신료향, 탄향의 하위그룹으로 나뉜다.

송진향 (turpeny)	수지향 (resinous)	솔향 (piney)	송진, 블랙커런트 줄기(black currant stem-like) 테레빈유(turpentine), 솔송나무 껍질(hemlock bark)
		발삼향(balsamic)	쥬니퍼(juniper), 머틀(myrtle, 도금양) 치커리(chicory)
	약품향 (medicinal)	시네올향(cineolic)	오레가노(oregano), 로즈메리(rosemary) 유칼립투스 잎
		장뇌향(camphoric)	장뇌, 쿠베브(cubeb)

---

5 고체 물질을 고온에 견디는 용기에 넣어 공기를 차단하고 물 등을 가하지 않은 채로 가열한다. 이때 발생하는 기체를 밖으로 유도한 후 냉각하여 액체, 기체, 고체의 각종 성분을 얻는 조작을 말한다.
  – 네이버 과학백과사전

분류			
향신료향 (spicy)	매운향 (warming)	넛멕향 (nutmeg-like)	넛맥(nutmeg, 육두구), 시더(cedar), 샐러리 씨앗(celery seed), 커민(cumin)
		후추향 (pepper-like)	후추, 고추, 생강
	톡 쏘는 향 (pungent)	클로브향 (clove-like)	클로브 버드(clove bud), 피망, 월계수 잎
		타임향(thyme-like)	타임(thyme), 세이보리(savory), 호스민트(horsemint)
		비터아몬드향 (bitter almond-like)	비터아몬드(bitter almond), 피치커넬(peach kernel)
탄향 (carbony)	연기향 (smoky)	크레졸향 (cresol-like)	기름, 타르, 지방
		연기향(smoke-like)	파이프 담배. 니코틴
	재향 (ashy)	탄향(burnt-like)	탄향, 그을린 향
		숯향(chared-like)	숯, 재

2) 향을 맡는 단계에 따른 분류

커피는 각각 다른 특유의 향기 특성이 있으며 커피향은 서로 다른 온도에서 기화되는 여러 가지 화합 물질의 상대적 휘발성에 따라 ① 갓 분쇄된 커피에서 나는 기체 상태의 향기(프래그런스, fragrance), ② 갓 추출된 커피액에서 나는 기체 상태의 향기(아로마, aroma), ③ 커피를 마실 때 느껴지는 증기 상태의 향기(노즈, nose), ④ 커피를 마시고 난 뒤 느껴지는 증기 상태의 향기(애프터테이스트, aftertaste)의 네 가지로 분류한다.

아래의 표를 보면 먼저 <그룹 1>일수록 분자량이 적어 휘발성이 강하고 반대로 <그룹 3>으로 갈수록 분자량이 많고 휘발성은 약하다는 것을 확인할 수 있다. 그러므로 프래그런스에서는 가장 가벼운 꽃향이 주로 나고 다음 단계인 아로마에서는 꽃향 다음으로 가벼운 과일향, 풀향이 주로 나는데 이 향들은 중첩되어 인식될 수 있다.

이 밖에도 표를 보면 프래그런스와 아로마는 향기 성분이 기체 상태일 때 느껴지고, 인식되는 향기 물질의 휘발성이 낮은 노즈와 애프터테이스트는 향기 성분이 물에 녹아 증기 상태가 될 때 느낄 수 있다는 것을 알 수 있다.

단계별 향의 특성

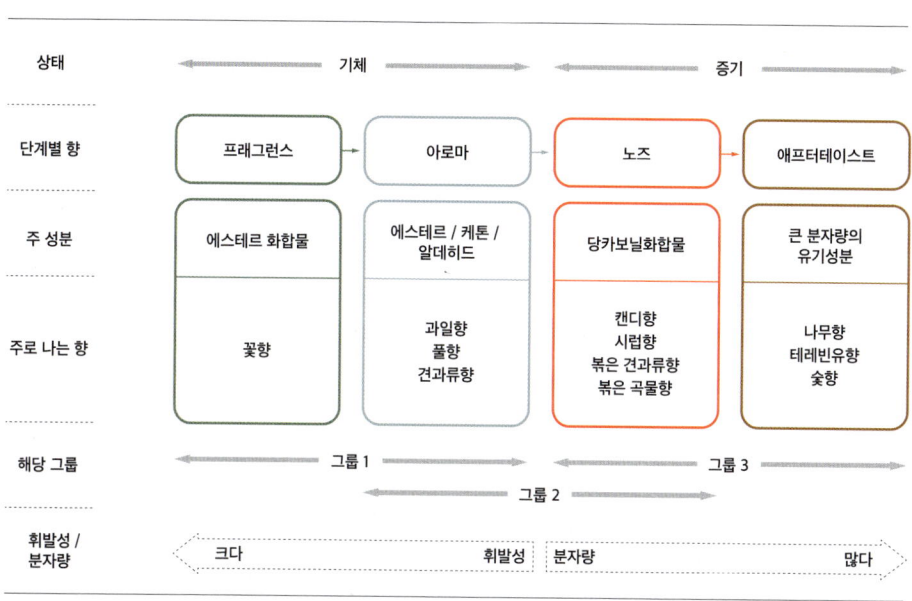

① 프래그런스

프래그런스 혹은 드라이 아로마(dry aroma)는 실온이나 이보다 약간 높은 온도에서 쉽게 기화되는 화합 물질로 구성되어 있다.

원두를 분쇄하면 커피 섬유질이 파괴되면서 탄산가스가 배출된다. 이때 탄산가스는 실온에서 쉽게 기화되는 다른 유기물질들과 같이 방출되며 이 물질들은 주로 에스테르 화합물로 커피 프래그런스의 핵심을 이룬다. 보통 프래그런스는 어떤 꽃을 연상시키는 달콤한 향을 느끼게 하고 때론 달콤한 향신료와 같이 톡 쏘는 향이 나기도 한다.

② 아로마

분쇄된 커피에 뜨거운 물을 부으면 열에 의해 커피 섬유질에 있던 유기물질이 액체에서 기체로 바뀌는데 이를 아로마 혹은 컵 아로마(cup aroma)라 한다. 이때 방출되는 향기 성분은 좀 더 분자량이 많은 알데히드, 케톤 등으로 이 성분들이 커피 아로마의 핵심을 이루며 모든 단계의 향 중에서 가장 복잡한 기체혼합물이다. 이 단계에서는 과일향, 풀향, 견과류향이 섞여서 나지만 전반적으로 과일향이나 풀향이 지배적이다. 만약 향미 결점이 있는 콩이 섞여 있다면 추출된 커피의 아로마에서도 불쾌한 오프 플레이버(off-flavor)[6]가 느껴진다.

③ 노즈
커피를 흡입하거나 힘차게 입천장 뒤쪽으로 분사시키면 커피 추출액에 액체 상태로 있던 유기 성분들이 공기와 혼합되어 기체 상태로 변화하고 동시에 커피액에 갇혀있던 기체 성분들도 방출된다. 이때의 성분은 대부분 당카보닐 화합물로 커피 노즈를 구성하는 핵심이다.
이 화합물들은 대부분 생두 중에 있던 당 성분이 로스팅 과정에서 캐러멜로 변하여 생성된 것이므로 노즈의 특성은 로스팅 정도에 따라 달라지고 캐러멜을 연상시키는 여러 가지 캔디나 시럽부터 볶은 견과류나 볶은 곡류 등까지 다양하게 느낄 수 있다.

④ 애프터테이스트
애프터테이스트는 말 그대로 커피 맛이 줄어든 다음 인식되는 감각으로 'Finish'로 표현하기도 한다. 커피액을 삼키면 후두가 움직여 입안에 있던 공기를 비강으로 다시 보내는데 그때 입천장에 남아 있던 무거운 유기물 일부가 증기 상태로 변화하고 이 증기 성분이 바로 애프터테이스트의 핵심을 구성한다. 커피에 따라 느껴지는 애프터테이스트는 매우 다양하다.

향의 강도

커피의 향을 평가할 때 중요한 것이 향의 강도이다. 강도는 향을 이루는 유기 화합물의 풍부함(fullness)과 세기(strength)의 척도로 정도에 따라 다음과 같이 분류할 수 있다.

---

6 식품 성분의 화학적 변화나 외부로부터의 오염에 의해 발생하는 오염취, 산패취 등의 나쁜 냄새를 말한다.

강도	내용
Rich	향기가 풍부하면서 굉장히 뚜렷한 강도로 향이 느껴질 때를 말함
Full	향기가 풍부하지만 강도는 아주 강하지 않을 때를 말함
Rounded	풍부하지도 않고 중간 정도의 강도로 향이 느껴질 때를 말함
Flat	약하게 감지할 수 있는 정도를 의미함

향의 평가

커피향의 평가는 후각 체계를 통해 기체와 증기에 포함되어 있는 휘발성 유기물질을 감각적으로 평가하는 것이다. 이때 휘발성 유기물질은 자연적으로 생성되기도 하고 로스팅 과정을 통해 새롭게 생성되기도 한다. 커피의 품질을 평가하는 커퍼(cupper)는 특정한 향의 자극에 대한 고도의 감각보다는 오랜 경험을 통해 획득한 향에 대한 기억에 의존해야 더욱 정확한 판단을 할 수 있다.

커피 아로마 키트

커피 아로마 키트(The Le Nez du Café Aroma Kit)는 프랑스의 장 르누아르(Jean Lenoir)가 설계한 것으로 그는 커피 아로마 키트 외에도 와인, 샴페인, 시가의 아로마 키트를 설계하였다. 커피 아로마 키트에는 세계 유수의 커피에서 찾아볼 수 있는 가장 전형적인 총 36 종의 커피 에센스가 "Le Nez du Café(The Nose of Coffee)" 책자와 함께 들어 있다. 이 아로마 키트는 아로마 샘플을 맡아보고 그것을 기억함으로써 커피 테이스팅을 할 때 구별이 가능하도록 훈련하기 위한 도구이다.

향에 관한 용어

분류	내용
Bouquet	추출 커피의 전체 아로마 특성을 일컫는 용어로 후각 점막에서 기체와 증기 상태로 느껴진다. 프래그런스, 아로마, 노즈, 애프터테이스트에 존재하는 휘발성 유기화합물의 결과이다.
Caramelly	노즈 단계에서 느껴지는 향으로 커피를 삼킬 때 증기 중에 있는 중간 정도의 휘발성을 가진 당카보닐 화합물에 의해 생성된다. 캔디나 시럽을 연상시킨다.
Chocolaty	애프터테이스트에서 흔히 느낄 수 있는 향의 하나이다. 추출 커피를 삼킨 후 방출되는 증기에 존재하는 피라진 화합물에 의해 생성되며 무가당 초콜릿이나 바닐라를 연상시킨다.
Complexity	커피의 모든 향에 존재하는 기체와 증기의 질적인 표현으로 후각 점막 세포에서 감지되는 다양한 느낌을 말한다.
Fruity	컵 아로마에서 쉽게 발견되는 향으로 높은 온도의 커피 추출액에서 기체 상태로 느껴지는 휘발성이 강한 알데히드와 에스테르 화합물에 의하여 생성된다. 감귤에서 느껴지는 단맛이나 베리에서 느껴지는 새콤한 맛을 느낄 수 있다.
Herby	Fruity처럼 컵 아로마에서 느낄 수 있는 향으로 양파가 연상되는 파과 식물이나 완두콩이 연상되는 콩과 식물의 향을 느낄 수 있다.
Intensity	커피의 전체 향기에 존재하는 기체와 증기의 자극성과 상대적 강도의 양적 수준을 말한다.
Malty	노즈 단계에서 발견되는 향의 하나로 커피를 삼킬 때 방출되는 증기 중에 있는 중간 정도의 휘발성을 가진 알데히드와 케톤 화합물에 의해 생성된다. 볶은 곡물에서 느낄 수 있는 향과 유사하다.
Nutty	노즈 단계에서 흔히 느낄 수 있는 향의 하나로 볶은 견과류의 향을 연상시킨다.
Spicy	애프터테이스트에서 주로 느껴지는 향의 하나로 휘발성이 약한 탄산수소 화합물에 의해 생성된다. 계피 껍질 같은 우드 스파이스(wood-spice) 향이나 클로브 버드와 같은 나무 씨앗의 향이 느껴진다.
Sweetly Floral	분쇄 커피에서 쉽게 느낄 수 있는 향의 하나로 커피를 분쇄하면 섬유질이 파괴되면서 발생하는 휘발성이 매우 강한 알데히드와 에스테르 화합물에 의해 생성된다. 재스민 같은 꽃향을 연상시킨다.
Sweetly Spicy	Sweetly Floral처럼 분쇄 커피에서 쉽게 느낄 수 있는 향의 하나로 카다멈 같은 향신료를 연상시킨다.

내용 요약

- 생성원인에 따라 향은 효소에 의해 생성된 향, 갈변에 의해 생성된 향, 건류에 의한 향으로 분류할 수 있다.
- 효소에 의한 향은 생두 안에서 일어나는 효소 반응에 의하여 생성된 것들로 주로 에스테르와 알데히드로 구성되어 있고 꽃향, 과일향, 풀향이 여기에 해당한다.
- 갈변에 의한 향은 로스팅으로 생성되며 알데히드, 케톤, 당카보닐 화합물, 피라진 화합물의 생성 물질로 구성되어 있고 견과류향, 캐러멜향, 초콜릿향이 여기에 해당한다.
- 건류에 의한 향은 섬유질의 건류 반응에 의해 생성되며 휘발성이 가장 약하고 커피를 마셨을 때 증기 상태로 느껴지며 송진향, 향신료향, 탄향으로 나뉜다.
- 커피향은 단계별로 분쇄된 커피에서 나는 기체 상태의 향기(프래그런스), 추출 커피액에서 나는 기체 상태의 향기(아로마), 커피를 마실 때 느껴지는 증기 상태의 향기(노즈), 커피를 마시고 난 뒤 느껴지는 증기 상태의 향기(애프터테이스트)로 분류한다.
- 프래그런스 혹은 드라이 아로마는 주로 에스테르 화합물로 꽃을 연상시키는 달콤한 향을 느끼게 하는데 때론 달콤한 향신료와 같이 톡 쏘는 향이 나기도 한다.
- 아로마는 알데히드, 케톤 등의 성분으로 과일향이나 풀향이 지배적이다.
- 노즈는 당카보닐 화합물로 캔디, 시럽, 볶은 견과류나 볶은 곡류 등이 느껴진다.
- 애프터테이스트는 다크 로스트를 하면 송진, 석탄 등 자극적인 향이 느껴질 수 있다.
- 향의 강도는 풍부함과 강도에 따라 Rich, Full, Rounded, Flat으로 나눌 수 있다.
- 추출 커피의 전체 아로마 특성을 일컫는 용어를 부케라 한다.

3. 커피의 맛

미각 체계

미각은 입에 들어온 음식물에 대한 화학적 반응을 통해 맛을 느끼는 것이다. 맛은 혀 유두[7] 측면의 미각 세포[8]에서 음식물에 대한 정보를 인지하여 맛 신경회로를 통해 대뇌로 전달시키고 이후 대뇌에서 이 정보를 처리할 때 느껴진다. 이처럼 맛을 느끼는 데에는 앞에서 말한 처리 과정 외에도 더욱 많은 요인이 작용하며 여기에는 음식물의 색깔, 온도, 냄새, 입안에서의 질감 등이 포함된다.

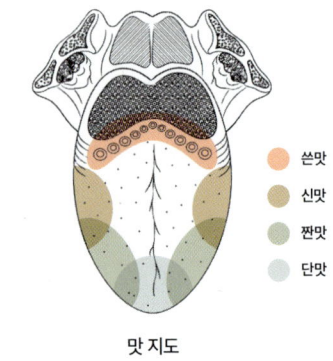

맛 지도

우리가 혀를 통해 느끼는 기본 맛은 신맛, 단맛, 짠맛, 쓴맛과 감칠맛[9]의 다섯 가지이고 각각의 맛은 흔히 아래의 맛 지도처럼 혀의 특정 부분에서만 느낄 수 있다고 알려져 있다. 하지만 이는 잘못된 것으로 특정 맛에 대해 좀 더 민감한 부분만 있을 뿐 실제로는 혀의 모든 부분에서 종류와 관계없이 맛을 느낄 수 있다고 한다.

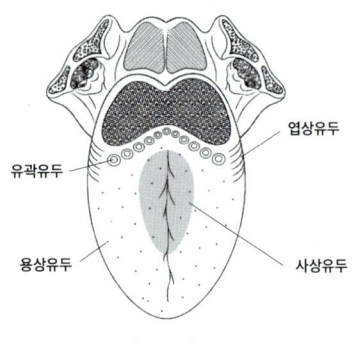

혀 유두 분포

---

7 혀 유두는 형태에 따라 사상유두, 용상유두, 유곽유두, 엽상유두로 분류된다. 혀에 2,000-5,000개, 입천장 등에 50-100개가 존재한다.
8 미뢰(맛 봉오리)는 유두의 옆면에 있으며 이 안에 여러 개의 미각 세포가 있고 이 세포를 통해 화학 물질이 전기적 신호로 바뀐다.
9 감칠맛은 우마미(umami)라고 한다. 1908년 일본의 화학자 이케다 키쿠나에(Kikunae Ikeda, 1864-1936)에 의해 발견되었으며 하나의 맛으로 인정된 것은 근래의 일이다.

네 가지 기본 맛

커피에서의 기본 맛은 일반적으로 감칠맛을 제외한 단맛, 신맛, 짠맛, 쓴맛의 네 가지이다.

1) 단맛

커피의 단맛은 어떤 거친 맛이나 오프 플레이버가 느껴지지 않는 상태의 부드럽고 가벼운 맛으로 보통 과일, 초콜릿, 캐러멜향과 같은 달콤한 향과 밀접한 관계가 있다. 이러한 단맛은 로스팅할 때 생성되는 캐러멜화된 당류와 아미노산 복합물에 의해 느껴지며 로스팅 정도와 생두에 따라 서로 다른 당류의 함량에 의해 강도가 결정된다.

로스팅을 하면 생두에 있던 당류(대부분 자당)는 대부분 소실되어 커피에서의 단맛은 다른 맛에 비해 약하게 느껴진다. 하지만 커피의 단맛은 다른 맛을 더 잘 느끼게 해주며 또 맛을 풍성하게 하여 맛과 맛 사이의 균형을 이루는 역할을 하므로 커피 맛에서 중요한 요소 중 하나로 여긴다.

2) 짠맛

커피의 짠맛은 산화무기물인 산화칼륨, 산화인, 산화칼슘, 산화마그네슘, 산화나트륨 등에 의해 생성된다.

3) 신맛

커피의 신맛은 커피의 맛 중에서 가장 중요한 맛으로 신맛이 약하거나 없으면 커피가 단조롭게 느껴지고 이는 비휘발성산인 카페산, 타르타르산, 말산, 시트르산 등에 기인한다.

커피 용어 중 가장 많은 오해를 받는 것이 'acidity' 이다. 이 용어는 음료에 함유되어 있는 산의 상대적 강도를 나타내는 양적 표현인데 커피의 평가 용어 중 'acidy'가 'acidity'와 관련이 있기는 하지만 두 용어를 같은 의미로 사용할 수는 없다. 왜냐하면 커피가 '매우 시다(very acidy)'라고 해서 꼭 산도가 강한 것은 아니기 때문이다. 실제로 모든 음료는 산성이며 그 상대적 강도는 pH 숫자로 나타낼 수 있다.

음료의 산성도

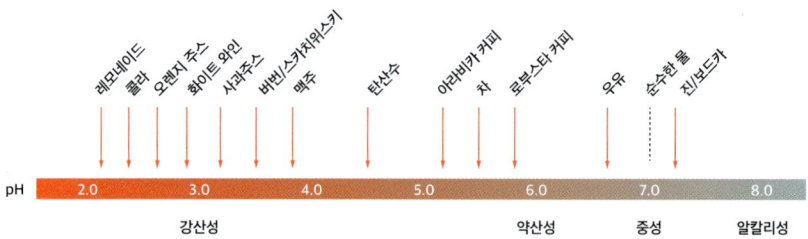

4) 커피의 쓴맛

카페인, 트리고넬린 같은 알칼로이드 성분과 퀸산, 클로로겐산이나 페놀 화합물에 의해 생성되는 커피의 쓴맛은 단지 다른 세 가지 맛에 대한 느낌을 조절하거나 향상시키는 역할만 하므로 커피 맛 평가에서 제외된다. 이러한 쓴맛은 질이 낮은 커피나 다크 로스트 커피에서만 예외적으로 많이 느껴지지만 레드 와인의 타닌이나 맥주의 홉(hop)처럼 커피의 독특한 맛 특성이기도 하다. 이처럼 쓴맛은 긍정적인 맛에 기여하기도 하므로 단지 부정적인 속성으로만 여기는 것은 옳지 않다.

아래 표는 기본 정미 물질의 역치[10]를 나타낸 것으로 표를 보면 대부분 사람이 네 가지 기본 맛 중 쓴맛에 대해 제일 민감하고 단맛에 대해 가장 둔감하다는 것을 알 수 있다. 이런 이유로 커피를 처음 마시는 사람들이 대부분 커피가 쓰다고 말하는 것이다.

네 가지 맛에 대한 정미 물질과 역치

맛	정미 물질	역치(g/100ml)
쓴맛	퀴닌	0.00038
신맛	염산	0.0056
짠맛	소금	0.1229
단맛	설탕	0.4108

출처 - 식품학(2006), 이경애 외

---

10 정미 물질은 그 맛을 느끼게 하는 대표적인 물질을 말하며 역치는 그 맛을 느끼는 최소값이다.

온도에 따른 맛의 변화

맛은 항상 일정하게 느껴지는 것이 아니고 온도에 따라 그 강도가 달라지는데 이는 커피에서도 마찬가지이다. 그러므로 커핑 시 서로 다른 온도에서 맛을 평가하고 여러 가지 온도 중 가장 정확한 느낌을 기록해야 하는 것이다.

네 가지 기본 맛은 온도에 따라 다음과 같이 달라진다.[11] 단맛은 온도가 높거나 낮으면 약하게 느껴지고 사람의 체온일 때(약 37°C) 가장 강하게 느껴진다. 짠맛은 온도가 상승함에 따라 약하게 느껴진다. 신맛은 과일산이 온도 변화에 따른 영향을 받지 않으므로 온도 변화에 따른 영향이 거의 없다. 쓴맛은 온도가 높아짐에 따라 약하게 느껴지는데 이는 온도가 체온보다 올라가면 쓴맛에 대한 반응이 약해지기 때문이다.

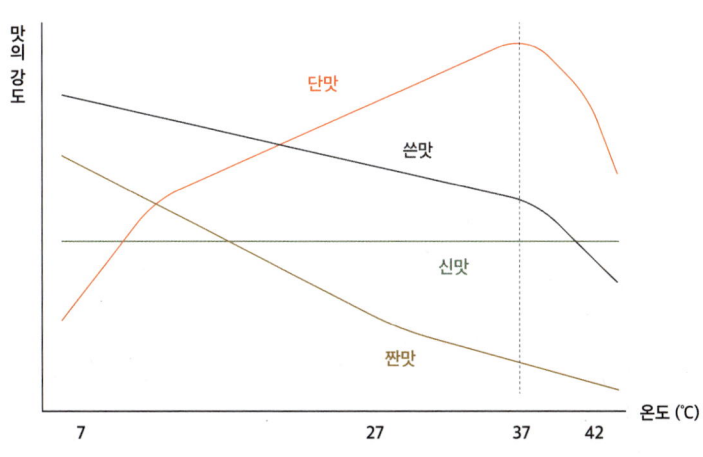

온도 변화에 따른 맛의 강도 변화

출처 - 珈琲 ブック(2005), UCC 커피미각표현위원회

---

11 온도에 따른 맛의 평가는 기계적인 측정이 아니라 평가집단을 구성하여 실시하는 것이므로 그 결과는 서로 상이하게 나타날 수 있다.

맛의 평가

커피 평가에서의 미각이란 추출 과정에서 용해되어 나온 가용성 성분을 감각적으로 평가하는 과정이다. 특정한 커피 맛을 체계적으로 평가하기 위한 첫 단계는 혀에서 느껴지는 변조된 맛에 의한 여섯 가지 일차 맛을 정확하게 식별하는 것이다. 그 다음 단계는 일차 맛이 다시 열두 가지 2차 맛으로 나뉘는 것을 정확히 판단하는 것이고 마지막 단계는 맛의 강도를 결정하는 것이다.

1) 여섯 가지 1차 맛 평가

쓴맛을 제외하면 신맛, 단맛, 짠맛의 세 가지 기본 맛이 남고 이 맛들은 맛의 변조 과정을 통해 각각의 상대적 강도에 따라 상호 작용을 하여 다음 여섯 가지로 유도된다.

맛의 변화에 따른 여섯 가지 1차 맛

신맛은 당의 단맛을 증가시킴	→	Acidy
염은 당의 단맛을 증가시킴	→	Mellow
당은 신맛의 시큼한 맛을 감소시킴	→	Winy
염은 신맛의 시큼한 맛을 감소시킴	→	Soury
당은 염의 짠맛을 감소시킴	→	Bland
신맛은 염의 짠맛을 증가시킴	→	Sharp

2) 열두 가지 2차 맛 평가

일차 맛을 식별한 후에는 맛의 방향을 표현하는 적합한 2차 맛 용어의 선택을 위해 특정한 맛의 감각들이 각각의 1차 맛에서 어느 정도 범주에 해당하는지 판단해야 한다. 예를 들어 winy는 단맛이 증가하면 'tangy'로 표현하고 신맛이 증가하면 'tart'라고 표현하는 것과 같다.

커피의 여섯 가지 1차 커피 맛은 아래와 같이 열두 가지 2차 맛으로 다시 분류할 수 있다.

열두 가지 2차 맛

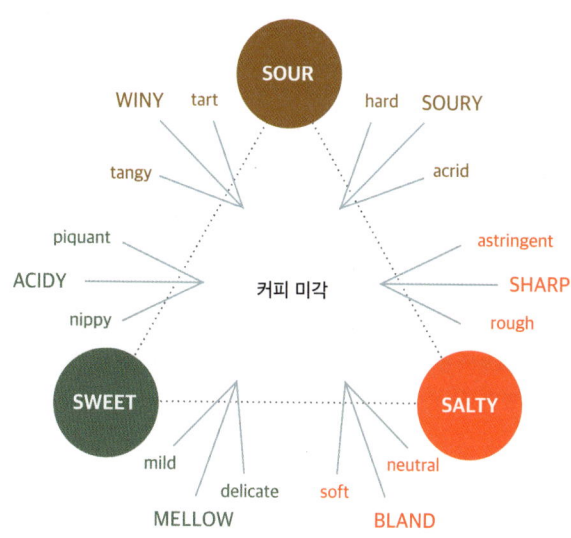

3) 맛 강도 평가

맛의 강도에 관한 용어는 그 정도에 따라 Highly, Moderately, Slightly 라고 표현할 수 있다. 강도가 강하게 느껴지면 Highly, 보통 정도이면 Moderately, 약하면 Slightly라고 한다.

맛에 관한 용어

분류	내용
Acidy	단맛 성분 화합물의 존재와 관련된 1차 맛으로 커피의 산 성분이 당분과 결합하여 커피의 전반적인 단맛을 증가시킨다. 콜롬비아 Supremo처럼 해발 1,200m 이상의 고지대에서 재배되는 워시드 아라비카 커피에서 자주 발견되는 특징으로 혀끝에서 piquant부터 nippy까지 느껴진다.
Acrid	soury와 관련된 2차 맛으로 커피를 첫 모금 마실 때 느껴지는 쏘는 듯한 강한 신맛이며 커피가 식으면 분명한 시큼한 맛을 낸다. 평균보다 높은 농도의 산이 짠맛과 신맛의 맛 변조를 통해 커피의 짠맛을 증가시킬 때 느껴진다.
Alkaline	다크 로스트 커피의 pungent가 변화되어 나타나는 2차 맛으로 건조한 느낌의 맛이다. 쓴맛을 내는 알칼리와 페놀 화합물에 기인한다.

분류	내용
Astringent	sharp의 2차 맛으로 커피를 첫 모금 마실 때 혀가 오그라드는 것 같은 자극적이고 짠 느낌의 특징을 가지고 있다. 신맛이 짠맛을 더 느끼게 할 때 생성된다. 인도네시아 로부스타 커피에서 쉽게 느낄 수 있다.
Basic Tastes	단맛, 신맛, 짠맛, 쓴맛으로 자당, 타르타르산, 염화나트륨, 퀴닌(quinine)에 의한 특징적인 맛이다.
Bland	짠맛과 관련된 커피의 1차 맛으로 커피의 당이 염과 결합하여 짠맛을 약하게 해 생성된다. soft에서 neutral까지 2차 맛을 느낄 수 있다. 저지대에서 생산된 엘살바도르 커피의 전형적인 맛이다.
Delicate	mellow와 관련된 2차 맛이다. 커피를 첫 모금을 마실 때 살짝 스치는 미세한 단맛으로 커피가 식으면 sweet로 느껴진다. 당과 염의 아주 약한 결합으로 인해 단맛이 생성되면서 느껴지는데 다른 맛 감각에 의해 쉽게 가려질 수 있다. 파푸아뉴기니 커피의 전형적인 맛이다.
Hard	soury와 관련된 2차 커피 맛으로 커피를 첫 모금을 마실 때 감지되는 쏘는 듯한 신맛이다. 커피가 식으면 시큼한 맛이 지배적으로 느껴지고 수확이나 건조 과정에서 펄프에 상처가 생겼을 때 효소 작용으로 인해 당이 산으로 변화되면서 생성된다.
Medicinal	harsh와 관련된 커피의 2차 맛으로 커피를 첫 모금을 마실 때 느껴지는 날카로운 신맛이다. 커피가 식으면 요오드가 연상되는 약품 맛으로 바뀐다. 알칼로이드 성분이 단맛과의 변조 없이 산의 시큼한 맛을 증가시킬 때 생성된다. 체리가 박테리아에 오염되었을 때 나타나는 특징적인 맛이다.
Mellow	단맛 성분의 존재와 관련된 커피의 1차 맛으로 염이 당분과 결합하여 커피의 전반적인 단맛을 증가시켜 생성된다. mellow는 mild부터 delicate까지 느껴진다. 해발 1,200m 이상에서 생산된 수마트라 커피에서 쉽게 발견할 수 있다.
Mild	단맛 성분의 존재와 관련된 1차 맛으로 첫 모금을 마실 때 혀끝을 스쳐가는 산뜻한 단맛이며 커피가 식으면 sweet로 느껴진다. 커피에 있는 높은 농도의 단맛 성분과 염 화합물이 서로 맛 변조를 일으킬 때 생성된다. 과테말라 워시드 커피의 전형적인 맛이다.
Neutral	bland와 관련된 커피의 2차 맛으로 커피를 첫 모금을 마실 때 뚜렷한 맛을 느낄 수 없지만 커피가 식으면 분명한 건조한 맛을 느끼게 한다. 염의 농도가 산의 신맛과 당의 단맛을 중화시킬 정도이나 짠맛을 낼 정도는 아닐 때 느껴진다.
Nippy	acidy와 관련된 커피의 2차 맛으로 첫 모금을 마실 때 느껴지는 강렬한 단맛이다. 커피가 식으면 sweet로 느껴진다. 주로 단맛의 맛 변조가 일어날 때 신맛으로 인식되는 산이 많이 존재할 때 느껴진다. 코스타리카 SHB 커피의 전형적인 특징이다.
Piquant	Nippy와 마찬가지로 acidy와 관련된 커피의 2차 맛이며 케냐AA 커피의 전형적인 특징이다.
Rough	sharp와 관련된 2차 맛으로 거슬리고 바싹 마른 듯한 맛이 특징이다. 짠맛의 부가적인 속성으로 생성된다.

분류	내용
Sharp	짠맛을 내는 화합물에 의해 생기는 커피의 2차 맛이다. 커피에 있는 산이 염과 결합하여 커피의 전체적 짠맛을 증가시켜 생성된다. 로부스타 커피의 특징적인 맛으로 sharp는 rough부터 astringent까지 느껴진다.
Soft	bland와 관련된 2차 맛으로 미묘한 드라이한 맛을 제외하고 특징적인 맛을 느끼지 못하는 것이 특징이다. 커피에 있는 염의 농도가 산은 중화시키지만 당은 중화시키지 못할 정도일 때 생성된다. 브라질 산토스 내추럴 커피의 특징이다.
Soury	신맛 성분의 화합물 존재에 따른 커피의 2차 맛으로 커피에 있는 염이 산과 결합하여 전체적 신맛을 감소시켜 생성된다. 600m이하의 저지대에서 생산된 브라질 내추럴 커피의 특징이다.
Tangy	winy와 관련된 커피의 2차 맛으로 주로 톡 쏘는 시큼한 맛이 특징이다. 당 성분이 평균보다 많아 과일과 같은 맛이 느껴진다.
Tart	winy와 관련된 커피의 2차 맛으로 주로 통렬한 시큼한 맛이 특징이다. 신맛을 내는 산이 입술이 오므라질 정도로 많을 때 생성된다.
Winy	신맛 성분과 관련된 커피의 2차 맛으로 당이 산과 결합하여 전체적 신맛을 감소시켜 생성된다. 에티오피아 짐마처럼 해발 1,200m 이상의 고지대에서 재배되는 내추럴 커피에서 특징적으로 느낄 수 있다.

SCAA 플레이버 트레이닝 키트

테드 링글(Ted Lingle)[12]에 의해 설계된 키트(SCAA Flavor Dynamics Taste Training Kit)로 총 15개의 플레이버(sweet, sour, earthy, turpeny, grassy, salt, spicy, herby, fruity, chocolaty, nutty, winy, peanutty, floral, caramelly) 성분으로 구성되어 있다. 물에 희석한 다음 맛을 보고 기억함으로써 커피에서 느껴지는 특정한 플레이버를 구별할 수 있도록 하기 위한 도구이다.

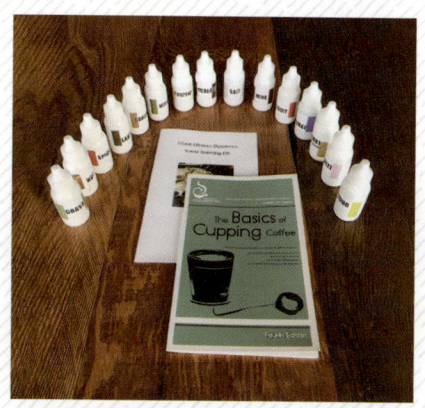

---

12 <The Coffee Cuppers' Handbook>의 저자로 SCAA의 집행 이사를 역임했으며 현재 CQI(Coffee Quality Institute)의 집행 이사로 활동하고 있다.

내용 요약

- 단맛은 로스팅할 때 생성되는 캐러멜화 된 당류와 아미노산 복합물에 의해 느껴진다.
- 짠맛은 산화무기물인 산화칼륨, 산화인, 산화칼슘, 산화마그네슘, 산화나트륨 등에 의해 생성된다.
- 신맛은 카페산, 타르타르산, 말산, 시트르산 등에 기인한다.
- 쓴맛은 카페인, 트리고넬린 같은 알칼로이드 성분과 퀸산, 클로로겐산이나 페놀 화합물에 의해 생성된다.
- 단맛은 사람 체온일 때 가장 강하게 느껴지고 짠맛은 온도가 상승함에 따라 약하게 느껴진다. 신맛은 온도 변화에 따른 영향이 거의 없으며 쓴맛은 온도가 높아짐에 따라 약하게 느껴진다.
- 커피의 기본 맛 Sour, Sweet, Salty는 맛 변조를 통해 6가지 1차 맛으로 분화되고 이는 다시 12가지 2차 맛으로 분화된다.

4. 커피의 촉감

촉각 체계

촉각은 외부의 자극이 피부 감각을 통하여 전해지는 느낌으로 음식을 먹거나 음료를 마실 때의 촉감은 그것들이 입안에 있을 때 느껴지는 물리적인 감각을 말한다. 이 물리적인 감각은 음식이나 음료의 밀도, 점도, 표면장력뿐만 아니라 그 밖의 여러 특성에 따라 입안에서 다르게 느껴지며 이는 입안의 점막에 있는 자유신경종말(free nerve endings)[13] 회로 등이 각각의 물리적·기계적 속성들에 다르게 반응하기 때문이다.

이처럼 음식 및 음료에 대한 촉감은 입안에서 단단하다, 부드럽다, 과즙같다, 미끈하다 등과 같이 다양하게 느낄 수 있어서 때때로 품질을 결정하는 중요한 요인 중의 하나이고 또 입안에서 촉감을 느끼는 동안 지속해서 방출되는 플레이버도 중요하다.

바디

커피를 마실 때의 촉감을 통상 바디라 한다. 바디는 커피 추출액에 떠 있는 불용성의 액체 상태인 지방과 불용성의 고형 성분인 침전물에서 비롯되는데 이런 부유 물질들은 추출 콜로이드를 형성하여 커피에 대한 전반적인 감촉에 질감을 부여하고 커피 플레이버의 향상에도 기여하여 맛에 많은 영향을 준다.

1) 구성요소

① 침전물
침전물에 의해서는 점도를 느끼며 침전물은 분쇄된 커피 입자의 표면에서 씻겨 나온 미량의 섬유질과 불용성 단백질로부터 생성된다. 이 중 불용성 단백질은 생두에 있던 아미노산이 로스팅 과정 중에 서로 결합하여 큰 분자 형태의 단백질을 구성하면서 생성된다.

---

13 자유신경종말은 통각, 온도 감각, 촉각, 간지러움 등을 느끼는 피부감각 수용기의 하나이다.

② 지방

생두는 발아할 때 영양분으로 사용하기 위해 지방을 비축해 놓는다. 생두에서의 지방 함량은 7-17%이고 버터나 면실유의 성분과 비슷한 트리글리세라이드(triglyceride)의 혼합물로 구성되어 있다. 커피에서의 미끈함은 이런 지방 함량에 따라 달리 느껴지는데 지방은 생두에서 고체 성분으로 존재하다가 로스팅을 하면 액체 상태로 변한다. 그 후 추출 과정에서 뽑혀 나와 커피 추출액에 기름방울 형태로 떠 있으면서 커피의 표면장력을 감소시켜 커피를 마실 때 부드럽거나 매끄럽게 느끼게 해준다.

추출 콜로이드

커피액에 있는 지방과 침전물은 콜로이드를 형성한다. 콜로이드란 어떤 물질이 다른 물질 속에 작은 크기(0.1㎛ 정도)의 입자로 분산된 상태로 커피 추출액을 오래 두어도 물과 커피 성분이 분리되지 않는 이유는 커피 추출액이 바로 이 콜로이드 상태를 이루고 있기 때문이다. 이렇게 커피가 콜로이드 상태를 유지하는 것은 커피의 맛과 향에 긍정적인 영향을 미친다. 즉, 추출 콜로이드(brew colloids)는 다른 플레이버 물질을 흡착함으로써 커피의 플레이버를 상승시키는 역할을 하며 콜로이드가 향기 화합물의 얇은 막에 달라붙어 있음으로써 커피를 마실 때까지 기체 상태의 향기 화합물이 날아가지 않고 커피액에 잔류하게 한다. 또 추출 콜로이드는 커피의 신맛을 완화시키는 역할도 한다. 그런데 커피액에 계속 열을 가하면 추출 콜로이드의 안정성이 깨져버린다. 그래서 중력에 의해 지방은 추출액의 표면에 기름막을 형성시키고 침전물은 바닥에 가라앉는다. 그러므로 커피 추출액은 짧은 시간 동안이라도 열원 위에서 직접 가열하지 않아야 한다.

2) 바디와 농도

농도는 커피액에 있는 가용성 성분의 양과 종류에 대한 강도를 말하는 것으로 바디와 농도는 엄연히 다른 것이다. 바디가 촉감의 특성이라면 농도는 맛의 특성인 것이다. 따라서 커피의 바디가 강하다고 반드시 맛도 강한 것은 아니다.

바디에 관한 용어

커피에서 바디가 강하게 느껴질 때를 보통 풀 바디 커피(full bodied coffee)라 표현하며 바디의 정도는 아래와 같이 구성 요소의 함량에 따라 더 정확히 표현할 수 있다.

	종류	특성
침전물의 함량에 따라	Thin	고형 성분의 함량이 낮은 수준일 때 느껴지는 감각으로 섬유질의 미세한 입자나 불용성 단백질의 양이 아주 적어 나타난다. 적은 양의 커피로 페이퍼 필터를 사용하여 많은 양의 커피액을 추출했을 때 흔히 느껴진다.
	Light	고형 성분의 함량이 약간 낮은 수준일 때 느껴지는 감각으로 섬유질의 미세한 입자와 불용성 단백질이 감지될 정도로 있어 느껴진다. 커피양을 적게 사용하여 많은 양의 커피액을 추출했을 때 흔히 나타난다.
	Heavy	고형 성분의 함량이 약간 높은 수준일 때 느껴지는 감각으로 커피 추출액에 섬유질의 미세한 입자와 불용성 단백질이 현저히 많을 때 나타난다.
	Thick	고형 성분의 함량이 높은 수준일 때 느껴지는 감각이다. 에스프레소와 같은 가압 추출 커피의 특성으로 커피액에 섬유질과 불용성 단백질의 양이 상당히 많을 때 나타나는 결과이다.
지방 함량에 따라	Watery	지방 성분의 함량이 낮은 수준일 때 느껴지는 감각으로 생두에 함유된 지방 함량이 아주 적어서 나타난다. 아주 적은 양의 커피를 사용하여 많은 양을 추출했을 때 흔히 보이는 특성이다.
	Smooth	지방 성분의 함량이 약간 낮은 수준일 때 느껴지는 감각으로 생두에 함유된 지방 함량이 중간 정도일 때 나타난다.
	Creamy	지방 성분의 함량이 약간 높은 수준일 때 느껴지는 감각으로 생두에 함유된 지방 함량이 현저히 많을 때 나타난다.
	Buttery	지방 성분의 함량이 상당히 높은 수준일 때 느껴지는 감각이다. 에스프레소와 같은 가압 추출 커피의 특성으로 커피 섬유질에서 많은 양의 지방이 커피 추출액에 함유되어 나타나는 결과이다.

커피를 표현하는 용어들도 시대에 따라 변하기 마련이고 이는 바디도 마찬가지이다. 구성 요소와 상관없이 단순히 바디가 느껴지는 강도에 따라 아래와 같이 Light <Medium<Heavy로 대략적으로 표현할 수도 있고,

각각의 표현을 느껴지는 정도에 따라 더욱 세분하여 표현할 수도 있다.

바디 강도	세부 용어
Light	Watery, Tea-like, Silky, Slick, Juicy
Medium	Smooth, 2% milk, Syrupy, Round, Creamy
Heavy	Full, Velvety, Big, Chewy, Coating

내용 요약

- 커피를 마실 때의 촉감을 통상 바디라 하며 이는 커피 추출액에 떠있는 불용성의 액체상태인 지방과 불용성의 고형 성분인 침전물에서 비롯된다.
- 바디는 침전물의 함량에 따라 Thin<Light<Heavy<Thick으로 분류할 수 있고, 지방 함량에 따라 Watery<Smooth<Creamy<Buttery로 분류 할 수 있다.
- 바디를 강도에 따라 Light<Medium<Heavy로 대략적으로 표현할 수도 있다.

5. 커피의 향미 결점

커피가 씨앗에서부터 음료가 되기까지 전 과정을 살펴보면 내적·외적 요인들이 끊임없이 커피에 영향을 미치는 것을 알 수 있고 이러한 요인들이 강하게 작용하면 추출 커피의 최종 플레이버에 영향을 주는 화학적 변화가 일어난다.

플레이버 테인트(flavor taint)는 위의 변화가 플레이버의 향기에 국한되는 약한 결함을 일컫는 말로 개인적인 선호도나 결함의 종류와 정도에 따라 좋아할 수도 혹은 싫어할 수도 있다. 반면 플레이버 폴트(flavor fault)는 화학적 변화가 플레이버의 맛 속성에 영향을 주는 중대한 결함으로 작용하는 것으로 이는 개인적인 선호도와 관계없이 대부분 싫어한다.

커피의 향미 결점은 먼저 테인트인지 폴트인지를 판단하는 것이 중요하며 다음의 다섯 단계에서 모두 발생한다.

1단계: 수확과 건조 과정

첫 번째 단계의 결점은 커피체리를 수확한 후 펄프를 제거하여 말리거나 혹은 체리 그대로 건조할 때 발생한다. 아래 표처럼 산에 영향을 주는 것과 지방 성분에 영향을 주는 것으로 나뉜다.

수확과 건조 과정

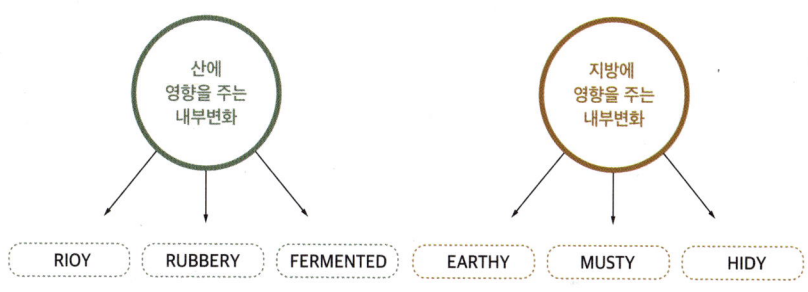

*적정한 건조가 이 단계의 결점을 방지하는데 필수적이다.

수확과 건조 과정에서 발생하는 결점

종류	특성
Rioy	커피액에서 요오드 같은 약품 맛이 심하게 나는 맛의 결점(taste fault)으로 브라질의 내추럴 아라비카 커피에서 찾아볼 수 있다. 커피 열매가 나무에서 부분적으로 말랐을 때 박테리아가 지속해서 효소 활동을 유발해 발생한다.
Rubbery	탄 고무 냄새가 나는 맛의 결점으로 아프리카에서 생산되는 로부스타에서 주로 찾아볼 수 있다. 발생 원인은 'Rioy'와 동일하다.
Fermented	매우 불쾌한 신맛이 느껴지는 맛의 결점으로 건조할 때 당분을 아세트산으로 변화시키는 효소 활동으로 인해 발생한다.

종류	특성
Earthy	흙과 같은 냄새가 느껴지는 향의 결점(odor taint)이다. 건조 과정에서 생두의 지방 성분이 땅으로부터 유기물을 흡수하여 발생한다. 'Dirty'나 'Groundy'라고도 한다.
Musty	곰팡이 냄새가 나는 향의 결점으로 건조 과정에서 생두의 지방 성분이 곰팡이로부터 유기물을 흡수하여 발생한다. 'Moldy'라고도 한다.
Hidy	소기름이나 가죽 냄새가 나는 향의 결점이다. 건조 과정에서 너무 많은 열량이 공급되었을 때 생두의 지방 성분이 분해되면서 발생하는데 기계 건조 시 흔히 나타난다.

· **2단계: 보관 과정**

두 번째 단계의 결점은 커피를 수확한 후 보관 과정에서 숙성될 때 발생한다. 이 단계에서 생두가 갖는 향미 특성은 시간의 경과에 따라 아래와 같이 변화한다.

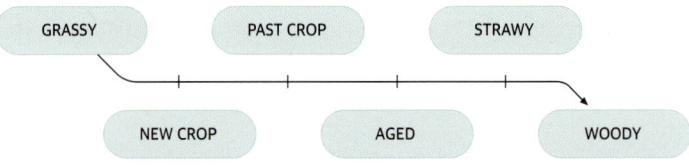

* 커피가 Woody 단계가 되면 더 이상 상업적 가치가 없어진다.

수확 후 보관 과정 중 발생하는 결점

종류	특성
Grassy	갓 베어낸 풀에서 느낄 수 있는 맛과 향의 결점(taste & odor taint)으로 열매가 익는 동안 질소 화합물 성분이 지나치게 많이 생성되었을 때 나타난다.
New crop	약하게 풀의 특성이 느껴지는 맛의 결점으로 숙성 과정에서 효소의 불완전한 변화로 인해 생성된다. 3-6개월 정도 숙성 과정을 거치면 사라진다.

종류	특성
Past crop	신맛이 약하게 나는 맛의 결점으로 수확 후 일 년이나 그 이상 보관했을 때 효소의 변화로 생성된다.
Aged (Aging)	신맛은 약하지만 바디가 강하게 느껴지는 맛과 촉감의 결점(taste & mouthfeel taint)이다. 수확 후 장기간 숙성시킬 때 효소 작용에 의해 생두의 특성이 변화되어 발생한다.
Strawy	건초의 특성이 뚜렷하게 느껴지는 맛의 결점으로 수확한 후 보관 과정에서 유기물질이 소실되어 발생한다.
Woody	보관 과정에서 유기화합물이 거의 소멸되어 나무와 같은 특성이 느껴지는 맛의 결점이다. 숙성 과정의 마지막 단계로 커피로서의 상업적 가치가 사라진 상태이다.

3단계: 로스팅 중 캐러멜화 과정

세 번째 단계의 결점은 로스팅 중에 일어난다. 로스팅 시 온도가 약 200°C정도가 되면 생두에 있는 당 성분이 일련의 화학적 변화를 겪으면서 유기, 무기 성분과 결합하여 궁극적으로 캐러멜로 알려진 갈색 물질이 된다. 그런데 로스팅 과정에서 캐러멜화 과정이 진행될 정도의 열량이 충분히 공급되지 않거나 반대로 많은 열량이 공급되었을 때 아래와 같은 결점들이 나타난다.

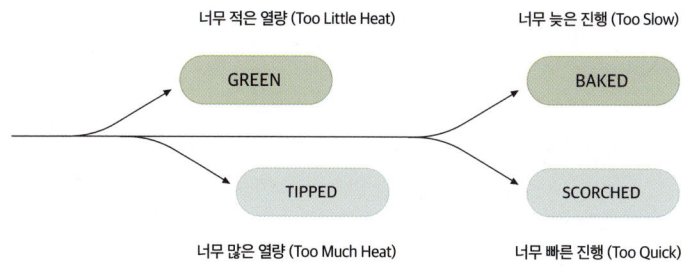

* 로스팅 시 열 공급이 적당하지 않으면 캐러멜화가 잘 이루어지지 않는다.

로스팅 중 캐러멜화 과정에서 발생하는 결점

종류	특성
Green	풀 냄새가 나는 맛의 결점이다. 약한 열량을 짧은 시간 동안 공급하여 당-탄소 화합물이 제대로 생성되지 않아 발생한다.
Baked	약한 향과 무미건조한 맛이 나는 결점이다. 적은 열을 지나치게 긴 시간 동안 공급하여 플레이버 화합물이 충분히 생성되지 않아 발생한다.
Tipped (Tipping)	곡물 같은 맛이 나는 결점이다. 열량 공급 속도가 너무 빨라 커피콩의 끝부분이 타서 발생한다.
Scorched (Scorching)	캐러멜 성분이 제대로 생성되지 않아 나타나는 페놀과 피리딘 화합물의 특성이 느껴지는 맛과 향의 결점이다. 너무 많은 열량이 지나치게 짧은 시간에 공급될 때 커피콩 표면이 타서 발생한다.

4단계: 로스팅 후 산패 과정

네 번째 단계는 원두의 산패 과정에서 일어나는 플레이버의 변화이다. 원두는 로스팅 직후가 가장 신선한데 이때가 휘발성이 제일 강한 메르캅탄(mercaptan)[14]이나 황 함유 화합물 같은 향 화합물이 가장 많이 함유되어 있기 때문이다. 하지만 시간이 지나면 향이 소실되면서 플레이버에 급격한 변화가 일어난다. 산패 과정은 아래와 같이 시간이 지날수록 더욱 빨라진다.

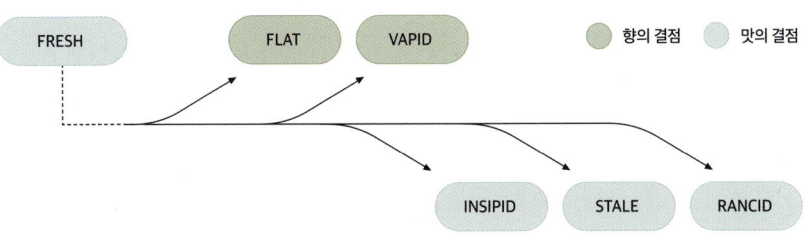

* 분쇄커피에서 향을 느낄 수 없으면 커피가 더 이상 신선하지 않다는 것을 의미한다.

---

14 티오알코올이라고도 하며 알코올의 산소 원자를 유황 원자로 치환한 화합물이다. 일반적으로 휘발성의 무색 액체로서 부추, 마늘과 같은 불쾌한 냄새가 난다. 약한 산성을 나타내며 물에는 녹지 않고 유기 용제에 녹는다.
- 환경공학용어사전

로스팅 후 산패 과정에서 발생하는 결점

종류	특성
Flat	산패 과정에서 향 화합물이 원두에 별로 남아 있지 않을 때 나타나는 향의 결점이다.
Vapid	원두의 지속적인 산패로 휘발성 유기물이 소실되었을 때 나타나는 향의 결점이다.
Insipid	커피의 플레이버 화합물이 소실되어 나타나는 맥 빠진 맛이 느껴지는 결점이다. 원두의 섬유질에 산소와 수분이 침투하여 유기물이 소실되어 발생한다.
Stale	불쾌한 맛이 느껴지는 맛의 결점이다. 산소와 수분이 커피의 섬유질에 침투하여 유기물에 부정적인 영향을 주어 나타난다.
Rancid	매우 불쾌한 맛이 느껴지는 맛의 결점이다. 산소와 수분이 원두의 오일 성분에 화학적 변화를 일으켜 나타난다.

5단계: 추출 후 보관 과정

추출된 커피는 시간이 지남에 따라 플레이버의 변화를 겪고 특히 가열하면서 보관하면 그 변화가 더욱 빨라진다.

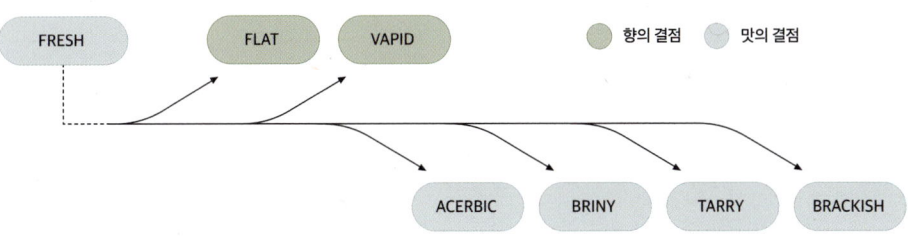

* 추출 후 보관 과정에서 커피 플레이버는 다른 어떤 단계보다 빨리 변한다.

추출 후 보관 과정에서 발생하는 결점

종류	특성
Flat	향 화합물이 커피 추출액에 별로 없을 때 나타나는 향의 결점이다.
Vapid	유기물질이 소실되어 나타나는 향의 결점으로 보관 과정에서 높은 온도로 가열하면 커피 추출액에 갇혀있던 기체 분자가 사라져 나타난다.

종류	특성
Acerbic	강한 신맛이 느껴지는 맛의 결점이다. 보관 과정에서 과도한 열로 인해 클로로겐산이 짧은 사슬구조의 퀸산과 카페산으로 분해되어 생성된다.
Briny	짠맛이 느껴지는 맛의 결점으로 보관 과정에서 과도하게 공급된 열로 물이 증발하면서 아린 맛을 내는 무기질 성분이 농축되어 나타난다.
Tarry	불쾌한 탄맛이 나는 맛의 결점으로 보관 과정에서 과도한 열이 커피 추출액의 단백질을 태워서 생성된다.
Brackish	짠맛과 알칼리 맛[15]이 느껴지는 맛의 결점으로 과도한 열로 물이 증발하면서 산화 무기물과 염기성 무기질이 농축되어 나타난다.

기타 향미 결점

위의 다섯 단계에서 나타나는 결점 외에도 'Quakery', 'Wild'가 있다. 'Quakery'는 커피 추출액에서 뚜렷하게 땅콩맛이 느껴지는 맛의 결점으로 녹색 체리나 안 익은 체리를 수확하여 가공했을 때 발생한다. 'Wild'는 커핑 시 샘플 컵에서 극단적인 차이를 보이는 맛의 결점으로 불쾌한 신맛이 특징이다. 생두의 내부에서 일어나는 화학적 변화 또는 외부로부터의 오염으로 인해 발생한다.

내용 요약

- 플레이버 테인트는 커피의 변화가 플레이버의 향기에 국한되는 약한 결함을 말한다.
- 플레이버 폴트는 변화가 플레이버의 맛 속성에 영향을 주는 중대한 결함을 말한다.
- 수확과 건조 과정에서 산에 영향을 주는 내부 변화는 Rioy, Rubbery, Fermented가 있고 지방에 영향을 주는 외부 변화는 Earthy, Musty, Hidy가 있다.

---

15 혀의 안쪽에서 느껴지는 마른 듯한 감각이다.

- 수확 후 생두는 보관 과정 중 시간에 따라 Grassy → New crop → Past crop → Aged → Strawy → Woody 순으로로 변화한다.
- Green은 약한 열량을 짧은 시간 동안 공급하여 당-탄소 화합물이 제대로 생성되지 않아 발생한다.
- 로스팅 후 산패 과정에서 발생하는 결점은 시간에 따라 Flat → Vapid → Insipid → Stale → Rancid의 순이다.
- 추출 후 보관 과정에서 발생하는 결점은 시간에 따라 Flat → Vapid → Acerbic → Briny → Tarry → Brackish 순이다.
- Quakery는 땅콩맛이 느껴지는 맛의 결점으로 녹색 체리나 안 익은 체리를 수확하여 가공했을 때 발생한다.

6. 커피 플레이버 휠

커피 플레이버 휠(Coffee Taster's Flavor Wheel)은 커피를 평가할 때 커피에서 느껴지는 속성이 어떤 것과 유사한지 쉽게 알 수 있도록 하나의 원에 표시한 것으로 이런 휠은 커피뿐만 아니라 위스키, 와인, 향수 분야에서도 널리 쓰이고 있다.
구성을 살펴보면 기본 맛과 향이 있으며 대분류에서 시작하여 중분류, 하위 분류로 가장 유사한 항목을 찾아가게 되어있다.

1995년 커피 플레이버 휠

이 커피 플레이버 휠은 1995년 SCAA의 테드 링글에 의해 처음 만들어졌다.

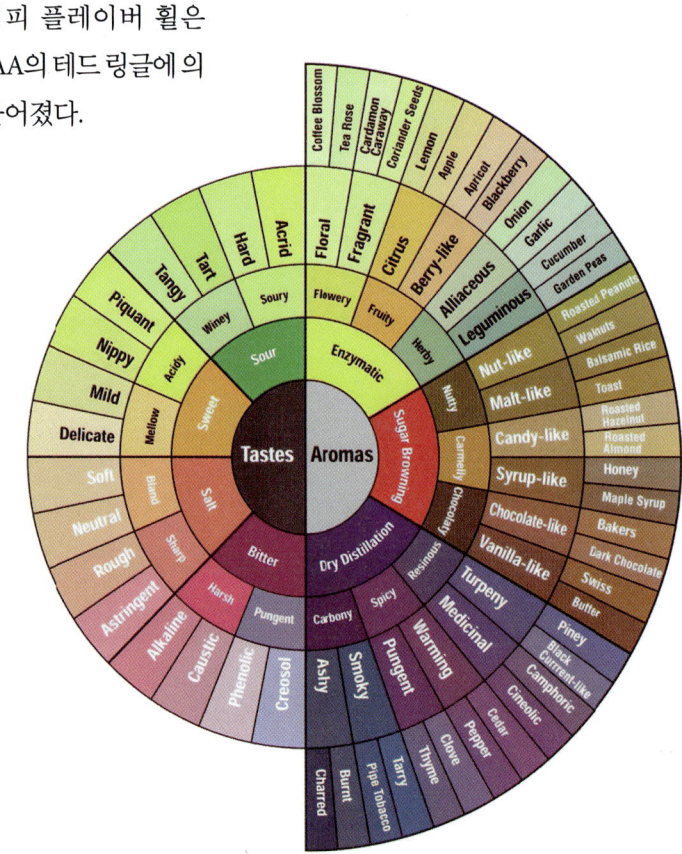

플레이버 휠 (1996년)

2016년 커피 플레이버 휠

시대에 따라 언어가 바뀌는 것처럼 커피의 맛과 향을 표현하는 용어도 바뀌고 있다. 커피의 맛과 향을 표현하는 용어는 1995년 SCAA의 플레이버 휠에서 정의한 것보다 훨씬 그 종류가 많지만 SCAA의 플레이버 휠이 제작된 지 오래되어 현재 사용되는 커핑 용어를 충분히 반영하지 못하고 있다.

이러한 맥락에서 시대적 변화에 따른 시대적 요구에 부응하기 위해 2016년 SCA와 세계커피연구소(World Coffee Research, WCR)가 공동 작업을 통해 아라비카 커피 105종의 연구를 바탕으로 새로운 플레이버 휠을 발표하였다.

플레이버 휠 (2016년)

카운터 컬쳐 커피 플레이버 휠

미국의 카운터 컬쳐(Counter culture coffee) 사에서 제작한 플레이버 휠로 커피에서 느껴지는 여러 가지 플레이버를 그룹화하고 이를 다시 세분하여 하나의 표로 만든 것이다. 예를 들어 'Fruity' 항목을 보면 Citrus, Stone fruit, Grape 등으로 나뉘고 Citrus 항목은 다시 라임, 자몽, 감귤, 오렌지등 비슷한 속성을 가진 항목으로 세분되는 것을 알 수 있다.

> **내용 요약**
>
> - 커피 플레이버 휠은 커피를 평가할 때 커피에서 느껴지는 속성이 어떤 것과 유사한지 쉽게 알 수 있도록 하나의 원에 표시한 것이다.
> - 커피 플레이버 휠은 1995년 테드 링글에 의해 처음 만들어졌으며 2016년 새로운 플레이버 휠이 제작되었다.
> - 카운터 컬쳐 커피 플레이버 휠도 사용된다.

7. 커피 커핑

의미와 목적

커핑은 커피 샘플의 향과 맛에 대한 특성을 항목별로 평가하여 점수화하는 것으로 구매자가 품질에 대한 객관화된 정보를 취득하게 하여 커피를 구매할 때 보다 정확한 의사결정을 할 수 있게 한다. 또한 블렌딩을 할 때 서로 다른 비율로 배합된 여러 가지 샘플 중에서 본인이 원하는 것을 선택할 수 있게 하는데 이러한 커핑의 목적은 샘플들 사이에 존재하는 실질적인 감각 차이를 밝히는 것, 샘플들의 플레이버를 기술하는 것 그리고 어떤 샘플이 더 선호되는지를 알기 위한 것이다.

커퍼는 커핑을 하는 사람으로 커핑의 목적과 그 결과가 어떻게 사용되는지 알아야 한다. 커퍼가 되기 위해서는 소정의 교육과 현장 훈련을 필요로 하며 이는 커퍼가 농장, 생두 수입 및 로스팅 업체, 커피 제조 회사 등에서 상업적 목적과 연관되는 중요한 일을 하기 때문이다.

필요한 장비와 시설

커핑에 필요한 장비와 시설, 절차 등은 SCA의 '커핑 규약(SCA Cupping Protocols)'에서 자세히 설명되어 있으며 다음과 같다. 커핑의 세부적인 내용은 단체나 지역에 따라 조금씩 다르게 시행될 수 있다.

1) 로스팅 관련 장비

① 샘플 로스터
커핑에 필요한 여러 종류의 샘플을 동시에 로스팅할 수 있는 장비이다.

② 로스팅 칼라 측정 장비
샘플의 로스팅 정도가 적정한지 판단하는 장비이다. 커핑 샘플은 로스팅 값이 정해져 있기 때문에 정확하게 측정할 수 있는 제품을 사용해야 하며 대표적으로 애그트론사 제품이 있다.

③ 그라인더
샘플 원두를 분쇄하기 위해 필요하다.

샘플 로스터

로스팅 칼라 측정 장비

그라인더

2) 커핑에 필요한 준비물

① 저울
샘플의 중량을 정확히 측정하기 위해 필요하다.

② 커핑 컵
커핑 컵은 용량이 7-9온스(207-266ml), 컵 상부는 지름이 76-89mm(3-3.5인치)로 재질은 강화 유리나 도기여야 한다. 커핑에 사용되는 컵은 용량, 크기와 재질이 동일해야 하며 균일성을 평가하기 위해서 각 샘플 당 적어도 5개의 컵을 준비한다.

도기컵

유리컵

③ 커핑 스푼

은이나 스테인리스 재질의 스푼을 준비한다.

④ 커핑 기록지

커피의 중요한 10가지 플레이버 속성을 기록하는 양식으로 각 플레이버 항목 별로 커퍼의 평가를 반영하여 점수를 준다. 평가에 따라 6점대부터 9점대까지 점수가 주어지고 다시 아래와 같이 0.25점 단위로 세분되며 이론상으로 최저 0점부터 최대 10점이지만 6점 이하의 점수는 스페셜티 이하 등급이 된다.

스페셜티 이하 등급이 아니라면 통상 기준 점수를 8점으로 잡고 여기서 특성에 따라 위아래로 점수를 준다. 9점 이상이면 정말 뛰어난 것이다.

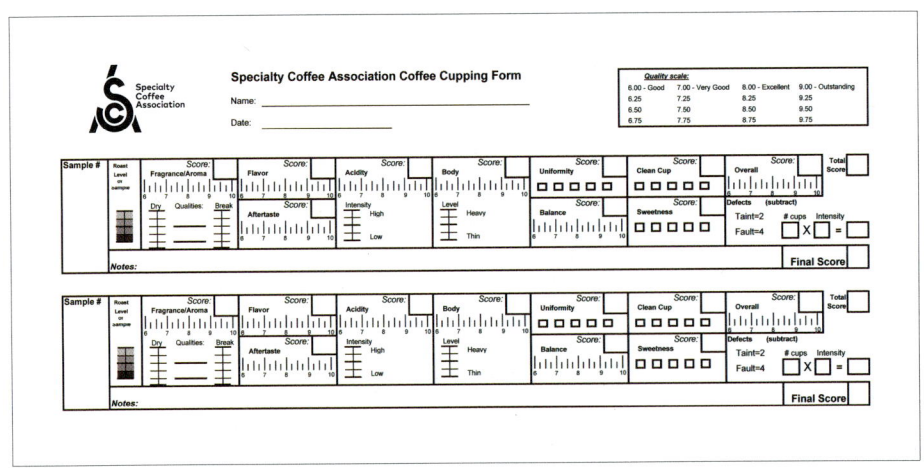

점수 단위

점수	평가	점수	평가
9.75	Outstanding	7.75	Very Good
9.5		7.5	
9.25		7.25	
9		7	
8.75	Excellent	6.75	Good
8.5		6.5	
8.25		6.25	
8		6	

⑤ 기타 장비

물을 끓일 수 있는 기구, 물을 붓기 위한 주전자, 타이머, 필기도구와 클립보드 등이 필요하다.

3) 시설과 환경

커핑랩(cupping lab)은 커핑을 하는 곳으로 실내는 밝고 청결해야 하며 쾌적한 온도를 유지해야 한다. 또 전화 소리와 같은 소음, 냄새 등은 커핑에 방해가 될 수 있으므로 차단하고 커핑 테이블, 커피액을 뱉을 타구나 컵 등을 준비한다. 커핑 테이블은 한두 명이 앉아서 할 때 사용되는 원형 테이블과 많은 사람이 동시에 할 때 사용되는 긴 테이블이 있다.

많은 수의 샘플을 평가할 때는 커피를 삼키지 않고 컵이나 타구에 커피를 뱉는다. 그런 후에 미지근한 물로 입을 헹구어 주면 다음 샘플을 보다 정확히 평가할 수 있다.

사각 테이블

원형 테이블

컵에 커피액 뱉기

타구

절차

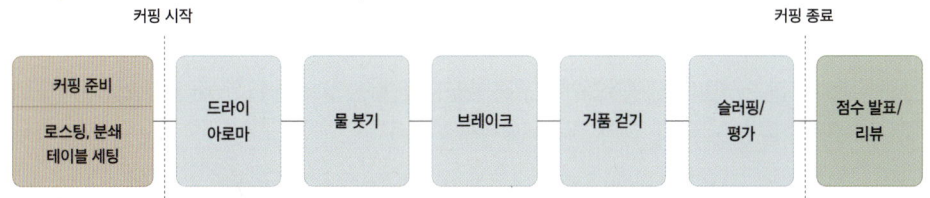

1) 샘플 준비

① 샘플 로스팅

로스팅은 커핑 전 24시간 이내에 이루어져야 하고 적어도 8시간 정도 숙성시켜야 하며 로스팅 후에는 즉시 물이 아닌 공기를 이용해 식혀주어야 한다. 이후 원두의 온도가 약 20℃에 도달하면 스코칭이나 티핑같은 결점 원두를 제거하고 공기 노출과 오염 방지를 위해 밀폐 용기나 불투명한 봉투에 담아 커핑에 사용될 때까지 보관한다. 이때 보관 장소는 서늘하고 어두운 곳이어야 하며 냉장·냉동 보관을 하면 안 된다.

로스팅 시간은 8-12분, 로스팅 정도는 라이트에서 라이트 미디엄 사이가 되도록 한다. 로스팅 레벨 측정은 로스팅 후 30분-4시간 사이에 이루어져야 하며 로스팅 정도는 애그트론이나 자발리틱스 사의 측정기로 측정했을 때 63.0(커머셜 등급은 48.0), 컬러트랙은 62.0이고 오차는 ±1 포인트이다.

로스팅

커핑 시 샘플 원두와 생두를 같이 준비함

② 샘플 분쇄

필요한 커피의 무게는 분쇄하지 않은 상태 즉, 홀빈 상태에서 측정한다. 분쇄는 커핑 직전에 하고 적어도 물 붓기 전 15분 이내에 완료하며 분쇄를 한 후 커핑이 지연될 때는 향이 소실되지 않도록 컵에 뚜껑을 씌워 놓는다.

컵에 담기는 커피양을 일정하게 하도록 샘플은 한 번에 분쇄하여 나누어 담는 것이 아니라 컵마다 따로 계량, 분쇄하여 담아야 한다.

입자의 크기는 가늘게(fine) 하는데 분쇄된 커피의 70-75%가 미국 표준 20번 체[16]를 통과할 정도로 해준다.

샘플을 홀빈 상태로 컵에 계량하여 담아놓음

샘플 별로 분쇄함

분쇄 커피를 컵에 담아놓음

뚜껑을 씌워 놓음

③ 물

물은 깨끗하고 다른 냄새가 나지 않아야 하며 증류수나 연수 처리한 물은 사용할 수 없다. 커핑에 이상적인 총용존고형물은 125-175ppm 사이이지만 허용치는 최저 100ppm에서 최대 250ppm까지이다.

---

16 US체는 3과1/2부터 있으며 체의 숫자가 커질수록 그물눈의 크기는 작아진다. US 20번 체는 20메시(mesh)에 해당하는 것으로 한 변이 1인치인 정사각형 안에 그물눈이 20개 있는 것을 의미한다.

커핑 시 적정한 커피와 물의 비율은 물 150ml(약 5oz)에 커피 8.25g으로 이렇게 하면 골드컵에 상응하는 비율의 중간 수준이 되기 때문이다. 이 비율을 위해서는 사용할 컵의 용량을 측정한 다음 오차 ±0.25g 내에서 커피양을 조절하면 된다.

2) 샘플 평가

평가할 때는 확실한 플레이버의 속성을 분석한 후 커퍼의 경험을 반영하여 등급을 결정한다. 평가 절차는 샘플의 로스트 칼라를 시각적으로 검사하는 것부터 시작하고 검사 내용은 커핑 기록지에 기록하여 플레이버를 평가하는 동안 참조한다. 샘플의 온도가 내려가면 플레이버에 대한 인식이 변화한다는 사실에 기초하여 각 속성에 대한 일련의 평가가 이루어져야 하며 구체적인 평가의 단계는 아래와 같다.

① 1단계 - 프래그런스/아로마

샘플 분쇄 후 신속하게 분쇄 커피의 향을 깊게 들이마셔 프래그런스(드라이 아로마)의 속성과 강도를 체크한다.

드라이 아로마 맡기

체크가 끝나면 신속하게[17] 아로마 평가를 위해 92.2 - 94.4℃의 물을 커피가 다 적셔지도록 가득 붓는다. 이후 컵 상단에 생기는 거품층(crust)을 3-5분 정도 그대로 두면서 커피가 물에 잠겼을 때 나는 향(웨트 아로마)을 체크한다.

---

17 늦어도 분쇄 후 15분 안에 이루어져야 한다.

물 붓기 1 - 양쪽에서 동시에 부어줌

물 붓기 2 - 물을 신속하게 컵에 가득 부어줌

거품층이 생성됨

웨트 아로마 맡기

브레이크 아로마(break aroma)는 거품층을 깨뜨릴 때 나는 향으로 이를 평가하기 위해서 거품을 스푼으로 2-3차례 밀거나 부드럽게 회전시켜 거품층을 깨뜨린다. 스푼을 뒤집어 뒷면을 타고 흘러내리는 거품에서 아로마를 느껴본다.

브레이크

스푼 뒷면을 맡아 봄

브레이크가 끝났을 때 거품이 있으면 커피액을 흡입하는 데 방해가 되기 때문에 신속히 커피 표면의 거품을 걷어내야 한다. 이때 커핑 스푼 두 개를 사용하거나 커핑 스푼보다 더 큰 스푼 한 개로 거품을 걷어내고 스푼은 물로 세척한 후 사용한다.

커핑 스푼 (위), 거품 스푼 (아래)

스푼 두 개로 거품을 걷음

거품을 버림

스푼을 헹궈준 후 계속 거품을 걷음

② 2단계- 플레이버, 애프터테이스트, 신맛, 바디, 밸런스

물을 붓고 8-10분 정도 지나 커피액의 온도가 70℃가 되면 코로 숨을 내쉴 때 후각 세포에서 향을 느낄 수 있는 강도가 최대치가 된다. 그래서 플레이버와 애프터테이스트는 1단계 평가 이후 이 온도가 되었을 때 평가한다. 평가할 때는 커핑 스푼으로 커피를 약 6-8ml 떠서 입안으로 강하게 흡입하여 입안 구석구석까지 커피가 전달되도록 해야 하며 특히 혀와 입천장 상단에 좀 더 집중될 수 있도록 한다.

신맛, 바디, 밸런스는 커피가 좀 더 식어 60-70℃가 되었을 때 평가하고 이 중 밸런스는 플레이버, 애프터테이스트, 신맛, 바디의 상승 결합이 얼마나 서로 잘 어울리는지에 대한 커퍼의 평가 항목이다.

거품을 걷은 상태

흡입

흡입

커핑할 때는 커피를 평소처럼 마시는 것이 아니라 소리를 내며 쭉 빨아들이며 이를 '슬러핑(slurping)'이라 한다. 커핑 시 꼭 필요한 동작으로 입을 오므린 상태에서 커핑 스푼을 아랫입술에 대고 커피액을 공기와 함께 빨아들인다. 그러면 커피액이 공기와 혼합되어 액체 상태의 유기 성분들이 기화되고 동시에 커피액에 갇혀있던 기체 성분들도 방출된다. 이러면 혀뿐만 아니라 입안 전체에 퍼지고 다시 입과 연결된 코까지 전달되며 맛뿐만 아니라 플레이버, 바디, 애프터테이스트도 보다 효율적으로 동시에 평가할 수 있다.

한 샘플을 평가한 다음 다른 샘플을 평가하기 전에 정확한 평가가 이루어질 수 있도록 스푼을 냅킨에 톡톡 쳐서 스푼에 묻은 커피 거품과 찌꺼기를 제거한 후 물이 담긴 컵에 헹군다.

스푼을 냅킨에 톡톡 침

스푼을 헹궈줌

③ 3단계 - 단맛, 균일성, 클린컵, 오버롤

커피액이 37℃ 이하가 되면 단맛, 균일성(Uniformity), 클린컵(Clean cup), 오버롤(Overall)을 평가한다. 이 단계에서 커피액의 온도가 21℃ 이하로 내려가면 더는 평가하지 않는다.

3) 각 항목별 점수 기입

각 항목별 점수는 커핑 기록지의 해당 칸에 기입한다. 어떤 항목에는 수직 눈금과 수평 눈금으로 표시하게 되어있으며 수직 눈금은 커퍼가 각 항목별 강도를 평가하여 표시하는데 사용되고 수평 눈금은 평가 항목의 상대적 품질에 대한 커퍼의 인식을 기록하는데 사용된다.

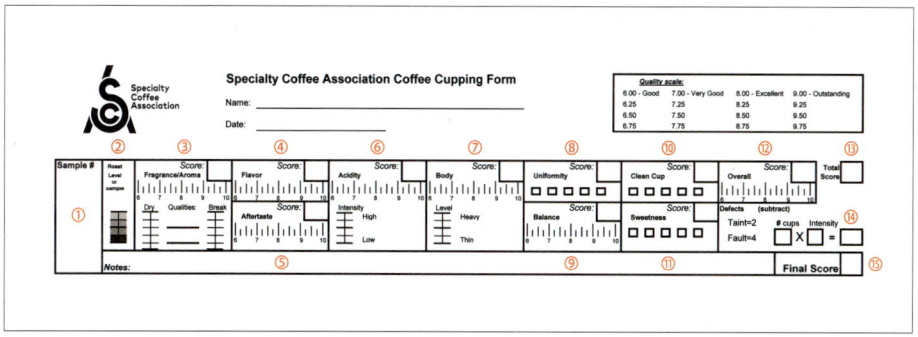

① Sample #
공정한 평가를 위해 샘플 이름을 숫자로 표기한다.

② Roast Level of Sample
샘플의 로스팅 정도를 해당 칸에 표시한다.

③ Fragrance/Aroma
프래그런스와 브레이크 아로마의 강도는 각각 드라이와 브레이크 수직 눈금에 표시하고 독특한 향이 느껴지면 'Qualities' 란에 기입한다. 드라이, 웨트, 브레이크 세 가지 향에 대한 선호도를 반영하여 수평 눈금에 표시한다.

④ Flavor

커피를 입안으로 힘차게 흡입시켰을 때 입천장 전체에서 느껴지는 감각을 통해 샘플의 강도, 품질, 맛과 향의 결합된 복합성을 반영하여 플레이버 점수를 준다.

⑤ Aftertaste

애프터테이스트가 짧거나 불쾌하게 느껴진다면 낮은 점수를 준다.

⑥ Acidity

강도는 수직 눈금에 표시하는데 강도가 다를지라도 신맛의 선호도에 따라 똑같이 높은 점수를 받을 수도 있다. 수평 눈금에는 커피의 고유 특성, 로스팅 정도, 사용 목적 등을 바탕으로 커퍼가 인지한 신맛에 대한 최종 점수를 표시한다.

⑦ Body

바디의 강도는 수직 눈금에 표시한다. 수평 눈금에는 바디에 대한 선호도를 반영하여 점수를 주는데 강도가 약하더라도 입안에서 좋은 느낌을 준다면 똑같이 높은 점수를 받을 수 있다.

⑧ Uniformity

샘플을 5개의 컵에 담아 평가할 때 각각의 컵에서 모두 동일한 속성이 느껴져야 하지만 실제로는 그렇지 않을 수도 있다. 5개의 컵에서 모두 동일한 속성이 있으면 균일성이 있는 것으로 평가하여 10점(5x2=10)을 주고 나머지 컵과 다른 플레이버가 느껴지는 컵이 있으면 그 컵의 개수 당 2점씩 차감한다.

⑨ Balance

어떤 향이나 맛 특성이 부족할 때 또는 한 가지 속성이 지나치게 강할 경우 밸런스 점수는 낮다.

⑩ Clean Cup

클린컵을 평가하는 데는 커피를 처음 마셨을 때부터 삼키거나 뱉을 때까지 전체 플레이버의 느낌에 주목해야 한다. 커피에서 느끼면 안 되는 맛이나 향이 있으면 그 컵은 점수를 줄 수 없다. 클린컵의 속성을 가지고 있는 컵은 2점씩 부여한다.

⑪ Sweetness
커피의 단맛은 강하게 느낄 수 없지만 다른 플레이버 속성에 영향을 준다. 단맛의 속성이 있으면 각 컵마다 2점씩 주고 총점은 10점이 된다.

⑫ Overall
오버롤은 모든 항목의 속성들을 결합하여 커퍼가 느끼는 샘플의 통합된 평가를 주관적으로 반영하는 것이다.

⑬ Total Score
샘플에 대한 평가를 마친 후 모든 점수를 가산하여 기입한다.

⑭ Defects
결점은 먼저 테인트인지 폴트인지를 구별한 후 결점의 종류를 적어 놓는다. 테인트가 있으면 컵 당 2점씩 감점하고 폴트가 있으면 컵 당 4점씩 감점하며 결점이 발견된 컵의 개수와 결점의 강도(2 또는 4)를 곱하여 표기한다.

⑮ Final Score
총점에서 결점 점수를 차감한 값으로 최종 점수를 산출한다. 아래 표는 최종 점수에 따른 커피 품질의 분류를 나타낸 것이다.

총 점수에 따른 품질 분류

점수	평가	분류
90-100	Outstanding	Specialty
85-89.99	Excellent	
80-84.99	Very Good	
>80.0	Below Specialty Quality	Not Specialty

4) 결과 리뷰
　커핑이 모두 끝나면 커퍼는 자신이 매긴 점수와 샘플에 대한 의견을 말한 후 커핑을 주관한 측의 설명을 듣는다.

커핑에 익숙하지 않으면 커피 맛과 향에 대한 기준이 없어 혼란스럽고 여러 개의 샘플을 접할수록 미각이 둔해져 나중에는 다 비슷하게 느껴진다. 그리고 맛과 향을 어느 정도 안다해도 어떻게 점수를 주어야 하는지 몰라 어렵기도 하다. 예를 들어 어떤 샘플에서 신맛이 느껴진다면 이 신맛을 8.0을 주어야 하는지 아니면 8.5를 주어야 하는지 쉽지 않은 것이다.

그래서 처음에는 숙련된 평가자의 점수와 본인의 점수를 비교해보는 것이 좋다. 커핑 역시 꾸준한 훈련의 결과로 나타나므로 점차 익숙해질수록 대부분 점수가 비슷하게 나오는 것을 확인할 수 있다.

커핑 폼

아래는 컵 오브 엑설런스 커핑 양식으로 SCA 커핑 양식과는 조금 다른 형식을 보인다. 최근에는 테이블릿 PC에 설치된 애플리케이션을 이용하여 편리하게 점수를 기록하기도 한다.

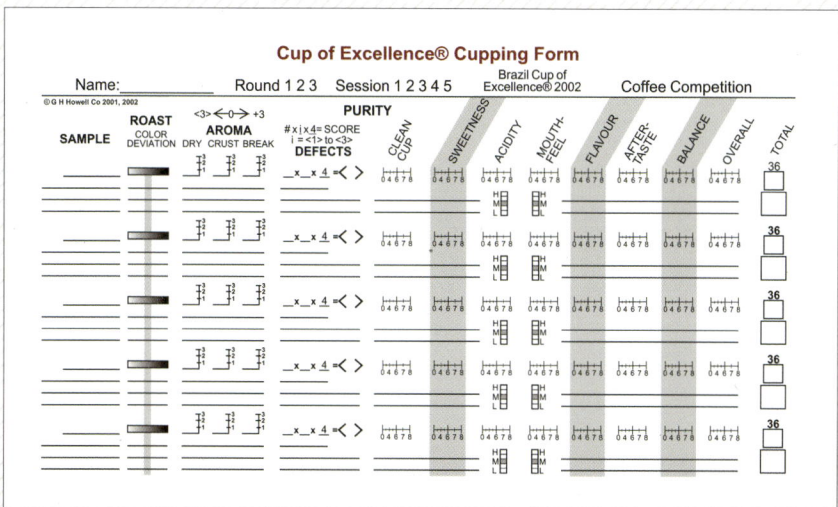

커핑 애플리케이션

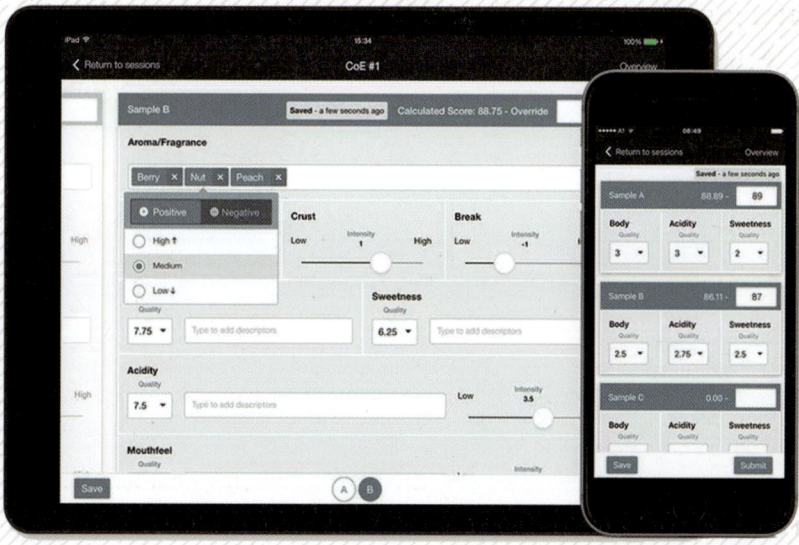

커핑 노트

커피 구매 시 도움을 주기 위해 커피마다 그 커피의 특성을 표기하며 이를 커핑 노트라 한다. 아래는 파나마 게이샤 커피의 커핑 노트이다.

> Cupping notes:
> Mango and mandarin flavor notes. Balanced and gently bright.
> Creamy and silky mouthfeel. Bergamot-like finish. Floral, jasmine aroma.

즉, "망고와 감귤의 맛이 있고 균형이 잘 잡혀 있으며 부드럽고 밝은 특성이 있다. 크리미하고 부드러운 촉감을 느낄 수 있으며 베르가못[18]과 같은 뒷맛이 느껴지고 재스민과 같은 향을 가지고 있다."로 해석할 수 있다.

---

[18] 베르가못은 귤과 비슷한 과일나무이다. 얼그레이(Earl Grey) 차는 찻잎에 이 베르가못 향을 입힌 것으로 베르가못이 느껴진다는 것은 얼 그레이와 같은 차의 특성이 있다는 뜻이다.

내용 요약

- 커핑은 커피 샘플의 향과 맛에 대한 특성을 각 항목별로 평가하여 점수화 하는 것이다.

- 커핑 컵은 용량이 7-9온스, 컵 상부는 지름이 3-3.5인치이고 재질은 강화 유리나 도기이다. 용량, 크기, 재질이 동일해야 하고 각 샘플 당 적어도 5개의 컵을 준비한다.

- 커핑 기록지에 10가지 플레이버 속성을 기록하고 6점대부터 9점대까지 점수를 줄 수 있으며 이는 다시 0.25점 단위로 세분된다.

- 커핑랩은 커핑을 하는 곳으로 실내는 밝고 청결해야 하며 쾌적한 온도를 유지해야 한다.

- 커핑에 사용되는 샘플 로스팅은 커핑 전 24시간 이내에 이루어져야 하고 적어도 8시간 정도 숙성시켜야 하며 로스팅 시간은 8-12분, 로스팅 정도는 라이트에서 라이트 미디엄 사이이어야 한다.

- 샘플 원두는 홀빈 상태에서 각각 무게를 측정하고 커핑 직전에 분쇄하며 분쇄된 커피의 70-75%가 미국 표준 20번 체를 통과할 정도의 크기이다.

- 커핑에 이상적인 물의 총용존고형물은 125-175ppm 사이이지만 허용치는 최저 100ppm에서 최대 250ppm까지이며 컵 당 물 150ml에 커피 8.25g을 사용한다.

- 커핑은 프래그런스(드라이 아로마) → 물 붓기 → 브레이크 → 거품 걷기 → 평가의 순으로 이루어진다.

- 커핑 점수가 80점 이상이면 Specialty 커피로 분류된다.

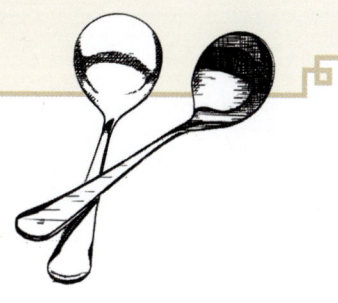

참고자료 Reference

문헌

- 김종오 (2017) 바리스타를 위한 커피머신 첫걸음, (아이비라인)
- A. H. Varnam, J. P. Sutherland (1994). *Beverages:technology, chemistry and microbiology,* (Chapman&Hall:London)
- Adugna D. Bote, Paul C. Struik (2010). *Effects of shade on growth, production and quality of coffee (Coffea arabica) in Ethiopia,* Journal of Horticulture and Forestry Vol.3(11)
- Andrea Illy, Rinantonio Viani. (2005). *Espresso Coffee-The Science of Quality 2nd Ed.*, Elservier Academic Press
- Antony Wild. (2005). *Coffee-A Dark History,* New York:W.W Norton & Company
- Bennett Alan Weinberg, Bonnie K. Bealer. (2002). *The Caffeine Advantage.* (New York:The Free Press)
- Bennett Alan Weinberg, Bonnie K.Bealer. (2002). *The World of Caffeine.* (Routledge:NY)
- Bruce Schaffer, Peter C.Andersen. (1994). *Handbook of Environmental Physiology of Fruit Crops Vol.2.* (Florida:CRC Press)
- Daniel Ephraim. (2010). *Optimizing Brewed Coffee Quality:Through Proper Grinding.* Modern Process Equipment.
- David Beeman, Paul Songer, Ted R.Lingle. (2010). *The Water Quality Handbook.* (SCAA)
- Fabio M. DaMatta. (2003). *Ecophysiological constraints on the production of shaded and unshaded coffee:a review,* Field Crops Research 86 (2004), 99–114.
- FDA. (2012). *CAFFEINE INTAKE by the U.S. POPULATION.*
- Herman A. Jürgen Pohlan and Marc, Janssens. (2010). *Soils, Plant Growth & Crop Production-Vol III, Growth and Production of Coffee.*
- ICO. (2001). *Proposed framework for a global system to improve coffee quality.* (London:England)
- ICO. (2013). *Indicator prices.* ICC-105-17 Add. 1.
- ICO. (2014). *Indicator prices.* ICC 111-5 Rev. 1.
- ITC. (2002). *Coffee An Exporter's Guide.* Geneva.

- ITC. (2011). *The Coffee Exporter's Guide 3rd ED.*
- James Kosalos et al. (2011). *SCAA Arabica Green Coffee Defect Handbook.* (SCAA)
- Juan R. Sanz-Uribe. (2003). *Development of a Mobile Device for Coffee Harvesting Suitable for the Colombian Conditions.* University of Wisconsin-Madison.
- Kenneth Davis. (2001). *Coffee 5th Ed.* (NY:St. Martin's Griffin)
- Mané Alves. (1998). *An Analytic Approach Before, During and After Roasting.* Coffee Lab International.
- Mark, Pendergrast. (1999). *Uncommon Grounds.* (New York:Basic Books)
- Michiel Kuit, et al. (2015). *Manual for Arabica cultivation.* Tan Lam Agricultural Product Joint Stock Company.
- Néstor Osorio. (2002). *THE GLOBAL COFFEE CRISIS:A THREAT TO SUSTAINABLE DEVELOPMENT.* London.
- Philippe Jobin. (1982). *The Coffees Produced Throughout The World.* (France:LE HaVRE)
- PK Krishnakumar. (2013). *Livin' La Vida Mocha: Monsooned Malabar coffee a hit abroad.* The Economic Times.
- R.J.Clarke, R.Macrae. (1988). *Coffee Vol3:Physiology.* Springer Science & Business Media.
- R.J.Clarke. (1989). *Coffee Volume 1 Chemistry.* (NY:ELSEVIER SCIENCE PUBLISHERS LTD)
- Roasters Guild Accredited Class. (2004). *Level Craft Roasting J16.*
- Robert Rice. (2010). *The Ecological Benefits of Shade Grown Coffee:The Case for Going Bird Friendly®.* Smithsonian Migratory Bird Center.
- Rosane F. Schwan, Graham H. Fleet. (2014). *Cocoa and Coffee Fermentations.* (CRC Press:NY)
- S.SCHENKER et. Al. (2000). *JOURNAL OF FOOD SCIENCE—Vol.65, No.3.*
- SCAA. (2013). *Cupping Specialty Coffee.* Specialty Coffee Association of America.
- Ted R.Lingle. (1996). *The Coffee Brewing Handbook.* (SCAA)
- USDA GAIN Report. (2013). *Korea-Republic of Coffee Market Brief Update.*
- Willem Boot. (2006). *Variety is the Spice of Coffee.* Roast Magazine.
- William, H. Ukers. (1935). *All About Coffee 2nd Ed.* (New York:The Tea & Coffee Trade Journal)
- Yi-Fang Chu. (2012). *Coffee: Emerging Health Effects and Disease Prevention.* John Wiley & Sons.
- 旭屋出版. (2007). *コーヒー & エスプレッソ 教科書.* (東京,旭屋出版)

웹사이트

- A Vac Pot Primer, *http://www.ineedcoffee.com/00/vac* (2019.7.1.)
- Arabica Coffee Bean Varietals, *http://www.coffeeresearch.org/agriculture/varietals.htm* (2014.6.3.)
- Article by Ric Rhinehart: What is Specialty Coffee?, *http://scaa.org/?page=RicArtp1* (2019.3.14.)
- Bee pollination and fruit set of Coffea arabica and C. canephora (Rubiaceae), *http://www.amjbot.org/content/90/1/153.full* (2019.6.10.)
- Café HAG, *https://en.wikipedia.org/wiki/Caf%C3%A9_HAG* (2017.5.24.)
- Caffeine, *https://pubchem.ncbi.nlm.nih.gov/compound/2519#section=Melting-Point* (2017.3.12.)
- Chlorogenic Acid, *http://coffeechemistry.com/acids/chlorogenic-acid.html* (2020.1.5.)
- Coffee History:The French Press, *http://drinks.seriouseats.com/2012/03/coffee-history-who-invented-french-press.html* (2020.2.5.)
- Coffee rust, *http://www.apsnet.org/edcenter/intropp/lessons/fungi/Basidiomycetes/Pages/CoffeeRust.aspx* (2014.4.28.)
- Colletotrichum coffeanum, *http://www.extento.Hawaii.edu/kbase/crop/type/c_coffe.htm* (2015.4.30.)
- Countries, *https://www.allianceforcoffeeexcellence.org/en/cup-of-excellence/country-programs* (2017.5.19.)
- El Café en México – Historia, *https://jaimecoellomanuell.wordpress.com/2012/02/22/el-cafe-en-mexico-historia* (2017.4.28.)
- El Mejor Café del Mundo, *http://www.icafe.cr/nuestro-cafe/el-mejor-cafe-del-mundo* (2019.4.19.)
- El Salvador Coffee Beans, *http://www.espressocoffeeguide.com/gourmet-coffee/coffees-of-the-americas/el-salvador-coffee* (2019.3.5.)
- FAO 'Good Hygiene Practices along the coffee chain', Introduction to Coffee Drying, *http://www.fao.org/waicent/faoinfo/food-safety-quality/cd_hygiene/cnt/cnt_en/sec_3/docs_3.2/Intro%20coffee%20drying.pdf* (2014.6.15.)
- FAO New Technologies for the Drying of Coffee, (Taken from 'Hygienic Coffee Drying' prepared for this resource by Juarez de Sousa and Consuelo Domenici Roberto, University of Viçosa, Brazil1), *http://www.ico.org/projects/Good-Hygiene-Practices/cnt/cnt_fr/sec_3/docs_3.2/New%20Technologies.pdf* (2014.3.19.)

- Growing coffee Alignments to Content Standards: A-CED.A.3, *https://www.illustrativemathematics.org/content-standards/tasks/611* (2014.7.10.)
- HAWAII COFFEE HISTORY, *http://www.Hawaiicoffeeassoc.org/history* (2020.5.18.)
- History of Coffee in Colombia, *http://equalexchange.coop/history-of-coffee-in-colombia* (2018.3.21.)
- History of Coffee in El Salvador, *http://equalexchange.coop/history-of-coffee-in-el-salvador* (2018.4.21.)
- History of Coffee in Guatemala, *http://equalexchange.coop/history-of-coffee-in-guatemala* (2019.3.14.)
- History of Fairtrade, *http://www.fairtrade.net/history-of-fairtrade.html* (2020.5.1.)
- HISTORY OF JAMAICAN COFFEE, *http://saladafoodsja.com/facts/interesting_facts.php* (2017.4.26.)
- History, *http://www.bezzera.it/?p=storia&lang=en* (2019.6.2.)
- History, *http://www.faema.com/our-tradition* (2019.6.5.)
- History, *http://www.ico.org/icohistory_e.asp* (2020.6.24.)
- La marzocco heritage, *http://international.lamarzocco.com/en/heritage* (2017.6.5.)
- LA PAVONI YESTERDAY, *http://www.lapavoni.com/en/la-pavoni-world-2* (2018.6.4.)
- Love Your Latte? Learn the History of Coffee, *http://inventors.about.com/od/cstartinventions/a/coffee.htm* (2018.1.15.)
- Mocha-Java Blends, *http://www.coffeereview.com/mocha-java-blends* (2020.3.1.)
- My coffee is cold, *www.today.com/id/5728227/ns/today-today_food/t/my-coffee-cold* (2016.6.15.)
- OCD:ONA Coffee Distributor, *https://onacoffee.com.au/product/ocd-ona-coffee-distributor* (2019.7.19.)
- Organic Acids in Coffee, *http://www.paradiseroasters.com/news/34/Organic-Acids-in-Coffee.html* (2018.1.5.)
- OUR HISTORY, *http://www.cimbali.com/company/history* (2018.6.5.)
- Over the past 200 years, *http://www.cafedecostarica.com/history.html* (2016.4.19.)
- PNG History, *http://www.monpiexports.com/history* (2018.5.15.)
- Quick look at differing shade criteria by JULIECRAVES on JULY 31, 2007, *http://www.coffeehabitat.com/2007/07/quick-look-at-d* (2015.7.17.)
- Rules & Protocols, *https://www.allianceforcoffeeexcellence.org/en/cup-of-excellence/rules-*

- protocols (2016.7.20.)
- TANZANIA COFFEE INDUSTRY PROFILE, *http://www.coffeeboard.or.tz/tzcoffee_%20profile.php* (2016.3.16.)
- THE COFFEE BAR, *http://www.kenyacoffee.co.ke/coffeebar-in-the-begining.html* (2019.5.21.)
- The Coffee Guide-QA 106, *http://www.thecoffeeguide.org/QA-106* (2014.4.18.)
- THE HISTORY OF BRAZILIAN COFFEE, *http://www.littlegatepublishing.com/2014/06/the-history-of-brazilian-coffee* (2019.4.20.)
- The History of Coffee in Brazil, *http://www.casabrasilcoffees.com/learn/history-of-coffee-in-brazil* (2014.4.20.)
- The Leaves, *http://www.cafedecolombia.com/particulares/en/sobre_el_cafe/el_cafe/el_arbol_y_el_entorno* (2014.6.1.)
- The Nestlé company history, *http://www.nestle.com/aboutus/history/nestle-company-history* (2021.1.15.)
- The Optimal Climate for Coffee Cultivation, *http://www.cafedecolombia.com/particulares/en/sobre_el_cafe/el_cafe/el_arbol_y_el_entorno* (2014.6.8.)
- The Tanzanian Peaberry Mystery, *http://www.coffeereview.com/the-tanzanian-peaberry-mystery* (2014.2.15.)
- What is "honey processed" coffee?, *https://www.theroasterie.com/blog/what-is-honey-processed-coffee* (2019.7.20.)
- Who Made That Moka Express?, *http:// 6thfloor.blogs.nytimes.com/2011/09/01/who-made-that-moka-express/?_r=0#* (2014.4.5.)
- 10 Steps from Seed to Cup, *http://www.ncausa.org/i4a/pages/index.cfm?pageid=69* (2018.7.8.)

참고자료 *Reference*

찾아보기 Index

1차 크랙 163 166 167 168 169 173
2차 크랙 163 168

가압 추출 231 232 339
가요마운틴/아체 가요 134
가지아 22 331 332 335 343
가토 21
간격식 그라인더 235
갈변 반응 163 166 175 194 436
감귤향 436
감촉 433
개별 블렌딩 218
거트리지 커피하우스 14
건조 단계 162
겉껍질 28 29
게샤/게이샤 38 41
견과류향 437
결점두 78 80 84 85 88 96 97
경도 239 240 364
고경수 240
고노 300
고온 단시간 로스팅 198
곡물향 437
골드컵 244
공기 포장 252
공정무역 91
공정무역 커피 22 91
과나카스테 115

과다 추출 230 248 256 340 359 376 394
과당 171 175
과소 추출 248 340 359 382 394-396
과일향 436
과테말라 93 112-114 196 221
관통형 보일러 345
구스타프 3세 17
국립이탈리아에스프레소연구소 381
국제커피기구 143
국제커피협정 22 149
굴절률 336
균일성 479
그라인더/밀 233 234 368
그룹 개스킷 357
그룹헤드 349 352 355 356 416
그린빈 29 30
그린커피 29 30 62 68
글래스 핸들 시리즈 286
글리신 175
금속 필터 드립 259
기미커피 334
기세뉘 130
기어 펌프 351
기테가 131
길링바사 72
까후엘라 58
꼭두서니과 31 41

나랑호 115
나리뇨 107
나비 단계 47
나이로비커피거래소 125
나트륨 174
내추럴 가공 60 61 62 69 72
내추럴 커피 61 69 73
넉박스 397
넛멕향 438
네스카페 155
네스프레소 91
네슬레 22 155 157
노르웨이커피협회 244
노즈 438 439 440
뉴 크랍 195
뉴오리엔테 114
뉴욕커피거래소 21
뉴잉글랜드 179
니카라과 33 93 221
니카라과 33 93 196 221
니코틴산 173

다당류 163 171 337
다크 로스트 167-170 178 251 337 338 377 436
다크 프렌치 179
단백질 170 172 174 401 404 453
달라코르테 332
달이기 229
달콤한 감귤향 436
달콤한 꽃향 435
달콤한 베리향 436
달콤한 장뇌향 435
달콤한 향신료향 435

달콤한 허브향 435
당카보닐 화합물 436
대류 183 184 185 198
댐퍼 188
더 킹스 암스 14 21
더블 에스프레소 412
더치 커피 295 299
데미타세 397
도미니카 110 196
도저 370 371
도징 368 371
도징 링 391
도피오 412
독립 보일러 332 346
동아프리카지구대 123
동종 교배종 31 35
듀얼 보일러 332 347
드라이 아로마 439 475
드라이 체리 커피 62 68
드라이 체리/포드 85
드라이 파치먼트 커피 68
드럼 183 184 185 186 187
드럼 펄퍼 66
드럼형 로스터 181-183 198 199
드리퍼 257 259 261 262
드립 스탠드 266
드립 스테이션 266
드립 여과 231
드립 추출 231 237 256
드립 트레이 363
드립 포트 259 260 261
디스크 펄퍼 66 72
디스토닝 77

디스퍼젼 스크린 357
디카페인커피 153 154
디테르펜 172
디퓨져/샤워홀더 357 419
뜸 268 270 271 274

라마르조코 332
라우볼프 12
라이트 로스트 178 242 251 270 436
라제스 12 20
라테라이트 43
라파스 119
레벨링 385
레위니옹 33
레인포리스트얼라이언스 91
렘피라 37
로부스타 27 31 39 57 62 151 170-173
로부스타 그룹 143
로셀리우스 21 153
로스터리샵 190
로스팅 단계 178
로터리 펌프 351
롤형 그라인더 235
롱베리 124
롱블랙 412
루린도 130
루왁 커피 135
루이 마이야르 175
루이지 고글리오 252
룽게 150
룽고 396 411
르완다 93 129 130 196 221
리그닌 170

리놀레산 172
리무 124
리베리카 27 31
리브 263
리스트레또 396 411
리오이 105
리플형 387
린통 134
린통니후타 134

마그달레나 107
마늘향 436
마니살레스 107
마라고지페 33 36 41 110
마라카투 36
마른 감귤향 436
마른 베리향 436
마우이 138
마이소어 17
마이야르 반응 162 172 173 174 175
마일드 커피 63 69
마치네타 309
마타리 139
마타스데미나스 102
마테 151
만델링 134
말라위 122
말산/사과산 172 337 377 445
맛 변조 434
매뉴얼 드립 257
매운향 438
메디나 12
메루 125

메르캅탄 460
메틸렌클로라이드 154
멕시코 33 93 111 112 196 221
멜라노이딘 172 173 174 175
멜리타 벤츠 22 257 258 267
모로고로 127
모로비 137
모시 127
모지아나 102
모카 17 20 38
모카 익스프레스 311
모카-자바 216
모카포트 232 309
모하메드 10
몰로카이 138
몸바사 125
묘포 47
무기물 174
무라드 4세 16 20
무라비야 131
무산소 발효 72 73
무잉가 131
무카 311
문도노보 35 36 37 40
물 추출법 153
므빙가 127
미국스페셜티커피협회 22
미국의 로스팅 단계 179
미나스제라이스 102
미디엄 로스트 167-170 178 270 436 437
미뢰 444
미분 239 294 316
미비리지 35

믹싱밸브 348 355

바니 마타르 139
바닐라향 437
바디 29 88 170 196 433 453-455 477 480
바리스타 341
바바 부단 17
바슈 부인 300
바이브레이션 펌프 351
바이아 103
바텀리스 포터필터 358
바흐 21
반열풍식 머신 184
반자동 머신 344
발리 133
발삼향 437
발열 반응 163
배출 레버 371
배큐엄 브루어 231 300
배큐엄 커피 팟 300
백 팟 300
백 플러싱 417
밸브 포장 252
버너 188
버드 프렌드리 91 92
버번/부르봉 33
버형 그라인더 235
벙고마 125
베네치아 13 20 21
베라크루스 111 112
베리 다크 로스트 167
베리향 436
베베르 14

베이스 386
베이크드 203
베제라 21 330
베타카로틴 152
벨크리머 398
보스턴 차 사건 14
보일러 345 349 350
복사 183
볼록형 387
볼리비아 93
부룬디 93 97 130 196 221
부르봉섬 33
부카라망가 107
부타레 130
북부산탄데르 107
분 19
분리 228
분카 12
분컴/분춤 12
불포화지방산 172 251
불활성 가스 포장 253
브라질 22 56 62 93 101-104 147 196 221
브라질 내추럴 그룹 143
브라질농업연구소 35
브라질스페셜티커피협회 102
브레이크 아로마 476
브로큰 빈 87
브룬카 115
브리카 311
블라인드 필터 417
블랙빈 85
블랙커런트 126
블렌딩 216-222 340 467

블루마운틴 33 120 121
블루보틀 334
비야로보스 33
비야사르치 35 41
비엔나 179
빅아일랜드 137
빌로우 스페셜티 그레이드 89

사나 139
사르치 115
사르치모르 36
사우어 빈 85
사이클론 189
사이펀 탱크 64
사이펀 231 300-308
사이펀 커피메이커 300
사일로 81
산라몬 33 41 115
산마르코스 114
산마르틴 109
산살바도르 118
산타바바라 119
산타아나 117
산타이스 21
산탄데르 107
삼출 229 230
상파울루 36 102
샘플 로스팅 473
샘플러 187
샘플링 88
생두 17 28 29
샤워 스크린 357 376 382
샷글라스 398

서버 264
서스테이너블 커피 84 90 91
선 블렌딩 219
선 커피 46 52
섬유질 170 232 437 439 453
성냥개비 단계 47
세계바리스타챔피언대회 22
세계커피연구소 465
세미 워시드 가공 60
세미 웨트 가공 71
세컨더리 디펙트 88 89
세하도 102
센터컷 29
센트럴벨리 115
셀레늄 152
셀룰로오스 171
셀림 1세 13 20
셰이드 그로운 커피 45
셰이드 트리 45
셸 87 202
손소나테 117
솔레노이드 밸브 348 353 417
솔향 437
송진향 437
숏베리 124
수동 머신 343
수리남 101
수마트라 36 51 71 133 134
수망 로스팅 212
수분 증발 단계 162
수용성 다당류 163 171 337
수위 센서 355
수지향 437

술데미나스 102
술라웨시 133 134
숯향 438
쉴럼봄 286
스위스 골드 필터 259 293
스케일 240 345 350 364 424 425
스코칭/스코치드 203 473
스크린 78 83
스타벅스 22 91 334
스텀타운 334
스템핑 49
스테롤 172
스토브 탑 에스프레소 메이커 309
스트리핑 54 55
스팀 가열형 보일러 346
스팀완드 349 356 360 400 402 405 422 424
스팀완드 팁 361 400-404
스파웃 358 420
스패니시 179
스페셜티 그레이드 89
스페셜티 커피 22 84 88 130 134 136
스페셜티커피협회 22 84
슬라이트 인섹트 데미지 88 89
슬러핑 478
시그리 137
시나몬 단계 162
시네올향 437
시디카랑 134
시럽향 437
시비어 인섹트 데미지 88 89
시앙구구 130
시트르산/구연산 172 377 445
시티 179

신맛 169 172 173 196 197 377 445-448 477
실론 17 20 21 51
실버스킨 28 29 71 86 163 214
심부 137
싱글 보일러 345
싱커 62 63 64

아니스향 435
아더 마일드 그룹 143
아라부스타 37
아라비카 10 27 31 39 40 57 151 171-173
아로마 88 171 172 250 438-440 475 476
아루샤 127
아르메니아 107
아마조나스 109
아메리카노 220 412
아메리칸 179
아미노산 167 174 175 445 453
아비세나 12 20
아세트산 66 172 337 342
아우아차판 117
아이티 110
아체 134
아카테낭고 114
아티틀란 114
아파네카-이라마텍 117
아프리칸 베드 75 83
안전 밸브/과압 방지 밸브 354
안토시아닌 166
안티구아 112 113 114
안티오키아 107
알데히드 174 436 440
알로테펙-메타판 118

알투라 111
알투라 코아테펙 113
알폰소 비알레띠 309
압력 센서 355
압력 표시장치 362
압력계 189
애그트론 167 179 473
애프터버너 189
애프터테이스트 88 438 439 440 477 480
야채향 436
약경수 240
약품향 437
양파향 436
언라이프/이머춰 86
언워시드 커피 69
에드워드 로이드 14
에르나 크누츠센 84
에스테르 174 434 439
에스프레소 마끼아또 413
에스프로프레스 316
에어로비 사 319
에어로프레스 319
에티오피아 10 19 38 62 93 122 123 221
에티오피아상품거래소 122
에틸아세테이트 154
엘곤 125
엘발사모-케살테펙 118
엘살바도르 33 93 117 196 221
엘파라이소 119
여과식/투과식 231
역치 446
연기향 438
연수 240

연수기 240 364
열교환기 332 345 346 349
열분해 단계 162
열전도율 310 400
열풍식 머신 185
영구 필터 292
예멘 17 32 38 62 139 140
옐로 단계 162
오로미아 124
오로시 115
오마르 10
오버롤 479
오버홀 424
오아하카 113
오아하카 플루마 113
오일 이동 164 251
오코테펙 119
오토 드립 256
오프 플레이버 440 445
옥살산/수산 173
옥스포드 14
온도계 188
온두라스 37 93 118 221
온수 노즐 348 356 363
올드 크랍 195
올란초 119
외과피 29
요로 119
용해 228
우간다 21 122 143
우려내기 229
우마미 444
우에우에테낭고 114

우일라 107
워시드 가공 60 63 68 69 72
워시드 커피 69 71 73
워싱턴 22 155
원 웨이 방식 187
원웨이 밸브 252
웨스턴벨리 115
웨스턴하이랜드 137
웨이브 드리퍼 277
웨트 아로마 475
웨트 파치먼트 커피 68
웨트 헐 71 73
위고매트 257
위더드 빈 87
유기농 91 92
유기용매 추출법 154
유동형 로스터 198
유럽스페셜티커피협회 22 84
유로 커브 387
유리 아미노산 171 172
유화 340
융 드립 258
음베야 127
음와로 131
응고즈 131
이가체페 123
이링가 127
이브릭 234 324
이산화탄소 162 163 184
이스마일리 139
이스턴하이랜드 137
이스피리투산투 102 103
이슬람의 와인 12

이온교환수지 364
이종 교배종 31 36
이카투 37
이탈리안 179
인 174
인섹트 데미지 86
인텔리젠시아 334
일본의 로스팅 8 단계 179
입자 조절 레버 369 370
입자조절판 369 426

자당 44 171 173 175 337 377 445
자동 머신 344
자메이카 33 120 121
자메이카커피산업위원회 120
자바 17 51 101 133 134
자발리틱스 179 473
자유신경종말 453
장 르누아르 441
장뇌향 437
재향 438
잭슨 35
저온 장시간 로스팅 199
적시기 228
적정 산도 169
전도 183 184 203
전동식 에스프레소 머신 332
점액질 28 29 66 70 72 74
점액질 제거기 69
정관헌 14
정수기 364
젖산 173 337
제이콥 14

제즈베/체즈베 324
중과피 28 29
지글러/지클러 355
지방산 172
지질 172 336 337 339
직화식 머신 184 200
진공 방지 밸브/에어 밸브 354
진공 여과 229
진공 포장 253
짐마 124

차우베 12
찬차마요 109
찰스 2세 16 21
채널링 271 338 358 382
채프 수집 장치 189
천 필터 드립 258
초임계 이산화탄소 추출법 154
초콜릿향 437
총 고형 성분 337
총알칼리도 241
총염소잔량 241
총용존고형물 241
추출 수율 241 243-245 275 388 396
추출 콜로이드 453 454
충격식 그라인더 235
치아파스 112
친촌테펙 118
침지식/침출식 229
침출형 보일러 346

카네포라 21 31 41
카다멈 325

카라콜/카라콜리 29
카르본향 435
카를로 발렌테 332
카리브해 18 19 110 120
카메룬 144
카베카네스 13
카복실산 174
카스티요 37 40
카얀자 131
카와 19 23
카우아이 138
카우카 107
카운터 컬쳐 커피 466
카이르 베이 16
카카우아티케 118
카투라 34
카투아이 35 41
카티모르 37 40
카티식 37
카파 19 122
카페 라떼 409 413
카페 모카 414
카페 아메리카노 412
카페 에스프레소 411
카페 콘파나 414
카페 크레마 331
카페 프로코프 13 14
카페 플로리안 13 21
카페산 173 247 445
카페오레 413
카페인 17 150-155 173 241 246 296 337 446
카페티에라 315
카푸치노 408 409 413

카하마르카 109
카흐베 19 23
칼날형 그라인더 235
칼디 10
칼로시 134
칼리마니 315
칼리만탄 133
칼리타 드리퍼 276
칼슘 174 364
캐러멜향 437
캐러멜화 162 163 169 175 445 459 460
캔디향 437
캘린더 이어 144
커머셜 커피 84
커퍼 441 467 470 475 479-481
커피 금지령 16
커피 보일러 347
커피 아로마 키트 441
커피 이어 144
커피 플레이버 휠 464 465 466
커피녹병 21 22 42 45 50
커피메이커 231 256
커피베리병 50 51
커피벨트 42
커피브루잉차트 243 244 245
커피언 257
커피의 농도 243 245
커피찌꺼기 393
커피체리 28 51 54
커피칸타타 21
커피프레스 315
커피플런저 315
커핑 88 89 94 221 447 467

커핑 규약 468
커핑 기록지 470
커핑 스푼 470
커핑 컵 469
커핑랩 472
컬러트랙 179 473
컵 아로마 440
컵 오브 엑설런스 22 84
컵 퀄리티 88
컵워머 363
케냐 51 125 126 221
케냐커피생산자거래자연합 125
케냐커피연구소 125
케멕스 커피메이커 231 286
케톤 174 436 440
켄트 33
코나 로스트 137
코나 스타일 137
코니컬버/원뿔형 그라인더 236 370
코닐론 102
코반 114
코스타리카 69 93 114 115 116 141
코체르 123
코케 123
코트디브와르 122
코판 119
코페아속 31 41
콘 필터 259 294
콘덴서 351
콘스탄티노플 13 16 20
콜드브루 231 295
콜롬비아 34 37 93 105-107 196 221
콜롬비아 마일드 그룹 143

콜롬비아 버라이어티 37 40
콜롬비아커피생산자연합 105
콜롬비아커피연합회 22
콜쉬츠키 14
콜텔리 14
콩고 21 133
공항 436
쿠바 110
쿠스코 109
쿨러 187
퀘이커 86 88-90
퀴닌 446 450
퀸산 173 247 337 446
크랩 이어 144
크레마 171 331 337 338 358 381 395
크레모네시 331
크레졸향 438
크산틴 알칼로이드 150
클래식 시리즈 286
클레멘트 8세 15
클레버 커피 드리퍼 290
클로로겐산 167 169 173 246 247 337 377
클로브향 438
클린컵 479
키고마 127
키룬도 131
키부예 130
키수무 125
키시이 125
킬리만자로 127

타나토라자 134
타라수 115

타르타루가 332
타일 넘버 180
타임향 438
타타르산/주석산 173
타파출라 112
탄산가스 침용 71 73
탄수화물 167 169 171 337
탄향 438
탄향 438
탄화수소 174 437
태핑 391
탬퍼 382 386 388 390 391
터키시 179
터키식 커피 229 324
테드 링글 451
테라록사 43
테카파-치나메카 118
테키식 35
토디 사 296
토라자 134
토코페롤 172
톡 쏘는 향 438
투 웨이 방식 187
투리알바 115
트라이앵글러빈 30
트레스리오스 115
트리고넬린 167 173 174 241 246 446
트리글리세라이드 172 454
티모르 하이브리드 36 37 40
티피카 31 32 33
티핑 203 473

파라나 103

파리에타 21
파보니 21 330 331
파셜 블랙 89
파셜 사우어 89
파스콰 로제 14 20
파슬리향 436
파울리스타 102
파체 33 41
파치먼트 28 65-67 70-72 74-77 86
파카마라 36 40
파카스 35 36 41
파티오 74 83
파푸아 133
파푸아뉴기니 132 136 137
파향 436
팔미트산 172
패스트 크랍 195
퍼컬레이터 230 256 330
펄퍼 63-66 73
펄프 28 29 65 457
펄프드 내추럴 69
펄프드 커피 68
펄핑 54 63-66 70 71 73
펌프헤드 351
펑거스 데미지 85
페놀 173 174 241 446
페놀화합물 173 241
페루 93 107 109 221
페어트레이드 인터내셔널 91
페이마 22 332 335
페이퍼 필터 264 265
페이퍼 필터 드립 257
펙틴 170

찾아보기 Index 503

펩타이드 172
포도당 171 175
포린 매터 86
포타슘/칼륨 174
포터필터 330 392 393 420
포파얀 107
폴리싱 77
표면장력 336
푸란 174
푸어 오버 드립 256
풀 디펙트 88 89
풀 블랙 89
풀 사우어 89
풀 시티 179
풀리 워시드 66
풀향 436
퓨린 150
프라이머리 디펙트 89
프라이하네스 114
프래그런스 88 438 439 475 479
프레스팟 315
프레시 체리 62 68
프렌치 179
프렌치프레스 229 315 316
프리 인퓨전 343 379 392
프리 클리닝 77
프리드리히 대왕 17 21
프리미엄 커피 81 84
플랫버 그라인더 237 370
플랫빈 29 30 105
플런저 315 319-322 353
플레이버 171 172 241-243 432-434 470 475 477 480
플레이버 테인트 456 481

플레이버 트레이닝 키트 451
플레이버 폴트 456 457 481
플로우 미터 349 352
플로터 62 63 64 86
피라진 173 174
피롤 173 174
피리딘 173 174
피베리 29 30 105 128
피스톤 펌프 머신 331
피우라 109
피처 400 401
필터 바스켓 309 358 359 360 368 371 374
필터홀더 358 382 385 390 391 393 397

하라 124
하라지 139
하리오 드리퍼 281
하리오 스테인리스 망 드리퍼 293
하와이 137 138 139
하와이 코나 33 132 137 138
하이 179
하이 엔드 에스프레소 머신 333
핵과 28 30
핸드 드립 256
핸드 블로운 시리즈 286
핸드 소팅 80 83
핸드 피킹 54 55
핸드밀 236
향신료향 438
허니 커피 70 71 74
허니 커피 가공 69 73
헐/허스크 87
헤드 스페이스 376

헤미셀룰로오스 171
헤테로고리화합물 436
혀 유두 444
호퍼 65 187 369 372 426
호퍼 게이트 369
혼도니아 103
혼합 블렌딩 219
혼합형 보일러 347
홀빈 251 376 474
홈 로스터 212
환원당 175 228
후 블렌딩 218
후각 세포 433
후닌 109
후추향 438
휘발성산 169
휴지기 163
히터 240 345 346 348 350 351

2% milk 456
4C 91

AA 97
AAA 98
Aberdare 125
Acatenango 114
ACE 93
Aceh 134
acerbic 462
acetic acid 66
Achille Gaggia 22 331
acidity 88 445 480
acidy 445 448 449

acrid 449
Aerobie 319
Aeropress 319
African bed 75
afterburner 189
aftertaste 88 438 480
aged/aging 459
Agtron 179
Ahuachapán 117
aldehyde 174
Alfonso Bialetti 309
alkaline 449
alliaceous 436
Alotepeque-Metápan 118
Altura 111
Altura Coatepec 112
Amazonas 109
Americano 220
amino acid 167
Anaerobic fermentation 72
anise-like 435
anthocyanin 166
Antigua 99 112
Antioquia 107
Apaneca-Ilamatepec 117
Arabusta 37
Armenia 107
aroma 88 438 479
Arusha 127
ashy 438
astringent 450
Atitlán 114
Attilio Calimani 315

auto drip 256

Avicenna 12

Baba Budan 17

back flushing 417

Bahia 103

baked 203 460

Bali 133

balsamic 437

Bani Mattar 139

barista 341

barman 341

base 386

Basic Tastes 450

bell creamer 398

Below Specialty Grade 89

Below Specialty Quality 481

berry-type 436

beta carotene 152

BG filter 265

big 456

Big Island 137

Bird-Friendly 91

bitter almond-like 438

Black bean 85

black current 126

blade type grinder 235

bland 450

Blending after Roasting 218

Blending before Roasting 219

blind filter 417

Blue Bottle 334

Blue Mountain 33

body 29 480

Bolivia 93

Boston Tea Party 14

bottomless portafilter 358

bouquet 442

Bourbon/Borbón 33

brackish 462

Brazilian Naturals Group 143

break aroma 476

brew colloids 454

Brikka 311

briny 462

Broken bean/Chipped/Cut 87

Brunca 115

BSCA 102

Bucaramanga 107

Bunca 12

Bunchum 12

Bungoma 125

bunn 19

burnt-like 438

burr type grinder 235

Burundi 93

Butare 130

butterfly stage 47

buttery 455

C.A.F.E. Practices 91

C.O.B 104

Cacahuatique 118

cadamom 325

Café au Lait 413

Café de Procope 14

Caffè Macchiato 413

Caffè Americano 412

Caffè con Panna 414

Caffè Crema 331

Caffè Espresso 411

Caffè Florian 13

Caffè Latte 413

Caffè Lungo 411

Caffè Mocha 414

Caffè Ristretto 411

caffeic acid 173

caffeine 150

caffettiera 315

Cajamarca 109

Cajuela 58

calendar year 144

Cameroon 122

camphoric 437

candy-type 437

caracol/caracoli 29

caramelization 162

caramelly 442

Carbonic maceration 71

carbony 438

carboxylic acid 174

carvone-like 435

Castillo 37

Catimor 37

Catisic 37

Catuai 35

Caturra 34

Cauca 107

cellulose 171

center cut 29

Central Valley 115

Centro-Oeste Paulista 102

Cerrado de Minas 102

Ceylon 17

Cezve 324

C-flat 387

chaff 167

chaff collector 189

Chanchamayo 109

channelling 271

chared-like 438

Charles II 16

Chaube 12

Chemex coffee maker 231

chewy 456

Chiapas 112

Chinchontepec 118

chlorogenic acid 167

chocolate-type 437

chocolaty 442

CIB 120

cineolic 437

citric acid 172

citrus-like 436

classic series 286

clean cup 479

Clement VIII 15

Clever coffee dripper 290

clove-like 438

CO_2 167

coating 456

Cobán 114

Coffea arabica 31 40
Coffea canephora 21
Coffea liberica 31
Coffee belt 42
Coffee Berry Disease 51
coffee cherry 28
Coffee Leaf Rust 21 50
coffee plunger 315
coffee press 315
Coffee Research Foundation 125
Coffee Taster's Flavor Wheel 464
coffee urn 257
coffee year 144
Cold brew 231
Colombia 34
Colombia Coffee Federation 22
Colombia Variety 37
Colombian Milds Group 143
Color Track 179
Commercial coffee 84
complexity 442
conduction 183
Congo 21
convection 183
cooler 187
Copán 119
Costa Rica 69
Costa Rica95 37
Coted'Ivoire 122
Counter culture coffee 466
crack 163
creamy 455
crema 331

cresol-like 438
crop year 144
crust 475
Cuba 110
cup aroma 440
Cup of Excellence/COE 22 84 93 102
cup quality 88
cup warmer 363
cupper 441
cupping 221
cupping lab 472
Cusco 109
Cyangugu 130

Dalla Corte 332
damper 188
decaffeinated coffee 153
decoction 229
defect bean 84
delicate 450
demitasse 397
Desiderio Pavoni 21 330
Desmucilaginado 69
destoning 77
diffuser/shower holder 357
dirty 458
dispersion screen 357
diterpene 172
Djimmah 124
Dominica 110
Doppio 412
doser 370
dosing 368

dosing ring/dosing funnel 391

double espresso 412

double shot 412

drip filtration 231

drip tray 363

dry aroma 439

dry berry-like 436

dry cherry coffee 62

Dry cherry/pod 85

dry citrus 436

dry distillation by-products 437

dry parchment coffee 68

Dutch coffee 295

E61 332

earthy 175 457

Eastern Highland 137

ECX 122

Edward Lloyd's 14

El Bálsamo-Quezaltepec 118

El Paraíso 119

El Salvador 33

Elgon 125

enzymatic by-products 435

EP 99

Erna Knutsen 84

Espíritu Santo 102

Espresso Macchiato 413

espresso puck/coffee puck 393

Espro press 316

ester 174

Ethiopia 10

ethyl acetate 154

Euro curve 387

Excellent 481

Excelso 79 107

Extra Fancy 97

extraction 228 243

F.N.C 105

Faema 22 332

Fair trade 91

Fairtrade International 91

FAQ 127

fatty acids 172

FD 156

fermented 457

filter basket 358

filter holder 358

finish 440

flannel 258

flat 441 461

flat bean 29

flavor fault 456

flavor taint 456

floater 62 86

floral 435

flow meter 349

flowery 435

Foreign matter 86

fragrance 88 438 479

fragrant 435

Fraijanes 114

free amino acid 172

free nerve endings 453

French press 229

찾아보기 *Index* 509

fresh cherry 62
Friedrich Ferdinand Runge 150
Friedrich II 17
fruity 174 436 442
full 441
Full black 89
full defect 88
fullness 440
fully washed 66 132
Fungus damage 85
furane 174
FW AA 98

Gabriel Mathieu de Clieu 18
gap grinder 235
garlic-like 436
Gayo Mountain/Aceh Gayo 134
gear pump 351
George C. Washington 22 155
Gesha/Geisha 38
gigleur/gicleur 355
Giling basah 71
Gimme! coffee 334
Gisenyi 130
Gitega 131
glass hand series 286
glycine 175
Gold Cup 244
Grade1 98
Grain-pro 98
grassy 459
Great Rift Valley 123
green 460

green bean 28
green coffee 29
grinder/mill 233
groundy 458
group gasket 357
group head 349
Guanacaste 115
Guatemala 34
Gustav III 17
Gutteridge coffeehouse 14

Haiti 110
hand blown series 286
hand drip 256
hand mill 236
hand soting 80
handle 386
hand-picking 54
Harazi 139
hard 450
hard water 240
Hario dripper 281
Harrar 124
Hawaii Kona 33
HdT 36
head space 376
heating element 348
heavy 455
hemicelluose 171
herby 436 442
heterocyclic compound 436
hidy 458
Honduras 93

honey coffee 70

Honey coffee process 69

hopper 187

hopper gate 369

hot water nozzle 348

HTST 198

Huehuetenango 114

Huila 99 107

Hull/Husk 87

hydrosis 228

IAC 35

Ibrik 324

ICA 22

Icatú 37

ICO 143

Ijen 134

impact grinder 235

IMS filter basket 360

Insect damage 86

insipid 461

Intelligentsia 334

Intensity 442

ion exchange resins 364

Iringa 127

Ismaili 139

Italian Espresso National Institute 381

Jackson 35

Jacob 14

Jamaica 33

Java 17

JAVALYTICS 179

Jean Lenoir 441

juicy 456

Junin 109

K7 35

Kaffa 19

Kaffee HAG 153

kaffein 150

kahve 19

Kaldi 10

Kalimantan 133

Kalita dripper 276

Kalita wave dripper 277

Kalosi 134

Karl Ivanovich Veber 14

Kauai 138

Kaveh kanes 13

Kayanza 131

KCPTA 125

Kent 33

ketone 174 436

Khair Bey 16

Kigoma 127

Kirundo 131

Kisiii 125

Kisumu 125

Kivu 130

Kochere 124

koffie 19

Koke 123

Kolschitzky 14

Kona 137

Kona roast 137

찾아보기 *Index* 511

Kona style 137
KONE filter 259
Kopi Luwak 135

La Marzocco 332
La Paz 119
laterite 43
leguminous 436
Lempira 37
Lempira 119
Leonhard Rauwolf 12
leveling 385
light 455
Limu 124
linoleic acid 172
Lintong 134
Lintongnihuta 134
Long berry 124
Long Black 412
Louis Camille Maillard 175
LTLT 198
Ludwig Roselius 21 153
Luigi Bezzera 21
Luigi Goglio 252
Lungo 396 411

M. Cremonesi 331
M. Vassieux 300
Macchina 341
macchinetta 309
Macinatura 341
Magdalena 107
Maillard reaction 162

malic acid 172
malty 437 442
Mandailing 134
Manizales 107
Mano 341
manual drip 256
Maracatu/Maracaturra 36
Maragogype/Maragogipe 33
Martinique 18
Matas de Minas 102
matchstick stage 47
maté 151
Mattari/Matari 139
Maui 138
Mbeya 127
Mbinga 127
Meca 12
medicinal 450
Medina 12
melanoidin 172
Melitta Bentz 22 257
mellow 450
mercaptan 460
Meru 125
methylene chloride 154
Mexico 33
Mibirizi 35
Micro Lot 100
mild 450
mild coffee 63
milk frothing pitcher 400
milk jug 400
milk pitcher 400

Minasgerais 102
Miscela 340
mixing valve 348
Mocha 17 38
moderlately water 240
Mogiana 102
Mohammed 10
Moka Express 311
Moka pot 232
moldy 458
Molokai 138
Mombasa 125
Morobe 137
Morogoro 127
mouthfeel 433
Mt. Kenya 125
Mt. Meru 127
mucilage 28
Mucilage remover 69
Mukka 311
Mundo Novo 35
Murad IV 16
Muramvya 131
musty 458
Muyinga 131
Mwaro 131
Mysore 17

Nairobi Coee Exchange 125
naked portafilter 358
Naranjo 115
Nariño 107
National Organic Program 92

natural coffee 61
Natural/Dry process 60
NCA 244
Nescafé 155
Nespresso AAA 91
Nestlé 22
neutral 450
new crop 195 458
New Oriente 114
New York Coffee Exchange 21
Ngoz 131
Nicaragua 33
nicotinic acid 173
nippy 450
Norte de Santander 107
nose 438
Not Specialty 481
nursery 47
nutmeg-like 438
nutty 103 437 442

Oaxaca 112
Oaxaca Pluma 112
OCD 388
Ocotepeque 119
OEM 190
off-flavor 440
oil in water 340
Olancho 119
old crop 195
Omar 10
one-way 187
one-way valve 252

onion-like 436

Organic 91

Oromia 124

Orosi 115

Other Milds Group 143

outer skin 28

Outstanding 481

over extraction 248

overall 479

overhaul 424

oxalic acid 173

Oxford 14

Pacamara 36

Pacas 35

Pache 33

Palheta 21

palmitic acid 172

Papua 133

Papua New Guinea 132

Pará 21 101

Paraná 103

parchment 28 86

parsley-like 436

Partial black 89

Pasqua Rosée 14

past crop 195 458

patio 74

peaberry 29

pepper-like 438

peptide 172

percolation 229

Percolator 230

Peter J. Schlumbohm 286

phenol 174

phenol compound 173

PID 350

piney 437

piquant 450

Piura 109

plunger 315

polishing 77

pop/popping 163

Popayan 107

porta filtro 358

portafilter 358

Post-roast Blending 218

pour over drip 256

pre-cleaning 77

pre-infusion 343

Premium coffee 84

Pre-roast Blending 219

press pot 315

pressurized infusion 231

Primary defects 88

Procopio dei Coltelli 14

pulped coffee 68

Pulped natural process 69

pulper 63

pulping/depulping 63

pungent 438

purine 150

pyrazine 173

pyrazine compound 436

pyridine 173

pyrrol 173

quaker 86

quakery 462

quhwah 19

quinic acid 173

quinine 450

RA-Certified 91

radiation 183

Rainforest Alliance 91

rancid 461

Red E Coffee 155

resinous 437

Réunion 33

Rhazes 12

rich 441

rioy 105 457

ripple type 387

Ristretto 396 411

Robusta 31 143

Robustas Group 143

roll type grinder 235

Rôndonia 103

rotary vane pump 351

rough 450

rounded 441

rubbery 457

Rulindo 130

Rwanda 93

salty 449

San Marcos 114

San Martin 109

San Ramon 33 115

San Salvador 118

Sana'a 139

Santa Ana 117

Santa Bárbara 119

Santais 21

Santander 107

São Paulo 102

Sarchi 115

Sarchimor 36

Sasa Sestic 388

Satori Kato 21

SCA 22 84 85 178-180 465 468

SCA Cupping Protocols 468

SCAA 22 84 240 244 464 465

SCAE 22 84 244

SCA의 로스팅 단계 179

scorching/scorched 203 460

screen 78

SD 156

Secondary defects 88

selenium 152

Selim I 13

Semi-washed process 60

Semi-wet process 71

server 264

Severe Insect Damaged 88

shade tree 45

shade-grown coffee 45

sharp 451

SHB 97 110 114 116

Shell 87

SHG 97 112 118 120

Short berry 124
shot glass 398
shower screen 357
Sidamo 98 123
Sidikalang 134
signature blend 216
Sigri 137
silky 456
silo 81
silver skin 28
Simbu 137
sinker 62
Siphon coffee maker 300
siphon tank 64
SL28 35
SL34 35
slick 456
Slight Insect Damaged 88
slurping 478
SMBC 92
smoke-like 438
smoky 438
smoky/phenolic 175
smooth 455
soft 451
soft water 240
solenoid valve 348
solubles concentration 243
solubles yield 243
Sonsonate 117
sour 449
Sour bean 85
soury 451

Specialty coffee 22 84
Specialty Grade 89
spicy 175 438 442
stale 461
Starbucks 22
steam nozzle 361
steam wand 349
steam wand tip 361
steaming pitcher 400
steeping 229
sterol 172
stopper 290
stove-top espresso maker 309
strawy 459
strength 440
Strictly Soft 105
stripping 54
stumping 49
Stumptown 334
sucrose 44
sugar browning 163
sugar browning by-products 436
sugar carbonyl compound 436
Sul De Minas 102
Sulawesi 71
sulphurous/roasty 175
Sumatra 36
sun coffee 46
Supremo 97 107
Suriname 101
Sustainable coffee 84
sweet 449
sweet citrus 436

sweetish/caramel 174
sweetly berry-like 436
sweetly camphoric 435
sweetly floral 435 442
sweetly herbal 435
sweetly spicy 435 442
Swiss gold 259
Syphon/Siphon 231
syrup-type 437
syrupy 456

tamper 386
Tana Toraja 134
tangy 451
Tapachula 112
tapping 391
Tarrazú 115
tarry 462
tart 451
tartaric acid 173
Tartaruga 332
taste modulation 434
TDS 241
tea-like 456
Tecapa-Chinameca 118
Ted Lingle 451
Tekisic 35
terra roxa 43
The King's Arms 14
The Le Nez du Café Aroma Kit 441
thick 455
thin 455
Third wave coffee 334

thyme-like 438
tipping/tipped 203 460
tocopherol 172
Toraja 134
Tres Rios 115
triangular bean 30
triglyceride 172
trigonelline 167
Turkish coffee 229
turpeny 437
Turrialba 115
two shot 412
two-way 187
Typica/Tipica 32

U.G.Q 107
Uganda 21 122
umami 444
under extraction 248
uniformity 479
Unripe/Immature 86
unwashed coffee 61
US curve 387
USDA 92
UTZ 91

Vac pot 300
Vacuum coffee pot 300
vacuum filtration 229
vanilla-type 437
vapid 461
vegetable-like 436
velvety 456

Venezia 13

Veracruz 111

Very Dark 179

Very Good 481

very hard water 240

Very Light 179

vibration pump 351

Villa Sarchi 35

Villalobos 33

VST 245

VST filter basket 360

Yemen 17

Yirgacheffe 123

Zimbabwe 122

warming 438

washed coffee 63

Washed/Wet process 60

water in oil 340

watering 228

watery 455

WBC 22

WCR 465

Western Highland 137

Western Valley 115

wet parchment coffee 68

Wet-hull 71

whole bean 251

Wigomat 256

wild 462

winy 451

Withered bean 87

wood-spice 442

woody 459

xanthine alkaloid 150

도움주신 분들

강경훈 청라 커피안 대표
김도희 Cafe Jam 대표
김득만 커피앤베이커리학원 대표
김선기 일산바리스타아카데미 올댓커피 대표
김성권 천안커피교육전문학원 대표
김해영 제니스 F&C 대표
박기준 Cafe Vivant 대표
박연미 Astrud 커피 대표
박용희 마이스터커피학원 대표
서상욱 Rough Roaster 대표
박찬주 강군커피 컴퍼니 로스터
성재열 리버스로스터 대표
안지영 코리아커피아카데미 대표
옹성환 큐빈 이사
이상구 이상구 커피연구소 대표
이명훈 카페 아워레스트 대표
이지훈 훈스커피랩학원 대표
임영경 블랙탑바리스타학원 원장
임지호 헤림커피로스팅팩토리 대표
정윤희 서울바리스타실용전문학교 교장
정철교 브루잉스튜디오 교육팀장
최재영 블랙탑바리스타학원 부원장

저자 소개

유대준

커피 인사이드 랩 대표
커피 인사이드, 그린빈 인사이드 저자

숙명여대, 경희대, 한림성심대 등에 출강하였고 전문커피도서 집필 등 커피교육발전에 힘쓰고 있으며 현재는 교수자들을 위한 보다 깊이 있고 체계적인 교수·학습자료 제작 중에 있다.

박은혜

부천혜림학교 교사
혜림커피로스팅팩토리 대표 강사
그린빈 인사이드 저자

음악교사로 재직하면서 커피전문도서 집필 및 교직원 연수 등 커피교육발전에 힘쓰고 있으며 현재는 특수교육대상 학생들을 위한 교과서와 지도서를 집필 중에 있다.